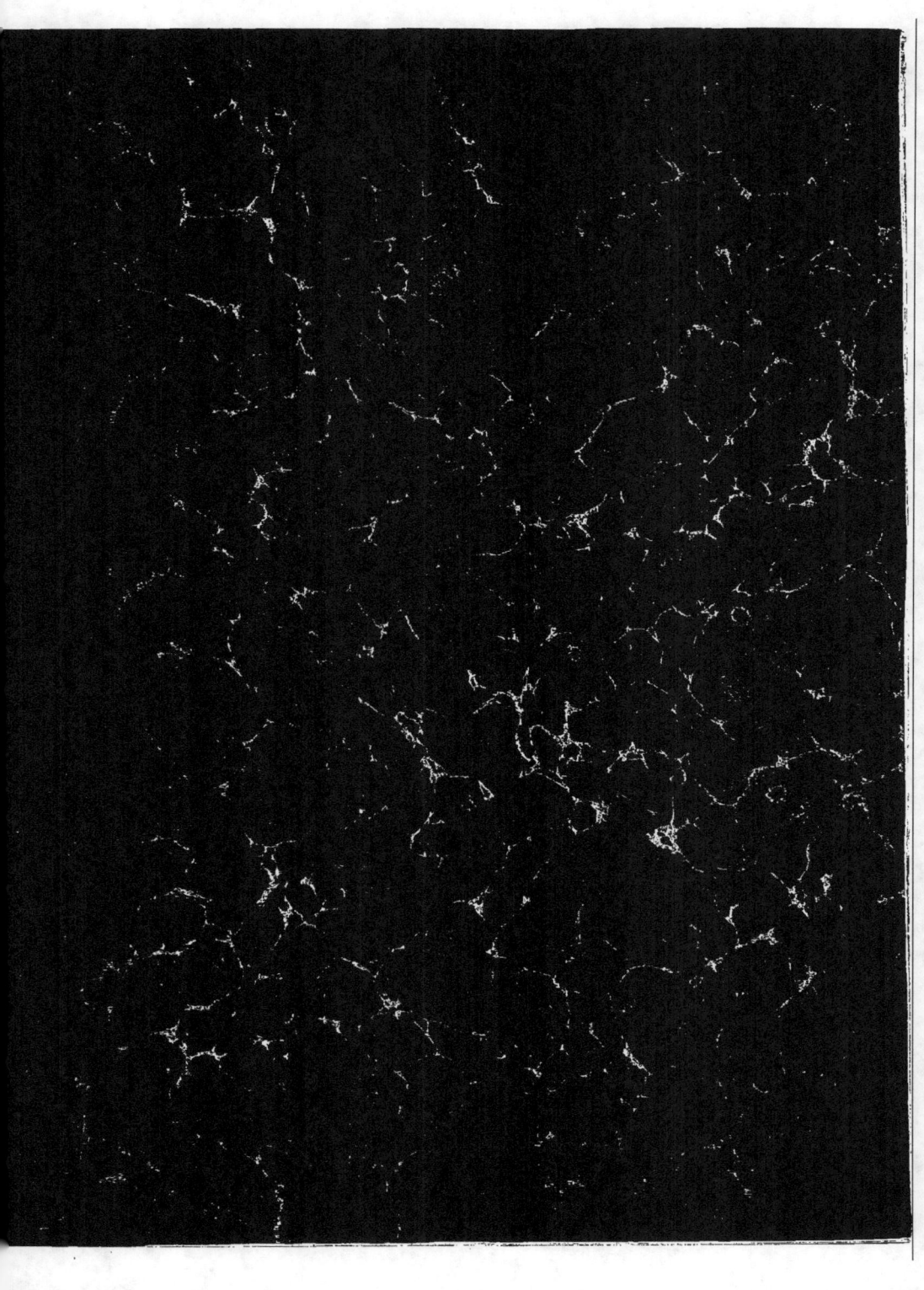

DISSERTATION
SUR LES
ÉTATS DE PROVENCE

Aix, Typographie Remondet-Aubin, sur le Cours, 53.

DISSERTATION
SUR LES
ÉTATS DE PROVENCE
PAR
L'ABBÉ DE CORIOLIS, D'AIX,
ANCIEN CONSEILLER DU ROI A LA COUR DES COMPTES, AIDES ET FINANCES.

OUVRAGE ENTIÈREMENT INÉDIT

AIX
CHEZ REMONDET-AUBIN, LIBRAIRE-ÉDITEUR,
Sur le Cours, 53

MDCCCLXVII.

AVERTISSEMENT

 La Dissertation sur les Etats de Provence *par l'abbé de Coriolis* était jusqu'à ce jour demeurée inédite. Nous croyons servir la cause de la science, en la publiant et en assurant la conservation d'un précieux document.
 L'œuvre mérite les sympathies de tous les hommes qui se livrent aux études historiques. Elle intéressera d'une manière spéciale ceux qui, en s'y livrant, ont eu plus particulièrement à regretter l'absence d'un travail sur les traditions et sur bien des traits saillants de l'organisation de la Provence comme Pays d'Etats. Nous avons jugé qu'il serait hors de propos de faire précéder la dissertation de l'abbé de Coriolis par une autre dissertation où seraient analysées des œuvres plus récentes, concernant le même sujet, mais dont le cadre se limite à une époque déterminée. L'œuvre de Coriolis se suffit à elle-même; elle a son caractère propre. Nous ne saurions la présenter comme inspirée par une

pensée de critique historique, ayant pour but de creuser jusque dans des profondeurs où l'érudition nouvelle pourra seule pénétrer. Telle qu'elle est, avec les recherches laborieuses et très étendues qu'elle suppose, avec le vaste ensemble de documents qui lui servent de pièces justificatives, elle offre certainement un véritable et sérieux intérêt. Elle doit être appréciée d'autant plus que nous n'avons pas de publication de cette importance, où soient résumés et reliés les uns aux autres tant de matériaux épars ou enfouis dans les archives. Peu d'érudits sont en situation de consulter les documents amassés dans nos dépôts publics. Ils s'estimeront heureux de demander à un annaliste exact le fruit de ses recherches sur tout un ensemble de faits qu'il est difficile de trouver, parce qu'ils sont mêlés à beaucoup d'autres éléments de notre histoire provençale.

La Dissertation sur les Etats de Provence *devait être dans la pensée de Coriolis la conclusion et le couronnement de son grand* Traité sur l'Administration du Comté de Provence. *Elle était même annoncée dans l'Avis placé en tête du troisième volume :*

« Le rétabliſſement de nos Etats, disait l'Auteur, m'avoit fait concevoir le projet d'augmenter ce troiſième Volume d'un ſupplément, que je deſtinois à tranſmettre à la poſtérité l'époque de cette Révolution & les circonſtances qui la rendroient remarquable.

« Un plan plus vaſte m'a été propoſé, l'amour de la Patrie l'a diété. On a eu de la peine à raſſembler les documens de nos an-

ciens Etats, épars çà & là ; on a cherché à connoître ce qu'ils étoient ; ce n'eft qu'après beaucoup de travail & de fatigues qu'on eft venu à bout de percer dans cette nuit des tems reculés. Il eft à craindre que ces lambeaux ne nous échappent une feconde fois. Je les conferveroi à la poftérité en les confignant dans un quatrième Volume. »

Ces lignes étaient écrites en 1788. Les trois précédents volumes s'étaient succédés d'année en année depuis 1786 ; le quatrième qui traitait des premiers éléments historiques de la Constitution de la Provence allait paraître, lorsque cette Constitution elle-même fut emportée par la plus formidable des Révolutions.

L'ouvrage était en quelque sorte perdu. Les érudits ne pensaient plus à lui ; et nous étions même loin de soupçonner qu'il subsistât une partie quelconque de ce quatrième volume, échâppée comme par miracle à la destruction. Nous n'en avons pas retrouvé seulement un fragment plus ou moins étendu, pouvant s'ajouter utilement aux trois volumes du Traité sur l'Administration du Comté de Provence. Il nous a été donné d'arracher à l'oubli un travail complet en lui-même, formant toute une exposition historique sur nos anciens Etats. Nous n'hésitons pas à le publier avec sa riche collection de documents, et nous croyons répondre aux vœux des hommes qui ont à cœur le progrès des études historiques dans notre pays.

AVIS

Nous croyons devoir prévenir les Lecteurs qu'ils ne trouveront pas toujours, dans ce Livre, l'unité orthographique, qu'ils y rencontreront parfois les mêmes mots écrits de différentes manières, et même des formes et des tournures qui n'étaient plus usitées au temps où vivait l'Abbé de Coriolis. Ce ne sont point là des erreurs, des négligences ou des omissions de la part de l'Editeur. Partant du principe rigoureux qu'il ne faut rien changer dans la reproduction des manuscrits des Ecrivains morts, il s'est conformé religieusement au texte, même lorsqu'il l'a reconnu fautif, & se serait fait un scrupule de l'altérer ou d'y faire subir la moindre modification. Ce Volume est donc l'œuvre originale de l'Abbé de Coriolis, intacte et dans sa virginité native, telle qu'elle a été conçue et écrite de la main de l'Auteur, avec ses formules, ses *idiotismes* personnels, ses imperfections même. C'est, en quelque sorte, une véritable photographie typographique, ayant pris l'Abbé de Coriolis sur nature, et le faisant revivre tel qu'il était. Si ce procédé éveille quelques critiques, l'Editeur ne manquera pas d'autorités à leur opposer : c'est la méthode enseignée à l'Ecole des Chartres, qui est employée par la direction générale des Archives et par tous les hommes de science, soucieux de conserver à un écrivain, qui ne vit plus, son individualité et son cachet particulier, si l'on peut s'exprimer ainsi, nous dirions presque sa marque de fabrique, en employant le langage du commerce.

DIVISION DE L'OUVRAGE

INTRODUCTION............................ PAGE	I
CHAPITRE I. — *Formation des Etats de Provence*......	11
CHAPITRE II. — *Adminiſtration intermédiaire ; ſes Aſ-ſemblées & celles des divers Ordres.*	103
CHAPITRE III. — *Officiers du Pays*....................	149
CHAPITRE IV. — *Commiſſions & Députations*..........	163
CHAPITRE V. — *Objets d'Adminiſtration relatifs à l'unique avantage du Pays*...........	185
CHAPITRE VI. — *Contribution aux charges publiques*....	253

PIÈCES JUSTIFICATIVES (Nᵒˢ I - XCVI) PAGES I - CXXVII

DISSERTATION
SUR LES
ÉTATS DE PROVENCE

INTRODUCTION.

La Provence a toujours été Pays d'Etats. Quelques Auteurs ont penfé que l'origine de cette maniere d'être ne remontoit qu'à l'an 418, époque à laquelle l'Empereur Honorius donna un Edit pour ordonner que les Officiers Municipaux des Sept Provinces f'affembleroient chaque année. Mais cet Edit préfente, dans fes difpofitions, la preuve la plus complete que l'Empereur ne fe propofa d'autre but que de rétablir un ufage anciennement obfervé.

Cet Edit, qui eft le Monument le plus ancien pour prouver l'exiftence de ces Affemblées Nationales, mérite fans doute de trouver place ici ; nous ne nous écarterons pas de la traduction que nous en a donné M. l'Abbé du Bos, dans son Hiftoire critique de l'Etabliffement de la Monarchie Françoife dans les Gaules. (Tom. 1, liv. 1, ch. 5.)

HONORIUS ET THÉODOSE, EMPEREURS,

Au très-illuftre AGRICOLA, Préfet du Prétoire des Gaules.

« Nous avons réfolu en conféquence de vos fages repréfentations,
« d'obliger par un Edit perpétuel & irrévocable, nos Sujets des Sept
« Provinces à obferver un ufage capable de les faire arriver enfin au
« but de leurs defirs. En effet, rien ne fauroit être plus avantageux
« au public & aux particuliers de votre Diocefe, que la convocation
« d'une Affemblée qui fe tiendra tous les ans fous la direction du
« Préfet du Prétoire des Gaules & qui fera compofée non feulement
« des perfonnes revêtues des dignités qui donnent part au Gouver-
« nement général de chaque Province, mais encore de celles qui
« exercent les emplois qui donnent part au Gouvernement particu-
« lier de chaque Cité. Une telle Affemblée pourra bien délibérer
« avec fruit fur les moyens qui feront les plus propres à pourvoir
« aux befoins de l'Etat, & qui feront en même tems les moins pré-
« judiciables aux intérêts des propriétaires des fonds. Notre inten-
« tion eft donc que, dorénavant, les Sept Provinces f'affemblent
« chaque année au jour marqué dans la Ville métropolitaine, c'eft-
« à-dire dans Arles. En premier lieu, il ne fauroit être pris que
« des réfolutions falutaires pour tout le monde dans une Affemblée
« des plus notables perfonnages de chaque Province, et qui fera
« tenue ordinairement fous l'infpection du Préfet de notre Prétoire
« des Gaules. En fecond lieu, les Provinces les plus dignes de notre
« attention n'ignoreront plus les raifons qui auront engagé à pren-

« dre le parti auquel on fe fera déterminé; & ainfi que le deman-
« dent la juftice & l'équité, on aura foin d'inftruire de ces raifons
« les Provinces, lefquelles n'auront point de Repréfentans dans cette
« Affemblée. Il reviendra encore à nos Sujets un avantage du choix
« que nous avons fait de la Ville de Conftantin (1) pour être le
« fiege de l'Affemblée, que nous voulons être tenue annuellement
« puifqu'ainfi elle deviendra pour tous fes Membres l'occafion d'une
« entrevue agréable par elle-même. L'heureufe affiette de cette Ville
« la rend un lieu d'un fi grand abord, & d'un commerce fi florif-
« fant, qu'il n'y a point d'autre ville où l'on trouve plus aifément
« à vendre, à acheter & à échanger les produits de toutes les con-
« trées de la terre. Il femble que ces fruits renommés, & dont
« chaque efpece ne parvient à fa perfection que fous le climat
« particulier qu'elle rend célèbre, croiffent tous dans les environs
« d'Arles. On y trouve encore à la fois les tréfors de l'Orient, les
« parfums de l'Arabie, les délicateffes de l'Affyrie, les denrées de
« l'Afrique, les nobles animaux que l'Efpagne élève & les armes
« qui fe fabriquent dans les Gaules. Arles eft le lieu que la mer
« Méditerranée & le Rhône femblent avoir choifi pour y réunir
« leurs eaux & pour en faire le rendez-vous des nations qui habi-
« tent fur les côtes & fur les rives qu'elles baignent. Que les Gaules
« ayent donc quelque reconnoiffance de l'attention que nous avons
« eue à choifir pour le lieu de leur Affemblée une femblable Ville,
« où d'ailleurs il eft fi facile de fe rendre par toute forte de voitures,
« foit qu'on veuille y venir par terre, foit qu'on veuille y venir
« par eau. Il y a quelque tems que notre Préfet du Prétoire des

---

(1) Conftantin-le-Grand avoit donné fon nom à la ville d'Arles, qu'il avoit augmentée d'un quartier.

« Gaules ordonna, étant mû par ces confidérations, la même chofe
« que nous ftatuons aujourd'hui; mais comme fon Mandement eft
« demeuré fans effet, foit par la négligence de ceux qui auroient
« dû le faire mettre à exécution, foit par la nonchalance des ufur-
« pateurs, pour tout ce qui regardoit le bien public, nous vous
« ordonnons de nouveau d'accomplir & de faire accomplir le Dé-
« cret fuivant.

« Notre volonté eft qu'en exécution du préfent Edit & confor-
« mément aux anciens ufages, vous & vos fucceffeurs vous ayez
« à faire tenir chaque année, dans la ville d'Arles, une Affemblée
« compofée des Juges, des autres Officiers & des Députés par les
« Propriétaires des fonds de chacune des Sept Provinces, laquelle
« Affemblée commencera fes féances le 13 du mois d'Aoust, &
« les continuera, fans les interrompre que le moins qu'il fera pof-
« fible, jufqu'au 13 du mois de Septembre. Nous voulons encore
« que tous nos Officiers qui adminiftrent la Juftice dans la No-
« vempopulanie & la Seconde Aquitaine, celles des Sept Provin-
« ces qui font les plus éloignées d'Arles, & qui auront des af-
« faires d'une telle importance, qu'ils ne pourront fe rendre dans
« cette Ville, y envoyent du moins des Repréfentans, ainfi qu'il eft
« d'ufage en pareil cas. En faifant la préfente Ordonnance, nous
« fommes très-perfuadés que nous rendons un bon fervice à tous
« nos Sujets, & que nous donnons en même tems à la ville d'Arles
« un temoynage authentique de la reconnoiffance que nous con-
« fervons de fon attachement à nos intérêts, lequel nous eft fuffi-
« famment connu par les bons rapports du Patrice Constance,
« que nous regardons comme notre pere. Enfin, nous ordonnons
« qu'on fera payer une amende de cinq livres d'or pefant aux
« Juges qui auront manqué de fe rendre à l'Affemblée d'Arles, &
« une amende de trois livres d'or aux Notables & Officiers Muni-

« cipaux qui fe feront rendus coupables de la même négligence.
« Donné le 17 Avril, l'année du 12ᵉ Consulat de l'Empereur Ho-
« norius & du 8ᵉ Confulat de l'Empereur Théodofe. Publié dans
« Arles le 23 Mai de la même année. »

On ne fauroit douter que la Provence ne fît partie d'une des
Sept Provinces dont l'Affemblée eft ordonnée par cet Edit ; le
nom de la ville qui eft défignée pour le rendez-vous des Membres
convoqués ne permet aucun doute fur ce point ; d'ailleurs, Pline,
qui vivoit fous Vefpafien, dit, en parlant de la plus grande partie
du Pays appelé dans le 5ᵉ siecle les Sept Provinces, & en fuivant
la premiere divifion des Gaules : « On appelle la Province Nar-
« bonnoife, la partie des Gaules qui confine à l'Italie, dont elle eft
« féparée par le Var, & que baigne la mer Méditerranée. » A ces
limites, on ne fauroit méconnoître la Provence.

Partie de la Gaule Narbonnoise, elle fut honorée fous les Romains du droit de bourgeoisie, & les mêmes Loix qui régiffoient
l'Italie furent fuivies en Provence. Elle étoit regardée, non comme
une Province, mais comme une portion de l'Italie. *Breviter Italia
verius quam Provincia*. C'eft ainfi que Pline f'explique en parlant
de la Provence.

Sa maniere d'être fut troublée vers la décadence de l'Empire ;
fa Conftitution fut altérée au milieu des troubles & des diffenfions
qui la détacherent des Romains. Mais elle fut bientôt rétablie, &
l'on connoît encore aujourd'hui la Déclaration du Roi Théodoric,
qui la réintégra dans tous fes droits. En paffant fous la domination des Francs, & enfuite fous celle de fes Comtes particuliers,
elle n'en perdit aucun : elle conferva avec l'ufage du Droit Romain
la forme ancienne de fon Gouvernement politique. Sous le Gouvernement *Comtal*, les Villes qui avoient perdu, par l'invafion des
peuples du Nord, la liberté dont elles jouiffoient fous les Romains,

la recouvrerent; & on vit à cette époque le pouvoir des Etats véritablement réduit en acte. Devenue Comté fouverain, elle n'eut aucune relation de dépendance avec aucun autre Etat. Les Empereurs d'Occident n'exercerent fur elle qu'une fuzeraineté chimérique. Les Comtes de Provence devinrent Rois de Naples & de Sicile, Ducs de la Pouille, Princes de Capoue, Rois de Jérufalem. La Provence refta toujours fouveraineté *féparée* & non *fubalternée*.

M. l'Abbé Papon, dans une note mife à la page 87 du troisieme volume de fon Hiftoire Générale de Provence, nous affure que le défaut de Monumens ne lui a pas permis de fixer l'époque à laquelle l'ufage des Affemblées Nationales, qui fut continué fous les Goths & les Francs, fut interrompu. Il a trouvé une Affemblée générale des Prélats & des Nobles tenue en 878 à Mantaille pour placer Bozon fur le trône; une Affemblée pareille tenue à Vienne en 890 mit le fceptre dans les mains de fon fils Louis; & l'Auteur de la vie de Bérenger lui a appris que ce Prince, avant de paffer en Italie, affembla les Grands de fon Royaume, pour leur faire part de fon projet, & les exhorter à le feconder. L'indépendance qui f'introduifit enfuite parmi les Seigneurs & les Evêques, fut un obftable à ces convocations. Après l'année 890, les premiers Etats dont nous ayons connoiffance font ceux qui fe tinrent à Tarafcon au mois de Février 1146. La prifon du Prince de Salerne nous a confervé le fouvenir des Etats tenus à Sifteron le 14 Mai 1286. Ils députerent au Roi d'Angleterre Ifnard d'Agout & Gaucher de Sabran-Forcalquier pour l'engager à traiter de la délivrance de ce Prince.

Combien ces traits de lumière qui f'échappent de ces Monumens antiques ne nous ont-ils pas fait regretter de ne pas trouver, foit aux Archives du Roi, foit dans celles des Etats, un recueil

complet des procès-verbaux des Délibérations prifes par nos Affemblées Nationales. Combien de fois avons-nous defiré que l'on
eût tenu la main à l'exécution parfaite des Délibérations prifes en
1606, 1611, 1614 & 1618 pour réunir au Greffe des Etats tous
les papiers & regiftres du Pays (1). Pourquoi, ce qui n'a pas été
fait, ne le ferions-nous pas aujourd'hui ? Pourquoi ne charge-
rions-nous pas une perfonne intelligente en cette partie de parcourir tous les dépôts publics qui font en Provence & d'en extraire les procès-verbaux de nos anciens Etats? On en trouveroit
certainement dans plufieurs Greffes, dans plufieurs Archives des
Maifons de Ville du Pays, & chez plufieurs Notaires (2). Ce défaut
de plénitude de renfeignemens fera, auprès de mes Lecteurs, mon
excufe, fi je ne donne pas à cette Differtation toute l'étendue qu'elle
auroit mérité. Mais les plus anciens Etats qui foient dépofés aux Archives du Roi font de 1348, les plus récents de 1520; & dans cet
intervalle de tems, il y a des lacunes confidérables au Greffe des
Etats : le recueil ne commence qu'en 1536, eft conduit fans interruption jufqu'en 1545; recommence en 1568 & finit en 1573, pour
reprendre en 1578, & nous accompagner jufqu'en 1639, époque à
laquelle notre Conftitution, qui avoit réfifté aux volontés d'un mi-
niftre, dont l'altiere puiffance, établie fur les ruines de tous les
Ordres, fembloit vouloir élever le Trône en renverfant tous fes
appuis, & qui n'avoit pu être abattue par Richelieu, difparut avec
lui par une inconcevable fatalité. Elle difparut quand il n'y avoit

---

(1) Pieces juftificatives, n. 1.
(2) On trouve aux Archives de la ville de Toulon un regiftre en parchemin
qui renferme le procès-verbal des Etats tenus à Aix le 1er Septembre 1419.

plus un homme qui pût l'oppreſſer du poids de ſes talens & de ſes injuſtices, & quand il ne lui reſtoit plus rien à craindre (1).

Elle conſerva cependant ſous une forme ſage, utile & modeſte, & ſes principes & ſes pouvoirs. Son eſprit & ſes Loix dirigerent une Adminiſtration toujours ſubſiſtante qui ſ'éclaire & ſe perfectionne. Chaque Ordre maintint ſes aſſemblées, ſes regles, ſes uſages. Ce fut la même puiſſance nationale qui d'abord exerça les pouvoirs des Etats, & qui ne ſembla y ſuppléer dans la ſuite que pour en perpétuer les titres & les droits. Telle étoit leur force & leur autorité, qu'on leur rendoit encore hommage, alors même qu'ils ne ſubſiſtoient plus. On ne put les détruire, on ne put les oublier. Le vœu des Aſſemblées générales en rappeloit ſans ceſſe le ſouvenir. Des Délibérations que la néceſſité légitime, ne ſe propoſoient d'autre terme que celui du retour des Etats. Les deux premiers Ordres réclamoient leurs droits, qu'une repréſentation conſtante met à l'abri de la preſcription. Les Cours ſouveraines, dépoſitaires des opinions, comme des Loix, ſembloient donner la ſanction même de leurs Jugemens aux deſirs unanimes de tous les Ordres (2).

Après 150 ans écoulés, nous avons vu renoître dans toute l'intégrité de ſes formes, & dans toute l'étendue de ſes pouvoirs, notre premiere Conſtitution.

Ce bienfait, nous en ſommes redevables à un Roi juſte, ami du vrai, qui convoqua les Notables de ſon Royaume, comme il le diſoit lui-même, pour lui faire connoître leurs ſentimens & non pour les diſſimuler; chaque Citoyen, ſans quitter ſes foyers domeſ-

---

(1) Procès-verbal des Etats de Provence, 31 Décembre 1787. Diſcours de M. l'Archevêque d'Aix, pag. 19.

(2) Même Diſcours, pag. 20.

tiques, fans s'égarer dans les erreurs d'une ambition lointaine, peut offrir à la Patrie le tribut de fes travaux ; & l'Adminifttration publique devient ce qu'elle doit être, une correfpondance poffible & conftante de la puiffance du Souverain & de la liberté de la Nation (1).

Ce bienfait nous le dèvons au zele vraiment patriotique d'un Prélat (2) qui a fecondé de tout fon pouvoir, de tous fes talens, de tout fon crédit les efforts multipliés de la Nation Provençale, foupirant depuis plus d'un fiecle après le retour de fa Conftitution.

Jouiffons de notre bonheur, mais n'en jouiffons que pour étendre la félicité publique ; cimentons au milieu de nous la paix, l'union, cette confonance de fentimens qui d'un Peuple entier en fait une feule famille ; veillons au maintien de la chofe publique, & que des intérêts particuliers ne foient jamais pour nous que des objets fecondaires. Travaillons à foulager le pauvre qui nous nourrit, en lui prêtant appui, protection, fecours, en adminiftrant avec fageffe, économie, en devenant avare des deniers publics. Pefons à la balance de la Juftice des prélations qui peuvent devenir monftrueufes, fi la droite équité ne les éclaire pas. Confultons ce que faifoient nos peres : ne nous croyons pas meilleurs qu'eux ; en nous écartant des routes qu'ils nous ont tracées, nous ne pourrons que nous égarer, & en abandonnant les principes nous deviendrons les triftes victimes des conféquences.

C'eft pour éviter cet écueil que j'ai entrepris cette Differtation. En mettant fous les yeux de mes Lecteurs ce qu'étoient anciennement nos Etats, les objets qui s'y traitoient, les formes qui y

---

(1) Méme Difcours, pag. 21.
(2) M. de Cucé de Boifgelin, Archevêque d'Aix.

étoient fuivies, je fourniroi des exemples à oppofer à des nouveaux fyftèmes toujours dangereux au milieu d'une Nation qui ne doit vouloir être que ce qu'elle a été, & ce qu'il lui a été promis qu'elle feroit, foit par fes anciens Comtes, foit par fes nouveaux Souverains.

Ce fera en nous tenant attachés à fes formes antiques, que nous jouirons de la confidération que s'étoient acquife nos peres, & dont ils goutterent les fruits, lorfqu'en 1624 les Etats du Dauphiné députerent vers eux pour leur demander de s'unir à l'effet de s'oppofer à la tranfférence de la Douane de Vienne à Valence (1).

Qu'il fera doux pour moi, fi un travail long, pénible & foumis à beaucoup de recherches, dans lefquelles les connoiffances de M. l'Abbé de Cenne, Sous-Archivaire aux Archives du Roi, m'ont été du plus grand fecours, peut devenir utile à ma Patrie, & contribuer à faire revivre fon premier luftre. Si je fuis affez heureux pour atteindre à ce but, je feroi amplement récompenfé.

---

(1) Pieces juftificatives, n. 11.

CHAPITRE I.

FORMATION DES ÉTATS DE PROVENCE.

Les Etats généraux de Provence, comme ceux des diverſes Provinces du Royaume de France qui ſont Pays d'Etats, ont toujours été compoſés des trois Ordres, Clergé, Nobleſſe, Tiers-Etat.

Le Clergé a toujours été repréſenté par M. l'Archevêque d'Aix, qui en ſa qualité de premier Procureur du Pays né, eſt le Préſident des Etats; par les autres Archevêques & Evêques de Provence, par les Prélats du ſecond Ordre, & quelquefois, par des Dignités, ou Députés des Chapitres.

Nous diſons que M. l'Archevêque d'Aix eſt premier Procureur du Pays né & Préſident des Etats.

Les Conſuls d'Aix, Procureurs du Pays, voulurent en 1615 élever quelques conteſtations ſur cette qualité ; ils obtinrent même du Parlement de Provence un Arrêt qui favoriſoit les idées qu'ils s'étoient formées à ce ſujet. L'Archevêque d'Aix en pourſuivit la caſſation au Conſeil de Sa Majeſté ; il l'obtint, & par l'Arrêt qui fut rendu en ſa faveur, il fut maintenu dans tous les droits de premier Procureur du Pays. Peu content d'être redevable à l'Autorité de la juftice qui venoit de lui être rendue, M. l'Archevêque d'Aix fe hatta de rendre compte de tout ce qui s'étoit paffé aux Etats tenus à Brignoles au mois d'Août 1618. Ils jugerent eux-mêmes la queftion, defavouerent tout ce qui avoit été fait par les Procureurs du Pays, & ordonnerent que l'Arrêt du Confeil rendu en faveur de l'Archevêque d'Aix feroit tranfcrit dans les Regiftres des Délibérations des Etats (1).

Cet hommage rendu à la qualité de premier Procureur du Pays avoit été précédé en 1602 d'une Délibération qui paroît ne laiffer aucun doute fur la préféance que nous reconnoiffons devoir être accordée dans les Etats à M. l'Archevêque d'Aix.

Nos Etats avoient été convoqués à Aix en 1602 au mois de Mai. MM. les Archevêques d'Aix & d'Arles ne purent y affifter. Ils étoient repréfentés l'un & l'autre par leurs Vicaires généraux. Il s'éleva une conteftation entre ces deux Vicaires : celui d'Arles prétendit devoir précéder le repréfentant de l'Archevêque d'Aix, ce dernier foutint au contraire les droits de fon mandant ; les Etats renvoyerent au lendemain à donner leur décifion, attendu l'importance de l'affaire ; au jour indiqué, le Vicaire général d'Arles fe difpenfa de comparoître, & fe contenta de faire repréfenter aux Etats que, n'étant point chargé de la part de fon mandant de faire décider la queftion, il fe retiroit, fans préjudice du droit de l'Archevêque d'Arles. Cette efpece de proteftation n'arrêta pas la Délibération des Etats, qui déciderent que *le Vicaire du Sr Archevêque d'Aix auroit fa féance à l'accoutumée dans lefdits Etats* (2).

---

(1) Archives des Etats, Reg. des Délibérations des Etats, n. 10, fol. 127 v°.
(2) Reg. des Délibérations des Etats, n. 8, fol. 72 v° & 74, Mai & Juin 1602.

S'il étoit poffible que nos Lecteurs ne fuffent point encore convaincus de la vérité de ce que nous avançons, nous invoquerions comme nouvelle preuve l'aveu fait aux Etats du mois d'Avril 1571. A cette époque, une partie du Tiers-Etat parut jaloufer la prérogative attachée au chaperon d'Aix, de réunir au Confulat la qualité de Procureur du Pays. Les Députés de Tarafcon firent à ce fujet une motion; après plufieurs débats, les Communes infiftoient à vouloir qu'on y opinât, lorfque le Vicaire de M. l'Archevêque d'Aix remontra qu'il ne pouvoit confentir pour fon mandant qu'on mît en queftion ce qui ne pouvoit en faire une vis-à-vis M. l'Archevêque, qui *de toute ancienneté eft Procureur né dudit Pays*. Sur quoi les Communes déclarerent qu'elles n'entendoient en aucune maniere attenter à l'autorité de la place qu'occupoit ledit Sr Archevêque & que leur intention étoit qu'il continuât à être toujours Procureur du Pays, *comme il l'eft de préfent* (1). Ne cherchons pas à multiplier les preuves. Nous aurons occafion d'en rapporter des nouvelles lorfque nous parlerons des Procureurs du Pays. Elles feront alors communes & à M. l'Archevêque d'Aix & aux Confuls d'Aix, les uns & les autres Procureurs du Pays nés.

Comme dans tous les autres corps, en l'abfence du Préfident des Etats, ils font préfidés par le plus ancien en rang & en dignité ; ainfi a-t-on vu M. l'Archevêque d'Arles préfider les Etats de 1393 & Septembre 1542; MM. les Evêques occuper la place de Préfident, favoir : Marfeille en 1420, 1597, 1598, 1599 & 1602 ; Sifteron en 1592, 1594, 1596, 1603, 1621, 1624, 1629 & 1631 ; Frejus en 1429, 1573, 1605, 1606, 1607 & 1620 ; Riez en 1590, 1591, 1604, 1609, 1611 & 1625 ; Apt en 1588 ; Digne en 1539 ; Vence en Jan-

---

(1) Pieces juftificatives, n. III.

vier 1537 & en 1571 ; Toulon en 1440, & l'Archevêque d'Augustopolis, Coadjuteur de l'Archevêché d'Aix, en 1622 & 1624. Il eſt à obſerver que, quoiqu'il ne fût point encore titulaire, il prit le pas cependant au-deſſus des Evêques qui aſſiſterent à ces Etats.

A défaut d'Archevêques & Evêques, les Etats font préſidés par les Prélats du ſecond Ordre, & en cas d'abſence par les Vicaires généraux des Prélats du premier Ordre. Ainſi vit-on les Etats tenus à Aix au mois d'Août 1396 préſidés par M. l'Abbé de Saint-Victor-les-Marſeille ; le Vicaire général de M. l'Archevêque d'Aix occuper cette place en 1536, 1538, 1540 & au mois de Novembre 1542 ; le Vicaire général de l'Evêque de Frejus préſider les Etats de 1572, & ceux de 1581 préſidés par le Vicaire de M. l'Evêque de Siſteron, *Préſident ſubrogé auxdits Etats en abſence du Sr Archevêque d'Aix, autres Srs Archevêques & Evêques, & attendu l'indiſpoſition du Vicaire du Sr Archevêque d'Aix.*

Quant aux Membres du Clergé qui ont droit d'aſſiſter aux Etats, nous avons déjà dit que tous les Archevêques & Evêques de Provence en étoient Membres nés. Ainſi l'on peut compter dans cet Ordre, MM. les Archevêques d'Aix & d'Arles, MM. les Evêques de Marſeille, Graſſe, Siſteron, Frejus, Riez, Glandeves, Apt, Digne, Vence, Senez & Toulon. On trouve parmi les préſens aux Etats de 1396, l'Evêque de Nice ; celui de Gap aſſiſta aux Etats de 1480 & 1598. Nous obſerverons à ce ſujet qu'en 1480 l'Evêque de Gap eſt qualifié d'Abbé commandataire du Thoronet ; & on verra bientôt, lorſque nous parlerons des Prélats du ſecond Ordre qui ont droit d'aſſiſter aux Etats, que l'Abbé du Thoronet a été membre des Etats, juſqu'au moment où cette Abbaye a été éteinte. Quant à l'époque de 1598, on peut dire qu'un ſeul acte de poſſeſſion ne ſuffit pas pour donner titre. D'ailleurs la Provence prétendoit avoir des droits ſur le Gapençois ; je le prouverai dans la ſuite de cette

Diſſertation. Il n'eſt donc pas ſurprenant que les Etats ayent admis dans leur ſein l'Evêque de Gap.

L'Evêque d'Avignon, élevé dans la ſuite à la dignité d'Archeque, a aſſiſté, ſoit par lui, ſoit par ſon Vicaire, aux Etats du mois d'Août 1593, & à ceux de 1480, 1573 & 1584.

Les Suffragans ou Coadjuteurs des Evêques ont droit d'aſſiſter aux Etats. Auſſi a-t-on vu *le Suffragant ou Vicaire* de l'Evêque de Marſeille être préſent aux Etats de 1544, & l'Evêque d'Argos, Coadjuteur de l'Evêque de Senez, être membre de ceux de 1622.

On a vu nos Etats ſe faire un plaiſir d'admettre dans leur ſein un des Evêques de Provence qui paraiſſoient ne devoir plus en être membres, depuis qu'ils s'étoient démis de leur Evêché; ce qui ſe vérifia lors de l'Aſſemblée tenue en forme d'Etats à Aix, aux mois de Janvier & Février 1591, en la perſonne de l'ancien Evêque de Vence. Il y eut entrée & voix délibérative (1).

Enfin, les Chapitres des Métropoles ou des Cathédrales ont le droit d'y députer un de leurs Membres, le ſiege vacant. L'Adminiſtrateur de l'Egliſe d'Arles aſſiſta à nos Etats en 1399.

Après les Archevêques & Evêques ſiegent les Abbés; & dans cet Ordre, M. l'Abbé de Saint-Victor-les-Marſeille tient le premier rang, après lui viennent MM. les Abbés de Montmajour, de Cluyni, comme ſeigneur de Valenſolle, de Cruis, du Thoronet, de Senanque, qui ſiegea en 1487, de Valſainte, de Lure, que l'on voit nommer parmi les préſens aux Etats de 1602, 1603, 1607 & 1628. Celui de Saint-Honorat de Lérins fut admis aux Etats de Février 1393, Décembre 1396 & en 1429. Il fut convoqué à ceux de 1622; mais, pour certaines conſidérations, les Etats le prierent de ne point forcer

---

(1) Reg. des Délibérations des Etats, n. 5, fol. 195 v°, Janvier & Février 1591.

leur fuffrage à cet égard (1). Enfin, M. le Prévôt de Pignans eft Membre né de nos Etats ; il a même en fa faveur la provifoire pour y affifter en rochet & avec la croix découverte (2).

Il n'eft pas douteux que jufqu'à la fin du 15ᵉ fiecle quelques Chapitres & quelques Prélatures inférieures ont eu le droit d'affifter aux Etats ou de s'y faire repréfenter. On voit en effet le Procureur du Capifcol de Graffe parmi les préfens aux Etats tenus au mois de Février 1393, ainfi que celui du Prieur de Correns & du Val ; le Prieur de Saint-Genies affifta aux Etats du mois de Décembre 1396 & à ceux de 1399 ; le Chapitre de Digne y avoir un Député en 1396, le Prieur de la Celle être membre des Etats de 1399 & 1487, les Prévôts de Senez, de Riez, de Barjols & de Marfeille fe faire repréfenter par procureurs aux Etats de 1399, l'Archidiacre d'Aix être parmi les Membres des Etats de 1401, & le Prévôt du même Chapitre affifter aux Etats de 1420. On trouve, à la vérité, un Député du Clergé de Graffe aux Etats tenus à Aix en 1588 ; mais on fe rappelle les troubles qui nous agitoient à cette époque, & c'eft le feul exemple que l'on puiffe citer en faveur des Membres du fecond Ordre du Clergé, non Prélats.

Enfin, MM. les Commandeurs de l'Ordre de Malte affiftent aux Etats, & on les trouve ordinairement rangés à la fuite du Clergé; les Commandeurs que l'on trouve parmi les liftes des préfens font ceux de Pimoiffon, Riez, Manofque, Beaulieu, Aix, Les Omergues, Joucas & Septemes (3).

---

(1) Reg. des Délibérations des Etats, n. 10, fol. 327, Mai & Juin 1622.
(2) Pieces juftificatives, n. IV.
(3) Pieces juftificatives, n. V.
Archives du Roi, Reg. *Lividi*, fol. 274.
Reg. *Rubri*, fol. 110.

Aux Etats convoqués à Aix au 30 Décembre 1787, il s'éleva deux difficultés fur la validité des procurations données pour affifter aux Etats par M. l'Abbé de Saint-Victor & par le Bailli de Manofque.

Quant à celle donnée par M. l'Abbé de Saint-Victor, il s'agiffoit de favoir fi un Magiftrat eccléfiaftique pouvoit être chargé d'une procuration pour affifter aux Etats.

On fembloit d'un autre côté vouloir difputer aux Membres de l'Ordre de Malte, la faculté de pouvoir fe faire repréfenter.

L'examen de ces deux points fut renvoyé à la Commiffion qui avoit été nommée pour la légitimation des pouvoirs, & qui étoit compofée de huit Membres du Clergé, favoir : fix Evêques, le Vicaire général de l'Evêque de Glandeves & le Commandeur de Beaulieu ; de huit Gentilfhommes poffédans-fiefs, de neuf Députés des Communautés, & de fept Députés des Vigueries.

D'après le rapport des raifons pour & contre, & de l'avis de la Commiffion, les Etats déclarerent que le procureur fondé de

---

Reg. *Potentia,* fol. 6 v°, 37, 42, 55, 59, 66, 127, 137, 155, 160, 168, 172, 177 v°, 193 v°, 226 v°, 287, 370.
Reg. en parchemin, art. 1 & 2.
Reg. *Rofa,* fol. 125.
Reg. *Corona,* fol. 7 v°, 169.
Reg. *Pellicanus,* fol. 113.
Regiftres des Délibérations des Etats confervés au Greffe du Pays. — N. 1, fol. 1, 2, 6, 11, 24, 30, 60, 84, 115, 139, 163, 205, 232 v°. — N. 2, fol. 1, 57, 150, 205, 254, 270, 277. — N. 3, fol. 1, 101, 288, 371 v°, 431. — N. 4, fol. 1, 205, 248. N. 5, fol. 1, 38, 142, 194, 332, 379. — N. 6, fol. 30 v°, 126. — N. 7, fol. 4, 75, 179, 235. — N. 8, fol. 1, 69, 148, 200, 238. — N. 9, fol. 11, 69, 146, 246, 322. — N. 10, fol. 91, 205, 265, 320. — N. 11, fol. 44, 120, 212. — N. 12, fol. 120, 316. — N. 13, fol. 114. — N. 16, fol. 201. — N. 19, fol. 227.

M. l'Abbé de Saint-Victor & celui du Bailli de Manofque feroient admis (1).

Vis-à-vis le Clergé, fiege l'Ordre de la Nobleffe. Mais que doit-on entendre par ce mot *Nobleffe?* Sont-ce tous les Gentilfhommes fans aucune diftinction? Ne font-ce que les Gentilfhommes poffédans-fiefs? Sont-ce enfin les feuls poffédans-fiefs fans diftinction de noble ou de roturier?

Il n'eft pas douteux qu'anciennemment, lorfque la réalité des tailles n'étoit pas un point auffi certain, que nous le tenons aujourd'hui, la feule qualité de *noble* donnoit entrée aux Etats. Nous pourrions en citer plufieurs exemples ; combien de Gentilfhommes font dénommés parmi les Membres des Etats fous leur nom de famille, tandis que les poffédans-fiefs n'étoient défignés que par le nom de leurs Fiefs. Ne foyons point furpris de trouver dans nos anciens Etats cette efpece de divifion de l'Ordre de la Nobleffe. Tout ce qui avoit un intérêt particulier à l'Adminiftration, avoit le droit d'y concourir, au moins de fon fuffrage. Les Nobles prefque partout étoient cotifés en particulier ; ils formoient une claffe diftincte & féparée dans les rôles des impofitions ; ils payoient féparément leur cotte part ; on ne les confondoit point avec les roturiers ; il étoit jufte qu'ils participaffent à la manutention du bon Ordre.

Mais depuis que les impofitions en Provence ont été généralement & univerfellement reconnues pour réelles, depuis qu'elles affectent non la perfonne, mais le bien, mais la poffeffion rurale, le Noble n'a plus eu aucun intérêt particulier en cette qualité à l'Adminiftration ; fon intérêt, lorfqu'il n'eft point poffédant-fief, fe trouve

---

(1) Procès-verbal des Etats convoqués à Aix le 30 Décembre 1787, pag. 57, 59.

confondu avec celui du Tiers-Etat, & dès lors il eſt ſuffiſamment repréſenté par les Députés des Communautés & des Vigueries appelées aux Etats. La ſeule qualité de *noble* ne donne donc point entrée aux Etats.

Celle de ſimple poſſédant-fief a-t-elle plus de force? Cette queſtion ne pouvoit en faire une anciennement. Perſonne n'ignore que juſque vers le milieu du 16e fiecle, des Fiefs ne pouvoient être poſſédés que par la Nobleſſe ; & encore aujourd'hui, exhiber un titre de poſſeſſion de Fief dans des tems antérieurs à cette époque, c'eſt prouver qu'on étoit rangé dans l'Ordre de la Nobleſſe; mais lorſqu'il eut été permis aux roturiers d'acquérir des Fiefs, en ſe ſoumettant au droit de franc-fief, la queſtion ſe préſenta réellement à décider, & elle devint d'autant plus importante, que le Tiers-Etat ſe plaignoit qu'il n'y avoit point de proportion entre lui & l'Ordre de la Nobleſſe dans les Aſſemblées des Etats, tout poſſédant-fief indiſtinctement ayant la prétention de ſieger au rang de la Nobleſſe pour l'intérêt de ſon Fief. La Nobleſſe s'aſſembla à ce ſujet en 1620 ; la queſtion fut mûrement examinée, & par un Règlement que nous aurons bientôt à rapporter, il fut décidé que les ſeuls Gentilshommes poſſédans-fiefs auroient rang, ſéance & voix délibérative aux Etats ; Règlement qui fut approuvé par les Etats de 1622, qui en ordonnerent la tranſcription dans le Regiſtre de leurs Délibérations; Règlement qui a été ſuivi aux Etats convoqués à Aix au 30 Décembre 1787. Tout Gentilhomme qui a voulu y être admis a été obligé de faire preuve de ſa Nobleſſe, & on trouve dans le procès-verbal de ces Etats (1) que M. Paſcalis, Aſſeſſeur d'Aix, requit pour la conſervation des droits des Etats que MM. les Syndics de la Nobleſſe

---

(1) Pag. 36 de l'imprimé.

euffent à certifier les Etats de la légitimité des pouvoirs & des qualités de MM. les Gentilfhommes qui étoient préfens aux Etats. Sur quoi MM. les Sindics de la Nobleffe déclarerent que les pouvoirs & les qualités de tous les affiftans dans l'ordre de la Nobleffe étoient légitimes.

Une fois établi que tous les Gentilfhommes poffédans-fiefs ont droit d'affifter aux Etats, nous croyons inutile d'en inférer la lifte parmi les Pieces juftificatives : 1º elle ne pourroit être que très-défectueufe, parce qu'il eft rare de trouver dans les procès-verbaux de nos Etats tenus jufqu'en 1639, une lifte exacte des préfens dans l'Ordre de la Nobleffe ; 2º parce que c'eft le Fief qui eft repréfenté par le Gentilhomme qui le poffede, & non le Gentilhomme qui y affifte en fon propre ; 3º parce que fi nous avons donné un Etat le plus circonftancié poffible des Membres du Clergé qui y ont affifté, c'eft que toutes les places du Clergé ne donnent pas l'entrée des Etats, & qu'il a fallu connoître ceux qui y affiftoient autrefois pour, en les comparant avec ceux qui y affiftent aujourd'hui, pouvoir diftinguer ceux qui en ont perdu le droit.

Mais il eft une queftion qui fe préfente naturellement, d'après le principe que nous venons d'établir. Elle confifte à favoir fi, lorfque un Fief eft en pariage, tous les poffeffeurs du même Fief ont le droit d'affifter aux Etats en même tems. Cette queftion fut agitée aux Etats tenus à Aix en 1538. Les Srs Amalric & Guiramand étoient coffegneurs du village d'Entregelles. Chacun d'eux voulut avoir féance aux Etats. Le Sr Amalric foutint qu'il avoit en fa faveur poffeffion ancienne & récente ; le fait fut vérifié, & les Etats deciderent en fa faveur (1).

---

(1) Pieces juftificatives, n. vi.

La même queſtion ſe préſenta de nouveau aux Etats tenus à Aix aux mois de Mai & Juin 1622. Les Segneurs du Canet ſe diſputerent entre eux la ſéance aux Etats. La Nobleſſe, lors des Etats tenus à Saint-Victor-les-Marſeille au mois de Septembre 1620, avoit fait un Règlement d'après lequel on pouvoit vuider le différent.

M. l'Archevêque d'Auguſtopolis, Coadjuteur & futur ſucceſſeur de M. l'Archevêque d'Aix, & qui ſe trouvoit préſider les Etats, propoſa de faire lire ce Règlement par le Greffier de MM. de la Nobleſſe. La lecture en fut faite; le Règlement fut adopté par les Etats, & tranſcrit dans leurs Regiſtres. Les Etats, inſtruits de la nouvelle Loi, voulurent s'en ſervir de règle pour porter leur jugement ſur le différent qui diviſoit les Segneurs du Canet.

Alors le Sindic de la Nobleſſe réclama les droits de ſon Ordre; il ſoutint que c'étoit à lui, dans une de ſes Aſſemblées particulieres, à faire l'application de la Loi qu'il s'étoit impoſée. Les Etats, informés que l'Ordre de la Nobleſſe devoit s'aſſembler inceſſamment, lui renvoyerent à prononcer ſur ce jugement; la Nobleſſe s'aſſembla, ayant à ſa tête M. le Grand-Sénéchal, & conformément au Règlement il fut dit que le Sr Raſcas Sr du Canet, continueroit d'opiner dans les Etats (1).

Ce Règlement porte, aux articles 4 & ſuivans, que dans le cas où pluſieurs Gentilſhommes poſſéderoient en pariage le même Fief, il n'y en aura qu'un ſeul d'appelé ſous le nom du Fief; que dans le cas où ils ne pourroient convenir entre eux de l'ordre à obſerver pour repréſenter le Fief aux Etats, ils y aſſiſteront ſucceſſivement les uns après les autres, en commençant par celui qui aura la principale portion du Fief; & en cas d'égalité, que le ſort en décidera.

---

(1) Pieces juſtificatives, II. VII.

Ce même Règlement exclut de l'entrée aux Etats & aux Affemblées les poffeffeurs des anciens Fiefs. Il n'en excepte que les terres de cette nature qui feroient comprifes dans l'affouagement général *avec cotité de feux diftincte & féparée*.

Tel eft l'ordre obfervé pour régler la féance aux Etats de MM. de la Nobleffe. En finiffant cet article, je me contenteroi d'obferver qu'aux Etats tenus à Avignon le 1er Août 1393, j'ai trouvé parmi les préfens le procureur du Prince d'Orange, fuivi de M. de Saut, & autres foit propriétaires, foit procureurs, au nombre de quinze, pour l'ordre de la Nobleffe (1). J'en infère de là que la Principauté d'Orange faifoit donc à cette époque partie de la Provence, puifque le poffeffeur de cette Principauté avoit entrée aux Etats de Provence. Obfervation que je rappelleroi à mes Lecteurs, lorfque je mettroi fous leurs yeux les différens efforts que nos Etats ont fait pour faire réunir à la Provence les diverfes parties qui en ont été détachées.

J'en infère en fecond lieu que les Gentilfhommes poffédans-fiefs avoient le droit de fe faire repréfenter; droit qu'ils ont perdu en force du Règlement du 13 Septembre 1620 (2).

J'obferve encore qu'aux Etats tenus à Aix entre le 15e jour d'Août & le 22 Octobre 1396, fous la Reine Marie & fon fils Louis, pour dreffer les chapitres d'union & de confédération contre Raymond de Turenne, j'ai trouvé parmi les Repréfentans de l'Ordre de la Nobleffe, Favette des Baux, époufe de Bérenger de-Ponteves, Segneur de Lambefc (3). Exemple mémorable qui prouve que les

---

(1) Archives du Roi, Reg. *Potentia*, fol. 55.
(2) Pieces juftificatives, n. viii.
(3) Archives du Roi, Reg. *Potentia*, fol. 137.

femmes n'ont pas toujours été jugées incapables de s'ingérer dans l'Adminiſtration de la choſe publique.

J'ai déjà dit que par ſon Règlement de 1620 la Nobleſſe avoit borné l'entrée aux Etats à un ſeul des poſſédans-fiefs en pariage; qu'elle s'étoit privée du droit de ſe faire repréſenter par procureur; enfin qu'elle n'avoit accordé la ſéance aux Etats qu'aux ſeuls Gentilſhommes poſſédans-fiefs. Ce Règlement qui opéroit néceſſairement une réduction dans le nombre des votans pour l'Ordre de la Nobleſſe, avoit été mû par les plaintes réitérées du Tiers-Etat, qui ne voyoit pas ſans peine que la prépondérance des voix étoit toujours en faveur de la Nobleſſe, qui, pour me ſervir des expreſſions du Sindic des Communautés aux Etats de 1620, *par moyen du grand nombre de MM. de la Nobleſſe qui ſe trouvent dans le rôle contre cinquante & tant de Communautés qui ont voix dans les Etats, que ce faiſant quelque choſe dans les Etats, c'eſt MM. de la Nobleſſe qui le font tout par ce moyen.* Ce point avoit été décidé par Arrêt du Parlement de Paris rendu en 1552. Aux Etats de 1620, le Sr de Feraporte, Sindic des Communautés, en requit l'exécution ; M. l'Evêque de Siſteron obſerva qu'il n'étoit que proviſoire, puiſqu'il étoit ordonné qu'au préalable il ſeroit juſtifié *des us & coutumes* de ce Pays. Que dès lors on ne pouvoit regarder l'Arrêt de 1552 comme portant Règlement.

En effet, cet Arrêt que j'ai trouvé enregiſtré aux Archives du Roi (Reg. *Elephantis*, fol. 193 v°), porte : *Auſſi, pendant ledit mois, les parties informeront* ſuper modo utendi, *de l'Aſſemblée deſdits Etats, & en quel nombre ils ont accoutumé chacun entrer en ladite Aſſemblée, même les gens du Tiers-Etat.* Le Tiers-Etat ne ſe preſſa pas ſans doute de fournir la preuve qui étoit exigée ; elle eut conſtaté que l'uſage ancien & de tout tems obſervé, étoit d'admettre aux Etats tous les poſſédans-fiefs ; parce que à cette époque la Nobleffe avoit feule le droit de poffèder des Fiefs. Le défaut de la preuve exigée remit fans doute les parties dans leur ancien état, & ne permit pas de donner exécution à une feconde difpofition du même Arrêt, qui porte : *Et cependant, par maniere de provifion & jufqu'à ce que autrement en foit par ladite Cour ordonné, & fans préjudice des droits des parties au principal, icelle notre dite Cour aye ordonné que en l'Affemblée defdits Etats, les gens du Tiers-Etat entreront en pareil nombre que les gens du Clergé ou les gens de la Nobleffe, & entreront chacun également & pour tiers, à favoir que s'il y entre vingt de la Nobleffe, il y en entrera vingt du Tiers-Etat & vingt du Clergé ; & ait notre dite Cour deffendu à tous qu'il appartiendra de faire aucune violence à iceux qui entreront à ladite Affemblée des Etats.*

En 1620, le Sr de Feraporte, Sindic des Communautés, demandoit pour & en leur nom l'exécution de cet Arrêt, qui ne donnoit au Tiers-Etat que le tiers des voix dans les Etats ; aujourd'hui les Communautés ont obtenu l'égalité contre les deux premiers Ordres réunis ; elles l'ont obtenue libéralement, volontairement ; & ce facrifice ne leur a pas paru affez fort; elles ont pouffé leur prétention plus loin ; elles étoient fans doute mal informées ; en connoiffant le titre que je viens de rappeler, elles fauront apprécier ce que les deux premiers Ordres ont fait en leur faveur.

MM. de la Nobleffe avoient prévenu cette motion ; deux jours auparavant ils s'étoient affemblés féparément & avoient fait le Règlement que nous avons déjà rapporté. Ils en rendirent compte aux Etats, & dès lors le Sindic du Tiers-Etat & les Communautés fe bornerent à demander acte de l'exhibition de l'Arrêt du Parlement de Paris, communication du rôle de la Nobleffe, ce qui leur fut accordé (1).

---

(1) Reg. des Délibérations des Etats, n. 10, fol. 232 v°, Septembre 1620.

Ce premier avantage remporté par le Tiers-Etat ne le contenta pas encore; il agita de nouveau cette même queſtion en 1626; & on voit par le procès-verbal de l'Aſſemblée générale des Communautés tenue à Aix cette même année (1) que le même Sindic des Communautés leur propoſa de délibérer qu'on pourſuivroit partout où beſoin feroit l'obtention d'un Règlement pour faire dire que MM. du Clergé & de la Nobleſſe ne pourroient entrer ni opiner en plus grand nombre dans les Etats que les Communautés & Vigueries, ainſi qu'on le pratique en Languedoc.

Sur quoi M. l'Evèque de Riez, Procureur du Pays joint pour le Clergé, obſerva que la propoſition lui paraiſſoit ſuperflue, puiſqu'il n'y avoit aucun Membre de ſon Ordre qui ne deſirât de traiter ce point à l'amiable. MM. de Montpezat & d'Anglés, Procureurs du Pays joints pour la Nobleſſe, adhérerent au ſentiment de M. l'Evèque de Riez, qui avoit été celui du Sr Aſſeſſeur.

L'Aſſemblé délibéra cependant que l'obtention du Règlement propoſé feroit pourſuivie, & néanmoins que MM. les Procureurs du Pays, *comme peres communs des trois Ordres,* en conféreroient avec MM. les Sindics & Procureurs joints deſdits trois Ordres, ſans toutefois pouvoir rien arrêter définitivement; qu'au préalable, une pareille Aſſemblée n'y eut donné ſon conſentement.

Telle étoit encore la ſituation de cette affaire, lorſqu'en 1639 nos Etats s'aſſemblerent pour la derniere fois. Depuis lors nous avions tenté pluſieurs fois d'obtenir leur réintégration. Nos efforts avoient toujours été inutiles, la queſtion de la formation des Etats avoit toujours ſervi de prétexte à ceux qui pouvoient peut-être avoir intérêt à éloigner ce moment fortuné.

---

(2) Pieces juſtificatives, n. x.

Nos vœux ont enfin été exaucés en 1787. Nous avons été rendus à notre primitive Conftitution ; & dès la troifieme féance les Commiffaires du Roi firent remettre aux Etats le Mémoire fuivant.

« Sa Majefté en convoquant les Etats de Provence, felon leur ancienne forme, a voulu leur donner un témoynage de fa juftice & de fa bonté envers les trois Ordres.

« Elle a confidéré que les Etats de Provence n'avoient jamais été révoqués, pas même fufpendus par un acte d'autorité ; qu'ils avoient conftamment été redemandés par les Affemblées de la Nobleffe & des Communautés, ainfi que par les Cours fouveraines de la Province, & que leur convocation avoit été promife plus d'une fois par les Rois fes prédéceffeurs.

« Sa Majefté, en conféquence, a ordonné la convocation des Etats, comme une fuite de la Conftitution du Pays qu'elle veut confirmer & maintenir.

« Mais Sa Majefté penfe qu'il eft à defirer qu'on établiffe une proportion fixe & déterminée entre les voix des différens Ordres; & Sa Majefté laiffe avec confiance aux Etats le foin & le droit de faire par eux-mêmes les réformes que le bien du Pays peut exiger.

« Sa Majefté defire que la formation des Etats foit réglée avant qu'on agite aucune autre queftion dans le fein des Etats.

« Il paroît, par les informations qu'elle a reçues, que la Nobleffe eft difpofée à réduire le nombre de fes voix à la moitié de celles du Tiers-Etat. Il fera néceffaire d'augmenter les voix du Clergé pour les mettre dans la même proportion.

« Mais il refte à favoir quél fera le nombre des voix du Tiers-Etat.

« Cet Ordre étoit anciennement repréfenté par les Confuls des Villes chefs de Viguerie, par les Députés des corps des Vigueries,

& par les Confuls des Communautés, qui avoient obtenu des Etats le droit & le privilege d'y avoir des Repréfentans.

« La fuppreffion de la Viguerie de Guillaume ayant occafionné un changement dans le nombre des anciens Repréfentans, Sa Majefté penfe qu'il eft jufte & convenable que la Commiffion qui fera établie pour difcuter & convenir de la formation des Etats, s'occupe d'abord de régler le nombre des Membres du Tiers qui feront admis à l'avenir dans les Etats, pour que les deux autres Ordres puiffent fe former d'après ce nombre.

« Sa Majefté entend qu'il ne fera rien changé à l'ancienne formation des Etats, dans tout ce qui n'a point rapport à la proportion des voix des différens Ordres ; elle n'a point affemblé les Etats pour détruire leur propre Conftitution, & elle croit devoir la maintenir (1). »

L'examen de ce Mémoire fut renvoyé à la Commiffion de la formation des Etats ; elle donna fon vœu.

M. l'Evêque de Sifteron, qui étoit à la tête de cette Commiffion, après quelques jours de travail rendit compte de ce qui y avoit été déterminé.

Après avoir expofé en raccourci le contenu au Mémoire remis par les Commiffaires du Roi, il ajouta :

« Par le Droit ancien du Pays, tous les Gentilfhommes étoient admis à voter dans les Etats. Des bénéficiers de différens Ordres étoient également admis. Par des réformes fucceffives, le Clergé fut réduit à un plus petit nombre ; les Evêques, les Abbés, quelques

---

(1) Procès-verbal des Etats de 1787, pag. 42 de l'imprimé.

Prévôts des Chapitres, & les Commandeurs de Malte furent les feuls admis, & il fut ftatué que les eccléfiaftiques qui ne feroient point en dignité n'y auroient point entrée.

« Le Tiers-Etat, fatiffait de la réduction du Clergé, n'en a jamais follicité une plus confidérable. Quelques années après il fe plaignit que la Nobleffe affiftoit aux Etats en trop grand nombre; que les voix de cet Ordre étoient plus nombreufes que celles du Clergé & du Tiers-Etat réunis. »

Suivent les détails dans lefquels nous fommes déjà entré. M. l'Evêque de Sifteron finit en difant :

« Nous venons de vous rapporter fidèlement les propres expreffions contenues dans les Regiftres du Pays ; & nous avons obfervé que cette affaire refta fans être pourfuivie, quoique depuis lors il fe foit tenu plufieurs Affemblées des Etats.

« Mais ce qui avoit été réclamé inutilement, la Nobleffe vient aujourd'hui l'offrir généreufement. Elle admet le principe établi par les Lettres-patentes de 1544 & par la réclamation du Sindic des Communautés de l'année 1626. Elle renonce pour le moment à toute majorité de fuffrages ; elle confent que réunie avec le Clergé elle ne forme que le même nombre de voix que le Tiers-Etat. Or comme le nombre conftitutionnel du Tiers-Etat s'élève à celui de cinquante-fix Députés, le Clergé & la Nobleffe réunis formeront entre eux un pareil nombre de fuffrages.

« Tel a été l'avis adopté par la Commiffion ; nous ne pouvons point cependant vous diffimuler que plufieurs Membres de la Commiffion ont invoqué la même Conftitution que celle du Languedoc, mais premierement, cette Conftitution ne nous eft pas affez connue ; en fecond lieu, pourquoi chercher ailleurs une Conftitution, lorfque la nôtre, réformée fuivant les principes du Gouvernement & le vœu que le Tiers-Etat a exprimé plufieurs fois, fatiffait aux intérêts de tous les Ordres.

« C'eft maintenant à vous, Meffieurs, à décider d'une réformation qui confolide à jamais notre Conftitution (1). »

Ce Rapport fini, & après que M. l'Archevêque d'Aix eut invité M. l'Affeffeur à faire part à l'Affemblée de fes obfervations, ce Prélat prit la parole. Ne préfenter qu'une efquiffe de ce Difcours, ce feroit l'affoiblir.

« Meffieurs (2),

« Votre premier intérêt & votre premier devoir eft de vous attacher aux principes de votre Conftitution.

« Le Gouvernement qui les refpecte & qui les maintient, vous apprend quelle eft l'exactitude avec laquelle vous devez vous y conformer vous-mêmes.

« Dans chaque Province la Conftitution du Pays eft le cri de ralliement de tous les Citoyens.

« Il n'y a que les principes de votre Conftitution bien connus & bien fuivis qui puiffent vous préferver de toutes les idées arbitraires.

« Si vous propofiez des idées arbitraires, il n'y a point de changement que vous ne puiffiez introduire.

« Quand il s'agit d'établir des formes nouvelles, les raifonnemens fe multiplient fans s'épuifer ; & il n'y a pas de raifon pour préférer une idée à mille autres qui font également poffibles.

---

(1) Procès-verbal des Etats de 1787, pag. 59 de l'imprimé.
(2) *Idem*, pag. 65.

« Vous vous égarerez fans aucune vue fixe & conftante, quand vous oublierez des ufages qui font devenus vos titres & vos Loix.

« Si vous n'avez plus de Loix à fuivre vous n'avez plus de titres à réclamer. Vous ne pouvez pas dire au Gouvernement : confervez des formes antiques que nous méprifons; maintenez nos droits que nous n'avons pas refpectés ; impofez-vous des obligations auxquelles nous ne nous foumettons pas nous-mêmes. Le Gouvernement, inftruit par votre exemple, apprendra ce qu'il ne favoit pas encore, qu'il peut à fon gré tout changer & tout détruire; qu'il peut abufer de la force, comme vous pouvez abufer de la liberté.

« Il me femble que nous devons nous faire à nous-mêmes une premiere queftion.

« Voulons-nous conferver notre Conftitution ?

« Voulons-nous l'abandonner ?

« Si nous l'abandonnons, le Gouvernement doit nous donner des ordres, au lieu de nous marquer des defirs. Il n'a pas befoin de nous confulter, puifque nous ne pouvons oppofer à fes ordres que cette même Conftitution que nous abandonnons.

« A quoi fert de vous affembler ? A quoi fert de convoquer ou de raffembler les Etats ? Si le Gouvernement peut ainfi que vous-mêmes méconnoître votre Conftitution, & fe jouer dans des Loix arbitraires & nouvelles, des formes de vos Affemblées, & de ces habitudes antiques & refpectables qui forment l'état des perfonnes en Provence, & le régime propre à votre ancienne Adminiftration.

« Si vous voulez conferver votre Conftitution, il faut rejetter toutes les idées arbitraires & nouvelles qui la contredifent ; il faut examiner fi l'objet qu'on vous propofe eft utile, s'il eft conforme à votre Conftitution, s'il peut s'exécuter par une forme conftitutionnelle.

« L'inftruction du Roi fe borne à defirer que telle foit la fixation des deux premiers Ordres que leurs voix réunies foient égales à celles du troifieme Ordre.

« Ainfi, felon les inftructions du Roi, la Conftitution du troifieme Ordre refte toute entiere telle que nous la retrouvons dans vos anciens Etats.

« Elle refte la même, fi l'on ne compte que le nombre abfolu des voix.

« Elle s'accroît en importance & en proportion, fi l'on confidere leur rapport avec les voix de la Nobleffe.

« Au lieu de cent vingt-huit Membres qui compofent la Nobleffe dans cette Affemblée, au lieu de trois cents poffédans-fiefs auxquels appartient le droit d'affifter aux Etats, il n'y aura plus, conformément aux defirs du Roi, dans les deux premiers Ordres, qu'un nombre égal à celui du Tiers-Etat.

« Cette balance eft celle qu'on a fuivie dans les nouvelles Adminiftrations des différentes Provinces, & il n'y avoit dans ces Provinces aucun ancien ufage qui donnât la prépondérance à la Nobleffe. La Nobleffe de ces Provinces acquieroit autant d'avantages que la Nobleffe de Provence fait de facrifices.

« Dans les Etats même où l'on a voulu diftinguer les Ordres & donner au Tiers-Etat l'avantage d'avoir une voix égale à chacun des deux Ordres, la voix réunie des deux premiers Ordres l'emporte fur la fienne. Le Tiers-Etat a l'infériorité contre les deux Ordres en Bretagne; il n'y a que l'égalité dans les autres Provinces. Il veut avoir la fupériorité dans la feule Province où la Conftitution donne la prépondérance aux voix de la Nobleffe.

« On cite les Etats du Languedoc.

« L'Affemblée des Etats en Languedoc eft compofée de vingt-trois Barons, vingt-trois Evêques & quarante-fix Députés des Villes.

Quelques Villes plus favorifées envoyent plufieurs Députés, qui tous enfemble n'ont qu'une voix.

« Ainfi, les faveurs de l'Adminiftration n'ont point altéré l'égalité de la Conftitution primitive en Languedoc.

« Et fi les Etats de Languedoc s'étoient écartés de leur Conftitution, faudroit-il oublier la nôtre, & ceux qui propofent des ufages qui nous font étrangers, pour accroître leurs avantages, n'ont-ils pas à craindre qu'on ne leur oppofe l'exemple de quelque autre Province pour les détruire.

« Nous avons fans doute la liberté de propofer toutes les idées qui nous femblent utiles, fi feulement nous favons refpecter des droits anciens & conftitutionnels. Les droits de la Nobleffe font ceux des Etats même de Provence. Tous les Monumens qui nous reftent préfentent les titres & les droits de tous les Ordres. Nous retrouvons dans les anciens Etats les poffédans-fiefs en nombre illimité ; nous retrouvons un nombre fixe & toujours le même des Députés des Communautés.

« Auffi, nous avons à difcuter des droits que nous ne pouvons pas méconnoître. Si le Tiers-Etat méconnoiffoit ceux de la Nobleffe, la Nobleffe ne reconnoîtroit pas ceux du Tiers-Etat. Les Ordres fe combattroient mutuellement, & tendroient à fe détruire, & la puiffance abfolue s'élevant fur leurs diffenffions, fubftitueroit fes volontés à des droits qu'elle apprendroit d'eux à ne pas refpecter.

« Quels font les droits de la Nobleffe ? On ne peut pas les nier. Elle a droit d'être en plus grand nombre que le Tiers-Etat, par la Conftitution même qui confacre tous les pouvoirs du Tiers-Etat.

« Qu'eft-ce qui peut ravir fes droits à la Nobleffe ?

« Ce n'eft pas le Tiers-Etat ; car la Nobleffe auroit le même droit de lui ravir les fiens.

« Ce n'eft pas le Roi qui le peut, parce qu'il veut régner par la juſtice, & que nous n'entendons pas, parce que le Roi peut, le pouvoir de la force.

« C'eſt la Nobleſſe elle-même qui doit ſe priver d'une partie de ſes droits pour les rendre utiles, & les Repréſentans du Tiers-Etat doivent accepter ſes ſacrifices quand ils deſireroient même des ſacrifices plus étendus.

« On leur propoſe même aujourd'hui ce que leurs prédéceſſeurs ont demandé long-tems ſans pouvoir l'obtenir.

« En 1544, le Tiers-Etat obtint des Lettres-patentes, portant qu'il n'entreroit pas dans les Etats un plus grand nombre des deux autres Ordres, que celui des Communautés & des Vigueries, ainſi qu'il ſe pratiquoit en Languedoc.

« Le Tiers-Etat peut ſe ſervir aujourd'hui de l'exemple du Languedoc pour avoir la ſupériorité ; le Tiers-Etat ſe ſervoit autrefois de l'exemple du Languedoc pour prétendre à l'égalité.

« Ces Lettres-patentes n'ont point eu d'exécution.

« Le Tiers-Etat ſe plaignit encore en 1600 de la prépondérance des voix de la Nobleſſe.

« La Nobleſſe fit un Règlement pour réduire le nombre de ſes voix.

« Le Tiers-Etat fut content : il fut exécuté.

« Le nombre fut réduit ; il excédoit encore infiniment celui du Tiers-Etat.

« En 1626, l'Aſſemblée des Communautés propoſa que, conformément à un Arrêt par proviſion du Parlement de Paris, il fut demandé un Règlement, pour que, dans les Etats, il ne pût y avoir un plus grand nombre des deux premiers Ordres que des Communautés. Ce Règlement ſi ſouvent déſiré par le Tiers-Etat eſt celui qu'on lui propoſe.

« Il eſt d'un grand intérêt pour le Tiers-Etat que la ceſſion d'un pouvoir & d'un droit émane de la volonté de celui qui le poſſede.

« C'eſt là le bouclier du peuple. Il faut que nul ne puiſſe lui faire céder les droits dont il jouit.

« Le conſentement des propriétaires eſt néceſſaire pour toute ceſſion de propriété.

« On ne peut pas nier que la prépondérance des voix ne ſoit une propriété acquiſe à la Nobleſſe. Cette propriété eſt fondée ſur les mêmes titres qui reglent les Députations des Communautés, ſur le titre même des Etats. Il faut donc que la ceſſion s'en faſſe par le conſentement de la Nobleſſe.

« C'eſt l'intérêt des Communautés de lui demander ſon conſentement, afin d'obtenir une ceſſion légale; afin qu'on ne puiſſe jamais rien leur ôter ſans leur conſentement; afin qu'elles conſervent ce qu'elles ne doivent jamais conſentir à perdre.

« Je dis aux Députés du Tiers-Etat : Reſpectez les droits de la Nobleſſe.

« Je dis à la Nobleſſe : Conſidérez les intérêts du Peuple, qui ſont les premieres Loix de tous les Ordres. Les droits du Peuple ſont fondés ſur ſes beſoins & ſur les vôtres. Vous avez intérêt de veiller à ſa proſpérité, parce que vous ne pouvez pas être vous-même dans la proſpérité quand il est dans la ſouffrance.

« Il n'y a pas un de ſes intérêts qui ne vous ſoit commun. Si vous conſidérez vos Fiefs, vous devez vous occuper du bien de vos vaſſaux. Si vous conſidérez les biens non nobles que vous poſſédez, vos intérêts ne ſont point diſtingués de ceux du Tiers-Etat; & c'eſt par lui-même, c'eſt par ſes Députés, c'eſt par votre concours avec eux que vos propriétés ſont défendues & protégées. Vous êtes repréſentés par vous-mêmes comme propriétaires de Fiefs. Vous êtes repréſentés par les Députés des Communautés, comme propriétaires du reſte de vos biens. Il y a plus de biens roturiers poffédés par les Segneurs, que de biens nobles ; & quand on croit qu'il exifte une oppofition entre les intérêts des deux Ordres, on doit voir à quel point leurs intérêts font mêlés enfemble & confondus.

« Ce feroit une partie de vos intérêts qui s'élèveroit contre l'autre. Je fuppofe que le Tiers-Etat difparoiffe de cette Affemblée ; je fuppofe qu'il s'élève une queftion & une oppofition fur les différences des propriétés nobles & de celles qui ne le font pas. Là même, dans l'Ordre feul de la Nobleffe, la difcuffion doit fe pourfuivre avec le même intérêt qu'elle pourroit être traitée entre l'Ordre de la Nobleffe & celui du Tiers-Etat.

« Si les poffeffeurs des biens roturiers ou ceux qui dans la Nobleffe ont un plus grand intérêt aux avantages des biens non nobles, étoient en plus grand nombre que ceux qui n'ont que des biens nobles ou ceux qui ont plus de biens nobles que d'autres biens, les poffédans-fiefs les plus confidérables trouveroient-ils jufte que la queftion fût jugée par la pluralité des voix ?

« Il n'eft pas plus jufte en foi-même que la Nobleffe ait la prépondérance des voix par rapport au Tiers-Etat. Je ne parle pas ici de la juftice fondée fur les Loix. J'oublie la Loi qui fait les droits, quand j'invite à céder les droits qu'elle donne.

« Il n'eft pas jufte, il n'eft pas même utile à la Nobleffe de conferver l'avantage du nombre. A quoi lui fert la prépondérance des voix ? Elle ne doit pas s'en fervir parce qu'elle ne veut pas en abufer. Elle exerce une prépondérance plus refpectable, qu'elle ne perdra jamais, quand elle ne voudra pas en avoir d'autre ; elle obtient par fon éducation, par fon état, par fes diftinctions, une fupériorité fenfible ; elle exerce une influence inévitable fur les fentimens du Tiers-Etat. Elle en fait elle-même partie. Des perfonnes d'un nom illuftre, de la plus ancienne Nobleffe, des militaires respectables préfident à la tête des Communautés & fiegent dans le Tiers-Etat. Les biens non nobles font mélangés avec les biens nobles. La Nobleffe eft mêlée avec le Tiers-Etat. Je cherche à diftinguer les Ordres, & je retrouve partout le lien qui les unit.

« Quels font les objets fur lefquels les intérêts des Ordres peuvent être divifés dans les Etats ?

« Les Etats s'occupent de quatre fortes d'objets principaux :

« Des encouragemens ;

« Des travaux publics ;

« Des impofitions,

« Et des affaires contentieufes.

« Tous les Ordres doivent être également occupés de mettre beaucoup de réferve & de fobriété dans les encouragemens, toujours follicités par des intérêts particuliers & prefque toujours inutiles ou nuifibles au bien général du commerce.

« Tous les Ordres doivent être également animés du même efprit d'ordre, d'économie & d'exactitude dans la furveillance toujours néceffaire des travaux publics.

« Il refte donc les impofitions & les affaires contentieufes.

« Je ne dis rien du principe des différentes impofitions.

« Mais quelles que foient les impofitions, & de quelque maniere qu'elles foient acquittées, il eft impoffible que l'intérêt n'en foit pas partagé par la Nobleffe comme par le Tiers-Etat, puifque la Nobleffe poffede plus de biens roturiers que de biens nobles, & que le Tiers-Etat paye les vingtiemes comme la Nobleffe.

« Dira-t-on que la Nobleffe a l'intérêt de rejetter les charges fur les biens non nobles ?

« Premierement, la Nobleffe en Provence n'en avoit pas le pouvoir. On fait que les impofitions font réelles en Provence, que les privileges perfonnels n'y font pas connus, & l'on a déterminé très-exactement les impositions propres aux biens de différente nature.

« Secondement, les Nobles payeroient les [charges imposées sur les biens non nobles.

« Troisiemement, il s'éleveroit la même opposition dans l'Ordre même de la Noblesse qu'entre la Noblesse & le Tiers-Etat.

« Quatriemement, je suis bien assuré que la Noblesse, ici présente, ne voudroit pas abuser du nombre de ses voix pour surcharger le Peuple, quand je vois qu'elle est occupée des moyens de le soulager.

« Cinquiemement, il paroît que les idées justes ont pris un cours déterminé, & le Gouvernement n'entend plus que les impositions nouvelles, pour charges publiques, soient rejettées sur les seuls biens taillables ou roturiers.

« Si l'intérêt de la Noblesse fut divisé de celui du Tiers-Etat par les longues erreurs du Gouvernement, le progrès d'une Administration plus éclairée, tend à réunir dans la suite leurs intérêts, & non à les diviser.

« L'intérêt sera commun, pour les impositions nouvelles ; & la prépondérance des voix devient inutile quand les intérêts sont communs. Elle est même nuisible, parce qu'elle conserve les soupçons & les inquiétudes, & quelle répand sur les affaires & sur les délibérations une apparence de division qui nuit au concours des forces réunies, & à cette unanimité, qui peut seule défendre une Province de l'excès des contributions.

« Restent donc les questions contentieuses.

« L'Assemblée des Etats ne s'intéresse point aux questions particulieres. Il faut qu'elles tiennent à l'intérêt général pour arrêter l'attention des Etats.

« Il y a des affaires dans lesquelles un Ordre entier est intéressé contre un de ses Membres.

« Il y a des affaires dans lesquelles un Ordre est intéressé contre l'autre.

« Un Ordre entier peut intervenir contre un de ses Membres, & peut solliciter l'intervention des Etats. Il n'y a point d'intérêt contraire à l'intervention demandée par un Ordre contre un de ses Membres. Ce sont les Loix établies dans chaque Ordre qu'il s'agit de réclamer, & nul Ordre ne votera pour s'opposer à l'exécution des Loix établies qui ne l'intéressent pas.

« L'intervention des deux Ordres l'un contre l'autre sembleroit devoir être le seul objet susceptible de discussion, si les Etats pouvoient intervenir contre un ordre des Etats. L'intervention est d'un Ordre contre un autre Ordre. Les Etats, composés des trois Ordres, ne peuvent qu'offrir, employer leur médiation, & ne doivent pas intervenir.

« Ce principe fut établi dans les Etats généraux d'Orléans. L'Ordonnance d'Orléans en fit une Loi.

« Qu'importe que les voix d'un Ordre soient en plus grand nombre par rapport à des objets sur lesquels les Etats ne peuvent point intervenir.

« La Noblesse n'a pas besoin de réserver ses voix pour des interventions qu'elle peut craindre, ou quelle peut desirer, puisqu'elle ne doit pas demander l'intervention des Etats contre le Tiers-Etat, & que le Tiers-Etat ne peut pas la demander contre elle.

« Il faut remonter à la source des interventions qui divisent trop souvent la Noblesse & le Tiers-Etat en Provence.

« Ces interventions sont la suite d'un ancien procès toujours subsistant entre les Segneurs & les Communautés.

« Il s'agissoit de distinguer les biens roturiers & les biens nobles. Les mutations perpétuelles des biens nobles, les distractions sans cesse renouvellées des parties détachées de la jurisdiction avoient entraîné beaucoup de doutes & d'incertitudes fur les biens contribuables & fur les biens exempts. C'étoit un long procès commencé depuis long-tems, qui n'avoit point été déterminé par l'affouagement de 1471. Cet affouagement, devenu la bafe de tous les autres, avoit été fait avec une certaine connoiffance du paffé, une connoiffance plus exacte du préfent, & fans aucune prévoyance de tous les changemens à venir.

« On avoit donné la paix, comme l'ignorance la donne, quand il lui fuffit de s'endormir un moment, en laiffant fubfifter tous les principes de divifion. Le cours du commerce ne pouvoit pas être fufpendu par l'affouagement de 1471. On fut étonné de voir des biens nobles fe détacher de la jurifdiction qui faifoit leur nobilité & prétendre à la franchife de la taille. On fut étonné de voir à l'abri de la jurifdiction les biens taillables s'élever à la qualité des biens nobles, & franchir la ligne de divifion tracée par l'affouagement. On l'avoit regardé comme immuable. Il fallut faire des regles pour des variations inévitables qu'on n'avoit pas prévues. Ce ne fut qu'après dix ans de conteftation que s'établit la voie de compenfation par l'Arrêt du Parlement de Paris de 1549, & par l'Arrêt conforme de 1556.

« C'étoit une forte de fatalité dans cette matiere, que chaque jugement prononcé pour fixer les conteftations ne fervoit qu'à les faire renoître.

« L'Arrêt de 1556 fut interprêté différemment par les défenfeurs de la Nobleffe & ceux des Communautés ; des Arrêts du Confeil contraires augmenterent les obfcurités.

« L'Arrêt de 1666, détruit par celui de 1668, fut en partie renouvellé par un Arrêt du Confeil du mois de Février 1702.

« Une Déclaration de 1728 fut révoquée par une autre Déclaration de 1771.

« Une derniere Déclaration de 1783 femble avoir fait revivre toutes les difcuffions.

« C'eft ce germe toujours fubfiftant de diffenffions qu'il faudroit détruire ; c'eft ce droit de compenfation qu'il feroit defirable de profcrire ou de modifier ; & nous comptons inviter les Etats à s'en occuper, afin qu'il ne refte plus dans la fuite aucun obftacle à la conciliation des Ordres en Provence.

« Si ce droit de compenfation eft enfin détruit ou réformé, s'il ne refte plus aucun obftacle à la conciliation des Ordres, la différence des voix eft inutile.

« Elle devient inutile par la conciliation des intérêts.

« Elle devient abufive par leur oppofition.

« Il me femble par toutes ces raifons que la Nobleffe doit confentir à la réduction du nombre de fes Membres dans les Etats.

« La proportion qu'on lui propofe eft celle que le Roi a fuivie dans toutes les Adminiftrations provinciales, celle des Etats du Languedoc, celle qui devient le régime général du Royaume. Il paroît qu'on a pris un moyen terme entre les anciennes mœurs qui donnoient le plus grand nombre de voix aux claffes les plus puiffantes, & le progrès des idées populaires, qui femble réclamer le plus grand nombre de voix pour la claffe la plus nombreufe. On a cru devoir établir l'égalité.

« Quelle eft la forme qu'il faut fuivre pour parvenir à cette réduction dans la proportion propofée ?

« C'eft ici qu'il faut oublier, fi c'eft poffible, jufqu'aux defirs du Gouvernement. Il faut craindre que fes defirs ne reffemblent à des ordres. Il faut en effacer l'impreffion, pour qu'il ne refte que le fimple exercice de la liberté.

« Quand un Gouvernement eft éclairé, il lui fuffit d'indiquer les idées juftes. Il en laiffe avec confiance l'exécution à ceux qui doivent en profiter. Il avertit la raifon ; il refpecte la liberté.

« Ce font les Etats qui s'affemblent dans tous leurs pouvoirs & tous leurs droits. Chaque Ordre y jouit de fa propre Conftitution. Celle même des Etats n'eft que la réunion des trois Ordres. Chaque Ordre a fa repréfentation qui lui appartient. Les Etats ne peuvent pas ôter le droit d'affiftance à tous ceux qui par la Conftitution de leur Ordre ont le droit d'affifter. Les Etats ne peuvent point ôter à chaque Ordre fa libre repréfentation. C'eft donc à chaque Ordre qu'il appartient de fe réduire lui-même.

« La Nobleffe a defiré devancer fon confentement dans des termes qui puiffent mieux exprimer & maintenir les principes de fa Conftitution. Il eft jufte de prendre toutes les précautions que les Ordres croiront convenables. On nous propofe un objet utile ; nous le rempliffons par une Délibération libre & volontaire. Nous rendons encore plus fenfible l'ufage de notre liberté, par toutes les formes qui peuvent en rappeller les principes, & nous donnons plus d'autorité par là même au confentement de la Nobleffe & à la Délibération des Etats. »

Et après que M. l'Archevêque eut expofé les divers motifs qui devoient diriger la Délibération, les Etats convinrent que malgré la réduction qui alloit s'opérer, les Membres de tous les Ordres demeureroient toujours les vrais & naturels Repréfentans de la Nation Provençale, qu'ils conferveroient leur caractère primitif & inaltérable d'Etats généraux ou nationaux du Pays, ainfi que la forme conftitutionnelle & l'effence du corps repréfentatif, & encore le droit de réclamer le choix à faire parmi les Membres des différens Ordres des Députés qu'ils font dans l'ufage d'envoyer aux Etats généraux du Royaume, lorfqu'il plaît au Roi de les convoquer, délibérerent à la pluralité des fuffrages que la fixation des voix des deux Ordres feroit faite de maniere que les voix de l'Ordre du Tiers feroient égales aux voix des deux premiers Ordres réunis (1).

Cette Délibération donna lieu à une nouvelle conteftation qui s'éleva entre le Tiers-Etat & les deux premiers Ordres.

Dans une des féances de la Commiffion pour la formation des Etats, les Députés des Communautés obferverent que l'ouvrage de la formation n'étant pas encore achevé, il étoit tems enfin que la formation entiere fût faite & délibérée dans les Etats. Que dans la féance du 8 Janvier 1788, on avoit feulement délibéré à la pluralité des voix fur le nombre des Députés du Tiers-Etat & fur fa compofition ; mais qu'il n'avoit point encore été délibéré, fur le nombre des Repréfentans du Clergé & de la Nobleffe ; ils prétendirent que les Ordres avoient réciproquement un droit d'infpection les uns fur les autres, & la compofition générale étant le réfultat de la compofition particuliere, celle-ci devoit être décidée par la généralité. Ils foutinrent que le Tiers-Etat avoit toujours intérêt à la formation particuliere du Clergé & de la Nobleffe, & qu'il lui importoit de connoître la maniere fixe & invariable de la nouvelle formation, ainfi que leur repréfentation refpective dans les Etats.

Ils demanderent en conféquence qu'avant que de s'occuper d'aucun autre objet, il fût procédé à la formation entiere des Etats.

Le Clergé & la Nobleffe obferverent de leur côté que tous les Gentilfhommes poffédans-fiefs, au nombre de 300, étoient Membres nés, conftitutionnels & permanens des Etats du Pays & Comté de Provence ; qu'ils s'étoient empreffés d'obéir aux defirs de Sa Majefté en délibérant une énorme réduction ; qu'en conféquence, la formation des Etats étoit parfaite, & qu'en faifant un fi grand fa-

---

(1) Pieces juftificatives, n. xi.

crifice, l'Ordre de la Nobleſſe n'avoit entendu en faire aucun autre.

Sur ce différent l'avis de la Commiſſion fut que les dires reſpectifs feroient inférés dans le procès-verbal, en obſervant que ſi à l'avenir les Etats jugeoient à propos pour le bien général, & nonobſtant les anciens Règlemens, d'augmenter le nombre des Députés & Repréſentans du Tiers-Etat, dans ce cas, les Députés des deux premiers Ordres feroient auſſi augmentés dans la proportion convenue, & de maniere que l'égalité des deux premiers Ordres pris enſemble, avec celui des Députés du Tiers fut toujours maintenue.

M. l'Archevêque d'Aix ajouta que MM. les Commiſſaires du Roi l'avoient prié de déclarer aux Etats, qu'après avoir demandé, au nom de Sa Majeſté, de régler la formation des Etats, en conformité de ce qui étoit porté par les inſtructions, ils n'étoient chargés de faire aucune autre demande ultérieure aux Etats ſur cet objet. Les Etats opinerent & adopterent l'avis de la Commiſſion, ainſi que l'obſervation qui en faiſoit partie (1).

Le Tiers-Etat ſembloit cependant vouloir regretter ſur ces Délibérations. Il avoit deſiré avoir la prépondérance & jetter un œil d'inſpection ſur la formation des deux premiers Ordres. Mais toutes ces difficultés furent levées par les inſtructions adreſſées au Commiſſaire du Roi nommé pour autoriſer l'Aſſemblée du Tiers-Etat convoquée à Lambeſc le 4 Mai 1788. Sa Majeſté fit déclarer à cette Aſſemblée qu'elle confirmoit & autoriſoit la Délibération des Etats ſur la formation des Etats à venir; qu'elle donnoit ſon agrément au refus fait par le Clergé, de l'augmentation propoſée par ſes inſtructions aux derniers Etats, & qu'elle maintenoit la Nobleſſe dans le droit d'être librement & volontairement ſes Repréſentans aux Etats,

---

(1) Pieces juſtificatives, n. xii.

fans que le Tiers-Etat pût exercer un autre droit, relativement à la repréfentation des deux premiers Ordres que celui d'en connoître le nombre, à l'effet qu'il n'excede pas celui des Députés du Tiers ayant voix délibérative (1).

Ce que les derniers Etats viennent de faire, avoit été pratiqué anciennement pour procurer une plus prompte expédition aux affaires, mais avec cette différence, que les Etats continuoient toujours d'être pleniers; que les réductions n'étoient que momentanées, s'opéroient dans les Etats eux-mêmes, & n'avoient fouvent pour but que les objets qui pouvoient faire matiere de litige entre les divers Ordres. Alors, toujours dirigés par un efprit de juftice & d'équité, ils reconnaiffoient que la décifion de ces objets ne pouvoit pas être abandonnée aux Etats dans toute leur plénitude; le Tiers-Etat y avoit eu du défavantage; & jamais on ne voulut le facrifier à la prépondérance des voix d'un feul Ordre. Ainfi vit-on aux Etats tenus à Aix en 1374, fe former une Commiffion, compofée de fept Membres du Clergé, fept Membres de la Nobleffe & quatorze Députés des Communes, avec plein pouvoir de délibérer, ordonner & difpofer, ainfi que les trois Ordres pourroient faire s'ils étoient préfens.

Les Etats convoqués à Aix en 1399 nous offrent une nouvelle preuve de cette forme de procéder; d'abord les Etats généraux fe réduifirent eux-mêmes à huit Membres du Clergé, tout autant pour la Nobleffe & dix-huit Membres du Tiers-Etat. Ainfi compofés, ils nommerent une Commiffion de feize pour rédiger les chapitres. On y obferva la même proportion qu'en 1374, quatre Membres du Clergé, quatre de la Nobleffe & huit des Communes.

---

(1) Pieces juftificatives, n. XIII.

Les Etats de 1419 fuivirent le même procédé, & pour éviter toute confufion dans les Délibérations, ils nommerent fix Membres du Clergé, fix Membres de la Nobleffe & neuf Députés des Communautés, auxquels ils donnerent plein pouvoir de délibérer, & préfenter à Leurs Majeftés toutes les fupplications que l'intérêt du Pays & le bien de la chofe commune pourroient exiger.

Dix ans après, les Etats de 1429 tenus à Aix nommerent une Commiffion pour rédiger leurs Délibérations; elle étoit compofée de cinq Membres du Clergé, cinq de la Nobleffe & dix du Tiers-Etat.

Enfin, en 1473 les Etats tenus à Marfeille nommerent douze de leurs Membres pour dreffer les chapitres, requêtes & fupplications, & en référer aux Etats ; trois Membres du Clergé, trois Membres pris dans l'Ordre de la Nobleffe, & fix Députés du Tiers-Etat compoferent cette Commiffion (1).

Mais quelle qu'ait été notre ancienne Conftitution à cet égard, elle eft fixée aujourd'hui par la Délibération des Etats convoqués à Aix au 30 Décembre 1787. Auffi MM. de la Nobleffe fe font-ils hattés de s'y conformer. Dans leur Affemblée tenue le 7 Février 1788 ils firent un Règlement par lequel, après avoir divifé les Gentilfhommes poffédans-fiefs en fix claffes, ils déterminerent que chacune des cinq premieres claffes auroit annuellement quatre voix aux Etats, & la fixieme fix ; ce qui compofe le nombre de vingt-fix voix. En y ajoutant les deux Sindics en exercice, les deux Procureurs joints pour l'Ordre de la Nobleffe, & les deux Procureurs joints renforcés pour le même Ordre, fuivant le nouveau Règlement des derniers Etats, on a le nombre de trente-deux Gentilfhommes poffédans-fiefs qui doivent affifter annuellement aux Etats.

---

(1) Pieces juftificatives, n. xiv.

Un des articles de ce Règlement fixe la préféance parmi MM. les Députés de l'Ordre de la Nobleffe ; il place à la tête de cet Ordre les deux Sindics en exercice, le plus âgé ayant le premier rang, & déclare que la préféance n'eft accordée qu'à l'âge.

Cette préféance fit un objet de conteftation entre M. le Marquis de Trans & MM. de l'Ordre de la Nobleffe ; M. de Trans prétendit en vertu d'un ancien Arrêt du Confeil devoir marcher & fieger à la tête de la Nobleffe ; elle avoit pris avant la tenue des Etats une Délibération dont celle que nous venons de rapporter ne fut que la confirmation.

M. de Trans s'en plaignit à MM. les Commiffaires du Roi ; il leur préfenta même une Requête pour être maintenu dans fon droit de préféance. Mais il en fut débouté provifoirement, & l'exécution de la Délibération de la Nobleffe du 16 Décembre 1787 ordonnée.

M. le Marquis de Trans crut devoir s'adreffer aux Etats affemblés, & leur demanda d'être mis provifoirement en poffeffion de la préféance à tous les Membres de l'Ordre de la Nobleffe. Les Etats, qui eurent communication de l'Ordonnance de MM. les Commiffaires du Roi, déclarerent n'y avoir pas lieu de délibérer fur cette demande, & ordonnerent cependant que la Requête de M. de Trans & le Mémoire de MM. les Sindics de la Nobleffe feroient annexés au procès-verbal (1).

Après le Clergé & la Nobleffe fiege le Tiers-Etat.

Il eft compofé de deux fortes de Députés : les Députés des Communautés chefs de Vigueries, & de quelques autres Communautés qui ont obtenu l'entrée aux Etats & Affemblées, les Députés de chaque corps de Viguerie.

---

(1) Procès-verbal des Etats convoqués à Aix le 30 Décembre 1787, pag. 30 & 41.

Anciennement, les feules Communautés qui dépendoient immédiatement du Roi, & qui étoient domaniales, avoient entrée à nos Etats. Les Communautés féodales y étoient fuffifamment repréfentées par leurs Segneurs. Nous pouvons citer en preuve de ce que nous avançons les Etats tenus à Aix le 28 Mars 1356. On y voit que le Sénéchal avoit convoqué les Barons, Nobles & Sindics des Communautés du Domaine pour traiter des affaires relatives au fervice du Souverain & à l'utilité du Pays (1).

Une autre preuve de ce que nous difons fe tire des diverfes liftes des préfens à nos anciens Etats. On y voit figurer des Communautés qui n'ont plus eu le droit d'y voter, fans doute depuis leur inféodation; & fi quelques-unes, après cette époque, y ont eu féance, ce n'a été qu'en vertu des nouvelles Délibérations des Etats qui les y ont admifes. Ainfi vit-on aux Etats tenus à Avignon le 1er Août 1393, les Communautés de Segnon & Buous, Jonquieres, la Ville de la Mer, Saint-Mitre, Saint-Ramiech, Ferrieres, Iftres, Berre & fa Baronie, Rognac. Les Etats tenus à Aix le 1er Février 1393, nous offrent de nouveau les Communautés de Jonquieres, Iftres, Berre, Grimaud, Foz, Ferrieres, Signe & Segnon; nous trouvons aux Etats convoqués à Aix le 15 Août 1396, les Communautés de Jonquieres, Ferrieres, Lançon, Eguilles, Le Pui-Sainte-Réparade & Saint-Banech; aux Etats convoqués à Tarafcon en Décembre 1396, les Communautés de Berre, Grimaud, Segnon, Le Broc & Mouans. En 1397, la Ville de la Mer députa aux Etats convoqués au 20 Mai & la Communauté du Luc députa à Aix en 1487. Nous ne parlons pas des tems de trouble, où l'on vit les Communautés d'Eyragues, Châteaurenard, Orgon, Cucurron, Barbentane, Salon, &

---

(1) Pieces juftificatives, n. xv.

plufieurs autres affifter aux Etats tenus en 1590 & 1592. On ne peut citer comme faifant regle & Loi des tems où la Loi & la regle étoient méconnues (1).

La Communauté de Riez étoit en poffeffion d'affifter aux Etats. On trouve fon Député dans la lifte des préfens aux Etats tenus à Aix le 15 Août 1396, à Marfeille le 24 juillet 1537, & à Aix, le 15 Avril 1539. Cependant, la Communauté de Mouftiers, chef de Viguerie, difputa l'entrée aux Etats à la Communauté de Riez. Elle prétendit que Riez n'étant point Ville royale, mais foumife à la jurifdiction de M. l'Evêque & de plufieurs coffegneurs, ne devoit entrer aux Etats que comme Membre de la Viguerie, & non en fon propre. La Communauté de Riez foutint, au contraire, qu'elle étoit en poffeffion ancienne de jouir de la féance aux Etats ; que le droit qu'elle réclamoit ne lui étoit point particulier, puifque les villes de Pertuis, Manofque & Reillanne jouiffoient de la même faculté ; les Etats déciderent en faveur de la ville de Riez, & la maintinrent dans fon ancienne poffeffion (2).

La Communauté des Mées, autrefois fous la jurifdiction immédiate d'un Segneur particulier, venoit de fe racheter & de fe ranger dans la claffe des Communautés domaniales, lorfqu'en 1578 elle demanda aux Etats convoqués à Marfeille d'y avoir entrée, féance & voix délibérative. Elle remit fes titres à M. d'Auribeau, qui étoit pour lors Affeffeur & Procureur du Pays. Il en fit fon Rapport aux Etats ; il fut favorable à la demande de la Communauté des Mées. Mais ce Rapport ne fut fait qu'à la derniere féance ; on alloit procéder à la publication des Etats, ils étoient finis, &

---

(1) Pieces juftificatives, n. XVI.
(2) *Idem*, n. XVII.

M. l'Archevêque d'Aix déclara au nom du Clergé & de la Nobleffe qu'on ne pouvoit plus former aucune propofition, & avec d'autant plus de raifon, qu'une grande partie du Clergé & de la Nobleffe s'étoit déjà retirée ; il demanda en conféquence de renvoyer la Délibération aux prochains Etats. Les Communes penferent au contraire qu'elles avoient la faculté de délibérer fur cet objet, & accorderent à la Communauté des Mées ce qu'elle demandoit.

Cette Délibération étoit certainement contraire à toutes les regles ; il en fut ainfi jugé aux Etats tenus à Saint-Maximin en Juillet 1581. M. Honoré Guiran, Affeffeur & Procureur du Pays reprit la propofition faite par fon prédéceffeur en faveur de la Communauté des Mées ; elle fut de nouveau examinée, & les Etats duement formés enterinerent la demande de cette Communauté, pour jouir par elle du droit d'affiftance aux Etats & Affemblées, tant qu'elle feroit fous la jurifdiction immédiate du Roi, & à la charge d'en être privée, fi elle retournoit jamais fous la jurifdiction d'un Segneur particulier (1).

La ville de Frejus députoit aux Etats & Affemblées ; en 1601 le Député de la Viguerie de Draguignan voulut lui difputer ce droit, & prétendit qu'elle devoit être comprife dans la Députation générale de la Viguerie ; les Etats, après s'être pleinement convaincus du droit qu'avoit à cet égard la ville de Frejus, l'y maintinrent, & ordonnerent qu'elle continueroit d'avoir féance aux Etats ; Délibération qui fut de nouveau confirmée aux Etats convoqués à Aix dans les mois de Mai & Juin 1602 (2).

La faveur qui avoit été accordée à la Communauté des Mées,

---

(1) Pieces juftificatives, n. xviii.
(2) *Idem*, n. xix.

ne pouvant être refufée à celle d'Antibes, Ville royale, ville importante foit par fa pofition, foit par fon affouagement, elle méritoit cette faveur ; elle la demanda aux Etats tenus à Aix en 1611 ; elle l'obtint, avec la réferve cependant que la Délibération prife à cet égard ne pourroit être tirée à conféquence en faveur d'aucune autre Communauté (1).

Cependant, malgré cette réforme, la Communauté de Valenfolle préfenta une pareille Requéte aux Etats tenus à Brignoles en 1618. Cette Communauté avoit été autrefois en poffeffion d'affifter par un Député aux Etats de Provence. On la voit nommée dans la lifte des Députés aux Etats tenus à Aix le 15 Août 1396. Ce fut fans doute cette confidération qui lui mérita que les Etats pafferent par deffus la regle qu'ils s'étoient prefcrite; fon affouagement confidérable, qui, à l'époque dont nous parlons, étoit de 28 feux, dut même pefer en fa faveur (2).

Ce ne fut pas fans peine que la ville d'Annot, aujourd'hui chef de Viguerie, vint à bout de fe faire reconnaître en cette qualité, & de jouir des prérogatives y attachées ; elle en forma la demande aux Etats convoqués à Marfeille au mois de Mars 1597. Elle ne fut pas heureufe dans cette premiere tentative. Elle fut déçue de fa prétention d'être chef de Viguerie, & défenfes lui furent faites de députer aux Etats (3). Elle gagna un peu de terrain aux Etats tenus à Aix en 1598. Non-feulement elle demandoit alors d'être chef de Viguerie, mais encore elle difputoit cette qualité à la ville de Guillaume ; il lui fut permis de communiquer les titres fur lefquels

---

(1) Pieces juftificatives, n. xx.

(2) *Idem,* n. xxi.

(3) Greffe des Etats, Reg. n. 7, fol. 6. Etats tenus à Marfeille en Mars 1597.

elle appuyoit fa prétention ; mais cependant il fut ordonné provifoirement que la Délibération des précédens Etats feroit exécutée.

Les parties parurent oublier leur différend jufqu'au mois de Janvier 1624. A cette époque nos Etats étoient affemblés à Aix. Annot ne difputa plus à Guillaume d'être chef de Viguerie ; mais elle prétendit qu'elle l'étoit de fon côté ; qu'elle n'avoit rien de commun avec la ville de Guillaume ; qu'elles formoient deux Vigueries diftinctes & féparées ; que dans la Viguerie d'Annot étoient compris fept Villages qui en dépendoient ; elle cita un Arrêt dont la date n'eft point rappellée, qui l'avoit ainfi jugé, & elle demanda en conféquence d'être admife aux Etats & Affemblées ; d'y avoir rang, féance & voix délibérative comme les autres chefs de Viguerie. Ce qui lui fut accordé ; le Député de Guillaume déclara cependant être appellant de cette Délibération, oppofition qui fut réitérée aux Etats fubféquens tenus à Aix au mois d'Octobre fuivant. On appuya cette oppofition des Délibérations prifes aux Etats de 1597 & 1598. Elles parurent mériter quelque attention. Il fut décidé que les parties contendantes remettroient refpectivement leurs titres au Sr Affeffeur, qui fut chargé d'en faire le Rapport à une Commiffion compofée de l'Evêque de Senez, de M. l'Abbé de Valfainte, des Srs Procureurs du Pays, tant actuellement en charge, que ceux qui avoient été élus pour l'année fuivante, & des Députés des Communautés de Tarafcon, Forcalquier & Sifteron. Cette Commiffion reçut les pouvoirs néceffaires pour prononcer fur ce différent. Elle s'affembla ; mais le Député de Guillaume n'ayant pu remettre fes titres, attendu qu'il ne les avoit pas en fon pouvoir, les Etats renvoyerent la décifion de cette affaire à leur prochaine tenue ; ils enjoignirent aux deux Communautés d'autorifer leurs Députés à s'en rapporter au jugement de la Commiffion qui feroit fur ce nommée, & cependant le Député d'Annot fut admis aux Etats en force de la précédente Délibération.

Les Communautés d'Annot & de Guillaume ne fatiffirent point à cette Délibération. Ils vinrent aux Etats tenus à Aix en Décembre 1625, & n'apporterent aucun des pouvoirs qui avoient été exigés d'eux ; les Etats en furent informés, & leur enjoignirent de nouveau de fe munir d'une procuration valable à l'effet de s'en rapporter pour le jugement de leur différend à la décifion de MM. les Procureurs du Pays qui feroient en charge & de leurs devanciers que les Etats commirent à cet effet; le tout à peine d'être privés de l'entrée aux Etats, & cependant fans préjudice du droit des parties ni leur rien attribuer de nouveau, il fut délibéré que fans conféquence le Député d'Annot affifteroit aux Etats qui fe tenoient dans ce moment, & ce en vertu des précédentes Délibérations (1).

On ne trouve dans aucun des procès-verbaux des Etats fubféquens qu'il y foit fait mention de cette difpute, mais on peut préfumer qu'elle fut décidée en faveur de la Communauté d'Annot d'après le procès-verbal d'une Affemblée générale des Communautés tenue en 1635, & dans lequel on voit que les Procureurs du Pays furent chargés de procéder à la féparation de ces deux Vigueries, d'après les pieces qui leur feroient remifes par les Communautés de Guillaume & d'Annot (2).

La Communauté d'Ollioules avoit député aux Etats tenus à Tarafcon dans le mois de Décembre 1396. Elle avoit été au rang des Communautés confidérables dans ceux de 1397 ; on voit qu'elle y avoit deux Députés qui la repréfentoient, ainfi que fes dé-

---

(1) Archives du Pays, Reg. des Délibérations n. 11, fol. 213 v°.
(2) Pieces juftificatives, n. xxii.

pendances. Inféodée, elle perdit le caractere de Ville domaniale, & n'eut plus entrée aux Etats. Son affouagement de 33 feux 3/4 lui parut être un titre pour demander de recouvrer un droit qu'elle avoit perdu ; elle s'adreffa aux Etats de 1627 qui renvoyerent à prononcer fur cette demande à une prochaine Affemblée ; ce ne fut cependant qu'en 1632 qu'il y fut ftatué définitivement, & en conformité de la demande de cette Communauté (1).

La ville de Cuers avoit été érigée en Ville royale par Lettres-patentes du mois d'Octobre 1626. Son affouagement, porté à 16 feux 1/2, étoit confidérable ; ces motifs l'autoriferent à demander d'être admife aux Etats & d'y avoir féance & voix délibérative ; ce qui lui fut accordé par l'Affemblée des Etats tenus à Aix en 1628. Le Député de la Viguerie d'Hieres crut cependant devoir faire conftater de fon oppofition à cette Délibération, & fa proteftation fut couchée dans le procès-verbal (2).

Le lieu de Coufegoules n'avoit pas été auffi heureux aux Etats tenus à Aix au mois d'Octobre 1624. Les habitans de ce Village s'étoient rachetés, & avoient acquis la Segneurie & la juftice, pour être réunis au Domaine, ce qui avoit été effectué par Lettres-patentes données à Paris au mois de Janvier 1623. Elles portoient entre autres chofes que ledit lieu feroit réputé Ville royale, & que comme tel, il auroit entrée & voix délibérative aux Etats & Affemblées ; elles avoient été enregiftrées aux deux Cours par Arrêts des 27 Janvier & 29 Février 1624. Le Pays avait été ouï, lors de l'enregiftrement foit à la Cour des Comptes, Aides & finances. Elle s'adreffa aux Etats, & demanda de jouir de l'effet de ce titre.

---

(1) Pieces juftificatives, n. xxiii.
(2) *Idem*, n. xxiv.

Le Député de la Viguerie de Saint-Paul-les-Vence s'oppofa à ce que la Communauté de Coufegoules obtint ce qu'elle demandoit; il s'appuya fur le préjudice qu'en fouffriroit la Viguerie ; fur le peu de confidération de ce lieu, qui n'étoit affouagé que 2 feux ; enfin fur les conféquences d'un pareil exemple.

Les Etats renvoyerent d'abord la Délibération au lendemain, & tout mûrement examiné, *attendu la conféquence & confufion que cela engendreroit dans le Pays, & le peu d'intérêt que ladite Communauté a, n'étant affouagée que 2 feux, a été délibéré qu'elle n'aura aucune entrée ni féance dans lefdits Etats.* Le Sr Luce, de la ville de Graffe, qui étoit Député de la Communauté de Coufegoules, déclara appeller de cette Délibération (1).

Il nous refte à parler des Vallées connues anciennement fous le nom *des Vaux*. Les Communautés qui compofent les Vallées font au nombre de quatre ; on les trouve énumérées fous la qualification des Vaux dans la lifte des préfens aux Etats convoqués à Aix au 15 Avril 1539 (2). Ces quatre Communautés font : Le Martigues, Lambefc, Trets & Rians. On trouve dans des anciens Etats tenus en Décembre 1396 la Vallée de Seyne ; mais cette dénomination n'a aucun rapport avec ce que nous appellions anciennement *les Vaux*. Barrême eft encore placé au nombre des Vaux dans une lifte inférée au commencement du Regiftre n. 9 des Délibérations des Etats, confervée au Greffe du Pays ; lifte dont le but eft d'indiquer *le rolle & ordre que l'on doit tenir à appeller MM. des Communes & Vigueries à la tenue des Etats & Affemblées*, mais en même tems cette lifte porte en note ce que nous ferons

---

(1) Archives du Pays, Reg. des Délibérations n. 11, fol. 125 v° & 131 v°.
(2) Reg. n. 1, fol. 60, Greffe des Etats.

bientôt dans le cas de prouver. *Vaux pour lesquels MM. les Consuls d'Aix, Procureurs du Pays, opinent.*

Le Martigues, qui est à la tête des Vaux ou Vallées, avoit anciennement le droit d'assister aux Etats; on voit ses Députés figurer dans les Etats tenus à Avignon le 1er Août 1393, à Aix le 1er Février 1393, dans la même Ville le 15 Août 1396, à Tarascon au mois de Décembre suivant, à ceux tenus le 20 Mai 1397 ; cette Communauté est dénommée sous le nom de Vallée aux Etats tenus à Aix le 5 Octobre 1399. Elle eut trois Députés à l'Assemblée tenue à Aix en forme d'Etats le 25 Janvier 1590; elle se fit enfin représenter à une pareille Assemblée tenue dans la même Ville le 29 Avril 1592.

Cependant, malgré cette possession, la ville de Martigues présenta Requête aux Etats tenus à Aix au mois de Février 1639; elle y représenta qu'elle étoit affouagée 22 feux; qu'elle étoit chef de Principauté ; qu'elle portoit le titre de Ville, & que sa population étoit considérable. Elle demanda en conséquence d'être admise aux Etats & Assemblées pour y avoir rang & séance, & y porter voix délibérative; ces motifs engagerent les Etats à appointer favorablement la Requête (1).

La Communauté de Lambesc tient le second rang parmi les Vallées. Elle avoit anciennement par son Député assisté aux Etats tenus à Aix le 1er Février 1393. On la trouve encore dénommée parmi les présens aux Etats tenus dans la même Ville le 29 Avril 1592. Elle s'adressa aux Etats tenus à Aix au mois de Janvier 1606. Elle s'appuya de son antique possession, & en conclud qu'elle devoit avoir rang, séance & voix délibérative aux Etats.

Les Consuls d'Aix peuvent révoquer en doute les allégations de

---

(1) Pieces justificatives, n. xxv.

la Communauté de Lambefc, qui n'exhiboit aucun titre en fa faveur ; ils réclamerent le droit qu'ils avoient toujours d'opiner pour les Vaux; ils s'appuyerent à cet égard d'une poffeffion fi ancienne qu'ils prétendirent que de mémoire d'homme on ne pourroit avoir une preuve contraire ; & ils demanderent d'être maintenus en leur droits.

Les Etats, fur ce différend, ordonnerent que la Communauté de Lambefc fairoit apparoir de fes titres, & ce pendant que les Confuls d'Aix feroient maintenus en la poffeffion d'opiner pour ledit lieu de Lambefc & fa Vallée, ainfi que pour les autres Vaux, à l'exception de celui de Rians, pour lefquels ils n'opineront qu'en leur abfence.

La Communauté de Lambefc revint à la charge en 1624. Elle fut plus heureufe ; elle obtint ce qu'elle avoit demandé en 1606, fans quelle pût prétendre entrer aux Etats comme chef de la Vallée de Lambefc, pour laquelle les Confuls d'Aix opinent (1).

La Communauté de Trets, qui eft la troifieme des Vallées, avoit affifté par fon Député aux Etats tenus à Aix les 15 Août 1396 & 9 Avril 1487. Elle n'étoit plus fous la jurifdiction immédiate du Roi ; mais fon affouagement étoit de 29 feux; & elle avoit pour elle une poffeffion ancienne qui n'avoit été interrompue que par la négligence de fes Adminiftrateurs, & qui paraiffoit avoir été confirmée du moins provifoirement aux Etats tenus à Riez en Janvier 1591. On trouve en effet dans le procès-verbal de ces Etats que *fur le rétabliffement requis par les Confuls de Trets pour entrer aux Etats, & avoir voix délibérative comme répondant pour le Val dudit Trets, a été arrêté que lefdits Srs Confuls & Députés raporteront entre cy & les pro-*

---

(1) Pieces juftificatives, n. xvi.

chains Etats leurs titres & documens attribués pour ce regard, & cependant par proviſion, & ſans attribution d'aucun nouveau droit, leſdits Conſuls & Députés, comme répondants pour le Val dudit Trets, entreront cy après aux Etats & Aſſemblées ayant voix délibérative par ſon rang (1).

Cette demande ſouffrit beaucoup de difficultés. Aux Etats de Janvier 1624 on craignit que trop de facilité à accorder l'entrée aux Etats ne devint nuiſible; d'ailleurs la Communauté de Trets en avoit été déboutée en 1606.

Cependant, il fut nommé une Commiſſion pour examiner plus murement cette Requête; elle fut compoſée de M. le Coadjuteur d'Aix, Préſident aux Etats; de MM. les Evêques de Frejus & de Siſteron; de MM. de Solliers & de La Verdiere pour l'Ordre de la Nobleſſe; de MM. les Procureurs du Pays, & des Députés des Communautés de Taraſcon & de Forcalquier, pour, ſur leur Rapport, être ſtatué ce qui feroit le plus avantageux. Les Etats ne déciderent encore rien ſur cette demande, & la renvoyerent à être encore plus attentivement diſcutée à leur prochaine tenue.

Ils ſe raſſemblerent au mois d'Octobre 1624; la demande de la Communauté de Trets fut de nouveau repréſenſée, & elle fut accueillie aux mêmes charges & conditions que l'avoit été celle de Lambeſc (2).

Enfin, la Communauté de Rians, la quatrieme dans le rang des Vallées, fit repréſenter aux Etats tenus à Brignoles en 1632, que ayant eu anciennement l'entrée des Etats en qualité de Vallée, il pa-

---

(1) Pieces juſtificatives, n. xxvii.

(2) Archives du Pays, Reg. des Délibérations n. 5 d'une ſeconde collection, cayer 6, fol. 31.

raiffoit jufte qu'elle y fût admife comme corps de Communauté, à l'exemple de Lambefc & de Trets. Cette demande ne fut point rejettée ; la Communauté de Rians fut admife aux Etats & Affemblées comme Communauté particuliere, & fans qu'elle pût prétendre y entrer comme chef de la Vallée de Rians, *pour laquelle MM. les Confuls d'Aix opinent, ainfi qu'eft la coutume* (1).

Les Communautés de Barrême, Vence, Cuers, Signe, Tourves, Fayence & Roquebrune ne furent pas auffi heureufes ; elles avoient demandé en divers tems de pouvoir députer aux Etats & Affemblées ; mais leur demande fut rejettée (2).

Les Communautés qui ont le droit de députer aux Etats, font donc, dans l'état actuel :

Marfeille, Arles, Aix, Tarafcon, Forcalquier, Sifteron, Graffe, Hieres, Draguignan, Toulon, Digne, Saint-Paul, Mouftiers, Caftellanne, Apt, Saint-Maximin, Brignoles, Barjols, Annot, Colmars, Frejus, Riez, Pertuis, Manofque, Lorgues, Aups, Saint-Remi, Reillanne, Les Mées, Antibes, Valenfolles, Lambefc, Trets, Cuers, Rians, Ollioules, Martigues.

Parmi les Villes qui ont droit de députer aux Etats, nous avons placé à leur tête celles de Marfeille & Arles. Ces deux Villes ont chacune le droit d'envoyer deux Députés aux Etats ; mais à laquelle des deux doit appartenir la préféance ? Cette queftion fut agitée aux Etats tenus à Aix au mois de Février 1583 ; & par forme de provifion il fut dit que chacun à fon tour jouiroit du droit de

---

(1) Pieces juftificatives, n. xxviii.

(2) 1583, n. 3, fol. 435, v°; 1591, n. 5, fol. 194 & 211, v°; Janvier 1624, n. 11, fol. 86 v°; 1639, n. 19, fol. 257 v°, des Regiftres des Déliébrations des Etats au Greffe du Pays.

préféance, c'eſt-à-dire qu'aux Etats tenus dans les années dont le nombre feroit pair, la ville de Marſeille précéderoit celle d'Arles, & à ceux que l'on tiendroit dans les années impaires, la ville d'Arles auroit la préféance. Ce Règlement proviſoire avoit été exécuté juſqu'en 1639. Nos Etats furent rétablis en 1787, & les Députés d'Arles demanderent de précéder ceux de la ville de Marſeille. Ces derniers au contraire excipoient d'une Délibération expreſſe de leur Communauté qui les obligeoit de réclamer contre la préféance prétendue de la ville d'Arles, de faire leur proteſtation, & de ſe retirer ; ce qu'ils exécuterent en effet, après avoir ouï de la bouche de M. l'Archevêque d'Aix, Préſident aux Etats, les témoynages de regret qu'éprouvoient les Etats de ſe voir privés dans leur Aſſemblée des Députés d'une Ville auſſi célebre & auſſi intéreſſante que celle de Marſeille. Cependant cette queſtion fut de nouveau examinée par la Commiſſion nommée pour aviſer à la formation des Etats ; elle étoit chargée ſpécialement de connoître ſi la ville d'Arles avoit réellement le droit d'avoir deux Députés aux Etats ; les Regiſtres de leurs Délibérations ne peuvent fournir de grands éclairciſſemens ; on y trouve rarement le nom des Députés ; cependant il fut vérifié qu'en 1629, il y eut trois Députés pour la ville d'Arles. A ce premier éclairciſſement, les Regiſtres de la Maiſon commune d'Arles en ajouterent de nouveaux ; il en réſultoit qu'aux années 1547, 1550, 1583, 1611 & 1639 la ville d'Arles avoit eu deux Députés aux Etats; munie de ces preuves, la Commiſſion penſa unanimement que les Etats devoient admettre les deux Députés de la ville d'Arles, & quant à la préféance, elle jugea qu'elle ne devoit point être réglée par les années paires ou impaires, mais qu'elle devoit avoir lieu à l'alternative entre les villes de Marſeille & Arles ; le motif de cette opinion fut qu'il pourroit arriver que les Etats ſe trouvaſſent plus ſouvent dans les années impaires que dans les années paires, ce qui priveroit la ville de Marfeille du droit précieux d'avoir préféance dans les Etats. La Délibération qui fut prife porta que la Communauté d'Arles feroit repréfentée par deux Députés, le premier d'entr'eux feulement ayant voix confultative; & quant à la préféance, les Etats s'abftinrent d'y prononcer (1).

Nous venons de rapporter que le premier Député feulement de la ville d'Arles a voix confultative. C'eft un privilege qui a toujours été efficacement réclamé non-feulement par la ville d'Arles, mais par celle de Marfeille. Les Députés de ces deux villes n'affiftent aux Etats que pour veiller aux intérêts de leur Cité, & s'oppofer à tout ce qui pourroit être délibéré de contraire à leurs privileges. Nos anciens Etats fourniffent plufieurs exemples de ce que nous avançons ici.

Aux Etats tenus à Aix au mois de Septembre 1568, le Conful & l'Affeffeur de Marfeille déclarerent au nom de leur Communauté ne confentir en aucune maniere aux Délibérations qui y avoient été prifes, en tant qu'elles brecheroient à fes privileges, franchifes, libertés & conventions (2); proteftation qui fut renouvellée aux Etats fubféquens.

La Communauté d'Arles fut convoquée à une Affemblée particuliere qui fut tenue à Lambefc en 1579 par permiffion du Parlement, qui, attendu l'abfence de Gouverneur, avoit en main le gouvernement de la Provence.

Les Confuls d'Arles fe rendirent à cette Affemblée; il s'agiffoit de pacifier les troubles qui agitoient nos peres à cette époque.

---

(1) Pieces juftificatives, n. xxix.
(2) N. 2, fol. 40 v° & fol. 124. Etats tenus à Aix en Novembre 1596, Archives des Etats.

Après la publication du procès-verbal, les Députés de la ville d'Arles réclamerent les conventions & chapitres de paix faits entre les feu Rois de France & les Habitans de leur Cité ; ils foutinrent qu'en vertu d'iceux ils ne faifoient point corps avec le Pays de Provence ; qu'ils en étoient féparés ; qu'ils n'avoient autres droits aux Etats que celui de l'affiftance, fans y avoir opinion ; en conféquence, & toujours dans le feul deffein d'obéir à l'Arrêt qui les avoit appellés à l'Affemblée, & fans préjudice de leurs conventions & libertés, ils remontrerent *par forme de remontrances & non autrement* (1).

En 1590 un fujet à peu près pareil fit appeller à une femblable Affemblée les Confuls de Marfeille. Ils y déclarerent, *attendu qu'ils n'ont voix ni opinion aux Etats & Affemblées pour n'entrer aux charges du Pays fuivant les privileges de leur Ville, n'avoir affifté à la préfente Affemblée que pour obéir au commandement fait par la Cour* (2).

Deux ans après, il fut convoqué à Aix une Affemblée générale en forme d'Etats ; il étoit queftion d'une treve entre le parti royalifte & celui de la Ligue. Les Députés de la ville d'Arles y affifterent. Ils remontrerent *n'avoir aucune charge d'opiner en ladite Affemblée, & que, aux Etats ne Affemblées, ils ne portent jamais opinion ; priant ladite Affemblée les excufer s'ils n'opinent en ce fait* (3).

L'Affemblée laiffa aux Députés d'Arles toute liberté à ce fujet, & déclara même que s'ils portoient leur opinion, ce feroit fans conféquence.

---

(1) N. 3, fol. 95, Archives des Etats.
(2) N. 5, fol. 166, *idem*.
(3) N. 5, fol. 380 v°, *idem*.

Nous ne finirons pas ce qui regarde ces deux Villes, fans rapporter un fait qui fe paffa en 1597 & qui forma une efpece de différend entre les Procureurs du Pays & les Confuls de la ville de Marfeille.

Les Etats avoient été convoqués à Marfeille ; les Confuls de cette Ville prétendirent pouvoir y affifter avec leur chaperon. Les Confuls d'Aix, Procureurs du Pays, s'y oppoferent ; ils foutinrent que toutes les affaires du Pays roulant fur eux, & étant confiées à leur adminiftration, il n'y avoit qu'eux qui puffent avoir cette marque diftinctive. Ce différend fut porté par devant M. le Duc de Guife, pour lors Gouverneur de Provence ; il chercha à attermoyer ; il voulut exiger des Procureurs du Pays qu'ils fe relachaffent en faveur des Confuls de Marfeille, & qu'ils les laiffaffent entrer avec leur chaperon aux premieres féances, à la charge toutefois de ne fieger qu'après eux. Les Procureurs du Pays refuferent de donner les mains à cet accomodement ; ils demanderent même de pouvoir remettre le jugement de la queftion à la décifion des Etats préliminairement affemblés. Le Duc de Guife y confentit, & l'Affemblée arrêta que le Gouverneur feroit requis de maintenir l'autorité des Etats ; ce faifant, qu'il n'y auroit que les Confuls d'Aix, Procureurs du Pays, qui, fuivant l'ufage de tout tems obfervé, pourroient entrer aux Etats avec le chaperon ; fauf aux Confuls de Marfeille d'y affifter fans chaperon, & fans y porter voix ni opinion (1). Il eft prouvé par cette Délibération que les Députés des Communautés de Marfeille & Arles ne fiegeoient aux Etats qu'après les Procureurs du Pays. Nous ignorons à quelle époque cet ufage a été interverti ; mais nous avons trouvé aux Regiftres 9 & 17 des Délibérations des Etats

---

(1) Pieces juftificatives, n. xxx.

le rolle & ordre que l'on doit tenir à appeller MM. des Communes & des Vigueries à la tenue des Etats & Affemblées; & dans l'un & dans l'autre les villes de Marfeille & d'Arles font placées avant la ville d'Aix, dont les trois Confuls & l'Affeffeur affiftent aux Etats, foit comme Confuls d'Aix, foit comme opinant pour les Vallées, ainfi que nous l'avons déjà prouvé, foit enfin comme Procureurs du Pays.

On verra dans la lifte des Députés des Communautés, fous n. XVI des Pieces juftificatives, que plufieurs Communautés envoyoient autrefois aux Etats deux & fouvent trois Députés. Les Communautés de Marfeille, Arles & Tarafcon font les feules qui fe foient maintenues dans ce droit. Nous ne parlons plus de la ville d'Aix ; la qualité de Procureurs du Pays, qui repofe fur la tête de fes Confuls, la met hors de rang. Le droit de la ville de Tarafcon à cet égard a été reconnu aux derniers Etats, qui délibérerent que *la Communauté de Tarafcon aura également deux Députés, fuivant l'ufage; ladite Communauté n'ayant cependant qu'une voix qui fera portée par le premier de fes Députés* (1).

Une difpute qui s'éleva aux Etats tenus à Aix en 1573 entre la Communauté de Draguignan, d'une part, & les Communautés de Sifteron, Graffe & Hieres, d'autre, donna lieu, enfuite du jugement qui en fut porté, de régler le nombre des Députés de chaque Ville & même de chaque Viguerie.

Il s'agiffoit de favoir fi la Communauté de Draguignan devoit aux Etats & Affemblées précéder les trois autres Communautés ci-deffus nommées. Ces dernieres invoquoient en leur faveur la poffeffion très ancienne dans laquelle elles étoient d'être appellées avant la

---

(1) Procès-verbal des Etats de 1787, tenus à Aix, pag. 58 de l'imprimé.

Communauté de Draguignan ; elles en donnerent pour preuve *le rolle vieux & ancien* dont elles requirent qu'il fût fait leƈture.

Les Etats ne purent fe refufer à ce témoynage, & ordonnerent provifoirement que *le rolle vieux* feroit exécuté, & que les Communautés de Provence feroient appellées en conformité d'icelui ; fauf à la Commune de Draguignan de fe prévaloir d'un rolle plus ancien, fi aucun elle en trouvoit qui lui fût favorable.

En queue de ce jugement, les Etats ordonnerent par forme de Règlement que dans la fuite il ne pourroit y avoir aux Etats qu'un feul Député pour chaque Ville chef de Viguerie, & un autre Député pour chaque Viguerie, lefquels feroient tenus de repréfenter leurs pouvoirs au Greffe des Etats de la premiere féance d'iceux (1), Délibération qui fut de nouveau confirmée le lendemain (2).

Ce Règlement paraiffoit laiffer aux Communautés la liberté de fe faire repréfenter aux Etats par *un Conful ou un Député*. Cependant l'Affemblée générale des Communautés tenue à Manofque en 1633, crut devoir impofer quelque gene à cette faculté ; elle avoit entraîné après elle bien des abus ; les députations étoient briguées ; M. l'Affeffeur crut qu'il étoit de la prudence & de la fageffe de l'Affemblée de remédier aux maux qui en étoient la fuite ; il propofa en conféquence de régler que dorenavant chaque Confeil de Ville feroit tenu de députer aux Etats ou Affemblées & privativement à tous autres fon premier Conful ; il crut cependant qu'on devoit excepter de cette regle les Communautés qui fe trouveroient en coutumes contraires & qui leur feroient particulieres. Cette idée fut adoptée par l'Affemblée, qui en fit la matiere d'un Règlement.

---

(1) Pieces juftificatives, n. xxx.
(2) Archives des Etats, Reg. des Délibérations des Etats, n. 10, fol. 127 v°.

Ce premier pas fait, les premiers Confuls tenterent de faire mettre à l'écart les Règlemens particuliers qui, en les reconnoiffant pour Députés nés aux Etats, fembloient les exclure des Députations aux Affemblées générales, & les déférer aux feconds Confuls.

Tel fut le motif d'une réclamation que préfenterent à l'Affemblée générale des Communautés tenue à Cannes en 1535 les Députés des Communautés de Tarafcon & de Pertuis.

Ils chargerent l'Affeffeur de faire obferver à l'Affemblée qu'il exiftoit dans leur Communauté un Règlement particulier d'après lequel le premier Conful devoit affifter aux Etats, & le fecond aux Affemblées générales. Qu'il arrivoit de là que n'y ayant point eu de convocation d'Etats depuis plufieurs années, les premiers Confuls fe trouvoient privés de la prérogative qui leur avoit cependant été attribuée par l'Affemblée générale tenue à Manofque ; ils firent demander en conféquence que, nonobftant ces Règlemens particuliers, il fût décidé que les premiers Confuls affifteroient aux Affemblées générales.

En rapportant cette demande, l'Affeffeur invita l'Affemblée à examiner, fi elle fe croyoit fondée à prendre connoiffance de cette réclamation. Sur quoi, à la pluralité des voix, l'Affemblée décida, *en tant qu'elle peut*, que, nonobftant les Règlemens particuliers des Communautés de Tarafcon & de Pertuis, ce feroit les premiers Confuls de ces deux Villes qui affifteroient aux Affemblées générales, & que les feconds n'y feroient admis qu'à défaut des premiers. Cette Délibération excita des réclamations ; les Députés de Toulon & de Pertuis déclarerent même vouloir en interjetter appel (1).

---

(1) Pieces juftificatives, n. xxxii.

Mes Lecteurs se rappelleront sans doute que parmi les Procureurs joints qui composent l'Administration intermédiaire, il y a deux Communautés prises à tour de rolle, dont les Consuls remplissent les fonctions de Procureurs du Pays joints pour le Tiers-Etat.

On agita en 1597 la question de savoir si ces deux Procureurs joints pour le Tiers-Etat venant aux Etats, pouvoient réunir sur leur tête & la qualité de Procureurs joints & celle de Députés de leurs Communautés.

Les Etats assemblés à Marseille penserent que la nomination faite par les Etats de la personne des Procureurs du Pays joints pour le Tiers-Etat, ne pouvoit pas priver les Communautés de la liberté de choisir leurs Députés, puisque cette nomination n'étoit point le fait de la Communauté. Ils délibérerent en conséquence *que lesdites Communautés qui seront Procureurs du Pays joints pourront faire députation de deux, l'un pour ladite Communauté & l'autre pour ladite procuration* (1).

Ces mêmes Etats fixerent en même tems les honoraires des Députés à raison de deux écus par jour, suivant les précédentes Délibérations; mais le payement des Députés des Vigueries à ce taux fut rejetté sur les Vigueries à proportion de feu. Règlement qui fut confirmé par les Etats tenus à Aix en Février & Mars 1598 (2). Observation sur laquelle nous ne reviendrons plus, lorsque nous parlerons des Députés des Vigueries.

Aux Etats tenus à Aix en Janvier 1624, la taxe des Députés fit

---

(1) Etats tenus à Marseille en Mars 1597. Reg. des Délibérations des Etats, Archives du Pays, n. 7, fol. 8.

(2) Archives du Pays, n. 7, fol. 76 v°.

encore un objet de Règlement. Les Députés des Communautés appellées aux Etats par le tour de rolle, faifoient trafic des taxes qui leur étoient accordées à raifon de cette Députation; ils fubrogeoient quelqu'un à leur place & fe réfervoient une partie des honoraires; les Etats témoynerent tout leur mécontentement d'un pareil abus, *& néanmoins inhibitions & défenfes font faites pour cy après à tous ceux qui feront Députés pour affifter aux Etats de compofiter de leur taux accoutumé, à peine d'être déclarés indignes d'entrer dans lefdits Etats, & par même moyen d'être fruftrés de leur dite Députation* (1).

Enfin, un dernier Règlement de précaution que nous trouvons dans nos anciens Etats, relatif aux Députés, eft celui qui fut fait en 1629 fur le logement à donner aux Députés aux Etats & Affemblées, & encore aux Procureurs du Pays, lorfqu'ils voyagent pour remplir leurs fonctions. Sur la propofition qui fut faite aux Etats tenus à Tarafcon par M. l'Evêque de Sifteron qui les préfidoit, il fut réglé que les Confuls des Villes & lieux où les Etats feroient convoqués, à l'exception des villes d'Aix, Arles & Marfeille, feroient tenus fur l'avis qui leur en feroit donné par les Procureurs du Pays de faire préparer des logemens pour tous les Députés des trois Ordres, à peine d'être privés de l'entrée aux Etats; la même charge leur fut impofée à l'égard des Procureurs du Pays lors de leurs tournées (2).

Nous avons dit que le Tiers-Etat étoit repréfenté dans nos Affemblées nationales par deux fortes de Députés, ceux des Communautés chef de Viguerie, & autres qui ont été admifes aux Etats

---

(1) Archives du Pays, Reg. des Délibérations n. 11, fol. 46 v°.
(2) Pieces juftificatives, n. xxxiii.

par des Délibérations particulieres ; & les Députés des Vigueries.

Il n'eſt pas douteux que les Vigueries ont eu de tout tems le droit de députer aux Etats ; ceux convoqués au 20 Mai 1397 nous en fourniſſent la preuve. On y voit dans l'article penultieme que les Etats s'étant convoqués de leur propre autorité au 15 Août ſuivant, ordonnerent que les Repréſentans des Baillages & Vigueries feroient tenus de ſe munir de pleins pouvoirs pour déterminer ce qui leur paraîtroit devoir être le plus avantageux à ce Pays (1).

Mais quelle doit être la qualité de ces Députés ? Leur élection doit-elle être libre ? Voilà le point qui a occupé nos Etats, même dans les tems les plus reculés.

Aſſemblés à Aix en 1419, ils demanderent à la Reine Yolande & à Louis III ſon fils, de défendre à leurs officiers de gener l'élection des Députés dans les chefs de Viguerie ou Baillage ; ils voulurent jouir de la liberté que les électeurs avoient toujours eue de députer les Segneurs ou autres que bon leur ſembloit (2). Cette demande étoit conforme à l'uſage ancien ; elle fut favorablement accueillie ; les défenſes requiſes furent portées fous la peine de 100 livres, & la réponſe *plas nos* nous indique qu'il ne fut rien changé à cet égard à nos mœurs antiques. Alors des motifs d'intérêts ne diviſoient pas la Nobleſſe du Tiers-Etat ; & celui-ci regardoit les Segneurs du fief comme ſes protecteurs, & comme étant le plus en état de s'oppoſer à toute innovation qui auroit pu attenter à la Conſtitution du Pays.

Cette demande fut réitérée en 1440. Les Etats Aſſemblés à Aix

---

(1) Pieces juſtificatives, n. xxxiv.
(2) Etats tenus à Aix le 1er Septembre 1419. Art. 6. Archives de Toulon, Reg. en parchemin.

en firent deux articles (1). Par le premier ils demanderent qu'il fût inhibé aux officiers des Cours royales de gener l'élection des Députés dans les Vigueries, & qu'ils euffent à laiffer jouir les vaffaux de la liberté qu'ils avoient toujours eue de députer leurs Segneurs ou toute autre perfonne que bon leur fembleroit ; la réponfe qui fut faite à cet article mérite de trouver place ici.

Regina intendit quod fit liberum arbitrium in eligendo quofcumque voluerint.

Par le fecond article, les mêmes Etats demanderent que les Affemblées des Vigueries euffent la liberté de députer aux Etats telles perfonnes qu'elles voudroient ; que les vaffaux puffent y députer leur Segneur ; qu'il leur fût loifible d'ufer de la même liberté dans toute autre Députation ; cet article renferme encore une demande que nous rapporterons lorfque nous traiterons des Affemblées des Vigueries.

Le mot *placet* mis au bas de l'article annonce qu'il n'étoit encore rien changé à cet égard.

Nous vivions fous ce régime, lorfque aux Etats tenus à Aix au mois de Février 1544 on fe plaignit de ce que les Confuls des chefs lieux de Viguerie genoient la liberté des fuffrages, & forçoient les Membres de ces Affemblées à faire tomber leur choix fur l'un d'eux, *qu'eft une très mauvaife conféquence.*

Les Etats voulurent obvier à un pareil abus, & par forme de Règlement ils ordonnerent (2) que les gens des Vigueries ou Baillages s'affembleroient à l'avenir aux chefs lieux en préfence des officiers du lieu ; que les Confuls & autres Habitans des chefs lieux

---

(1) Pieces juftificatives, n. xxxv.
(2) Archives du Pays, Reg. n. 1, fol. 244.

feroient exclus de ces Affemblées, pour que rien ne fût capable de gener la liberté de l'élection.

Il eft donc vrai que fi les Etats ont mis fucceffivement des entraves dans l'élection des Députés des Vigueries, les abus que l'on s'y permettoit ont néceffité cette efpece de gene, préférable encore aux inconvéniens qui réfultent du mauvais ufage que l'on fait d'une liberté indéfinie.

Ce Règlement fouffrit un échec en 1591. Il avoit été convoqué à Aix une Affemblée en forme d'Etats; le plus grand défordre régna dans les Députations; quelques Villes, lieux & Villages députerent de leur chef, fans que le corps de la Viguerie eût été affemblé; d'autres Vigueries qui n'avoient point été convoquées à l'Affemblée, députerent comme fi elles euffent reçu la lettre de convocation; on avoit appelé à l'Affemblée des Communautés qui n'y entroient pas ordinairement, telles que Saut & Vence. Il fallut légitimer l'Affemblée; on y admit tous ceux qui s'y préfenterent, & il fut permis à chaque Communauté de députer au chef lieu de la Viguerie, pour s'affembler en préfence du Conful du chef lieu, ou de tout autre Député, & à leur défaut en préfence d'un des Greffiers des Etats, & là, nommer le Député aux Etats, y porter voix délibérative, y préfenter toutes plaintes ou doléances, & faire tous autres actes à ce néceffaires (1).

Le défordre étoit grand. Il falloit y remédier; il fut d'abord reglé aux Etats tenus à Marfeille en Mars 1597, *que les Communautés chefs de Viguerie de ce Pays feront tenues, après avoir reçu le mandat de la tenue des Etats, faire appeller les Sindics des lieux de leur Viguerie à jour certain pour faire la députation pour*

---

(1) Pieces juftificatives, n. xxxvi.

la Viguerie, laquelle ils fairont le lendemain du jour de ladite af-
fignation, préfens lefdits Sindics qui s'y trouveront, pourvu qu'ils
foient jufqu'au nombre de trois pour le moins, fans que lefdites
Communautés chefs de Viguerie y puiffent autrement procéder,
finon que lefdits Sindics fuffent en moindre nombre que de trois (1).

Les Etats tenus à Aix aux mois d'Avril & Mai 1600, prirent encore cet objet en confidération. Ils déterminerent que dès que les
Confuls chefs de Viguerie auroient reçu les lettres du Gouverneur
pour la convocation des Etats, ils feroient tenus, conformément à
la Délibération de 1597, d'affembler les Communautés de leur diftrict, & d'indiquer le jour de l'Affemblée de la Viguerie; que tous
les affiftans à ladite Affemblée donneroient leur voix après le
Conful du chef lieu, pour nommer le Député aux Etats; qu'en
cas de partage, y compris la voix du Conful du chef lieu,
on tireroit au fort, quel feroit celui des deux élus qui auroient
la Députation, le tout en préfence du Viguier ou Magiftrat roya
qui autoriferoit l'Affemblée; que les préfens délibéreroient pour
les abfens, à moins qu'ils ne fuffent moins de trois, auquel cas
le Conful du chef lieu députeroit feul un des Confuls de la Viguerie, des lieux les plus affouagés, fans qu'en aucun cas il pût
être permis de députer pour les Vigueries aucun des Confuls ou
Habitans du chef lieu (2), claufe qui fut de nouveau confirmée
aux Etats tenus à Aix dans les mois de Février & Mars 1601; ils y
ajouterent même *que pour éviter les abus, iceux Habitans, comme
poffédans biens aux lieux dudit Vigueriat, ne pourront opiner aux
Députations néceffaires pour l'Affemblée des Etats, au nom des*

---

(1) Archives du Pays, Reg. des Délibérations n. 7, fol. 6.
(2) Pieces juftificatives, n. xxxvii.

lieux dudit Vigueriat fous expreffe procuration, nonobftant toute charge verbale qu'ils pourroient alléguer (1).

Ce fut même en force de ces deux Règlemens que ces Etats décidèrent une conteftation qui s'étoit élevée entre M. Antoine Parifis de Chateaurenard, & M. Jean Mauche, du lieu de Boulbon ; ils prétendoient tous les deux à la Députation de la Viguerie de Tarafcon. M. Parifis avoit pour lui les voix des lieux les plus affouagés ; M. Mauche avoit en fa faveur le plus grand nombre de voix (2) ; la queftion fut jugée en faveur de ce dernier ; toute autre décifion auroit contrarié le Règlement de 1600.

Les meilleures inftitutions entraînent après elles des abus ; le Règlement fait en 1600 & confirmé en 1601 n'avoit pu obvier aux brigues ; on s'en plaignit aux Etats de 1611 ; on voulut y porter remede ; on propofa d'établir un tour de rolle pour ces Députations.

Le Sr Decormis étoit alors Affeffeur ; il remontra aux Etats combien il étoit dangereux de s'écarter *des vieilles coutumes*, & de gener la liberté des élections. Il s'étendit même fur les inconvéniens qu'entraîneroit le tour de rolle en confidérant furtout qu'il mettoit fur la même ligne les lieux les plus affouagés & ceux qui le font le moins.

Malgré ces repréfentations, le tour de rolle fut adopté ; il dut commencer par les lieux les plus affouagés, & prévoyant le cas où il arriveroit que deux Communautés auroient le même affouagement, il fut décidé que la préférence feroit donnée à celle qui feroit placée la premiere dans le Regiftre de l'affouagement. Dès lors

---

(1) Archives des Etats, Reg. des Délibérations des Etats, n. 10, fol. 127 v°.
(2) *Idem*, fol. 4.

les Communautés compofant les Vigueries, n'eurent plus à s'Affembler pour députer aux Etats, mais pour y recevoir les Mémoires & plaintes des divers Membres de la Viguerie, & charger le Député de les préfenter aux Etats ; pour conftater les pouvoirs de ce Député, il fut décidé que le certificat de l'officier autorifant l'Affemblée fuffiroit (1). Cette Délibération ne fut pas uniforme ; les Députés des Vigueries de Tarafcon, Moufliers, Saint-Maximin, Barjols & Hieres déclarerent en interjetter appel.

Plus ce Règlement avoit effuyé de contradictions dans fon principe, plus les Etats fe firent une regle de conduite de ne point s'en écarter.

Ceux tenus à Aix en Décembre 1612 délibérerent de nouveau *qu'il fera gardé & obfervé comme très utile qu'il eft pour couper chemin aux brigues qui fe faifoient pour lefdites Députations ; déclarant néanmoins qu'il a commencé pour cette tenue d'Etats pour les lieux les plus affouagés defdites Vigueries, & que les Députés des autres lieux moins affouagés font exclus de l'entrée aux Etats, & n'y pourront avoir féance qu'à leur tour de rolle* (2).

Nous l'avons dit : ce Règlement n'avoit pas eu l'uniformité des voix ; on cherchoit continuellement à en éluder l'exécution ; ceux qui briguoient anciennement les Députations, crurent pouvoir atteindre à leur but, en follicitant des fubrogations auprès de ceux qui étoient Députés. Les Etats tenus à Brignoles dans le mois d'Août 1618 s'empreffèrent de couper racine à cet abus & déclarerent *qu'à l'avenir ceux qui auront été députés pour les Vigueries ne pourront fubroger aucun à leur lieu & place* (3).

---

(1) Pieces juftificatives, n. XXXVIII.
(2) Archives du Pays, Reg. des Délibérations, n. 9, fol. 323.
(3) *Idem*, n. 10, fol. 92 v°.

Cet article forma encore un des objets de plainte que la Communauté de Tourves préſenta aux Etats de 1632 contre les Conſuls de Saint-Maximin.

Dans les Aſſemblées de Viguerie, ils avoient la prétention d'y avoir deux voix, ſoit lorſqu'il s'agiſſoit de députer aux Etats, ſoit lorſqu'il étoit queſtion de toutes autres affaires.

Ils briguoient les Députations aux Etats, & lorſque les Communautés qui devoient y aſſiſter par le tour de rolle n'uſoient pas de leur droit, ils cherchoient à ſe faire ſubroger, ou quelqu'un des Habitans du chef lieu, ainſi qu'il étoit arrivé aux Etats précédens; la Communauté de Seillons avoit ſubrogé le Sr Freſquière, ce qui préſentoit un abus d'autant plus intolérable que par là les plaintes des lieux & Villages de la Viguerie contre ſes Adminiſtrateurs ne pouvoient parvenir aux Etats.

Enfin, la Communauté de Tourves demandoit aux Etats de prendre en main le fait & cauſe des Communautés de leur Viguerie dans un procès pendant en la Cour des Aides pour faire reſtituer par le Viguier, le Procureur du Roi & le Greffier de Saint-Maximin les ſommes qu'ils avoient exigées ſous prétexte de leur aſſiſtance aux Aſſemblées de la Viguerie, contre l'uſage de tout tems obſervé.

Sur ces trois chefs les Etats délibérerent :

1º Que les Conſuls de Saint-Maximin & autres chefs de Viguerie n'auroient qu'une voix dans leurs Aſſemblées ;

2º Que les Viguiers, Conſuls & Greffiers des chefs de Viguerie ne pourroient être ſubrogés au lieu & place des Communautés qui ne pourroient aſſiſter aux Etats lorſqu'elles y ſeroient appellées.

3º Enfin, les Etats accordèrent la ſomption de cauſe demandée, & pour obvier à tous abus, délibérerent que les taxes & départemens des Députés & autres ſeroient faits par devant les Conſuls chefs de Viguerie privativement à tous autres, fans que pour raifon de ce ils puffent prétendre aucuns honoraires (1).

Ces divers Règlemens avoient été corroborés par les Etats de 1620 & 1621. On ne ceffoit cependant de l'attaquer; le Conful & Député de la Communauté de Tourves, Viguerie de Saint-Maximin, repréfenta aux Etats tenus à Aix dans les mois de Mai & Juin 1622 qu'il ne paraiffoit pas raifonnable que les Communautés qui n'étoient affouagées qu'à 10 feux & en deffous jouiffent des mêmes prérogatives que les Communautés les plus confidérables. Il cita celle de Tourves, qui étoit affouagée 24 feux; il demanda en conféquence que les Etats euffent à corriger ce défaut qui lui paraiffoit réfulter du Règlement de 1611. Mais les Etats n'eurent aucun égard à cette motion & délibérerent au contraire que le Règlement feroit obfervé dans tout fon contenu, & y ajouterent que les Députés chefs de Viguerie feroient tenus en fe rendant à l'Affemblée des Etats de remettre aux Greffiers d'iceux la Lettre de convocation de l'Affemblée de la Viguerie, à l'effet de connoître les Communautés qui auroient négligé de s'y rendre, & les déclarerent privées du droit d'affifter aux Etats jufques à un nouveau tour de rolle, dans le cas où elles n'auroient pas comparu à l'Affemblée de la Viguerie, lorfque ce feroit à leur tour d'être députées aux Etats (2), fuivant l'ordre établi relatif à la cottité d'affouagement, ainfi que le portoit le Règlement de 1611 confirmé en ce chef par les Etats tenus à Aix au mois de Janvier 1624, fur les réclamations des Communautés de Roquebrune, Pignans, Signes & plufieurs autres (3).

---

(1) Pieces juftificatives, n. xxxix.
(2) *Idem*, n. xl.
(3) Archives du Pays, Reg. des Délibérations, n. 11, fol. 83 v°.

Ces mêmes Etats délibérerent encore *que les Communautés chefs de Vigueriat manderont l'avertiſſement général de leur Aſſemblée en tems & lieu, afin que les Communautés de leur Viguerie ayent du tems pour s'y rendre, pour porter les Mémoires & plaintes de de leur Communauté à celui qui fera député par ladite Aſſemblée* (1).

Cette addition au Règlement faite par les Etats de 1622 trouva son application à ceux du mois d'Octobre 1624. La Communauté de Brufquet, Viguerie de Digne, avoit laiſſé paſſer son tour de rolle dans les Etats précédens; celle d'Eſtoublon fut députée à ceux-ci. Le Brufquet lui difputa la Députation; mais elle y fut maintenue par les Etats, qui déciderent de nouveau *qu'à l'avenir ceux qui auront laiſſé paſſer leur rang ne pourront aſſiſter aux Etats qu'à un autre tour de rolle, venant à ſon rang, & afin qu'aucun lieu n'en puiſſe prétendre cauſe d'ignorance, les Communautés chefs de Viguerie feront tenues mettre en notice le préſent Règlement à tous les lieux de la Viguerie* (2).

Le même eſprit régnoit toujours; les Vigueries continuoient de fupporter impatiemment que les petites Communautés euſſent le même droit d'aſſiſter aux Etats que les plus confidérables. La Viguerie d'Apt voulut même de ſa propre autorité modifier le Règlement de 1611 & délibéra qu'il n'y avoit que les Communautés affouagées 2 feux & au-deſſus qui pourroient être députées aux Etats. Cette Délibération fut dénoncée aux Etats tenus à Aix en Mai 1628. Ils l'improuverent, *& néanmoins inhibitions & défenſes ſont faites*

---

(1) Archives du Pays, Reg. des Délibérations, n. 11, fol. 45.
(2) *Idem*, fol. 121 v°.

tant auxdits Confuls d'Apt, lieux de fa Viguerie, que autres de ladite Province de fe fervir de ladite Déclaration : à peine d'être fruftrés & privés des Députations qui fe fairoient enfuite d'icelles, & d'être amendées à l'arbitrage des Etats (1).

Preuve de la volonté conftante que les Etats ont toujours eue que le Règlement de 1611 continuât d'être obfervé ; nous aurions pu citer à cet égard les Etats de 1632 & 1639. Mais nous n'aurions fait que nous répéter ; chaque Affemblée d'Etats préfentoit des infractions de la part des Vigueries, les Etats les ramenoient fans ceffe à la regle; & pour être plus affurés que les décifions à porter fur cet objet feroient précédées d'un examen réfléchi, ils nommoient quelquefois une Commiffion, à laquelle ils donnoient pouvoir de juger & terminer les conteftations qui s'élevoient entre les Députés & les Vigueries. Nous en trouvons un exemple aux Etats tenus à Aix dans le mois de Mai 1628.

Les Etats députerent *M. l'Archevêque d'Aix, Préfident, MM. l'Evêque de Frejus & l'Abbé de Valfainte pour le Clergé ; MM. de Solliers & de Buoux pour la Nobleffe ; MM. les Procureurs du Pays & les Communautés de Tarafcon & Forcalquier pour juger & terminer les conteftations de tous les Députés & Vigueries, auxquels eft donné pouvoir de ce faire, étant après cela tres tous fortis* (2).

Cette Commiffion s'affembla à l'Archevêché ; M. l'Affeffeur y rapporta les diverfes Requêtes qui avoient été préfentées par les Communautés plaignantes ; la Commiffion prononça, & fes décifions furent inférées dans le procès-verbal des Etats.

---

(1) Archives du Pays, Reg. des Délibérations, n. 121, fol. 121 v°.
(2) *Idem*, fol. 120 v°.

Les Etats tenus à Aix en Janvier 1624 avoient ufé du même moyen, & avoient nommé pour juger les conteftations furvenues à raifon des Députations, M. l'Archevêque d'Auguftopolis, Coadjuteur d'Aix, qui préfidoit les Etats; MM. les Evêques de Frejus & de Sifteron pour le Clergé ; MM. des Arcs & du Bar pour la Nobleffe ; MM. les Procureurs du Pays nés & joints, & les Communautés de Tarafcon & de Forcalquier (1).

Nous vivions fous le régime de tour de rolle lorfque, après les les Etats de 1639, nos Affemblées nationales furent fufpendues ; nous fommes heureufement rentrés dans notre Conftitution en 1787; Louis XVI permit la convocation de nos Etats. MM. les Procureurs du Pays fe hatterent d'en donner avis aux diverfes Communautés & aux Vigueries ; mais ils prirent fur eux dans leur Lettre à ces dernieres, de leur dire que fi le tour de rolle des Communautés de la Viguerie ne fe trouvoit point, on pouvoit prendre des Députés indiftinctement dans toutes les Communautés, pourvu qu'ils ne fuffent point poffédans biens ou habitans du chef lieu de la Viguerie.

Cette Lettre induifit plufieurs Vigueries dans l'erreur; on eut même à reprocher à ces Adminiftrateurs de ce que n'ayant point ignoré la regle, ils avoient pris fur eux d'en indiquer une toute oppofée aux anciens Réglemens ; car fi le tour de rolle étoit perdu, il falloit néceffairement, en fe conformant à l'efprit de la loi écrite, recommencer le tour de rolle pour la Communauté la plus affouagée. Cependant les Etats fermerent les yeux fur cette interverfion de l'ordre ; ils légitimerent toutes les Députations, même celles qui avoient commis des particuliers, tandis que tous les Règlemens attribuent

---

(1) Archives du Pays, Reg. des Délibérations, n. 11, fol. 45.

la Députation à un des Confuls des Communautés des Vigueries.

On' prévoit que toutes les Députations, ou leur majeure partie, furent déférées aux Communautés les plus affouagées ; c'eft-à-dire celles qui avoient le plus d'intérêt à pourfuivre l'abrogation du Règlement de 1611 relatif à l'établiffement du tour de rolle ; on vit renoître le même efprit qui avoit dirigé autrefois les oppofitions contre ce Règlement; les Députés des Communautés, Membres de la Commiffion pour la formation des Etats, lui obferverent que dans l'état des chofes, il feroit difficile, & peut-être même impoffible dans certaines Communautés, de député un homme inftruit, & qui pût voter avec connoiffance de caufe, & qui entendît le langage dont on fe fert.

Ceux au contraire qui foutenoient le tour de rolle réclamoient le droit acquis à toutes les Communautés de participer à l'Adminiftration du Pays ; ce droit faifoit partie de leur propriété, & on ne pouvoit les en dépouiller fans leur confentement.

La Commiffion propofa un terme moyen qui fut admis par les Etats. Il fut arrêté qu'aux Etats fuivans le Député de la Viguerie feroit le premier Conful & à fon défaut le fecond de la Communauté la plus affouagée, en exceptant toutefois les Communautés qui ont déjà droit d'affifter aux Etats, & celles dont les Députés auroient affifté aux Etats de 1787, en qualité de Députés de la Viguerie ; & que cependant il feroit écrit à toutes les Communautés en particulier une Lettre, où l'état de la queftion feroit expliqué bien nettement, afin que leurs réponfes, faites en vertu d'une Délibération du Confeil Municipal, exprimaffent clairement leur vœu fur la confervation ou l'abrogation du tour de rolle ; & d'après toutes ces réponfes rapportées, les Etats prochains décideroient, ou de s'en tenir aux anciens Règlemens, ou d'y apporter les modifications que les circonſtances & le vœu général exigeroient (1). Cette Délibération a été exécutée en ſon dernier chef. Je vais rapporter la Lettre qui fut écrite le 22 Janvier 1788 par M. l'Archevêque d'Aix à toutes les Communautés qui compoſent les divers corps des Vigueries. Cette Lettre connue, mes Lecteurs feront plus en état d'apprécier le Règlement qui fera fait aux prochains Etats pour déterminer les Députations des Vigueries.

« Meſſieurs,

« Les Députés des Vigueries & ceux des Communautés, féans à la préſente Aſſemblée des Etats, follicitent la révocation des Règlemens faits en 1611 & autres années ſuivantes, concernant la Députation à tour de rolle des Communautés de chaque Viguerie.

« Les Etats également frappés de la force des confidérations qui leur ont été préfentées, foit pour maintenir, foit pour modifier, foit même pour abroger ce tour de rolle, ont défiré, avant de ſtatuer ſur ces réclamations, de connoître le vœu particulier de chaque Communauté.

« Je ſuis chargé de vous le demander, & pour mettre votre Communauté à portée de fe décider avec connoiſſance de cauſe, je crois devoir vous retracer les divers Règlemens qui ont été faits, les motifs qui les ont occafionnés, & les raifons ſur lefquelles on fe fonde, pour demander, d'une part, la confirmation, & de l'autre, la modification, ou même l'abrogation du tour de rolle. »

Ici M. l'Archevêque fait l'énumération de tous les Règlemens que

---

(1) Procès-verbal des Etats convoqués à Aix au 31 Décembre 1787, pag. de l'imprimé 55, 147 & 148.

nous avons déjà rapportés ; nous ne le fuivrons point dans ce détail, pour ne pas nous répéter. Ce Prélat continue.

« Je dois vous faire part des raifons qui follicitent la révocation de ces divers Règlemens, & des raifons de ceux qui veulent les maintenir.

« Telles font les raifons alléguées par ceux qui defirent la révocation des Règlemens. Ils difent : les Vigueries ont été de tout tems en poffeffion d'avoir des Repréfentans aux Etats généraux du Pays.

« Ces Repréfentans doivent avoir la confiance du Corps dont les droits leur font tranfportés, & doivent avoir la capacité néceffaire pour les difcerner, affez d'indépendance pour les foutenir fans crainte, & affez d'intérêt, par leur allivrement, pour s'attacher au bien général de la Viguerie.

« La liberté indéfinie du choix pouvoit feule procurer tous ces avantages, & la Nation Provençale, toujours fage par fes Loix, confacra fes maximes, fous la fanction de fes Princes, dans un Statut de l'année 1440.

« Les Etats ont fuivi ce régime jufqu'en 1611, c'eft-à-dire pendant 164 ans ; il n'offroit donc aucun inconvénient : il étoit même reconnu utile.

« En 1611, les Etats l'abrogerent pour y fubftituer le tour de rolle. Dans le court intervalle qui s'écoula, jufqu'à l'interruption des Etats en l'année 1639, plufieurs Règlemens toujours confirmatifs du tour de rolle ont été faits, & l'on pourroit prefque compter les convocations des Etats par le nombre de ces Règlemens.

« Il y avoit donc oppofition à ces Loix nouvelles ; elles n'étoient pas obfervées, puifqu'il falloit fans ceffe en ordonner l'exécution.

« La Nobleffe étoit fucceffivement devenue beaucoup plus nombreufe aux Etats que les Repréfentans des Communautés; elles s'en plaignirent fouvent, repréfenterent fouvent que leurs voix étoient étouffées par le nombre.

« L'introduction du tour de rolle pour les Députations des Vigueries, ne devoit donc être defirée que par les deux premiers Ordres, & il paroît que le Tiers-Etat éludoit toujours un Règlement fait malgré lui, & deftructif de fes droits & de fa liberté.

« Par ce tour de rolle, l'influence des Segneurs ou les caprices du hafard difpofoient feuls de tout.

« Le Corps entier des Vigueries avoit pour Repréfentant celui qu'il n'avoit pas defiré, qui fouvent ne lui convenoit pas, qui même étoit plus propre à nuire qu'à fervir fes intérêts.

« Les Vigueries fentoient tous ces inconvéniens & ne vouloient pas reconnoître le tour de rolle. Aujourd'hui ces mêmes inconvéniens ont doublé. Les affaires de la Province, fimples & faciles dans les premiers tems, font devenues compliquées, très-étendues, & fouvent même liées aux affaires générales du Royaume.

« Le laboureur & l'artifan, qui avoient pu autrefois participer, jufqu'à un certain point, aux affaires de la Province, manquent aujourd'hui d'une foule de connoiffances devenues abfolument néceffaires. L'on voit journellement ces artifans & ces laboureurs hors d'état de conduire les petites affaires de leur Communauté; comment pourroient-ils gouverner celles d'une Adminiftration immenfe? Dans un ordre de fociété auquel ils ne font point accoutumés, ils éprouvent un embarras nuifible aux affaires, & ils ne pourroient pas difcuter, dans l'Affemblée des Etats, les intérêts dont ils feroient chargés.

« A cette ignorance profonde des artifans & des laboureurs, fouvent même des bourgeois qui habitent la campagne, à leur timidité extrême, un ordre élevé oppoferoit la confiance que donnent le rang, les connoiffances qui naiffent de l'éducation, & l'habitude des affaires acquife par le féjour des grandes villes & par le commerce des perfonnes inftruites.

« On ne peut trop le répéter ; dans toutes les Vigueries, dans la plufpart des Communautés, il ne fe trouve exactement perfonne qu'elles puiffent envoyer aux Etats, lorfque leur tour feroit venu. Cela eft furtout vrai pour les Vigueries de la Montagne.

« Ainfi, la perte du tour de rolle ne feroit point fenfible pour les petites Communautés auxquelles il feroit impoffible de fournir à leur tour un Député pour les Etats ; & ce feroit un avantage jufte & convenable pour les principales Communautés auxquelles le privilege d'avoir feules des fujets capables procureroit plus fouvent cette Députation.

« Les Communautés ne doivent pas fans doute s'attacher au foible bénéfice que pourroit procurer la Députation aux Etats à celui de leurs Citoyens qui feroit élu.

« Cet avantage feroit celui d'un particulier, & non celui du Corps Municipal. Chaque Communauté doit au contraire confidérer que fon véritable intérêt fe lie néceffairement & fe confond avec celui de toute la Viguerie, avec celui de tout le Tiers-Etat, & que fi les vingt Députés des Vigueries ne font pas véritablement affectionnés aux intérêts de leur Ordre, s'ils manquent de lumieres & de la fermeté néceffaire pour le foutenir, le vuide énorme qu'ils fairont dans le nombre des Repréfentans du Tiers-Etat, en détruira à peu près l'exiftence aux Etats généraux du Pays, & laiffera fans défenfeurs leurs intérêts particuliers.

« A toutes ces raifons majeures, on n'oppofe que le befoin pour les Vigueries d'avoir un Repréfentant qui ne foit pas dévoué au chef lieu & qui puiffe fe plaindre des injuftices, des abus d'autorité du chef lieu.

« Ces injuſtices ſe rencontrent bien rarement, & la nouvelle Adminiſtration de la Province ſurveillera plus exaĉtement ce qui concerne les chemins de Viguerie. S'il exiſtoit quelque abus d'autorité, les Communautés n'auront-elles pas la plus grande facilité d'adreſſer leurs plaintes aux Etats ? Ne pourront-elles pas y faire préſenter par leur agent tous les Mémoires qu'elles voudront ? Ces Mémoires n'exprimeront-ils pas mieux leurs griefs que ne pourroient ſouvent le faire leurs Députés ? Leurs Segneurs ne le feront-ils pas auſſi pour elles, lorſqu'ils en feront priés ?

« Si toutes ces conſidérations ſont mûrement peſées par chaque Communauté, elles ne ſe décideront pas ſans une grande attention à leurs véritables intérêts ; elles ne ſe décideront pas ſurtout par l'impreſſion de ceux qui les gouvernent ; elles s'attacheront au bien général dans lequel ſeul elles peuvent trouver leur avantage particulier ; elles n'oublieront pas qu'elles font partie du Tiers-Etat & que leurs Députés doivent par un choix libre appartenir véritablement au Tiers-Etat ; elles n'oublieront pas enfin que la réclamation contre le tour de rolle a été unanime aux préſens Etats de la part des Députés des Communautés & des Vigueries.

« Telles ſont les raiſons de ceux qui, deſirant que les Règlemens concernant le tour de rolle ſoient maintenus, ils diſent : — L'admiſſion des Vigueries aux Etats, quoique très-ancienne, n'eſt pas de la Conſtitution primitive ; la forme même de leurs Aſſemblées étoit bien différente de celle qu'on y obſerva dans les derniers tems.

« L'on voit par le Statut de 1440, qui a été cité, que les Aſſemblées des Vigueries étoient conſidérées comme autant de petits Etats où le Clergé & la Nobleſſe étoient admis pour délibérer ſur les affaires de la Viguerie. De là vient qu'on trouve dans les anciens Etats, des Eccléfiaftiques & des Nobles pour Repréfentans & Députés des Vigueries.

« Le chef lieu s'étant par degré emparé de toute l'autorité, les Membres des deux premiers Ordres fe retirerent de ces Affemblées, & cette démarche laiffant un libre cours aux projets ambitieux des chefs lieux ils accablerent du poids de leur influence toutes les petites Communautés dont ils cherchoient même à étouffer les réclamations & les plaintes.

« Les abus furent portés à un tel excès, qu'en l'année 1544 les Etats furent obligés d'exclure les chefs lieux de leur affiftance aux Affemblées des Vigueries, lorfqu'il s'agiroit de la Députation aux Etats.

« Ce Règlement fage & néceffaire auroit fans doute détruit une partie de l'influence des chefs lieux, s'il avoit été obfervé; mais il ne le fut point; les abus fubfifterent, & les Etats fe virent forcés de prendre des mefures plus efficaces.

« Ils établirent en 1611 le tour de rolle : accepté avec tranfport par les Communautés, il n'éprouva de contradiction que de la part de celles qui avoient ufurpé le pouvoir dans les Vigueries, & qui vouloient l'y maintenir ; l'on peut même affurer que l'unanimité des Députés du Tiers aux Etats actuels a été dirigée par un femblable motif, puifqu'ils font prefque tous, ou des Habitans du chef lieu & des Communautés les plus affouagées, ou des Avocats qui ont été fubrogés à ceux qui étoient de tour, & qui fe trouvent intéreffés à le faire abolir, pour fe perpétuer à l'avenir dans les Députations.

« Le Règlement des anciens Etats fur le tour de rolle fut un effet de leur fageffe éclairée par l'expérience. Ce tour de rolle eft devenu une véritable propriété dont leurs propres Mandataires veulent les dépouiller fans leur confentement, même fans les entendre.

Les deux premiers Ordres, animés par des confidérations de juftice & d'ordre public, s'y font fortement oppofés, foutenant que quand même les vues du bien général permettroient quelques modifications ou changemens à l'exercice de ce droit, il eft impoffible de dépouiller un propriétaire fans l'avoir entendu.

« L'on eft furpris d'entendre dire que la Nobleffe étoit fucceffivement devenue plus nombreufe aux Etats que les Députés du Tiers-Etat ; que le tour de rolle n'a été defiré & confenti que par les deux premiers Ordres, & qu'il établit l'influence des Segneurs.

« Toutes ces affertions font contraires à la notoriété. L'entrée aux Etats eft un droit qui, dès l'origine, a été acquis à tous les Nobles poffeffeurs de Fiefs; le Tiers-Etat n'y avoit aucune féance, & fon admiffion fut autant un acte de faveur que de juftice.

« Les Règlemens du tour de rolle font l'ouvrage des trois Ordres, & fi l'on trouve qu'en 1611 quelques Communautés s'y oppoferent, c'étoient précifément celles qui avoient donné lieu aux abus qu'on vouloit détruire.

« Il ne paroît par aucun titre que les Segneurs aient jamais imaginé ou tenté d'établir leur influence dans les Vigueries. S'ils avoient eu ce projet, ils ne fe feroient pas abftenus des Affemblées des Vigueries où ils avoient le droit d'affifter. Tous les titres au contraire prouvent quelle a toujours été l'influence des chefs lieux, & la réclamation des Communautés contre leur influence.

« S'il eft vrai qu'autrefois la Nobleffe n'étoit pas plus éclairée que le Tiers-Etat, il ne l'eft pas moins qu'aujourd'hui ce Tiers-Etat eft auffi éclairé que la Nobleffe.

« Les Etats actuels fourniffent une preuve de cette vérité. Les Députés du Tiers ont déployé des connoiffances auffi étendues que multipliées. C'eft faire tort à la plufpart des Communautés que de fuppofer qu'elles ne font compofées que de gens illitérés & incapables de s'occuper des affaires & de les connoître. Il en eſt bien peu où l'on ne trouve des Citoyens éclairés auſſi inſtruits de leurs droits qu'empreſſés à les ſoutenir. Si le haſard du tour de rolle pouvoit dans quelques circonſtances occaſionner la Députation de l'un de ces laboureurs qu'on voudroit élaguer, ſous prétexte d'incapacité, l'on ſeroit à même de ſe convaincre de leur utilité, & ils préſenteroient d'ailleurs un ſpectacle qui ne ſeroit pas indigne de la majeſté des Etats. La Communauté d'Aix nous en fournit un exemple récent. Elle n'a pas dédaigné, dans une circonſtance remarquable, d'appeller à ſes Délibérations des laboureurs de ſon terroir.

« Celui qui nourrit la Nation ne ſauroit être déplacé dans une Aſſemblée nationale.

« Telles ſont, Meſſieurs, les raiſons qui ont été expoſées aux Etats ; vous voudrez bien en faire part à votre Communauté, dans un Conſeil aſſemblé à cet effet, pour qu'elle puiſſe conſigner ſon vœu ; pour le rejet ou le maintien du tour de rolle, dans une Délibération dont vous adreſſerez un extrait en forme à MM. les Procureurs du Pays. »

La Lettre étoit adreſſée à chaque Communauté en particulier ; c'étoit à elles & à elles ſeules à donner leur vœu, puiſque c'étoient elles ſeules qui étoient intéreſſées à la queſtion qui en faiſoit l'objet. Cependant l'Aſſemblée de la Viguerie d'Aix fut convoquée peu de tems après les Etats ; ils avoient opéré cette eſpece de réformation ; depuis 1717, pareilles Aſſemblées n'avoient plus eu lieu dans cette Viguerie. On y déféra la Délibération des Etats relative au tour de rolle ; & l'Aſſemblée chargea MM. les chefs de Viguerie d'engager les Communes qui devoient inceſſamment être convoquées à Lambeſc de prendre en conſidération cet objet.

On y fit en effet lecture de la Délibération des Etats, & de la

Lettre que nous venons de rapporter ; après quoi l'Affemblée, peu fatiffaite de ce que dans la Délibération les Etats annonçoient que fi on ne s'en tenoit pas aux anciens Règlemens, on fe contenteroit d'y apporter quelques modifications, & réclamant la liberté indéfinie dans le choix des Députés des Vigueries, arrêta que la réclamation en feroit faite dans les prochains Etats (1).

Nous avons encore une queftion à examiner relative aux Députés aux Etats. Elle confifte à favoir s'il exifte une qualité qui puiffe être un motif d'exclufion de nos Affemblées nationales. En fouillant dans les Regiftres des Délibérations des Etats, j'ai trouvé qu'à ceux tenus à Aix en février 1538, M. de Rogiers, Procureur du Pays, expofa que parmi les Députés des Villes & Vigueries, il y avoit le Député du Baillage d'Hieres qui étoit de *robe longue* & qui avoit obtenu des provifions de l'office de Lieutenant particulier en la Sénéchauffée de Draguignan ; & d'autant *que de toute ancienneté & coutume jufqu'à préfent obfervée, il étoit prohibé à tous Officiers royaux ayant adminiftration de juftice, de ne entrer aux confeils defdits Etats,* il requit les Etats *de remontrer auxdit Député du Vigueriat d'Hieres de fe abftenir de entrer en ladite Affemblée.* Le fait fut contefté par ce Député ; les efprits s'échauffe-rent ; la féance fut rompue. Le lendemain les Commiffaires du Roi firent publier une Ordonnance qui enjoignoit à tous les Membres des Etats de fe raffembler, *avec défenfes à ceux qui n'ont accoutumé & qui ne peuvent ni n'y doivent être, n'y affifter fous peine de cent marcs d'or* (2).

Cette queftion ne fe préfenta plus jufqu'aux Etats du mois de

---

(1) Pieces juftificatives, n. XLI.
(2) Archives du Pays, Reg. des Délibérations n. 1, fol. 28.

Janvier 1624. Il leur fut repréfenté par le Député de la Communauté de Pourrieres que la Viguerie de Saint-Maximin, ayant été convoquée par devant le Viguier de ladite Ville, au lieu de députer aux Etats ladite Communauté fuivant le tour de rolle, on y avoit nommé pour Député ledit fieur Viguier, quoiqu'il fût défendu aux Officiers du Roi d'entrer aux Etats en qualité de Députés.

Cette affaire avoit été portée par devant la Commiffion nommée pour juger les conteftations qui s'étoient élevées au fujet des Députations. Après avoir entendu les parties, elle jugea que fans tirer à conféquence le Sr Viguier de Saint-Maximin auroit féance aux Etats actuels; & cependant l'Affemblée renouvella les anciens Règlemens qui excluent des Etats les Officiers du Roi du chef de Viguerie, fous peine de nullité des Députations, & contre ceux qui y auroient votés d'être privés de leur droit de députer pour cette fois. Elle ajouta encore qu'il feroit défendu aux Officiers royaux de rechercher ni accepter pareilles Députations, à peine d'être exclus des Etats, & déclarés indignes d'y affifter.

La Commiffion rendit compte aux Etats de cette décifion ; le Règlement en reçut la fanction, & quant au fait qui y avoit donné lieu, fur quelques réflexions propofées par M. de La Barben, il fut dit que fans tirer à conféquence, le Viguier de Saint-Maximin affifteroit aux Etats actuels, *non en ladite qualité mais comme perfonne privée, & comme Sr de Porcheres & Député de la Communauté de Nans pour ladite Viguerie de Saint-Maximin* (1).

Ce Règlement étoit fage ; il tendit à empêcher que les Officiers royaux du chef lieu des Viguéries qui autorifoient ces Affemblées ne profitaffent de l'autorité que leur donnoit leur place, pour gener

---

(1) Pieces juftificatives, II. XLII.

la liberté des fuffrages, & attirer à eux les Députations aux Etats.

Imbu de ces divers Règlemens dont l'efprit n'avoit pas été faifi, on s'étoit imaginé que les Gentilfhommes poffédans-fiefs qui s'étoient dévoués à l'état honorable mais pénible de la Magiftrature, ne pouvoient affifter aux Etats, par cela feul qu'ils étoient Officiers royaux. Ce préjugé étoit tellement enraciné, que nous avons été au moment de voir les Cours fouveraines l'adopter, & exclure leurs Membres de l'entrée aux Etats ; les anciens documens ne pouvoient fervir à furmonter cette idée ; rarement les Membres des Etats, parmi la Nobleffe, y font défignés en particulier, & lorfqu'on les y trouve, ils n'y font jamais énoncés que fous le nom de leurs Fiefs. Un Magiftrat entreprit de débrouiller ce cahos ; il recherca les hommages prêtés pour les Fiefs aux époques fixées par la tenue de nos Etats, & il rapporta la preuve complette qu'un très-grand nombre de Gentilfhommes défignés dans les diverfes liftes des préfens fous les noms de leurs Fiefs étoient Membres des Cours fouveraines ; le fait ainfi établi, il n'y eut plus lieu à aucune conteftation, & il fut reconnu que tout propriétaire de Fief ayant la qualité requife, pouvoit être Membre des Etats ; les Magiftrats furent donc admis fans aucune contradiction aux Etats convoqués à Aix au 31 Décembre 1787.

Plus les Etats avoient été attentifs à n'admettre dans leur fein que des Membres dignes de la confiance dont la Nation les honoroit, moins on doit être furpris de les voir s'occuper de régler tout ce qui pouvoit contribuer à leur ftabilité & à leur durée.

Le premier point fans doute à régler étoit l'époque de leur convocation ; on pourroit induire d'une Délibération prife aux Etats du mois de Mai 1397, qu'ils avoient anciennement le droit de fe convoquer eux-mêmes. On y voit en effet que dans la vue de pourvoir à tout ce que pourra exiger la défenfe du Pays, ils ordonnent que tous les Prélats, Barons, Gentilshommes ou Communautés des Comtés de Provence & de Forcalquier, se rendront en personnes ou par procureurs, au 15 Août suivant, auprès du Sénéchal, en quelque endroit qu'il se trouve; & ils enjoignent aux Représentans des Baillages ou Vigueries de se munir des pouvoirs nécessaires à l'effet d'être en état de déterminer ce que le plus grand bien commun pourra exiger; nous avons déjà rapporté ce Statut sous le n. xxxiv, pour prouver que dès lors les Vigueries députoient à nos Etats.

Quoiqu'on pût conclure de là que nous avions anciennement le droit de nous convoquer en Etats toutes les fois que le bien de notre Patrie nous en faisoit un devoir, cependant nous ne devons pas dissimuler que dès l'an 1419 nous trouvons la preuve que nos Etats ne pouvoient être convoqués qu'en suite de la permission que le Souverain nous en accordoit; c'est ce qui résulte topiquement de l'article 7 du procès-verbal des Etats tenus à cette époque; ils demanderent à la Reine Yolande & à Louis III son fils que le Conseil général des trois Etats seroit assemblé de deux en deux ans pour mettre des bornes aux vexations que les Provençaux éprouvoient, & qui restoient toujours impunies, attendu l'éloignement du lieu de la résidence de Leurs Majestés (1). La même demande fut faite par d'autres Etats dont nous n'avons pu découvrir la date; nous sommes assurés cependant qu'ils furent tenus à l'occasion du joyeux avénement du Roi René & de la Reine Isabelle; l'article 15 de ces Etats n'est que la répétition de l'article 7 de ceux de 1419 (2). L'un & l'autre tendent à faire fixer la convocation des Etats de deux en deux ans.

---

(1) Archives de Toulon, Reg. en parchemin.
(2) Archives du Roi, Reg. *Potentia*, fol. 291.

Les Etats convoqués au 31 Décembre 1787 ont penfé qu'il feroit utile de rapprocher encore plus l'époque de nos Affemblées nationales. A la féance du 16 Janvier 1788 un des Greffiers des Etats fit lecture de l'extrait du Mémoire du Roi pour fervir d'inftruction à fes Commiffaires.

Il étoit conçu en ces termes :

« Sa Majefté a vu par le compte qu'on lui a rendu des anciennes Affemblées, qu'il n'y avoit point de tenue fixe, à des intervalles & à des époques ufitées ou convenues ; fon intention eft que les Etats foient convoqués régulierement chaque année ou tous les deux ans, afin que les délais arbitraires de la convocation ne laiffent plus à craindre leur fufpenfion.

« Elle invite les Etats à lui préfenter leur vœu fur l'époque à fixer pour la convocation des Etats. »

Ce Mémoire fut renvoyé à l'examen de la Commiffion établie pour la formation des Etats. Le furlendemain, M. l'Evêque de Sifteron, Préfident, fit le Rapport fuivant :

« Meffieurs,

« Une fatale expérience nous avoit démontré que vos Etats pouvoient être fufpendus, & vous laiffoit des craintes fur la durée d'un bienfait pour lequel vous nous avez fignalé votre reconnoiffance (1).

---

(1) Les Etats, dans la féance du 14 Janvier, délibérerent de faire frapper une médaille en mémoire de leur rétabliffement, d'offrir une médaille d'or à Sa Majefté, & d'en préfenter une du même métal à M. l'Archevêque d'Aix.

Le Roi, non content de rétablir votre ancienne Conſtitution, veut encore en aſſurer la perpétuité. Sa bonté s'occupe de votre bonheur & de celui de vos neveux. Elle daigne vous conſulter & demander votre vœu ſur les époques à fixer pour la tenue des Etats, ſoit chaque année, ſoit tous les deux ans.

« La Commiſſion a penſé que le bien du Pays exige une Aſſemblée des Etats chaque année, & que Sa Majeſté ſoit ſuppliée d'en fixer l'ouverture du 15 Novembre au 10 Décembre.

« Les Etats ont adopté unanimement l'avis de la Commiſſion (1). »

Nous avons dit & nous l'avons prouvé, que nos Etats ne peuvent être convoqués ſans une permiſſion expreſſe du Roi ; quand même nos anciens Etats tenus avant l'époque de notre union à la France, ne nous en auroient pas fourni la preuve, nous l'aurions trouvée dans le procès-verbal des Etats convoqués à Aix au 25 Novembre 1569. Les Conſuls d'Aix, Procureurs du Pays, ſe firent concéder acte de la remiſſion, & lecture qu'ils firent aux Etats *d'une Lettre miſſive* à eux adreſſée par le Roi, par laquelle Sa Majeſté ratifioit l'intention où elle étoit qu'il ne fût tenu aucune Aſſemblée, ſoit d'Etats, ſoit des Communes du Pays, ſans en avoir prévenu le Gouverneur & lui en avoir détaillé les motifs (2).

Depuis lors cette forme a changé ; les Etats ne peuvent plus être convoqués qu'en vertu des Lettres-patentes qui ſont préſentées aux Etats, lues dans la premiere ſéance, & enſuite dépoſées au Greffe des Etats ; cette forme fut négligée aux Etats de 1787. Le Tiers-

---

(1) Procès-verbal des Etats de 1787, pag. de l'imprimé 126, 127 & 128.
(2) Archives du Pays, Reg. des Délibérations, n. 2, fol. 82.

Etat affemblé à Lambefc au mois de Mai 1788 defirant pourvoir au maintien des Loix & privileges du Pays, délibéra de folliciter auprès de Sa Majefté qu'il ne fût rien changé aux anciennes formes, relativement à la convocation des Etats (1). Cette réclamation eft, dans tous fes points, conforme à la regle dont nous avons vu des traces dans les procès-verbaux des Etats qui font venus à notre connoiffance. Nous ne voyons pas même quel fut le but de la Lettre de cachet lue aux Etats de 1569, puifque l'Ordonnance de Provence rendue en 1535 renferme la même difpofition.

L'époque de la convocation des Etats une fois fixée, il étoit du bon ordre que les Membres qui devoient le compofer fuffent exacts à s'y rendre; les Etats convoqués à Marfeille en 1597 prirent cet objet en confidération, & délibérerent qu'il feroit *enjoint à MM. du Clergé, de la Nobleffe & autres qui ont entrée aux Etats de s'y trouver, fans y faillir, fur telle peine que fera avifé* (2). Cette Délibération n'étoit que le renouvellement des anciens Règlemens qui exiftoient avant 1419. Nous n'avons pu les trouver; mais nous voyons qu'aux Etats tenus à cette époque, & l'année fuivante, la remiffion de la peine encourue par ceux qui avoient manqué de fe trouver aux Etats, fut objet de leur fupplication.

Dans ceux de 1419 ils fupplierent Leurs Majeftés de ne point permettre que la Cour royale ni autres juges fiffent aucune pourfuite contre les Prélats, gens d'Eglife, Barons, Nobles & Communautés qui n'avoient comparu ni à l'Affemblée actuelle, ni à celles des Vigueries ou Baillages (3).

---

(1) Pieces juftificatives, n. xli.
(2) Archives du Pays, Reg. des Délibérations, n. 7, fol. 24.
(3) Archives de Toulon, Reg. en parchemin, Art. 4.

Les Etats tenus à Aix en 1420 demanderent la remiffion des peines encourues par les Communautés & particuliers de quelque Etat, dignité & condition qu'ils fuffent à caufe du défaut de leur préfence foit aux Etats actuels, foit aux Affemblées particulieres ; ce que le Roi & la Reine accorderent par cette réponfe : *Placet Reginæ & Regi* (1).

Nous pourrions citer d'autres preuves de ce point de difcipline ; mais pourquoi les accumuler, lorfque la faine raifon vient à l'appui de la regle.

La formation des Etats, ainfi réglée, il étoit de leur prudence & de leur fageffe de s'occuper des objets de leur police intérieure.

Le ferment prêté dans le fein des Etats avoit été anciennement en ufage dans nos Affemblées nationales ; cet acte qui tient à la religion avoit été négligé ; M. le Cardinal de Grimaldi, Archevêque d'Aix, qui préfidoit les Etats en 1569, propofa de rétablir cette ancienne coutume. Son avis fut adopté, & chaque Membre des Etats jura de garder & obferver les Ordonnances & de tenir fecretes les Délibérations qui feroient prifes aux Etats, ainfi que tout ce qui s'y pafferoit.

M. de Julianis, Affeffeur d'Aix & Procureur du Pays en l'année 1636, pouffé par un mouvement de piété qu'on ne peut trop louer, crut que les Affemblées générales des Communautés devoient nonfeulement adopter la formalité de ferment, mais encore ajouter à ce premier acte de religion un fecond acte non moins effentiel, celui de faire célébrer au commencement de toutes les Affemblées une meffe *en l'honneur du Saint-Efprit*, à laquelle tous les Députés feroient tenus d'affifter. Il en fit la propofition à l'Affemblée géné-

---

(1) Archives du Roi, Reg. *Potentia*, n. 21, fol. 289.

rale des Communautés tenue cette même année à Frejus; elle fut agréée ; l'Affemblée en fit un article de Règlement, dont la lecture fut ordonnée au commencement de chaque Affemblée.

Ce témoynage de piété que les Communes venoient de donner ne pouvoit qu'être applaudi par la Nation affemblée; l'ufage du ferment avoit été perdu ; mais celui de la meffe du Saint-Efprit fut adopté par les Etats tenus à Aix en 1639.

Ceux de 1787 fe firent un devoir de réunir ces deux actes de religion ; la meffe du Saint-Efprit avoit été célébrée dans l'églife métropolitaine de Saint-Sauveur ; dès le 3 Janvier 1788, M. l'Archevèque d'Aix propofa de former l'Affemblée par la preftation du ferment. Les Etats déterminerent par forme de Règlement que tous les affiftans prèteroient, d'abord après la légitimation des pouvoirs, un ferment qui n'auroit d'autre objet que de donner l'avis qu'on croiroit le plus utile au fervice du Roi & de l'Etat, & au bien du Pays (1).

Les Membres des Etats ainfi liés par le devoir du ferment, n'ont plus à s'occuper que des propofitions foumifes à leurs Délibérations ; mais par qui ces propofitions peuvent-elles & doivent elles être faites ? En parcourant les Pieces juftificatives que l'on trouvera à la fin de ce Volume, on fe convaincra qu'avant la fufpenfion de nos Etats, les propofitions étoient faites tantôt par le Préfident, tantôt par le premier Conful d'Aix, Procureur du Pays, ou par l'Affeffeur, & tantôt par le Sindic du Tiers-Etat, ce qui nous autorife à penfer que toute perfonne fur laquelle réfident les actions ou de la généralité du Pays ou de l'un des trois Ordres qui compofent les Etats, a le droit de propofer ce qu'il eftime

---

(1) Pieces juftificatives, n. XLIII.

pouvoir être avantageux ou au bien du fervice du Roi & de l'Etat, ou à la Nation entiere, ou à l'Ordre au nom duquel il parle. Ce n'eft pas qu'il foit abfolument prohibé à tout autre Membre des Etats de propofer; mais il ne peut le faire qu'après en avoir prévenu le Préfident ; nous en avons trouvé un exemple dans le procès-verbal des Etats tenus à Marfeille en 1597. Le Sr de Porcheres penfa que la multiplicité des offices étoit onéreufe aux peuples ; il avoit même été donné un Edit à ce fujet; mais il étoit refté fans exécution ; le Sr de Porcheres, *du congé de M. le Préfident* (1), propofa de faire article au Roi, pour obtenir de fa juftice que fon Edit feroit exécuté.

Les propofitions faites, il eft néceffaire, pour éviter défordre & confufion, de régler la maniere dont les voix doivent être recueillies. On trouve dans les Regiftres des Etats deux exemples de la maniere d'opérer en pareille circonftance. Un des Greffiers qui a fous fes yeux la lifte des préfens, a foin en appellant les voix de nommer alternativement un Membre du Clergé, un Membre de la Nobleffe & un Membre du Tiers-Etat (2).

Nos Etats ont même pouffé l'attention jufqu'à régler ce que leurs Greffiers auroient à faire pour conftater la légitimité des Délibérations, relativement à la pluralité des voix ; ils s'occuperent de cet objet aux Etats de 1639; ils déterminerent qu'ils tiendroient Mémoire féparé du nom & de l'opinion particuliere de chacun des votans, pour toutes les opinions données, connoître celle qui auroit paffé à la pluralité; ils ordonnerent que la Délibération connue, ce Mémoire feroit déchiré (3).

---

(1) Archives du Pays, Reg. des Délibérations n. 7, fol. 25 v°.
(2) *Idem*, n. 6, fol. 76 v°, & n. 10, fol. 229.
(3) Pieces juftificatives, n. XLIV.

Les Délibérations prifes & arrêtées, doivent être refpectées par tous les Membres des Etats; ce point de difcipline a toujours été inviolablement obfervé, & lorfqu'il s'eft préfenté quelque réfractaire, l'Affemblée des Etats & celle des Communautés fe font armées de toute leur force, pour ne pas fouffrir qu'il fût porté atteinte à leur autorité.

En effet, aux Etats tenus à Aix en 1569 on fe plaignit des inconvéniens qui réfultoient des appels qui étoient émis des Ordonnances & Délibérations faites par les Etats; il y fut délibéré qu'il ne feroit permis à aucun Membre des Etats de fe refufer à exécuter ce qui y auroit été arrêté ou déterminé; on permit feulement à ceux qui croiroient avoir à fe plaindre des décifions portées par les diverfes Commiffions nommées par les Etats, de fe pourvoir auxdits Etats, pour faire réformer s'il y avoit lieu ces décifions; & dans le cas où quelque Membre refuferoit d'exécuter cette Délibération, les Procureurs du Pays furent chargés de prendre en main la défenfe de l'intimé, & de pourfuivre l'appellant aux dépens du Pays.

Les Etats ne reconnoiffent au-deffus d'eux que l'autorité royale qui peut réformer leurs décifions. Cet aveu eft textuellement renfermé dans une Délibération des Etats d'une Affemblée tenue en forme d'Etats en 1591. Sur les repréfentations de l'Affeffeur, cette Affemblée demanda par fon cahier qu'il fût dit que les Délibérations prifes par les gens des trois Etats duement affemblés ne pourroient être réformées par aucuns Juges, Magiftrats, Gouverneur, ni par toute autre perfonne, *fors que par le Roi*. Elle fe fonda dans cette demande, fur ce que l'autorité des Etats étoit une émanation de l'autorité royale, & qu'elle ne dépendoit d'aucune autre jurifdiction quelle qu'elle fût (1).

---

(1) Pieces juftificatives, n. XLV.

S'il n'eſt permis à aucun Membre des Etats de ſe porter pour appellant de leurs Délibérations, ſi aucun Juge, de quelque autorité qu'il ſoit revêtu, ne peut prendre connoiſſance de ces mêmes Délibérations, s'il n'y a que le Roi, qui, en vertu de ſon autorité ſuprême, puiſſe réformer les réſolutions des Etats, à plus forte raiſon ne peut-il être permis à aucune Communauté de deſavouer ſon Député, lorſqu'il a porté ſa voix aux Etats ou Aſſemblées. Ce point fut décidé par les Communautés elles-mêmes dans leur Aſſemblée générale tenue à La Valette dans le mois de Juin 1635.

L'Aſſemblée avoit délibéré d'offrir au Roi une ſomme de deux cent mille livres pour être le Pays déchargé de la recherche du franc Fief. Le Député de la ville de Toulon déclara dans ſon opinion ſe ranger de l'avis commun, ſans toutefois pouvoir tirer à conſéquence pour l'avenir. La ville de Toulon avoit alors la prétention de ne point contribuer à certaines impoſitions, & de faire ſon fait à part; inſtruite de l'avis de ſon Député, elle le deſavoua par une Délibération priſe dans un de ſes Conſeils Municipaux. L'Aſſemblée en fut informée; elle chargea MM. les Procureurs du Pays de défendre contre la Communauté de Toulon, ſi elle pourſuivoit ſon action en deſaveu, & néanmoins défenſes furent faites aux Communautés qui entrent aux Etats ou Aſſemblées générales de faire pareils deſaveux, à peine d'être déclarés indignes de l'entrée aux Etats & Aſſemblées (1).

Mes Lecteurs auront remarqué ſous n° xviii des Pieces juſtificatives qu'ayant été fait une propoſition au moment où les Greffiers alloient procéder à la publication du procès-verbal, les Ordres du Clergé & de la Nobleſſe refuſerent d'y opiner, attendu que les Etats

---

(1) Pieces juſtificatives, n. xlvi.

étoient dès lors fenfés rompus ; que nonobftant ce refus le Tiers-Etat délibéra fur la propofition ; mais qu'aux Etats fubféquens on reconnut l'illégalité de cette Délibération, & on fut obligé de revenir fur la propofition.

Il ne faudroit pas que l'on conclut de cet exemple qu'il puiffe être permis à un ou deux Ordres en particulier de fe retirer des Etats pendant leur tenue, & d'employer ce moyen pour éviter des Délibérations qui pourroient contrarier leurs vues ; nous penfons au contraire que les Etats féans, les préfens peuvent délibérer pour les abfens ; fans que l'on puiffe attaquer une Délibération fur le motif qu'un Ordre entier fe feroit retiré. C'eft d'après cette regle que nous jugeons la Délibération prife par les Etats de 1607.

La veille de la clôture des Etats, il fut pris une Délibération relative au furfeoi accordé pour le payement des dettes des Communautés. MM. de la Nobleffe s'étoient retirés en très-grande partie, & ils prétendirent que la Délibération formée en leur abfence ne pouvoit être légitime.

Avant que de procéder à la publication du verbal, le Sr de Feraporte, Sindic des Etats, fit rapport de la difficulté qui s'élevoit, & fit obferver que la Délibération devoit être réputée très-valable, furtout en obfervant que M. le Grand-Sénéchal & plufieurs Gentilfhommes y avoient affifté.

M. de La Barben, Sindic de la Nobleffe, foutint au contraire l'illégalité de la Délibération, fondée fur les motifs ci-deffus ; il prétendit même qu'il ne pouvoit y être délibéré dans le moment, puifqu'on n'étoit affemblé que pour la publication du procès-verbal, & que à cette féance les deux premiers Ordres n'étoient repréfentés que par M. l'Evêque de Frejus, Préfident aux Etats, & par lui en fa qualité de Sindic de la Nobleffe ; il déclara, en finiffant, au nom de fon Ordre, que fon intention étoit de defavouer la Délibération dont il s'agiſſoit, & même d'en appeller, ſi on procédoit à ſa publication. Mais nonobſtant cette eſpece d'oppoſition, il fut arrêté par les Etats que la Délibération priſe la veille feroit publiée & enregiſtrée comme toutes les autres (1).

Quant au lieu où les Etats peuvent être convoqués, le Gouvernement peut le choiſir ſuivant que les circonſtances & ſa prudence le lui ſuggerent; nous avons eu des Etats tenus à Taraſcon, à Brignoles, à Saint-Maximin, à Marſeille, à Salon. Cependant M. l'Abbé Papon, dans ſon Hiſtoire générale de Provence (Tom. IV, pag. 411), nous apprend que les Etats de 1597, ayant d'abord été convoqués à Aix, furent aſſemblés à Marſeille en vertu d'une nouvelle aſſignation donnée par le Duc de Guiſe, Gouverneur en Provence. Une pareille entrepriſe étoit ſans exemple; il paraiſſoit même irrégulier de convoquer les Etats dans une Ville qui n'eſt pas du Corps du Pays. Cependant, ce n'étoit pas ſans exemple. Les Etats avoient été convoqués à Marſeille en 1537 & 1578, & à Salon en 1584. Les Députés des Communautés s'aſſemblerent à Aix, & délibérerent de demander au Roi de maintenir dans toute leur étendue les privileges de la ville d'Aix & du Pays, & de choiſir dorénavant telle autre Ville qu'il lui plairoit pour tenir les Etats, pourvu que ce fût une de celles qui entrent dans l'Adminiſtration du Pays.

---

(1) Pieces juſtificatives, n. XLVII.

CHAPITRE II.

ADMINISTRATION INTERMÉDIAIRE
SES ASSEMBLÉES ET CELLES DES DIVERS ORDRES.

Les Etats ne pouvant être continuellement affemblés, il a fallu néceffairement confier à quelqu'un l'Adminiftration intermédiaire des affaires du Pays. Anciennement cette Adminiftration, beaucoup plus fimple, n'exigeoit pas un Corps toujours permanent d'Adminiftration; nos Etats fe contentoient de nommer des Députés pris dans chaque Ordre qui étoient chargés d'affifter le Sénéchal, & lui formoient une efpece de Confeil. On en trouve un premier exemple aux Etats tenus à Aix en 1374. Ils nommerent pour remplir cette place, deux Membres du Clergé, deux pris parmi les Barons & les Gentilshommes, & deux ou quatre parmi les Députés des Communautés. Ils durent dans les cas de néceffité, & lorfqu'ils y feroient appellés, fe rendre auprès du Sénéchal; ils ne pouvoient rien déterminer, qu'autant que dans leurs Affemblées il fe trouveroit au moins un de chaque Ordre; les Etats pourvurent à la taxe de leurs honoraires, & déterminerent que chaque Ordre s'acquitteroit envers ceux qui le repréfenteroit (1).

Les Etats tenus à Marfeille le 24 Novembre 1393, à Tarafcon le 31 Décembre 1394, & ceux du 20 Mai 1397 nous fourniffent une nouvelle preuve de l'exiftence de ce Confeil auprès de la perfonne du Sénéchal. Les premiers de ces Etats honorerent de cette Commiffion M. l'Evêque de Sifteron, M. du Saulx, & le Sr Guiguonet Jarente, qui repréfentoit les Communautés. Les feconds nommerent M. Reforciat d'Agout, Commandeur d'Aix & de Puimoiffon, pour le Clergé; M. Helion de Villeneuve pour la Nobleffe; MM. Guiguonet Jarente & Jean Treffemanes, d'Aix, pour les Communautés. Enfin les Etats de 1397 compoferent ce Confeil de trois Membres du Clergé, trois Membres de la Nobleffe, & fix Députés des Communautés (2).

Ce n'étoit pas affez de veiller à la fûreté & au maintien de l'ordre dans le Pays; dès le tems le plus ancien, on levoit des contributions, & il ne falloit pas que les fommes qui en provenoient fuffent diffipées & ne parvinffent pas à leur deftination. Les Etats affemblés à Tarafcon en 1396 s'occuperent de cet objet, & nommerent fous le titre de Confeillers ou Commiffaires des Etats un Député du Clergé, un de la Nobleffe, & deux du Tiers-Etat; à eux feuls appartint le droit de fceller tous les Mandemens (3).

Ceux tenus à Pertuis le 10 Décembre 1397 fuivirent cet exemple; ils nommerent une Commiffion compofée de douze, dont fix furent

---

(1) Pieces juftificatives, n. XLVIII.

(2) Archives du Roi, Reg. *Potentia*, fol. 6 v°, Art. 18; fol. 14, Art. 22, 23 & 24, & fol. 466.

(3) *Idem*, fol. 161.

pris dans le Tiers, & fix par nombre égal, dans le Clergé & la Nobleffe; eux feuls purent difpofer des fonds des impofitions (1).

En 1399 les Etats accorderent au Comte de Provence un don gratuit de cinquante mille florins courants, quatre cents marcs d'argent, deux cents marcs d'aurats & deux cents blancs. Pour fubvenir au payement de ce don, les Villes, Cités & Châteaux furent autorifés à établir des reves, ou telles autres impofitions que les Confeils Municipaux jugeroient plus convenables. Il fallut en faire la répartition; on nomma des Commiffaires à cet effet, au nombre de douze; il y en eut huit pris dans le Tiers-Etat; les quatre autres furent choifis avec égalité de nombre, dans les deux premiers Ordres (2).

Ce n'avoit été jufqu'alors que des Commiffions momentanées; les affaires fe multipliant, les Etats tenus à Aix le 1er Mai 1420 en préfence de la Reine Yolande & de Louis III fon fils, chercherent à établir une véritable Adminiftration intermédiaire.

Ils repréfenterent au Souverain que ne pouvant, pendant leur tenue, pourvoir à tout ce qui peut intéreffer le bien du Pays, il leur fût permis de choifir douze de leurs Membres qui auroient pouvoir de révoquer les impofitions faites par des Etats précédens; de juger l'Adminiftration qui avoit été confiée par les mêmes Etats à douze Commiffaires; d'entendre les comptes des Receveurs généraux & particuliers; de fubroger à leur place ceux qu'ils trouveroient bon; enfin de faire généralement tout ce qui feroit permis aux Etats, s'ils étoient affemblés; ils demanderent même que fur ce il leur fût accordé toutes Lettres néceffaires, & ne doutant pas un feul inftant que leur Requête ne fût admife, ils nommerent pour

---

(1) Archives du Roi, Reg. *Potentia*, fol. 94 v°.

(2) *Idem*, fol. 177 v°.

Adminiſtrateurs l'Evêque de Digne, l'Abbé du Thoronet, le Prévôt de l'Eglife d'Aix, trois Gentilſhommes poſſédans·fiefs, & les Députés des Communautés de Draguignan, Sſiteron, Lorgues, Forcalquier, Toulon & Trets. La Reine & Louis III ſon fils voulurent cependant peſer dans leur ſageſſe l'étendue des pouvoirs accordés à ces Adminiſtrateurs, & la réponſe à cet article du cahier ne fut autre que *doceant de poteſtate eis data per generale concilium* (1)

Cette demande eut encore moins de ſuccès aux Etats tenus à Aix le 13 Décembre 1437. Fondés ſur les mêmes motifs que nous venons de rapporter, les Etats nommerent ſous le bon· plaiſir & conſentement de Sa Majeſté des Procureurs & auteurs chargés de veiller à l'exécution des chapitres qu'ils avoient arrêtés ; ils leur donnerent tous les pouvoirs en tel cas requis & néceſſaires, & nommerent pour remplir ces fonctions un Gentilhomme poſſédant-fief par Viguerie ou Baillage, & les Sindics ſoit préſens, ſoit à venir de chacun des chefs lieux. Mais cet établiſſement ne put avoir la ſanction du Souverain, & le *non eſt conſuetum* (2) qu'on trouve au bas de cet article dénote aſſez qu'il fut improuvé.

Nous revîmmes à la charge en 1440. Les mêmes motifs expoſés plus longuement ne purent faire changer la détermination du Souverain. Nous expoſâmes que la conſervation de nos libertés, us, bonnes coutumes & chapitres de paix en dépendoit, que ne pouvant nous aſſembler ſans permiſſion, & le particulier n'ayant par lui-même aucun caractere qui le rendît apte à former oppoſition à l'inſtruction de nos Loix & Statuts, nous avions la douleur de voir qu'ils s'évanouiſſoient inſenſiblement, & que nous étions

---

(1) Archives du Roi, Reg. *Potentia*, fol. 287, Art. 19.
(2) *Idem*, fol. 262 v°, vol. 62.

par là privés des bienfaits de nos Souverains, qui de leur nature doivent avoir un caractere de permanence, & la même force & autorité que la Loi. Nous avançâmes que le Prince qui eft au-deffus de la Loi, eft cependant tenu d'obferver les chapitres de paix ; que la défenfe tient au droit naturel, & que perfonne ne peut en être privé. Nous demandâmes en conféquence qu'il nous fût permis de nommer une ou plufieurs perfonnes qui feroient chargées de défendre nos privileges, & ce nonobftant la Loi qui défendoit aux Communautés d'établir des Procureurs pour les procès futurs.

La réponfe nous laiffa peu d'efpoir d'obtenir ce que nous demandions (1). *Caufe particularium non funt univerfitatum, nec e contra particulares poffunt fe juvare privilegiis univerfitatum quando volent ; & ita requifitio injufta, nova & fuper vacua.*

Ce que nous demandions ne paraiffoit cependant répugner à aucune regle ; il étoit raifonnable qu'un Corps de Nation qui n'exifte comme tel qu'au moment qu'il eft affemblé eût des Repréfentans qui puffent veiller à fes intérêts & prendre fa défenfe, lorfque fon exiftence morale feroit attaquée. Ce fut ainfi qu'en penfa Charles III en 1480. Nous lui préfentâmes la même Requête qui avoit été rejettée en 1440. Le *Placet Regi & concedit ut petitur* (2) nous affura pour toujours l'avantage d'avoir des yeux continuellement ouverts fur tout ce qui pouvoit regarder directement ou indirectement l'avantage du Pays, & la conservation de notre maniere d'être.

C'eft donc de cette époque que nous devons dater l'établiffement

---

(1) Archives du Roi, Reg. *Rofa*, fol. 126.
(2) Pieces juftificatives, n. XLIX.

de nos Procureurs du Pays. Mais alors les Etats procédoient eux-mêmes à la nomination des Procureurs du Pays ; il n'y avoit aucune place qui donnât droit d'y prétendre ; la confiance en difpofoit feule. Ce ne fut qu'en 1535 que François Ier, par un des articles de fon Ordonnance de Provence réunit les places de Procureurs du Pays au chaperon d'Aix. On peut voir ce que nous en avons déjà dit dans l'Ouvrage fur l'Adminiftration de Provence (Tom. 1, pag. 27).

Nous nous contenterons de faire obferver, d'après M. l'Abbé Papon dans fon Hiftoire générale de Provence, que Boniface Pellicot eft le premier Affeffeur qui ait occupé en 1556 le fecond rang dans la lifte des Procureurs du Pays.

A dater de cette Ordonnance, toute l'Adminiftration intermédiaire ne roula plus que fur M. l'Archevêque d'Aix, & MM. les Confuls de la même Ville, qui tous enfemble prirent la qualité de Procureurs du Pays ; mais leur autorité en cette qualité n'eft autre que de veiller à l'exécution des Délibérations des Etats ou des Affemblées générales des Communautés, ainfi qu'ils s'en expliquerent eux-mêmes en 1637. On demandoit au Pays l'entretien du régiment de Vitry. Cette demande fut portée à une Affemblée ordinaire des Procureurs du Pays ; ils répondirent que la derniere Affemblée générale n'ayant déterminé cet entretien que pour un an, il falloit s'adreffer aux Etats, ou à une pareille Affemblée, pour obtenir la prorogation demandée, *n'étant la charge des Procureurs du Pays que pour exécuter les Délibérations prifes en pareille Affemblée* (1).

L'expérience prouva bientôt que ces Adminiftrateurs étoient en trop petit nombre pour pouvoir fuffire à tout ; chaque événement

---

(1) Archives du Pays, Reg. des Délibérations, n. 19, fol. 55.

néceffitoit une convocation d'Etats, qui entraînoit une dépenfe confidérable. La lenteur marchoit à la fuite des affaires & le bien ne s'opéroit point. Le même Prince qui avoit rendu l'Ordonnance de 1535 reconnut qu'elle exigeoit d'être modifiée en ce point; il donna des Lettres-patentes le 8 Mai 1543, par lefquelles il permit aux Etats de Provence de députer chaque année un Prélat, deux Membres de la Nobleffe & trois Confuls des Villes du Pays, pour, avec MM. l'Archevêque & Confuls d'Aix, traiter les affaires qui furviendroient; que pour cet effet ils pourroient s'affembler, après en avoir obtenu la permiffion du Roi ou de fon Lieutenant; d'après ces Lettres-patentes, les Procureurs joints ne purent prétendre aucuns honoraires; mais feulement leurs débourfés, lorfqu'ils font employés pour les affaires du Pays (1).

Les Confuls d'Aix jouirent pendant quelques années fans aucun trouble de la prérogative qui leur avoit été accordée par l'Edit de 1535. Mais en 1571, elle fut tellement jaloufée, que le Tiers-Etat fit une motion à l'effet de faire defunir la charge de Procureurs du Pays du Confulat d'Aix, & que toutes les Communautés du Pays puffent à leur tour exercer cet emploi. Ce fut inutilement que les Confuls d'Aix invoquerent en leur faveur le titre émané de l'autorité royale qui les conftituoit Procureurs du Pays; ce fut inutilement qu'ils voulurent tenter d'empêcher qu'on opinât fur cette motion; ce fut inutilement que l'Avocat du Pays, préfent aux Etats, voulut leur remontrer toute l'irrégularité de cette nouvelle prétention & combien il pourroit devenir dangereux de paffer outre. Les efprits étoient trop animés; M. l'Evêque de Vence, qui préfidoit aux Etats, crut qu'il étoit de la prudence d'accorder quelque chofe à la circonf-

---

(1) Pieces juftificatives, n. L.

tance du moment; il mit donc la propofition en délibération ; une très-grande partie des Membres de la Nobleffe fe retira de l'Affemblée; les Communes d'Hieres & de Riez les fuivirent ; les Procureurs du Pays étoient déjà fortis.

Le Tiers-Etat refté, en quelque forte, maître du champ de bataille, délibéra alors que le Roi feroit fupplié de permettre aux Etats de nommer annuellement à la charge de Procureurs du Pays, M. l'Archevêque d'Aix ou fon Vicaire, l'Affeffeur d'Aix, qui devoit être originaire, habitant ou réfident en ladite Ville, avec deux Communes prifes à tour de rolle parmi les chefs de Viguerie ou Baillage, lefquels feroient chargés d'adminiftrer les affaires du Pays d'une Affemblée d'Etats à l'autre, avec défenfes aux Confuls d'Aix de s'y immifcer, que lorfqu'ils y feroient appellés par le tour de rolle.

Le Gouverneur qui craignit que le défaut de préfence des Procureurs du Pays aux Etats ne pût donner matiere dans la fuite de les regarder comme irrégulierement tenus, leur enjoignit le lendemain de reprendre leur féance à peine de 10,000 livres d'amende, & de tenir les arrêts de la ville de Brignoles, où les Etats étoient affemblés; ils obéirent, mais en fe confervant tous leurs droits fur l'appel par eux émis de la Délibération de la veille.

Cependant il ne falloit pas qu'une pareille conteftation fût portée au Confeil de Sa Majefté ; la prudence exigeoit qu'elle fût terminée, pour ainfi dire, dans le fein de la famille; il fut fait des propofitions d'accomodement; les Confuls d'Aix les adopterent; les Etats encore affemblés à Brignoles en 1572 y donnerent leur adhéfion, à la charge que la Communauté d'Aix l'adopteroit dans quinzaine.

Ces propofitions portoient que MM. les Confuls d'Aix continueroient d'occuper la place de Procureurs du Pays; que les Etats deputeroient annuellement un Gentilhomme, & une ou deux Communautés qui auroient auſſi le titre de Procureurs du Pays, feroient tenus de réſider à Aix & exerceroient la même autorité que les Conſuls d'Aix; que le Gentilhomme qui feroit nommé par les Etats fiegeroit immédiatement après M. l'Archevêque d'Aix, & que aucun autre, que ceux qui feroient Députés par les Etats, ne pourroit prétendre devoir aſſiſter en vertu de ſa place aux comptes & aux égaliſations.

Le Conſeil Municipal de la ville d'Aix conſulté ſur ces propoſitions, obſerva que la préſéance accordée au Gentilhomme nommé par les Etats ſur le premier Conſul d'Aix ne lui paraiſſoit pas juſte, puiſque ce dernier doit être Gentilhomme. Il obſerva en ſecond lieu que l'excluſion donnée aux Conſuls d'Aix & au Gentilhomme nommé par les Etats, du compte & des égaliſations, ſembloit répugner à la droite équité; il étoit raiſonnable que ceux qui toute l'année s'occupoient des affaires générales, ne fuſſent pas exclus d'une fonction qui pouvoit les dédommager des peines qu'ils ſe donnoient.

Ces propoſitions, ainſi que les obſervations du Conſeil Municipal de la ville d'Aix, furent portées aux Etats tenus en 1573; ils approuverent les unes & les autres; le premier Conſul d'Aix dut entrer en concours avec le Gentilhomme nommé par les Etats ſur la préféance; leur qualité dut ſeule la régler; & les quatre Conſuls d'Aix furent admis à aſſiſter aux comptes du Tréſorier du Pays & aux égaliſations.

Dans tout cet arrangement il n'étoit queſtion en rien du Clergé; l'Ordonnance de 1535 n'avoit admis parmi les Procureurs du Pays que le ſeul Archevêque d'Aix; les Lettres-patentes de 1543 en autoriſant la nomination des Procureurs du Pays joints, pris dans tous les Ordres, avoient décidé qu'un des Procureurs joints devoit être choiſi parmi les Prélats, & par le nouvel arrangement, le Clergé fe trouvoit exclu de l'Adminiftration, confiée aux Procureurs joints.

M. l'Eveque de Frejus, qui préfidoit à ces Etats, affifté des Vicaires d'Aix, d'Avignon, de Riez, & du Repréfentant du Prevôt de Pignans, réclamerent contre cette innovation, & déclarerent que là où les Etats ne voudroient admettre dans l'Adminiftration intermédiaire que le feul Archevêque d'Aix, ils ne pourroient adhérer à cette Déliberation, & qu'ils proteftoient de fe pourvoir ainfi qu'il appartiendroit (1).

Il fut donc reconnu comme conftant que les Confuls d'Aix étoient vraiment & inconteftablement Procureurs du Pays; vérité qui n'a plus effuyé de contradiction depuis lors, & qui fut foutenue avec force par les Etats de 1594, lorfque le Connétable eut rendu une Ordonnance dont l'article 7 attaquoit ce point de notre Conftitution.

Les Etats déclarerent ne pouvoir fe foumettre à cet article, au chef qui rendoit l'élection des Procureurs du Pays arbitraire, & permettoit d'y nommer autres que les Confuls d'Aix. Nous étions d'autant plus fondés dans cette réfiftance que par Edit du mois de Mai 1594, duement vérifié par les Cours, les Confuls d'Aix avoient été confirmés dans leur poffeffion de recevoir fur leurs têtes la qualité de Procureurs du Pays; à ce premier motif nous ajoutâmes celui des inconvéniens qui réfulteroient d'une élection toujours propre à fomenter la divifion dans les efprits. Une claufe infolite mife dans les Lettres-patentes pour la convocation des Etats de 1598 nous fit craindre encore quelque nouvelle atteinte portée à notre liberté dans la nomination des Procureurs du Pays.

A la lecture de ces Lettres, l'Affeffeur fit obferver que Sa Majefté commettoit la nomination & l'élection des Procureurs du Pays à

---

(1) Pieces juftificatives, n. LI.

fes Commiffaires aux Etats, il fit obferver de quelle conféquence une pareille claufe pourroit être, & le préjudice qui en réfulteroit pour le Pays. Il propofa de député vers le Gouverneur pour favoir à cet égard fes intentions. Ce préalable fut rempli, M. l'Evêque de Marfeille, Préfident aux Etats, MM. les Procureurs du Pays, & le Sr de Fabregue furent nommés pour cette Députation.

Ils rendirent compte le lendemain de leur miffion, & rapporterent que le Gouverneur avoit été auffi étonné que les Etats de cette claufe qui avoit été inférée dans les Lettres patentes fans fon aveu & à fon infu; il l'attribua à l'inexpérience du commis chargé de la rédaction de ces Lettres; il chargea les Députés d'affurer les Etats que fon intention n'avoit jamais été d'attenter à l'autorité des Procureurs du Pays, ni de rien faire qui pût altérer en rien les coutumes & privileges de la Provence.

Sur ce Rapport les Etats délibérerent que le Gouverneur feroit remercié au nom des Etats par MM. les Procureurs du Pays (1).

Cependant en 1637 nous eûmes encore à craindre de voir le Gouvernement s'immifcer dans la nomination de nos Procureurs du Pays, & enlever au chaperon d'Aix cette honorable prérogative. Voici ce que M. l'Abbé Papon nous en rapporte dans fon Hiftoire générale de Provence (Tom. IV, pag. 486). Nous l'avons trouvé conforme à la teneur du procès-verbal de l'Affemblée des Procureurs du Pays nés & joints tenue à Aix le 23 Septembre 1637, & préfidée par M. l'Abbé Caftellan, Vicaire de M. l'Evêque de Sifteron (2).

« Après la prife des Ifles de Sainte-Marguerite & de Lérins, le Roi laiffa en Provence quelques régimens pour les faire fubfifter aux dé-

---

(1) Pieces juftificatives, n. LII.
(2) Archives du Pays, Reg. des Délibérations, n. 19, fol. 70.

pens du Pays; les Confuls d'Aix s'y oppoferent, fous prétexte que fans le confentement des Etats, ils ne pouvoient permettre une chofe qui étoit contraire aux franchifes de la Province, & aux dernieres conventions faites. Cette fermeté déplut à l'Archevêque de Bordeaux, chargé par le Roi de faire exécuter fes ordres. Il réfolut d'ôter aux Confuls d'Aix la Procure du Pays. Il fit rendre un Arrêt du Confeil qui déféra la Procure du Pays à l'Archevêque d'Aix, à de Piles (il étoit Gouverneur du Château d'If & des Ifles de Marfeille), & à l'Affeffeur Julianis. Les Tréforiers de France eurent ordre en même tems de mettre l'impofition pour fournir à la fubfiftance des troupes, à moins que les nouveaux Procureurs du Pays n'aimaffent mieux la répartir eux-mêmes. Cet acte d'autorité excita un murmure dans toute la Province & furtout à Aix qui perdoit la plus belle de fes prérogatives. On députa au Roi pour lui repréfenter que c'étoit entierement détruire la liberté du Pays que de mettre l'Adminiftration dans les mains des perfonnes que la Province n'auroit pas choifies. On convint enfin que la Province entretiendroit un certain nombre de régimens, & à cette condition le Confulat d'Aix fut rétabli dans tous fes droits. »

Telle eft encore aujourd'hui l'exécution de l'Ordonnance de 1535, que la qualité de Procureurs nés du Pays réfide fur la tête de M. l'Archevêque d'Aix & de MM. les Confuls de la même Ville. Mais la vérité que nous devons à nos Lecteurs ne nous permet pas de leur taire que les Lettres-patentes de 1543 ont fouffert quelque échec même avant la fufpenfion de nos Etats, fans que nous ayons pu découvrir le titre qui a autorifé ces changemens ; elles portent que les Procureurs joints feront au nombre de fix; un parmi les Prélats, deux Gentilfhommes & trois Députés des Communautés.

Nous avons lieu de préfumer que cet ordre relativement au Clergé fut inviolablement obfervé jufqu'en 1577. L'année d'après, les Etats tenus à Marfeille dans le mois de Février 1578 nommerent outre M. l'Archevêque d'Aix, l'Evêque de Toulon ou fon Vicaire, & le Vicaire de l'Archevêque d'Arles pour Procureurs joints; & depuis lors jufqu'en 1639, on ne compte que quatre nominations de Procureurs du Pays joints, où le Clergé n'ait eu qu'un de fes Membres; en 1581 & 1594 l'Evêque de Sifteron fut le feul nommé; en 1596 on ne trouve que l'Evêque de Digne parmi les Procureurs joints; & en 1609 le feul Evêque de Riez (1).

Le nombre des Députés de la Nobleffe pour la place de Procureurs du Pays joints, n'a jamais varié; les Lettres-patentes de 1543 les fixerent à deux, & ils fe font toujours maintenus dans cette poffeffion.

Le Tiers-Etat a perdu; mais ce feroit injuftement qu'il accuferoit le Clergé d'avoir ufurpé fur lui. Il eft prouvé par ce qu'il nous refte de nos anciens documens que dès l'année 1568, les Communautés n'avoient plus que deux Procureurs joints dans leur Ordre; & nous avons dit que ce ne fut qu'en 1578 que le Clergé eut deux de fes Membres dans l'Adminiftration intermédiaire.

Les Procureurs joints du Tiers-Etat n'ont pas toujours été pris parmi les feuls Députés des Communautés; ceux des Vigueries ont eu quelquefois part à ces places. En 1571, la Viguerie de Forcalquier; en 1572, la Viguerie d'Apt, & en 1573, la Viguerie de Mouftiers furent nommées dans le nombre des Procureurs joints pour le Tiers-Etat (2), avec un Député des Commmunautés.

---

(1) Archives du Pays, Reg. des Délibérations, n. 3, fol. 350; n. 6, fol. 43 & 190; n. 9, fol. 169 v°.

(2) *Idem*, n. 2, fol. 190, 232 v°, 280.

Ces exemples fonderent les réclamations des Vigueries aux Etats tenus à Salon en 1584. Elles fe plaignirent de ce que depuis quelque tems, leurs Députés fembloient être exclus des charges du Pays, *comme on avoit accoutumé d'ancienneté* tant aux comptes, égalifations, que *procurations du Pays*. Les Etats parurent d'abord accueillir ces plaintes dans tous leurs points; ils dirent & ordonnerent *que hors en ça & pour l'avenir les Députés pour les Vigueries dudit Pays entreront & feront nommés aux Etats & charges d'icelui*. Mais enfuite expliquant quelle étoit leur intention à cet égard, ils ajouterent *tant pour affifter aux comptes du Tréforier du Pays que aux égalifations à l'égal des Communes dudit Pays, de maniere qu'il y ait toujours un Député des Communautés, & un Député des Vigueriats, & y entreront refpeclivement chacun à fon tour, à ce que lefdits Députés tant des Communautés que Vigueriats foient avertis des affaires du Pays, & fe reffentent également des charges d'icelui* (1). Je laiffe à mes Lecteurs en examinant ce titre à difcuter s'il donne quelque droit aux Vigueries pour être nommées parmi les Procureurs joints du Tiers-Etat; ce qui eft certain, c'eft que, l'exécution d'un titre étant la maniere la plus certaine de l'expliquer, je puis affurer que depuis 1573 je n'ai plus trouvé les Vigueries nommées parmi les Procureurs joints; elles ne réclamerent pas même lorfqu'en 1596 & 1603, les Etats reglerent un tour de rolle, foit pour la procuration du Pays, foit pour l'affiftance aux comptes du Tréforier du Pays, par les Députés des Communautés (2).

Mais dans les Communautés quel eft celui qui doit remplir la

---

(1) Archives du Pays, Reg. des Délibérations, n. 4, fol. 37 v°.
(2) Pieces juftificatives, n. LIII.

place de Procureur joint? Cette queftion fut propofée à l'Affemblée générale en forme d'Etats tenue à Aix en Novembre & Décembre 1591. Elle décida, fur la réquifition du premier Conful de Draguignan, *ladite charge devoir être exercée par le premier Conful, à fon défaut par le fecond, & au défaut du fecond par les autres* (1); il y a même des circonftances où l'on a exigé que les Procureurs joints réfidaffent à Aix; une Affemblée pareille à celle dont nous venons de parler, tenue en 1594, nous en fournit un exemple, elle avoit nommé pour Procureurs du Pays joints jufqu'aux prochains Etats, M. l'Evêque de Sifteron ou fon Vicaire pour le Clergé, MM. de Sainte-Croix & de Collongues pour la Nobleffe, & les Confuls des villes d'Apt & de Saint-Remi pour le Tiers-Etat, avec pouvoir de traiter & négocier les affaires du Pays avec MM. les Confuls d'Aix Procureurs du Pays nés; ils furent même autorifés à *impofer deniers fi befoin eft & le cas le requiert.* La Déliberation ajoute : *enjoignant aux Confuls d'Apt & de Saint-Remi de faire commettre & députer par le Confeil defdites Villes quelqu'un de leur part qui faffe réfidence en cette ville d'Aix, pour affifter à l'expédition des affaires très-importantes qui fe paffent journellement* (2).

On vient de voir par la derniere Délibération citée que les Procureurs joints étoient nommés par les Etats *jufqu'aux prochains Etats;* c'eft la formule que l'on trouve partout où il s'agit de conftater cette nomination; les Etats n'avoient point été convoqués depuis 1632, les Communautés de Lorgues & Aups occupoient depuis lors la place de Procureurs joints. Saint-Remi & Reillanne

---

(1) Archives du Pays, Reg. des Délibérations, n. 5, fol. 358.
(2) *Idem*, n. 6, fol. 43.

qui devoient leur fuccéder, voyoient avec impatience que le défaut de convocation des Etats retardoit le moment où elles participeroient à l'Adminiftration générale. Enfin en 1638 elles s'adrefferent à l'Affemblée générale des Communautés qui avoit été convoquée à Aix ; elles lui repréfenterent qu'il n'étoit pas jufte que les mêmes Communautés fuffent toujours en exercice, d'autant mieux que le défaut d'Etats ne pouvoit influer en rien fur ce point, puifque c'étoit aux Communautés à choifir leurs Procureurs ; & que d'ailleurs y ayant un tour de rolle établi, il n'y avoit pas lieu de procéder à un choix ; mais feulement de laiffer courir le tour de rolle. Elles requirent en conféquence qu'il fût ftatué par maniere de Règlement que toutes les Communautés qui auroient entrée & voix dans les Affemblées en exerceroient annuellement à tour de rolle la charge de Procureurs du Pays joints, fans qu'il fût néceffaire de procéder à leur nomination.

On prévoit fans doute que les Communautés de Lorgues & d'Aups ne virent pas avec fang froid une pareille réquifition ; elles contefterent à l'Affemblée le pouvoir de toucher à leur nomination, attendu qu'elles tenoient leur miffion des Etats. Mais nonobftant ces repréfentations l'Affemblée adopta la propofition des Communautés de Saint-Remi & Reillanne, déclarant que fon intention n'étoit point de toucher à ce qui pouvoit regarder les Procureurs joints du Clergé & de la Nobleffe, dont la nomination appartenoit aux feuls Etats (1).

Les Etats de 1639 adopterent même cette regle de conduite ; car ayant pris en confidération l'incertitude de l'époque de la tenue des Etats & les abus qui pouvoient en réfulter, ils décla-

---

(1) Pieces juftificatives, n. LIV.

rerent les charges de Procureurs joints annuelles, & en conféquence nommerent des Procureurs joints pour chacune des années 1639, 1640, 1641 & 1642 (1).

Avant que de parler des Affemblées des Procureurs du Pays, il nous refte à examiner fi tous les Membres du Clergé qui ont entrée aux Etats peuvent prétendre à la place de Procureurs joints pour cet Ordre ; en fecond lieu, s'ils ont le droit de fe faire repréfenter par leurs Vicaires, comme aux Etats.

Il me paroît, d'après tous les Regiftres de nos Etats, que ces deux points ne peuvent effuyer la moindre contradiction.

Les Prélats de Provence font tous déclarés aptes, par les Lettres-patentes de 1543, de pouvoir être Procureurs joints pour le Clergé; donc tous les Prélats qui ont entrée aux Etats peuvent prétendre à cette place. Cette conféquence, qui me paroît dériver du principe, eft encore appuyée par le fait. L'Evêque d'Avignon fut nommé Procureur joint pour le Clergé en 1572; l'Archevêque d'Arles en 1578; l'Evêque de Marfeille en 1582, 1597 & 1599 (2). Je ne parle pas des autres Evêques qui tiennent effentiellement à la Provence par leur fiege ; il n'exifte aucun doute à leur égard. La qualité de Procureur joint pour le Clergé n'eft point étrangere aux Prélats du fecond ordre; l'Abbé de Saint-Victor fut nommé Procureur joint en 1583, 1587, 1591 & 1598; l'Abbé de Valfainte en 1588 & 1628; le Prévôt de Pignans en 1611 & 1620 (3). Ce premier point me paroît donc inconteftable ; le fecond ne l'eft pas

---

(1) Archives du Pays, Reg. des Délibérations, n. 19, fol. 260 v°.
(2) *Idem*, n. 2, fol. 232 v° ; n. 3, fol. 24 & 402 v° ; n. 7, fol. 8 & 206 v°
(3) *Idem*, n. 3, fol. 514; n. 4, fol. 267 ; n. 5, fol. 268 ; n. 7, fol. 111 v° ; n. 5, fol. 5 v° ; n. 12, fol. 138 ; n. 9. fol. 264 ; n. 10, fol. 225 v°.

moins ; chaque nomination de Procureurs joints en fournit la preuve ; on voit partout, on lit partout ces mots remarquables *ou leurs Vicaires* & bientôt nous verrons que les Vicaires eux-mêmes ont préfidé les Affemblées des Procureurs du Pays, & celles des Procureurs du Pays nés & joints, comme on les a vus préfider les Affemblées d'Etats.

Nos Adminiftrateurs intermédiaires formés foit fuivant l'ancien ufage, foit d'après les difpofitions des Lettres-patentes de 1543, ne pouvoient s'affembler fans en avoir obtenu la permiffion. On en trouve la preuve aux Etats tenus à Aix le 20 Décembre 1503 ; ils demanderent autant pour fubvenir aux affaires qui fe prefentoient, que pour veiller à ce que nos Statuts ne fuffent point enfreints, qu'il fût permis aux Procureurs du Pays de convoquer ceux qui leur avoient été adjoints par les Etats. Les Commiffaires du Roi fe firent une peine d'accorder une permiffion illimitée ; mais ils promirent qu'avant leur départ ils en préviendroient le Parlement, qui leur accorderoit de pouvoir s'affembler lorfque la néceffité l'exigeroit (1).

On a vu que dans les Lettres-patentes de 1543, il y eft expreffement porté, *lesquels s'affembleront toutes les fois qu'il fera befoin au Mandement de nous ou de notre Lieutenant.* Cette loi fut inviolablement obfervée pendant plufieurs années ; on trouve plufieurs procès-verbaux de ces fortes d'Affemblées qui portent qu'elles l'ont été en fuite du Mandement du Lieutenant général, ou par permiffion du Gouverneur, & quelquefois par le Commandant ; alors même ces Affemblées étoient autorifées par la préfence d'un Commiffaire nommé par celui de qui émanoit le Mandement.

---

(1) Archives du Roi, Reg. *Potentia*, fol. 395 v°.

Parmi plusieurs exemples que nous pourrions citer pour appuyer ce que nous avançons, nous nous contenterons d'indiquer les Assemblées des Procureurs du Pays nés & joints tenues en Octobre & Décembre 1543, Décembre 1568 & Mars 1578 (1).

Bientôt on s'apperçut que cette formalité gênante qui n'avoit aucune utilité, ne pouvoit que jetter des entraves dans les affaires, & en arrêter l'expédition; la Loi tomba en desuétude; & les Assemblées de nos Administrateurs continuerent de la tenir sans avoir rempli ce préalable.

Cependant le Parlement qui pendant très long-tems a eu en Provence le Gouvernement en l'absence du Gouverneur, crut devoir rappeller à cette regle les Procureurs du Pays en 1619. Ils avoient convoqué une Assemblée des Procureurs du Pays nés & joints sans en avoir obtenu la permission du Parlement, qui exerçoit alors les fonctions de Gouverneur; le Parlement en ayant été informé les manda dans la Chambre; ils prêterent leurs réponses; elles furent communiquées aux gens du Roi, & sur leurs conclusions il intervint Arrêt qui défendit aux Procureurs du Pays de convoquer pour le présent, ni pour l'avenir, aucune Assemblée, sans permission du Roi, du Gouverneur, ou de ceux qui tiennent sa place, à peine de 10,000 livres contre les contrevenans en leur propre dès à présent déclarée, sans espoir de rejet sur le Corps du Pays. Les Procureurs du Pays furent de nouveau mandés dans la Chambre, & M. le premier Président leur notifia l'Arrêt (2).

---

(1) Archives du Pays, Reg. des Délibérations, n. 1, fol. 197 & 200; n. 2, fol. 42; n. 3, fol. 35.

(2) *Idem*, n. 10, fol. 179 v°.

Le même jour MM. les Procureurs du Pays s'affemblerent chez M. l'Archevêque d'Aix. Il y fut arrêté d'attendre l'arrivée des Procureurs joints ; l'Affemblée étant formée, l'Affeffeur rendit compte de ce qui s'étoit paffé; on y délibéra de vifiter tous les Juges pour leur remontrer combien cet Arrêt pouvoit nuire au bien du Pays; & par leur réponfe, il fut facile de comprendre que l'intention du Parlement n'avoit point été de toucher à nos libertés; mais que des circonftances particulieres avoient néceffité cet Arrêt, que l'on auroit tort de regarder comme une regle générale, puifque long-tems auparavant les Etats tenus à Aix dans le mois de Décembre 1514 avoient demandé & obtenu des Commiffaires du Roi qu'il fût inhibé aux Officiers royaux, de quelque Etat & prééminence qu'ils fuffent, de molefter en aucune maniere les Procureurs du Pays dans leur Adminiftration & le maintien de nos privileges; défenfes qui furent prononcées, fous peine, en cas de contravention, de 100 marcs d'argent (1).

Nous connaiffons deux fortes d'Affemblées de Procureurs du Pays, les unes qui ne font compofées que de MM. les Procureurs du Pays, c'eft-à-dire de M. l'Archevêque d'Aix ou de fon Vicaire, & de MM. les Confuls d'Aix ; cette Affemblée ne connoit que des affaires ordinaires, & qui n'ont pour but que l'exécution des Délibérations prifes par les Etats; les autres, où font appellés les Procureurs joints, & dans lefquelles on traite foit de l'Adminiftration intermédiaire, foit des affaires nouvelles qui fe préfentent dans l'intervalle de la tenue des Etats & qui exigent qu'il y foit pourvu du moins provifoirement.

Nous avons dit que les Procureurs joints étaient appellés à ces

---

(1) Archives du Roi, Reg. *Potentia*, fol. 401 v°.

Affemblées; les Communautés convoquées à Brignoles en 1602 en firent un article de Règlement & délibérerent que conformément aux anciennes coutumes, lorfqu'il fe préfenteroit quelque affaire importante, les Procureurs du Pays nés feroient tenus de convoquer les Procureurs joints, à moins que ces mêmes affaires fuffent de telle nature qu'il y eût péril à ne pas prendre une prompte détermination (1).

Ces Affemblées, de quelque nature qu'elles foient, ont été de tout tems préfidées par M. l'Archevêque d'Aix. Ici je me trouve en contradiction avec l'auteur *du Droit public du Comté - Etat de la Provence*. On lit à la page 81 de cet Ouvrage : « Ce n'eft que depuis 1621 qu'il (M. l'Archevêque d'Aix) affifte aux Affemblées particulieres; il tient ce droit d'une Délibération des Etats, & non de fa Préfidence ou de la Conftitution de la Provence; il affifte aux uns (aux comptes), & aux autres (aux Affemblées), comme Procureur du Pays, Député du Clergé. »

Quelque defference que je doive avoir pour l'Auteur qui s'eft généreufement dévoué à la défenfe des intérêts du Tiers-Etat, intérêts toujours chers à tout Citoyen qui fait apprécier tout ce que le Tiers-Etat mérite d'égard & de faveur, je ne puis m'empêcher de relever les erreurs qui fe préfentent à moi dans ce paffage. L'intention du Tiers-Etat n'eft certainement pas de difputer à M. l'Archevêque d'Aix aucune des prérogatives attachées à fa place, & en réfutant des erreurs, je lui préfenteroi la lumiere qu'il cherche.

Ce n'eft que depuis 1621 que M. l'Archevêque d'Aix affifte aux Affemblées particulieres. Si l'Auteur fe fût donné la peine de feuilleter les dix-neuf Regiftres des Délibérations de nos Etats qui font

---

(1) Pieces juftificatives, n. LV.

conservés aux Archives du Pays, il auroit vu que depuis l'établissement des Assemblées des Procureurs du Pays en 1543, il n'est aucune année, je dis plus, presque aucune Assemblée des Procureurs du Pays, où l'on ne trouve à la tête des présens M. l'Archevêque d'Aix ou son Vicaire, lorsqu'en absence de M. l'Archevêque l'Assemblée n'étoit pas présidée par un des Prélats Procureurs joints.

L'Auteur que je réfute appuye son assertion d'une Délibération prise aux Etats tenus à Aix dans le mois d'Août 1621. Elle porte que *sur les plaintes faites par quelques Députés des Communautés, de ce que MM. les Procureurs du Pays le long de leur année font beaucoup des Assemblées & Délibérations particulieres, sans y appeller ceux qui sont en charge au Pays, comme M. l'Archevêque d'Aix ou son Vicaire général, les Procureurs joints ou autres Officiers. Lesdits Etats ont délibéré que les Srs Procureurs du Pays ne fairont par ci-après aucune Assemblée, ni Délibération particuliere, sans y appeller M. l'Archevêque d'Aix, ou en son absence son Vicaire général, tous les Srs Procureurs joints qui se trouveront casuellement en cette ville d'Aix, avec le Sindic des Communautés, sans néanmoins que les assistans puissent prétendre aucun salaire & vacations* (1).

Voilà le titre qu'on présente au Public comme établissant un droit nouveau en faveur de M. l'Archevêque d'Aix. Mais je le demande à tout Lecteur impartial; n'est-ce pas plutôt l'exécution d'un droit ancien que l'on cherche à mettre en vigueur. Les Communautés se plaignent; il n'y auroit pas eu lieu aux plaintes, s'il n'y avoit point eu de contravention. Sur ces plaintes, les Etats délibérerent que même pour les Assemblées particulieres, les Procureurs

---

(1) Archives du Pays, Reg. des Délibérations, n. 10, fol. 271 v°.

du Pays feront tenus de convoquer qui ? M. l'Archevêque d'Aix, qui eft Procureur-né ; qui eft ainfi qualifié dans tous les titres relatifs à fa place ; que le Tiers-Etat reconnut comme tel en 1571 ; que le procès-verbal de 1582 nous préfente fous cette défignation. Il y avoit donc au moins de la négligence de la part de MM. les Procureurs du Pays de ne pas prévenir M. l'Archevêque d'Aix des Affemblées qu'ils devoient tenir ; lui qui à tant de titres joignoit encore une poffeffion fuivie & continue.

Qui encore ? Les Procureurs joints qui fe trouveront cafuellement à Aix ; parce que dans ce cas, ils doivent participer à l'Adminiftration dont ils font Membres, & telle eft la différence des Affemblées des Procureurs du Pays avec celles des Procureurs du Pays nés & joints. A ces dernieres, il faut néceffairement appeler tous les Procureurs joints, & conftater leur convocation, en cas d'abfence. Dans les Affemblées ordinaires, au contraire, le hafard les en rend Membres ; s'ils fe trouvent cafuellement à Aix, ils doivent être convoqués.

Qui enfin ? Le Sindic des Communautés ; qui pour l'intérêt du Tiers-Etat doit être convoqué, à l'effet de pouvoir préfenter les obfervations qui doivent tourner à l'avantage de cette portion des Citoyens, fi digne à tous égards qu'on ne néglige rien de ce qui peut améliorer fon fort.

Il tient ce droit d'une Délibération des Etats & non de fa Préfidence. L'Ordonnance de 1535 nomme M. l'Archevêque d'Aix à la tête des Procureurs du Pays nés. Les Lettres-patentes de 1543 portent en termes formels, *lefquels avec lefdits Archevêque & Confuls d'Aix auront puiffance de traiter, négocier & pourvoir aux affaires qui furviendront.* Les Communes, en 1571, lorfqu'elles voulurent difputer aux Confuls d'Aix la prérogative de réunir fur leurs têtes la qualité de Procureurs du Pays, déclarerent *qu'elles n'en-*

tendent ici ne comprendre ledit Sr Archevêque, ne déroger aucunement à fon autorité, & qu'il foit toujours Procureur du Pays, comme eft de préfent. C'eft donc en fa qualité d'Archevêque d'Aix, & comme tel, Préfident des Etats, que ce Prélat affifte aux Affemblées des Procureurs du Pays; qu'il les préfide; qu'il s'y fait repréfenter par fon Vicaire, qui jouit même de la préféance, lorfqu'aucun des Prélats nommés Procureurs joints pour le Clergé ne fe préfente ; c'eft donc une erreur d'ajouter que M. l'Archevêque d'Aix ne paroît à ces Affemblées que comme *Député du Clergé.*

Je me verroi encore fouvent dans le cas de relever des inexactitudes dans lefquelles l'Auteur *du Droit public* s'eft laiffé aller ; je le feroi avec les égards que je lui dois , & j'efpere qu'il voudra bien n'appercevoir en moi que l'amour du vrai, de quelque côté qu'il fe trouve.

A défaut de M. l'Archevêque d'Aix, les Affemblées des Procureurs du Pays nés & joints font préfidées par les Prélats nommés à cette charge. Elles furent préfidées en Février 1587 par M. l'Evêque de Frejus ; en Juillet 1590, Février, Juillet, Août & Septembre 1591 par M. l'Evêque de Riez ; en Janvier, Avril & Septembre 1592 par M. l'Evêque de Sifteron ; en Juillet 1639 par M. l'Evêque de Senez ; & en Janvier 1622 par M. l'Evêque d'Argos, Coadjuteur de l'Evêché de Senez (1). L'Archevêque d'Auguftopolis, Coadjuteur de l'Archevêque d'Aix, affifta à l'Affemblée des Procureurs du Pays nés & joints tenue en Octobre 1619, quoiqu'elle fût préfidée par M. l'Archevêque d'Aix.

---

(1) Archives du Pays, Reg. des Délibérations, n. 4, fol. 289 ; n. 5, fol. 174, 277, 278, 280, 313 v°, 316 v°, 318 v°, 320, 321, 328 v°, 377, 378 ; n. 10, fol. 44, 179 v°, 290 ; n. 19, fol. 338.

En l'abfence des Prélats Procureurs nés ou joints leurs Vicaires préfident ces fortes d'Affemblées. On a vu ci-deffus le détail des Affemblées qui furent préfidées par M. le Vicaire de l'Archevêque d'Aix depuis 1543 jufqu'en 1619. On trouve deux autres Affemblées pareilles qui furent préfidées par le Vicaire de l'Evêque de Sifteron, l'une en Mars 1636, la feconde en Septembre 1637 (1).

Cette préféance des Vicaires généraux de M. l'Archevêque d'Aix aux Affemblées particulieres donna lieu d'agiter en 1634 la queftion de favoir fi en l'abfence de ce Prélat, fon grand Vicaire avoit droit de convoquer l'Affemblée chez lui ; ou plutôt fi elle ne devoit pas être tenue chez le premier Conful d'Aix. On eut recours aux Regiftres des Délibérations; ils conftaterent l'ufage en faveur des Vicaires généraux. Les Procureurs du Pays délibérerent que fans conféquence l'Affemblée feroit tenue dans la maifon du Sr de Mimata, Vicaire général, fous la réferve de faire régler la difficulté par les premiers Etats qui feroient convoqués, & de faire dire que déformais, en abfence de M. l'Archevêque, les Affemblées particulieres feroient tenues dans la maifon des premiers Confuls (2). Les Etats furent convoqués en 1639; & nous n'y avons rien trouvé de relatif à ce point.

Quelques jours auparavant, il s'étoit préfenté une autre difficulté; il avoit été convoqué une Affemblée des Procureurs du Pays nés & joints au 26 Octobre 1634. Les Confuls d'Aix pour l'année 1635 avoient été élus; ils fe préfenterent à l'Affemblée ; M. l'Archevêque d'Aix mit en queftion s'ils devoient y être admis avec voix délibérative, ils avoient pour eux l'ufage de quelques-uns de leurs pré-

---

(1) Archives du Pays, Reg. des Délibérations, n. 18, fol. 229 ; n. 19, fol. 58.
(2) Pieces juftificatives, n. LVI.

décesseurs. En 1628 & 1630 ils avoient opiné à pareilles Assemblées, & leurs voix avoient été comptées. Il fut donc délibéré qu'ils continueroient de jouir de cette prérogative, & cependant l'Assemblée chargea les Greffiers des Etats de propofer cette difficulté aux prochains Etats pour y être définitivement pourvu (1). Il réfulte du procès-verbal des Etats de 1639 que les Greffiers oublierent de remplir la commission qui leur avoit été donnée.

Telle étoit la formation des Assemblées des Procureurs du Pays, foit feuls, foit réunis avec les Procureurs joints; tels étoient les Règlemens qui établissoient leur forme légale.

Les Etats convoqués à Aix au 31 Décembre 1787 penserent que deux points essentiels devoient les occuper; l'un étoit relatif à l'Administration intermédiaire, l'autre concernoit la formation des Assemblées des Procureurs du Pays nés & joints.

Sur l'Administration intermédiaire, il y eut à déterminer des époques fixes pour les Assemblées, les objets qui y seroient traités, les pouvoirs qui leur seroient confiés, les moyens à prendre pour affurer le dépôt de leurs Délibérations.

Sur la formation de ces Assemblées il y eut a régler le nombre de Membres qui les composeroient; les divers Bureaux qui y seroient formés; les objets qui seroient confiés à l'examen de ces Bureaux, & les fonctions à remplir par M. l'Assesseur pendant la tenue de ces Assemblées.

Ces divers objets formerent la matiere de deux Règlemens foumis à l'examen de la Commission nommée pour la formation des Etats; le Rapport de fon avis ayant été fait par M. l'Evêque de Sisteron, M. l'Archevêque d'Aix crut devoir consigner les motifs de

---

(1) Pieces justificatives, n. LVII.

son opinion dans un Difcours qu'il prononça à l'Affemblée & que nous tranfmettons d'autant plus volontiers à nos Lecteurs que fon âme toute entiere y eft peinte.

« Meffieurs,

« Quand j'ai vu commencer les Etats, j'ai conçu l'efpérance d'établir l'ordre & la regle dans toutes les parties de votre Adminiftration. Ce feroit avec le plus vif & le plus douloureux fentiment que je verrois finir les Etats, fans aucun Règlement utile, & toutes mes efpérances s'évanouir avec eux.

« Je dois rendre témoynage à tous ceux avec lefquels j'ai partagé l'avantage de diriger les affaires de la Province. Je les ai vus, je puis le dire, pénétrés du même defir qui m'anime, fe plaindre de l'étendue même de leur pouvoir. Ils ont fait beaucoup de bien. Ils en auroient fait davantage, fi leurs fages Règlemens avoient trouvé dans l'appui des Etats une confiftance durable.

« On oublie le bien qu'ils ont fait. On rappelle les abus qu'ils ont voulu détruire. On les rappelle, on peut les prévenir. On s'obftine à les perpétuer.

« Quand nous parlons des abus, n'avons-nous d'autre intérêt & d'autre plaifir que celui de les conferver ? Faut-il que le mal fubfifte, parce qu'il refte un aliment à la cenfure ?

« Si nous en voulons aux abus même, il faut nous occuper des Règlemens.

« Une Adminiftration réguliere a fans doute moins de force, pour favorifer des intérêts perfonnels & pour exécuter des volontés arbitraires. Mais elle en a bien davantage, pour répondre aux vœux des bons Citoyens, & pour fatiffaire aux véritables intérêts des Peuples.

« Mettez des bornes au pouvoir qui peut nuire. Donnez toute fon étendue au pouvoir utile.

« Nous ne vous propofons point de renverfer les formes de votre Adminiftration pour la perfectionner. Je l'ai dit, je l'ai fouvent redit à plufieurs de ceux qui m'écoutent. Il ne faut pas brifer le moule, quand on peut y verfer tout le bien qu'on veut faire.

« On conferve les formes accoutumées, on n'emploie que celles qui font utiles & connues. On renouvelle à des époques fixes des Affemblées légales qui n'offroient que des reffources rares & paffageres. On étend leurs pouvoirs, que l'ufage avoit fubordonné à l'influence des circonftances, & qui fembloient fe borner à la néceffité du moment. On donne aux affaires une publicité qui bannit les erreurs & les injuftices. On impofe aux Adminiftrateurs des regles qui leur fervent de défenfe & d'appui. On leur offre des occafions plus fréquentes & des moyens plus affurés d'être utiles.

« Il fera fans doute honorable pour les Etats qui ne s'affemblent qu'une fois dans leur ancienne forme, & dont la mémoire doit être durable, de pofer les regles qui doivent diriger l'Adminiftration. C'eft par ces regles d'une utilité qui ne meurt point, que vous revivrez vous-mêmes dans les Etats qui doivent vous fuccéder, & qui feront votre ouvrage. Vous exercerez fur eux cette même autorité que vous leur avez tranfmife, & le bien public affuré par vos foins, eft fans doute le plus beau monument que vous puiffiez laiffer à la poftérité. Un Règlement pour l'Adminiftration, un Règlement pour les chemins renouvelleront fans ceffe les heureux effets de vos fages Délibérations, & nous ferons puiffans pour bien faire, quand nous pourrons oppofer aux abus, cette même autorité qui devient la fource de tous nos pouvoirs.

« Le Règlement qu'on vous préfente fixe les époques, les obligations & les pouvoirs des Affemblées qui doivent feconder les efforts de l'Adminiftration intermédiaire. Telles font leurs époques, qu'il femble qu'elles commencent, qu'elles continuent, & qu'elles terminent l'Adminiftration de chaque année.

« Une premiere Affemblée recueille les Délibérations des Etats qui lui fervent de regles ; c'eft dans ces Délibérations même qu'elle cherche les moyens de les exécuter. Elle en fuit l'efprit; elle en développe les objets ; elle en regle les difpofitions.

« Une feconde Affemblée s'inftruit de la maniere dont cette exécution eft fuivie ou remplie. Elle voit ce qui refte encore à faire, elle fupplée aux oublis ; elle répare les erreurs ; elle releve, elle foutient la marche de l'Adminiftration.

« Une troifieme Affemblée devient la vérification des deux autres, & prépare & raffemble toutes les connoiffances qui peuvent éclairer les Etats.

« Ainfi fe forme la chaine de l'Adminiftration qui rapproche & qui lie les Affemblées des Etats, malgré l'intervalle du tems qui femble les féparer.

« On n'a pas moins fuivi les vues de l'économie que celles de l'ordre. On a cherché tous les moyens d'épargner des frais & des dépenfes à l'Adminiftration. Il n'y aura plus de tournées, que celles qui feront dirigées par les intérêts préfens du Pays & par le befoin des affaires. On fera des tournées pour des objets intéreffans & connus. On les fera dans les momens & dans les lieux où elles pourront être utiles.

« Ce Règlement eft court, & prévient tous les abus ; & nous ofons le dire, l'ordre eft rétabli fi ce Règlement eft obfervé, les abus font irremédiables s'il ne l'eft pas.

« C'eft aux Etats à juger s'ils veulent établir à jamais l'ordre & la regle, ou s'ils veulent perpétuer à jamais les abus.

« Pour moi, je foumets avec joie l'exercice de mes pouvoirs aux Loix d'une Adminiftration réguliere. Je crois pouvoir parler au nom de ceux qui me font affociés, comme au mien. Ils defirent la regle parce qu'ils cherchent le bien. Nous aimons à contracter des obligations que nous voulons remplir, & je fuis bien loin de penfer que je faffe à l'utilité publique un facrifice de mes droits. Il y a dix-fept ans que je fuis à la tête de votre Adminiftration, & je n'ai jamais exercé le pouvoir arbitraire. Je crois acquérir, par le Règlement que je vous propofe, un droit plus honorable, celui de maintenir l'ordre, d'oppofer la regle à l'intérêt perfonnel, & de multiplier les moyens d'être utile (1). »

Les Etats déjà pénétrés de la néceffité de rappeller la regle, & d'en établir même des nouvelles qui affuraffent la vigilance & l'économie, adopterent les deux Règlemens qui leur étoient propofés, & que mes Lecteurs trouveront à la fin de ce Volume. Le premier, relatif à l'Adminiftration intermédiaire, eut pour lui l'unanimité des voix. Le fecond, qui concerne la formation des Affemblées des Procureurs du Pays nés & joints, effuya quelque oppofition de la part du Tiers-Etat (2).

L'article premier porte que les Affemblées renforcées feront compofées des Procureurs du Pays nés, des deux Procureurs du Pays joints de chaque Ordre, nommés pour l'exercice de chaque année, & de deux Procureurs joints de chaque Ordre qui leur feront affociés dans lefdites Affemblées.

Les Députés des Communautés obferverent qu'en rendant hommage à l'utilité de ce renforcement, ils penfoient cependant qu'il devoit être fuivi pour l'univerfalité de la formation de l'Adminiftra-

---

(1) Procès-verbal des Etats de 1787, pag. 176 de l'imprimé.
(2) Pieces juftificatives, n. LVIII.

tion intermédiaire, les mêmes principes au moins adoptés par les Etats dans la formation de l'Adminiftration générale. Ces principes furent ceux de l'égalité ; ils furent fuivis dans la compofition de toutes les Commiffions nommées par les Etats. L'Adminiftration intermédiaire eft affez importante, pour que le Tiers-Etat y conferve l'égalité qu'on lui a accordée lorfqu'il demandoit majorité. MM. les Procureurs du Pays ne fauroient être comptés parmi les Repréfentans du Tiers, parce qu'ils ne figurent point dans l'Adminiftration intermédiaire en qualité de Confuls d'Aix, mais au titre feulement de Procureurs des trois Ordres. Le Tiers-Etat ajouta qu'en cas de Délibération contraire, il fe réfervoit de faire valoir fes droits auprès du Souverain.

MM. du Clergé & de la Nobleffe répondirent qu'on fuivoit les formes conftitutionnelles, obfervées dans tous les tems pour les Affemblées des Procureurs du Pays nés & joints, & que le renforcement fe faifoit dans la même forme & dans la même proportion que le nombre actuel des Procureurs du Pays joints de chaque Ordre (1).

Mes Lecteurs prévoient fans doute que le Tiers-Etat dut prendre cette queftion en confidération dans fon Affemblée convoquée à Lambefc au mois de Mai 1788.

Il obferva d'abord que l'affertion inférée dans la réponfe des deux premiers Ordres, relative à l'ufage obfervé *dans tous les tems*, n'étoit point exacte ; il s'appuya pour combattre cette affertion des Lettres-patentes de 1543. Nous en avons expofé la teneur, nous n'y reviendrons pas.

Il ajouta que fi malgré ces Lettres-patentes on ne nomma plus dans la fuite que deux Procureurs joints pour le Tiers, ce fut parce

---

(1) Procès-verbal des Etats de 1787, pag. 188 de l'imprimé.

que fon Sindic, qui avoit féance & voix délibérative dans toutes les Affemblées particulieres, fuppléa ce troifieme Procureur du Pays joint qui ne fut plus nommé. Il réclama contre la nomination des deux Procureurs joints dans l'Ordre du Clergé comme contraire à la teneur des Lettres-patentes de 1543.

On lui oppofoit l'ufage fuivi pendant l'Adminiftration des Communautés; il répondit que cet ufage n'avoit été toléré que parce qu'il ne pouvoit alors bleffer en rien les intérêts du Tiers; puifque les Délibérations des Affemblées particulieres devoient être référées à l'Affemblée des Communes, qui avoit la liberté de les adopter ou de les rejetter.

Il fit encore valoir les raifons qui exigeoient l'égalité, & s'appuya fur ce qui s'étoit pratiqué aux Etats, qui avoient adopté cette égalité dans l'Adminiftration générale, & qui vouloient l'élaguer dans l'Adminiftration particuliere.

L'article 6 de ce même Règlement porte qu'en cas d'abfence de Procureurs du Pays joints de chaque Ordre, en exercice pendant l'année, les Procureurs joints affiftans aux Affemblées renforcés, pourront être fubrogés à leur place.

Cet article excita encore les réclamations de l'Affemblée du Tiers-Etat, en obfervant qu'il ne pouvoit s'appliquer qu'aux Affemblées ordinaires, puifque les Procureurs joints renforcés affiftent de droit aux Affemblées intermédiaires renforcées; elle remarqua que c'étoit encore un avantage donné aux deux premiers Ordres fur le Tiers, puifque fes Procureurs joints, Confuls des différentes Villes du Pays, ne peuvent pas être préfens à Aix auffi fouvent que les Procureurs joints renforcés de la Nobleffe, qui peuvent très bien réfider à Aix, & qu'au moyen de ce le Tiers ne feroit jamais à égalité dans les Affemblées particulieres avec les Procureurs joints des deux premiers Ordres.

Ne pourroit-on pas ici oppofer le Tiers-Etat à lui-même? Ce furent ces Députés qui en 1621 exciterent le Règlement que nous avons déjà rapporté, & en force duquel MM. les Procureurs du Pays font obligés de convoquer à leurs Affemblées ordinaires les Procureurs joints qui fe trouvent cafuellement à Aix. On auroit pu oppofer à ce Règlement les mêmes raifons alléguées aujourd'hui par le Tiers-Etat, pour demander la réformation de l'article 6 du Règlement adopté par les Etats dans la féance du 26 Janvier 1788, & qui n'eft que la répétition de celui de 1621, en y ajoutant la faculté de fubroger les Procureurs joints renforcés aux Procureurs joints en exercice, faculté qui n'eft point accordée exclufivement aux deux premiers Ordres & qui frappe également fur tous. Je me fuis permis cette réflexion; je reviens à la Délibération prife par le Tiers-Etat, fur les deux objets qui fonderent fes réclamations.

Elle porte *de recourir à la juftice du Roi & de faire article dans le Mémoire qui fera préfenté à Sa Majefté aux fins qu'il lui plaife ordonner que les Lettres-patentes du 8 Mai 1543 feront exécutées fuivant leur forme & teneur; ce faifant que l'Adminiftration intermédiaire fera compofée de cinq Procureurs du Pays nés, d'un Procureur joint pris dans l'Ordre du Clergé, de deux Procureurs joints pris dans l'Ordre de la Nobleffe, & de trois Procureurs joints pris dans l'Ordre du Tiers-Etat; & que là où Sa Majefté trouveroit bon d'augmenter le nombre de MM. les Procureurs du Pays joints, que ledit nombre fera réglé en conformité des fufdites Lettres-patentes, de maniere que celui du Tiers-Etat, en y comprenant fon Sindic, s'il y échoit, foit égal à celui des deux autres Ordres réunis. Comme encore que MM. les Procureurs joints affiftans aux Affemblées renforcées ne pourront point être fubrogés à la place de MM. les Procureurs joints affiftans aux Affemblées ordinaires* (1).

Les Affemblées des Procureurs du Pays fuppléent les Etats dans l'intervalle de leur tenue; les Affemblées des Vigueries les préparent; c'eft là que le Corps divifé en différentes parties veille plus particulierement fur fes intérêts, examine plus attentivement les abus pour les dénoncer à la Nation entiere. Nous ne dirons rien ici de nos Affemblées actuelles des Vigueries; nous ne ferions que répéter ce que nous avons déjà dit dans le troifieme Volume de l'Adminiftration de Provence.

Nous nous contenterons d'obferver que ces Affemblées auffi anciennes que nos Etats étoient fous nos anciens Comtes compofées des Membres des trois Ordres; vérité inconteftable & qui réfulte d'un Statut fait aux Etats tenus à Avignon, fous le regne de Louis II & la régence de la Reine Marie fa mère.

Par ce Statut les Etats ordonnerent que chaque Viguerie ou Baillage feroit tenue de convoquer une Affemblée à laquelle on appelleroit les trois Ordres, pour tous enfemble nommer un Collecteur qui feroit chargé de lever les impofitions, & de les verfer dans la caiffe du Tréforier général; qu'à l'effet de repartir fur chacun la portion de ces impofitions qui le compéteroit, il feroit, par les trois Ordres affemblés dans chaque Viguerie, nommé deux Ecclefiaftiques & deux Laïques; que cette répartition ferviroit de regle au Collecteur, qui rendroit compte des deniers par lui reçus à ceux qui feroient Députés par les trois Ordres de chaque Viguerie ou Baillage (2).

---

(1) Procès-verbal de l'Affemblée du Tiers-Etat, à Lambefc, 4 Mai 1788, pag. 63 & fuiv. de l'imprimé.

(2) Pieces juftificatives, n. LIX.

En 1396 nos Etats assemblés ordonnerent qu'il seroit nommé par chaque Viguerie deux Commissaires chargés de faire exécuter les Ordonnances qui venoient d'être rendues par le Corps de la Nation, & parmi ces Commissaires on trouve les Segneurs de Cuers, d'Ollieres, du Bar, de Venterolle & quelques Gentilshommes (1).

Enfin en 1440, & nous en avons déjà rapporté la preuve sous n. xxxv des Pieces justificatives, nos Etats réclamerent l'ancien usage de convoquer les trois Ordres dans chaque Viguerie ou Baillage, se plaignirent de ce que cet usage n'étoit plus observé, & demanderent qu'il fût rétabli.

Nous verrons sans doute s'opérer ce rétablissement si la demande du Tiers-Etat dans son Assemblée du mois de Mai 1788 est accueillie ; elle tend à faire dire, *que, quant à ce qui concerne les charges communes, les deux premiers Ordres doivent continuer d'y contribuer, comme ils devoient y contribuer de droit quoiqu'ils n'y ayent jamais contribué de fait;* & parmi ces charges communes il place tous les chemins quelconques, *soit de Province ou autres* (2), ce qui englobe nécessairement les chemins de Viguerie.

Dans toute association politique composée de diverses parties, non-seulement toutes les parties ont droit de se réunir pour délibérer sur les intérêts de l'Association générale, mais encore chaque partie qui forme une Association particuliere peut & doit avoir la faculté de s'assembler pour traiter des intérêts qui lui sont propres, ou qui peuvent regarder le bien de l'Association générale, dans le cas où elle ne pourroit se réunir.

---

(1) Etats tenus à Aix le 15 Août 1396, Reg. *Potentia,* fol. 148, Archives du Roi.

(2) Procès-verbal de l'Assemblée du Tiers-Etat, du 4 Mai 1788, pag. 89 de l'imprimé.

Ainsi, en Provence, les Etats étant composés par la réunion des trois Ordres ou de leurs repréfentans, chaque Ordre a la faculté de s'assembler, foit pour les affaires particulieres, foit pour veiller à l'intérêt général.

Un procès-verbal d'une Assemblée des Communautés tenue à Aix au mois de Novembre 1628, nous a confervé le fouvenir d'une Assemblée des trois Ordres chacun en particulier, pour des affaires qui regardoient le bien & l'avantage de tout le Pays (1).

Nous étions menacés d'une augmentation fur le prix du fel, d'une interverfion de nos ufages, en matiere de comptabilité des deniers communs des Communautés, enfin de plufieurs autres Edits contraires à nos Loix & Coutumes.

, L'Affeffeur rendit compte du tout à l'Affemblée des Communautés, & ajouta que fes Collegues & lui s'étant affemblés, il avoit été réfolu entre autres chofes fous le bon plaifir du Gouverneur *de faire convoquer & affembler les trois Ordres féparément pour tâcher de trouver les remedes les plus convenables pour le fervice du Roi & foulagement de cette pauvre Province; en fuite de quoi MM. les Procureurs du Pays nés & joints qui fe font trouvés dans la Ville s'étant affemblé, ils avoient délibéré..... & convoquer cette Affemblée, & en donner avis à MM. les Sindics du Clergé & de la Nobleffe, & les prier de faire convoquer chacun une Affemblée de leur Ordre, pour par un même confentement apporter les meilleurs remedes qu'ils trouveroient à propos.*

M. l'Evêque de Sifteron, Procureur du Pays joint pour le Clergé, qui préfidoit cette Affemblée en l'abfence de M. l'Archevêque

---

(1) Archives du Pays, Reg. des Délibérations, n. 12, fol. 175, 176, 177, 179, 181, 182 & 184 v°.

d'Aix, & qui feul de fon Ordre y affiftta, attendu le défaut de préfence de l'Abbé de Valfainte & du Vicaire général de M. l'Archevêque d'Aix, propofa aux Communautés affemblées de ne point précipiter leur Délibération, attendu *que MM. du Clergé & de la Nobleffe fe trouvent affemblés chacuns dans ce Palais pour le même fujet.*

D'après fon opinion, il fut arrêté qu'après avoir rendu aux deux premiers Ordres *les complimens & affurance de bonne intelligence,* ils feroient invités à nommer des Commiffaires qui fe réuniroient avec ceux qui feroient Députés à cet effet par l'Affemblée actuelle pour examiner ce que l'état du Pays pourroit permettre, & leur avis rapporté aux divers Ordres y être délibéré.

En conféquence de cette réfolution l'Affemblée nomma M. l'Evêque de Sifteron, MM. les Procureurs du Pays nés & joints, le Sr de Feraporte, Sindic des Communautés, & les Députés de Tarafcon, Forcalquier, Sifteron, Graffe, Hieres, Saint-Maximin & Manofque.

Les Conférences fe tinrent, & il y fut d'abord réfolu que chaque Ordre députeroit fix de fes Membres qui fe réuniroient, *pour tous enfemblement, lui* (au Commiffaire du Roi) *aller remontrer ce qui étoit de nos miferes & du jufte reffentiment que tout le Peuple a conçu de voir leurs privileges & libertés tout à fait perdus, aucun ordre ni forme obfervés aux affaires qui fe préfentent, & à la veille de leur ruine & défolation entiere.*

Cette premiere démarche faite, & les réponfes du Commiffaire du Roi rapportées, l'Affemblée des Communautés avant que d'arrêter définitivement fa réfolution, crut devoir faire part au Clergé & à la Nobleffe de ce qu'elle fe propofait de faire, *afin que par une mutuelle correfpondance, chacun s'efforçât de fon côté à rechercher les moyens de fon falut & de donner contentement à Sa Majefté* ; elle députa à cet effet M. l'Evêque de Sifteron, deux de

MM. les Procureurs du Pays nés & joints, & quelques Membres du Tiers-Etat.

De fon côté l'Ordre de la Nobleffe nomma trois de fes Sindics qui furent chargés de fe rendre à l'Affemblée des Communautés, & de lui faire part de ce qui fe paffoit dans l'intérieur de fes Délibérations.

Ce n'eft pas le feul exemple que nous pouvons rapporter d'Affemblées à peu près pareilles. Nous avions à nous plaindre en 1635 de M. le Maréchal de Vitry, Gouverneur en Provence, les Communautés furtout avoient fouffert de fa part plufieurs vexations & même des furvexactions de deniers, elles étoient affemblées à Aix & préfidées par M. l'Evêque de Sifteron, elles s'occupoient des moyens d'obtenir juftice contre ce Gouverneur.

Il confte, du procès-verbal, que le Clergé de Provence affemblé dans le même inftant, réfolut de joindre fes plaintes à celles des Communautés, & de demander même la révocation des pouvoirs donnés en Provence à M. le Maréchal de Vitry (1).

Plus anciennement & en 1582 les Etats affemblés à Aix dans le mois de Janvier, eurent à délibérer fur un Edit relatif à l'ufure ; le Clergé fe fit une peine de traiter une pareille matiere ; la Nobleffe & les Communes fe réunirent pour former, les Etats tenans, une Affemblée particuliere, qui fut autorifée par un Commiffaire nommé par le Gouverneur (2).

On fe rappelle ce que j'ai dit dans le troifieme Volume de l'Adminiftration de Provence, des conteftations qui s'éleverent entre les Officiers des Cours fouveraines & les Gens du Tiers-Etat, au

---

(1) Pieces juftificatives, n. LX.
(2) Archives du Pays, Reg. des Délibérations, n. 3, fol. 389.

fujet de l'exemption des tailles que les premiers prétendoient ; il avoit été dreffé une minute de tranfaction qui devoit mettre fin à cette difpute. Elle fut propofée aux Etats tenus à Saint-Maximin au mois de Juillet 1581, le Clergé, la Nobleffe ne pouvoient y prendre aucun intérêt ; le Tiers-Etat demanda à s'affembler en particulier ; il en obtint la permiffion. Les Communes & Vigueries autorifées par la préfence du Sr Bernardy, juge du Martigues, Commiffaire Député par le Gouverneur, fe retirerent en particulier, unanimement, délibererent & voulurent que le procès-verbal de leur Affemblée fût inféré dans le Regiftre des Délibérations des Etats ; l'Affeffeur s'y oppofa. Ce qui avoit été traité dans cette Affemblée étoit étranger aux Etats ; tel fut le motif de fon oppofition, qui fut adoptée par les Etats (1).

Et telle eft la différence qui fe trouve entre ces Affemblées & celles que l'on a prefentées au Tiers-Etat comme de vraies Affemblées où il délibéroit en exécution de la teneur des Lettres-patentes du 18 avril 1544.

Voici en effet ce qu'on lit dans le procès-verbal de l'Affemblée générale du Tiers-Etat convoquée à Lambefc au 4 Mai 1788 (2).

« Dans les Etats du mois de Janvier 1624, fol. 65 & 67, qu'il eft important de mettre fous vos yeux, on voit que M. le Préfident remontra *qu'il feroit raifonnable que MM. des Communautés s'affemblaffent avec l'affiftance de MM les Procureurs du Pays, pour tacher entr'eux tous de trouver les moyens de donner fatisfaction à M. le Gouverneur, puifque les Etats ont toujours trouvé*

---

(1) Archives du Pays, Reg. des Délibérations, n. 3, fol. 355.
(2) Pag. 103 de l'imprimé.

bon de le faire ainſi, afin que ſur la conférence & traité qui ſe feront, l'on puiſſe plus valablement & facilement ſortir de cette affaire qui eſt la plus importante dans ces Etats.

« Le Tiers s'aſſembla, & ſes conférences aboutirent à faire à M. le Gouverneur des propoſitions qu'il accepta, & inutiles à rappeller.

« Aux Etats de 1625, fol. 223, le Sr de Feraporte, Sindic du Tiers-Etat, remontra qu'il *avoit toujours plû aux Etats de laiſſer aſſembler les Communautés en particulier avec MM. les Procureurs du Pays, pardevant M. le Préſident des Etats, lorſqu'il s'agiroit des demandes de M. le Gouverneur*, & il fut délibéré qu'elles s'aſſembleroient à part.

« Les Etats de 1628, fol. 131, juſtifient encore qu'il fut délibéré que ſuivant l'uſage, les Communautés s'aſſembleroient à part, avec l'aſſiſtance de MM. les Procureurs du Pays, pardevant M. le Préſident des Etats, pour délibérer ſur les demandes de M. le Gouverneur. »

Voilà ce qu'on a rappellé au Tiers-Etat aſſemblé; voilà ce qu'on a imprimé, & on a voulu qu'il put en induire que dans ces Aſſemblées particulieres, il déliberoit ſéparément, parce que la demande ne regardoit que lui ſeul. On a cherché à exclure le Clergé & la Nobleſſe de ces ſortes de Délibérations que l'on a prétendu leur être étrangeres.

Nous allons rétablir les faits, & le Tiers-Etat qui eſt juſte, qui ne veut que ce qui eſt juſte, ſera bientôt deſabuſé ſur une prétention qu'il ne pourſuivra plus lorſqu'il verra qu'on a cherché à ſurprendre ſa religion, il ne voudra plus d'un bien qui ne lui a jamais appartenu.

Je conviens que lorſqu'il s'agiſſoit des demandes du Gouverneur, les Etats permettoient aux Communautés de s'affembler en particulier ; je me fers du mot *permettre* pour rendre cette phrafe du procès-verbal de 1624, *puifque les Etats ont toujours trouvé bon de le faire ainfi;* c'étoit donc fous l'autorifation des Etats que les Communautés s'affembloient dans cette occafion.

Mais quel étoit le but de leur Affemblée ? Etoit-ce pour délibérer définitivement fur les demandes du Gouverneur ? Pour prendre une réfolution ferme, immuable & indépendante des Etats ? Voici le véritable point de la queftion. Ouvrons les Regiftres des Délibérations des Etats ; ce font eux qui vont juger entre la motion faite au Tiers-Etat & moi.

Aux Etats de Janvier & Octobre 1624, le Gouverneur en perfonne repréfente qu'il ne peut fe paffer de fa Compagnie d'ordonnance & en demande l'*entretenement*. Suivant ce que *les Etats ont toujours trouvé bon,* les Communautés s'affemblent avec l'affiftance de MM. les Procureurs du Pays, qui d'après les obfervations des Députés des Communautés, *ne figurent point en qualité de Confuls d'Aix, mais à titre feulement de Procureurs des trois Ordres* ; elles s'affemblent chez M. le Préfident des Etats. Seconde preuve que leur Affemblée n'eft qu'une émanation des Etats, car dans les Affemblées du Tiers-Etat, le Clergé, la Nobleffe ne font point appellés.

Là, on leur a rappellé les demandes du Gouverneur relatives à *l'entretenement de fa Compagnie d'ordonnance, celle de fes gardes, fon plat & don gratuit.* Les Communautés *après avoir beaucoup confulté de moyens* font des offres ; elles font de vingt mille écus ; portées au Gouverneur par le Préfident des Etats, celui-ci demande que fes propofitions ne foient réduites que d'un tiers au lieu de la moitié. Les Communautés infiftent; le Gouverneur fe rend ; le tout eft rapporté aux Etats, qui déliberent & ordonnent que le Pays entretiendra, etc. (1). Je n'ai pas fous les yeux les propres paroles des Délibérations prifes aux Etats de Janvier & Octobre 1624. Mais voici ce que porte en termes exprès celle prife aux Etats tenus à Aix en Décembre 1625.

Sur quoi ayant fait courir les voix, les Etats par la pluralité des opinions ont délibéré qu'il fera donné toute forte de contentement à mondit Segneur le Gouverneur, tant pour l'entretien de fa Compagnie d'ordonnance que de celle de fes gardes, & de fon plat & don gratuit pour une année conformément à fes intentions & volontés (2).

Alors comme en 1624 les Communautés s'affemblerent avec l'affiftance des Procureurs du Pays chez M. l'Evêque de Riez, Préfident aux Etats.

A ceux tenus à Aix en Mai 1628, M. de Salernes, premier Conful d'Aix, Procureur du Pays, fait la propofition relative aux Compagnies d'ordonnance & des gardes du Gouverneur, à fon plat & don gratuit. *Les Etats, avertis que lorfqu'on parle de l'affaire de Monfegneur, on défere à MM. les Députés des Communautés de s'affembler en particulier pour en conférer,* renvoyent aux Communautés à s'affembler en particulier *par devant M. le Préfident* & avec l'affiftance de MM. les Procureurs du Pays, *pour y prendre réfolution fur la repréfentation qui en fera faite auxdits Etats.* Voilà donc encore les Etats qui fe réfervent de prendre leur réfolution, lorfqu'ils connoîtront le vœu des Communautés.

L'Affemblée fe tient chez M. l'Archevêque d'Aix; *on y fait confidération au tems préfent, & à la néceffité preffante & urgente qu'il*

---

(1) Archives du Pays, Reg. des Délibérations, n. 11, fol. 65, 67 & 132.
(2) *Idem*, n. 11, fol. 223.

y a de se prêter à quelque chose de plus qu'on ne peut. Le Préfident eft chargé d'informer le Gouverneur que *la Province, franchement, libéralement & d'une très-bonne volonté lui accordoit l'entretenement de sa Compagnie d'ordonnance, celle de ses gardes & son plat & don gratuit.* Le Gouverneur témoyne sa satiffaction. M. l'Archevêque d'Aix rend compte de tout aux Etats qui, *ayant fait courir les voix, ont unanimement délibéré que conformément à ce le Pays entretiendra la Compagnie d'ordonnance de mondit Segneur le Gouverneur pour une année..... comme auffi lui ont accordé la somme de* 15,000 *livres pour son plat & don gratuit, plus la somme de* 9,000 *livres pour l'entretenement de la Compagnie de ses gardes, pour ladite année, qui écherra ledit jour dernier Décembre prochain* (1).

Je le demande actuellement : font-ce là des Délibérations qui soient étrangeres aux deux premiers Ordres? Ne forment-ils pas les Etats, réunis aux Communes? Ne font-ce pas les Etats qui ont délibéré, après avoir fait courir les voix, mais qu'ont-ils délibéré? Ce qui avoit été résolu par le Tiers-Etat affemblé en particulier; point d'autre vœu, je l'avoue; mais ce vœu, pour lier, a eu besoin d'être sanctionné par les Etats; fans le concours des trois Ordres la Délibération n'eût point été parfaite; elle eût été préparée; elle n'eût pas reçu cette derniere œuvre qui en fait le complément; c'étoit au Tiers-Etat à dire *je consens de payer*, c'étoit aux Etats à dire *il sera payé*; pourquoi cela? Parce que là où la Nation eft affemblée, tous les pouvoirs font concentrés ; c'eft à elle & à elle feule à déterminer les objets d'impofitions, & les motifs qui peuvent les néceffiter ; ce n'eft ni le Clergé, ni la Noblesse qui oblige le Tiers-Etat; ce font les Etats eux-mêmes, & les Etats compofés des trois

---

(1) Archives du Pays, Reg. des Délibérations, n. 12, fol. 129 v° & 130 v°.

Ordres ne font plus qu'un feul tout, fupérieur à tous les Ordres pris féparément ; l'Ordre payant doit fans doute être confulté ; il doit avoir la faculté de difcuter la demande qui eft faite, de préparer les moyens d'y fatiffaire ; mais lorfqu'il vit fous le régime d'un Pays d'Etats, comme la demande eft faite à la Nation, c'eft à la Nation feule qu'il appartient d'ordonner qu'il fera fatiffait à la demande, après avoir connu le vœu de l'Ordre contribuable.

Je ne vois pas même trop pourquoi on s'eleveroit contre ce fyfteme que je crois fondé en principe. Car s'il eft vrai que le concours des lumieres ne peut qu'opérer le plus grand bien, fi d'un autre côté un Ordre en particulier peut fe laiffer aller ou à trop d'ardeur ou à trop d'infouciance, pourquoi voudroit-on que cet Ordre fût privé des lumieres de la Nation affemblée, qui peut découvrir des inconvéniens là où du premier coup d'œil on n'auroit vu que des avantages ? Une réfiftance trop forte peut entraîner des malheurs ; une condefcendance pouffée trop loin peut devenir funefte ; des tempérammens modérés peuvent allier ce qu'on fe doit à foi-même, & ce qu'on doit au Tiers, & ces tempérammens font rarement vus par la partie intéreffée.

Je n'ai point difcuté ici les divers objets de contribution ; j'en aurois devancé le moment ; j'ai voulu feulement examiner fi dans un Pays d'Etats on pouvoit exclure un & deux Ordres des Délibérations fur des objets qui pouvoient ne regarder qu'un feul Ordre, & je crois avoir trouvé un jufte milieu qui, fans bleffer les intérêts de l'Ordre impofé, maintient toute l'autorité des Etats.

Il me refte à dire un mot des Affemblées des Communautés ; je ne m'étendroi pas beaucoup ici fur ce point, j'ai traité affez longuement cette matiere dans le premier Volume de l'Adminiftration de Provence.

Je diroi feulement qu'avant la fufpenfion de nos Etats, en 1639, les Communautés ne pouvoient s'affembler fans la permiffion du Gouverneur, ou de celui qui le repréfentoit en Provence; qu'à cet effet les Procureurs du Pays lui préfentoient une Requête, pour l'Affemblée être tenue par devant tel Commiffaire qu'il lui plairoit à ce députer ; cette Requête étoit appointée par le Gouverneur ; il indiquoit le lieu de l'Affemblée, le jour auquel elle feroit convoquée, & nommoit le Commiffaire qui l'autoriferoit.

Il fut un tems où le Gouverneur étant abfent, le Parlement avoit en main le Gouvernement de la Provence ; dans cette circonftance, c'étoit à cette Cour que les Procureurs du Pays s'adreffoient pour obtenir la permiffion de convoquer les Communautés ; c'étoit cette Cour qui indiquoit le lieu & le jour de l'Affemblée; c'étoit enfin cette Cour qui faifoit autorifer l'Affemblée par un ou plufieurs Commiffaires qu'elle députoit, & qui ordinairement étoient pris dans fon fein.

Je crois inutile de rapporter les preuves de ces faits ; il n'y a point de Regiftre des Délibérations qui ne le conftate.

Ne foyons donc point furpris d'avoir vu les Procureurs du Pays en 1627 oppofer la plus forte réfiftance à M. l'Archevêque d'Aix, qui avoit voulu foumettre les Procureurs du Pays à ne pouvoir convoquer les Affemblées générale des Communautés qu'en vertu d'une permiffion expreffe du Roi (1) ; c'étoit atenter à nos droits, à nos privileges, augmenter nos chaines, mettre de nouvelles entraves à l'Adminiftration & retarder l'expédition des affaires.

J'obferve en fecond lieu qu'aux Affemblées générales des Communautés comme aux Etats, les Députés n'y font admis qu'autant qu'ils font *munis de bons & valables pouvoirs de leur Confeil pour*

---

(1) Archives du Pays, Reg. des Délibérations, n. 12, fol. 60.

y affifter. L'Affemblée générale des Communautés tenue à Frejus le 8 Février 1636 en fit la matiere d'un Règlement (1).

Telles font les Affemblées politiques que nous tenons en Provence, Affemblée des Etats, où les trois Ordres font préfens par leurs Repréfentans; Affemblées générales des Communautés qui ont fuppléé les Etats depuis 1639 jufqu'en 1787; Affemblées intermédiaires des Procureurs du Pays nés, joints & renforcés; Affemblées ordinaires des Procureurs du Pays, auxquelles on appelle, fuivant les circonftances, les Procureurs du Pays joints; Affemblées particulieres de chacun des trois Ordres.

---

(1) Archives du Pays, Reg. des Délibérations, n. 12, fol. 190.

CHAPITRE III.

OFFICIERS DU PAYS.

Je ne parleroi point ici des Procureurs du Pays ; ce que j'en ai dit foit dans le premier Volume de l'Adminiſtration de Provence, foit dans le Chapitre précédent, fuffit fans doute.

J'ai auſſi traité ce qui regarde les Greffiers des Etats au commencement de mon premier Volume. Je n'ajouteroi ici que quelques réflexions fur leur amovibilité, & fur les regles qu'ils ont à fuivre dans l'exercice de leurs fonctions.

Les Greffiers des Etats ainſi que l'agent connu autrefois fous le nom de Solliciteur font amovibles, & fujets à confirmation ou à deſtitution ; cette vérité, je penfe, n'a pas befoin d'être prouvée ; chaque procès-verbal des Etats en fait foi.

Le nombre de ces places a prefque toujours été fixé à deux ; cependant l'exactitude dont je me fais un devoir, me fait obferver que depuis 1603 jufqu'en 1606 il y eut quelque fluctuation dans les Délibérations des Etats à cet égard.

Sur quelques plaintes qui furent portées aux Etats tenus à Aix au mois d'Octobre 1603, ils deſtituerent un des Greffiers, ne nommerent point à ſa place, & déclarerent que juſqu'aux prochains Etats un ſeul Greffier leur ſuffiroit ; les Etats de Juillet 1604 rétablirent les deux places de Greffiers, & nommerent à celle qui étoit vacante ſur la préſentation que l'Aſſeſſeur fit de ceux qui s'offroient pour la remplir. L'année d'après les Etats ſupprimerent encore une de ces places, & délibérerent qu'une ſeule perſonne en exerceroit les fonctions ; mais enfin les Etats tenus à Aix au mois de Juin 1606, bien convaincus par une double expérience qu'il étoit impoſſible qu'un ſeul Greffier pût ſuffire à tout, rétablirent ces deux places, & depuis lors il n'y a plus eu de variation (1).

La nomination des Greffiers, leur inſtitution, leur deſtitution, leur confirmation, enfin généralement tout ce qui les regarde, appartient excluſivement aux Etats. Cependant on trouve une Aſſemblée des Communautés tenue à Aix en Novembre 1585, qui, ſur les plaintes portées contre un des Greffiers qui étoit abſent depuis long-tems, ce qui nuiſait à l'expédition des affaires, nomma à ſa place, mais ce ne fut que ſous le bon plaiſir des Etats ſuivans. Une autre Aſſemblée générale tenue en forme d'Etats dans les mois de Novembre & Décembre 1591 deſtitua un des Greffiers & nomma à ſa place (2).

Les fonctions des Greffiers pendant la tenue des Etats ou des Aſſemblées particulieres ſont fixées par un Règlement émané des Etats tenus à Saint-Maximin en 1581. Il porte qu'à la fin de chaque ſéance les Greffiers ſeront obligés de préſenter à l'Aſſeſſeur les Délibérations qui y auront été priſes pour être par lui vues, corrigées & paraphées à

---

(1) Archives du Pays, Reg. des Délibérations, n.8, fol. 151, 202, 238 & 240 ; n. 9, fol. 13 v°; n. 12, fol. 122 v°.

(2) *Idem*, n. 5, fol. 130 v° & 333 v°.

chaque feuillet ; qu'elles feront lues le lendemain aux Etats, ou Affemblées, pour y conftater fi elles ont été tranfcrites telles qu'elles ont été prifes ; que ce brouillard fera confervé par les Greffiers pour fervir au mis au net fur les Regiftres ; que là où il feroit queftion d'une Délibération relative aux Greffiers, le Solliciteur du Pays remplira leurs fonctions, & fe conformera aux regles ci-deffus prefcrites ; que les Greffiers feront encore tenus de fournir aux Communes, & fans aucun frais, les extraits des Délibérations qu'elles requerront; enfin, qu'ils feront obligés dans quinzaine depuis la clôture des Etats ou Affemblées, de porter dans les Regiftres des Délibérations le procès-verbal de l'Affemblée foit des Etats, foit de toutes autres (1).

Ce Règlement a été fuivi dans la prefque totalité de fes difpofitions lors des Etats convoqués à Aix au 31 Décembre 1787. Il n'y eut qu'un feul changement ; ils penferent que la rédaction du procès-verbal devoit être confiée à une Commiffion qui fut compofée de M. l'Evêque de Digne, de M. le Vicaire général d'Arles, de MM. de Sades d'Ayguieres, & d'Aiminy de Barrême, de M. l'Affeffeur d'Aix, & de MM. les Députés des Communautés de Sifteron & de Frejus, & des Vigueries d'Aix & de Tarafcon.

L'établiffement d'un Solliciteur des affaires du Pays, que nous nommons aujourd'hui *Agent*, date de l'année 1538. On voit par le procès-verbal des Etats tenus cette même année, que M. de Rogiers expofa que les affaires multipliées du Pays exigeoient qu'il fût nommé un homme de bien réfidant à Aix pour fuivre les affaires. Sur cette propofition, les Etats donnerent pouvoir aux Procureurs du Pays de nommer à cette place, de régler fes honoraires, de le deftituer

---

(1) Pieces juftificatives, n. LXI.

en cas qu'il ne remplît pas avec exactitude fes fonctions ; le tout jufqu'aux prochains Etats (1).

Les mêmes pouvoirs furent donnés aux Procureurs du Pays aux Etats de l'année fuivante, & à ceux tenus à Aix en 1542. Me Jean Arnoux, de cette Ville, fut confirmé par les Etats dans la place de Solliciteur aux affaires du Pays (2), autorité que les Etats ont toujours exercée par eux-mêmes depuis lors en procédant à la confirmation des Officiers du Pays. On voit même par le procès-verbal d'une Affemblée ordinaire des Procureurs du Pays tenue le 8 Décembre 1638 que l'Affeffeur ayant repréfenté que la charge de Solliciteur des affaires du Pays étant vacante par la mort du Sr Augufte Joannis, l'Affemblée nomma le Sr Reveft, *fous cette réferve, néanmoins, ainfi qu'il a été pratiqué autrefois, que ce fera par provifion & fous le bon plaifir des prochains Etats*. Ratification qui fut en effet accordée par les Etats tenus à Aix en Février 1639 (3).

Nous avons dit que la place de Solliciteur du Pays étoit anciennement ce que nous appellons aujourd'hui l'Agent du Pays. Nous nous y fommes cru autorifé par le Règlement de 1581 qui fixe ce que les Greffiers ont à faire pour conftater des Délibérations des Etats. Ce Règlement porte en fubftance que lorfqu'il fera pris quelque Délibération relative aux Greffiers, ce fera le Solliciteur du Pays qui fera alors fonction de Greffier; & nous avons vu aux Etats de 1787, Me Blanc, Agent du Pays, fuppléer les Greffiers, lorfqu'il fut queftion de les confirmer. On doit encore induire de là que l'Agent du Pays eft un de fes Officiers qui affifte aux Etats.

---

(1) Pieces juftificatives, n. LXII.
(2) Archives du Pays, Reg. des Délibérations, n. 1, fol. 72 & 144.
(3) *Idem*, n. 19, fol. 214 v° & 228 v°.

DE PROVENCE. — CHAPITRE III.   153

Il exiftoit anciennement une place d'Avocat, Conseil du Pays, place recommandable par fon importance & honorable par la confiance dont étoit honoré celui qui en étoit revêtu.

Je n'ai pu découvrir à quelle époque on doit fixer l'établiffement de cette place, mais elle exiftoit avant 1568, puifque aux Etats tenus à Aix au mois de Septembre de cette même année, fur la propofition de M. l'Archevêque d'Aix, Préfident des Etats, on nomma pour Avocat du Pays le Sr Pierre Margaillet, qui étoit pour lors Affeffeur, Procureur du Pays; & on lui attribua 50 livres de gages *comme à fon prédéceffeur* (1).

L'Avocat du Pays étoit Membre de toutes nos Affemblées politiques, Etats, Affemblées générales des Communautés, Affemblées des Procureurs du Pays; il étoit préfent à tout; il étoit confulté; il avoit même le droit de rappeller la regle lorfqu'on pouvoit s'en écarter; j'en ai cité un exemple mémorable.

Lorfqu'en l'année 1571 les Députés de Tarafcon firent une motion pour priver les Confuls d'Aix de la prérogative de réunir fur leurs têtes la qualité de Procureur du Pays, Me Pierre Margaillet, Docteur & Avocat defdits Etats, leur remontra *que pour le dû de fon Etat & de fa charge, il les doit avertir en ce que concerne la contravention des Edits & Ordonnances du Roi, & qu'il leur baille avis & fait entendre que ladite propofition importe en foi une droite contravention aux Edits & Ordonnances du Roi, ce qui leur pourroit grandement préjudicier pour l'avenir & être dommageable audit Pays* (2).

La confidération qui étoit accordée à cette place eft encore

---

(1) Archives du Pays, Reg. des Délibérations, n. 2, fol. 6.
(2) Voyez la Piece juftificative, n. LI.

prouvée par la confiance que les Etats de 1573 témoynerent à leur Avocat, en le comprenant parmi le nombre des Députés en Cour (1).

Les Affeffeurs jalouferent cette place; à la mort de M. Margaillet, ils vinrent à bout de la faire réunir fur leur tête. Bientôt on s'apperçut des inconvéniens qui en réfultoient; les Affeffeurs n'étoient à cette époque, que très-peu de tems en place; une année voyoit commencer & expirer leurs fonctions; à peine étoient-ils inftruits des affaires qu'ils étoient obligés de les abandonner pour les remettre à leur fucceffeur, qui n'ayant point encore acquis les connoiffances néceffaires, ne pouvoit que perdre un tems confidérable pour être en Etat d'en fuivre le fil. Ces inconvéniens frapperent plufieurs Communes du Pays, qui firent aux Etats de 1582 une motion tendante à inftituer un Avocat particulier qui fût chargé des affaires du Pays, ainfi qu'on le pratiquoit de toute ancienneté.

Cette motion fut reçue favorablement par les Etats; le Sr Fabre de Fabregues étoit alors Affeffeur; ils le nommerent Avocat du Pays pour entrer en fonction lorfqu'il n'exerceroit plus la place d'Affeffeur, & *continuer tant que fera le bon plaifir des Etats*. Ils fixerent les honoraires à 100 livres par an pour lui être payés par le Tréforier du Pays fur fes quittances fans autre mandement. Ils enjoignirent à l'Acteur & au Solliciteur du Pays de lui communiquer toutes les affaires (2).

Les Affeffeurs continuoient de ne pas voir de bon œil cette place d'Avocat du Pays; ils cherchoient à donner du defagrément à celui qui l'occupoit; en 1583 & 1587, ils voulurent l'affimiler

---

(1) Archives du Pays, Reg. des Délibérations, n. 2, fol. 270.
(2) Pieces juftificatives, n. LXIII.

aux autres Officiers du Pays, & le faire déclarer sujet à confirmation ou à destitution. En 1583 les Etats déclarerent que l'Avocat du Pays n'étoit point annuel; en 1587 le Sr de Bologne, qui étoit pour lors Assesseur, revint à la charge; le Sr de Fabregues s'appuya de la Délibération des Etats de 1583, & déclara que là où les Etats voudroient révoquer ce qui avoit été décidé à cette derniere époque, il ne pourroit continuer d'exercer les fonctions qui lui avoient été confiées. Les Etats étoient bien éloignés de vouloir adopter l'avis de l'Assesseur, ils déclarerent au contraire que *conformément à la Délibération des Etats tenus l'an* 1583, *le Sr de Fabregues ne sera sujet à confirmation* (1).

Ils firent plus encore en Janvier 1596. Assemblés à Aix ils déclarerent en faveur du même *n'avoir jamais entendu le destituer de sa place, mais au contraire le confirmer sans qu'il puisse par ci-après être aucunement destitué, ni sujet à confirmation, laquelle il exercera sa vie durant autant que bon lui semblera* (2).

Le Sr de Fabregues mourut, & en 1618 il n'avoit point encore été pourvu à cette place. M. l'Archevêque d'Aix, Président aux Etats, fit mettre en Délibération s'il seroit expédient de lui donner un successeur.

L'Assesseur prit la parole, appuya sur l'inutilité de cette place; il fit valoir les secours qu'on pouvoit tirer non seulement de l'Assesseur en exercice, mais encore des anciens Assesseurs, & du Sindic des Communautés pour veiller aux affaires du Pays; les Etats donnerent dans son idée, & à la pluralité des opinions il

---

(1) Archives du Pays, Reg. des Délibérations, n. 4, fol. 212 v°.
(2) *Idem*, n. 6, fol. 193.

fut délibéré que la charge d'Avocat du Pays feroit fupprimée pour toujours (1).

Ce fut ainfi que l'Affeffeur d'Aix commença à attirer à lui la connoiffance des affaires qui intéreffoient la généralité du Pays. Nous verrons bientôt, lorfque je parleroi du Sindic du Tiers-Etat, que l'Affeffeur Procureur des trois Ordres, Avocat du Pays, voulut encore réunir fur fa tête, finon la qualité, du moins les fonctions du défenfeur des droits du Tiers-Etat; mais ne devançons pas le moment.

On ne tarda pas de s'appercevoir qu'un motif de plus que celui du bien public, avoit pu influer dans le defir que l'Affeffeur avoit eu de faire fupprimer la place d'Avocat du Pays.

M. de Saint-Michel avoit été chargé par les Etats tenus à Saint-Victor-les-Marfeille en 1620, d'affifter à l'examen du compte du Tréforier du Pays pour l'année 1619, c'eft-à-dire de l'année qui avoit fuivi la fuppreffion de la place d'Avocat du Pays. Il fe crut obligé de dénoncer aux Etats de 1621 les abus qui fe commettoient dans l'emploi des deniers du Pays; il en remarqua deux principaux, le premier étoit le fait de l'Affeffeur, qui s'étoit cru autorifé à faire lui feul la taxe de fa parcelle, fans y appeller les Procureurs du Pays fes collegues, le fecond, étoit attribué aux Procureurs du Pays qui, Députés dans l'intérieur de la Province pour aller complimenter le Gouverneur, ou pour remplir d'autres objets dépendans de leurs fonctions, fe faifoient accompagner d'un nombreux cortege, fuivis des Trompettes & Couriers du Pays, défrayoient toute cette fuite aux dépens du Pays, & faifoient entrer en taxe leurs vacations.

---

(1) Pieces juftificatives, n. LXIV.

Les Etats ne purent fe difpenfer d'obvier à ces abus ; ils déterminerent par forme de Règlement que les parcelles & vacations des Affeffeurs, ainfi que les voyages des Procureurs du Pays feroient taxés par les Procureurs du Pays, M. l'Archevêque d'Aix ou fon Vicaire général, tous les Procureurs joints qui fe trouveroient à Aix, & le Sindic des Communautés, le tout fans fraix.

Ils reglerent que lorfqu'il s'agiroit d'aller complimenter le Gouverneur, les Procureurs du Pays fe rendroient au lieu le plus proche de la ville d'Aix, accompagnés de fix autres Députés pris parmi les Habitans de la ville d'Aix, & fuivis des quatre Trompettes du Pays, mais fans aucun Courier.

Et pour les autres voyages relatifs à quelque autre compliment ou à quelques affaires urgentes, les Procureurs du Pays ne peuvent marcher tout au plus qu'au nombre de deux, fans aucune fuite, & n'ayant avec eux qu'un feul Trompette.

Il leur fut défendu d'exiger pour ces voyages aucune taxe ni falaire; ils n'eurent à prétendre que leurs débourfés & ceux de leur fuite, à l'exception des Trompettes qui durent continuer d'être payés fuivant l'ufage.

Enfin il fut inhibé aux Greffiers des Etats de dreffer, ni figner aucun mandement qui pourroit contrarier ce Règlement à peine de radiation en leur propre, & il leur fut enjoint de le notifier aux Procureurs du Pays lorfqu'ils entreroient en charge, à l'effet qu'ils n'en puffent prétendre caufe d'ignorance (1).

Quoique le Sindic du Tiers-Etat ou des Communautés ne foit point Officier des Etats, mais fimplement d'un Ordre particulier, je placeroi ici ce que j'ai à en dire pour n'avoir plus à m'occuper

---

(1) Pieces juftificatives, n. LXV.

que des objets qui peuvent faire, ou qui ont fait la matiere des Délibérations des Etats.

Le Sindic des Communautés eft à la difpofition du Tiers-Etat ; c'eft lui qui le choifit, qui le nomme, qui l'inftitue le deftitue. Toutes les Délibérations que j'ai trouvées relatives à la nomination, ou au remplacement de cet Officier, font toutes émanées des Affemblées des Communautés. S'il eft porté des plaintes en 1589 contre le Sindic du Tiers-Etat, c'eft à l'Affemblée des Communautés qu'on s'adreffe ; c'eft elle qui le deftitue, & qui donne pouvoir aux Procureurs du Pays d'en nommer un autre (1).

Si la mort prive le Tiers-Etat du Sr de Feraporte, fon Sindic, les Députés des Communautés & des Vigueries qui fe trouvent aux Etats tenus à Tarafcon dans le mois de Mars 1631, s'affemblent par autorité du Roi & mandement du Duc de Guife, Gouverneur en Provence, dans la même ville de Tarafcon, le 13 du même mois de Mars. A cette Affemblée fe trouvent M. l'Evêque de Sifteron, qui préfidoit les Etats, & qui étoit Procureur du Pays joint pour le Clergé ; M. Rolland de Caftellanne, Sr de Montmeyan ; Procureur du Pays joint pour la Nobleffe, le fecond Conful d'Aix, Procureurs du Pays, & tous les Srs Députés des Communautés & des Vigueries affiftans aux Etats. Cette Affemblée eft autorifée par M. d'Aubray, Commiffaire fur ce Député par le Gouverneur ; c'eft lui qui porte la parole, qui expofe l'objet de la convocation, l'importance du choix à faire ; combien il eft néceffaire de jetter les yeux fur un homme fage, d'une probité reconnue, & ami de la paix. L'Affemblée opine ; fon choix tombe fur le Sr Paul d'André,

---

(1) Archives du Pays, Reg. des Délibérations, n. 5, fol. 104 v°.

Avocat en la Cour; on lui affigne les gages accoutumés (ces gages avoient été fixés par les Etats de 1593 à 400 livres par an) (1). Le nouveau Sindic eft introduit dans l'Affemblée & prête ferment entre les mains du Commiffaire (2). L'Affemblée la diffout; les Membres qui la compofent rentrent aux Etats; le Sr d'André les y fuit, & y exerce les fonctions de la nouvelle place (3), ainfi qu'on le verra lorfque je parleroi de la confirmation des privileges de la Provence.

Enfin fi en 1638 le Sr d'André, fous prétexte de fon âge & de fes indifpofitions qui ne lui permettent plus de remplir cette place, demande qu'il lui foit donné un Coadjuteur, c'eft à l'Affemblées des Communautés qu'il fait porter fa fupplique; c'eft à cette même Affemblée que le Sr Duperier, Affeffeur, fait obferver que cette charge n'eft point perpétuelle & dépend abfolument des Communautés qui peuvent changer de Sindic quand bon leur femble; que fi la demande du Sr d'André étoit accueillie, on pourroit en induire dans la fuite que cette place eft à vie; ce font les Communautés qui, d'après ces obfervations, rejettent la demande de leur Sindic, & nomment à fa place, attendu fes indifpofitions, le Sr Guillaume Blanc, Avocat en la Cour, pour l'exercer tant qu'il plaira à pareilles Affemblées, & aux gages accoutumés (4).

Nos Etats finirent en 1639 & depuis lors ils n'avoient plus été convoqués. Le Sindic du Tiers-Etat fubfiftat cependant jufqu'au commencement de ce fiecle. L'Adminiftration étoit entre les mains

---

(1) Archives du Pays, Recueil de diverfes Pieces, n. 5, cayer 17.
(2) Pieces juftificatives, n. LXVI.
(3) *Idem*, Reg. des Délibérations, n. 13, fol. 132.
(4) Pieces juftificatives, n. LXVII.

des Communautés; elles penferent fans doute que cet Officier leur devenoit inutile; elles regarderent les Procureurs du Pays comme leurs défenfeurs naturels, ceux-ci fe prêterent à favorifer cette illufion, & il ne fut plus queftion du Sindic du Tiers-Etat.

La renoiffance de nos Affemblées nationales a fait concevoir d'autres idées. Depuis 1547 les trois Ordres avoient été en poffeffion de fe nommer des Sindics; l'Ordre du Tiers-Etat avoit été le feul qui eût laiffé dormir cette faculté; il revint fur fes pas; dès la premiere féance tenue le 2 Janvier 1788, les Députés des Communautés de Graffe & de Saint-Maximin reprefenterent « que « les Etats devant être formés comme ils l'étoient en 1639, on « devoit pourvoir à la nomination d'un Sindic des Communautés, « attendu qu'il y en avoit eu dans ceux de 1639 (1). »

Si ces Députés euffent été inftruits des droits de l'Ordre pour lequel ils parloient, ils n'euffent point fait une pareille motion aux Etats. L'Ordre du Clergé, celui de la Nobleffe n'avoient point à voter fur la nomination de ce Sindic. Il n'exiftoit pas par le feul fait du Tiers-Etat qui avoit ceffé de nommer fon Sindic; il n'étoit donc pas poffible de délibérer fur fon admiffion aux Etats. Cependant cette propofition fut renvoyée à être examinée par une Commiffion particuliere.

Celle nommée pour la formation aux Etats s'en occupa; les Membres de l'Ordre du Tiers-Etat y repréfenterent que la préfence d'un Sindic des Communautés aux Etats étoit conftitutionnelle, & que le Roi ayant jugé à propos d'affembler les Etats de fon Pays de Provence fuivant leur ancienne Conftitution, il manquoit un Membre effentiel dans l'Affemblée, & qu'il étoit par conféquent du devoir &

---

(1) Procès-verbal des Etats de 1787, pag. de l'imprimé 29.

de l'intérêt des trois Ordres, que ce Sindic fût rétabli pendant la tenue des Etats.

Les Membres de l'Ordre de la Nobleffe obferverent que le Sindic des Communautés n'étoit pas conftitutionnel; que la Nobleffe auroit les mêmes raifons d'utilité, pour réclamer l'admiffion de fon Sindic de robe dans les Etats, & que ces raifons deviendroient encore plus fenfibles, par la réduction à laquelle ils avoient confenti.

Nous obferverons fur ce point que le Sindic du Tiers-Etat avoit toujours été admis anciennement dans nos Affemblées politiques, & que nulle part on ne voit le Sindic de robe de la Nobleffe; les Sindic d'épée y affiftent en leur qualité de Sindic. Le dernier Règlement pris par l'Ordre de la Nobleffe le conftate.

La Commiffion ne chercha point à difcuter fi le Sindic des Communautés étoit véritablement conftitutionnel ou non; cette queftion ne pouvoit être décidée à l'avantage du Tiers-Etat; on ne peut appeller conftitutionnel que ce qui eft né avec la Conftitution, que ce qui a exifté dès les premiers tems, & nous verrons bientôt que le Tiers-Etat ne fait remonter l'origine de fon Sindic qu'en 1547.

Mais la Commiffion penfa que les Etats étoient dans toute leur intégrité, parce qu'on n'avoit pu convoquer que les Membres réellement exiftans, & que n'y ayant point de Sindic des Communautés au moment de la convocation, il n'y avoit pas eu moyen de l'appeller; qu'au furplus c'étoit au Tiers-Etat à fe retirer par devers le Roi, pour obtenir de Sa Majefté la convocation d'une Affemblée générale des Communautés, à l'effet de procéder à la nomination d'un Sindic fans le droit des Etats. Ils adopterent cet avis & déclarerent qu'il n'y avoit pas lieu de délibérer en l'état, fauf d'y ftatuer le cas échéant (1).

---

(1) Procès-verbal des Etats de 1787, pag. de l'imprimé 136.

162   DISSERTATION SUR LES ÉTATS

Le Tiers-Etat obtint enfuite la permiffion de s'affembler. Il fut convoqué à Lambefc au 4 Mai 1788. Le rétabliffement de fon Sindic étoit un des principaux objets qui lui avoit fait defirer cette Affemblée. Mais Sa Majefté, avant que de promettre ce rétabliffement, voulut être inftruite.

Un des articles des inftruaions adreffées à fon Commiffaire porte que « Sa Majefté autorife également l'Affemblée à remettre fous fes « yeux les raifons relatives à l'établiffement d'un Sindic des Commu- « nautés, fans qu'elle puiffe procéder à fa nomination ; Sa Majefté « fe réfervant de décider s'il y a lieu de rétablir cette place, après « qu'elle aura entendu fur cet objet les raifons des différens Or- « dres (1). »

Le Tiers-Etat profita de la liberté qui lui étoit donnée ; il expofa fes motifs, & pria MM. les Procureurs du Pays de référer fes obfervations à Sa Majefté, & de la fupplier, au nom de fes fideles Communes, de leur permettre de s'affembler un ou deux jours avant la tenue des Etats, à l'effet de procéder à la nomination dudit Sindic, & que ledit Sindic affiftant aux Etats, fuivant l'antique ufage, puiffe y pourvoir à l'intérêt du Tiers, & principalement coopérer pour lui aux arrangemens qui font à prendre pour l'opération conjointe de l'affouagement & de l'afflorinement, ainfi qu'à tous autres concernant l'intérêt du Tiers (2).

---

(1) Procès-verbal de l'Affemblée du Tiers-Etat, pag. de l'imprimé 19.

(2) Procès-verbal de l'Affemblée du Tiers-Etat, du 4 Mai 1788, pag. de l'imprimé 56 & fuiv.

CHAPITRE IV.

COMMISSIONS ET DÉPUTATIONS.

Aux Etats convoqués à Aix au 31 Décembre 1787, M. l'Archevêque d'Aix ayant propofé des Commiffaires pour s'occuper de la demande du Roi relative à la formation des Etats, cette propofition ayant été agréée, & les Commiffaires ayant été nommés fans que l'on y eût fait mention de M. l'Affeffeur d'Aix, Procureur du Pays, celui-ci demanda fi en fa qualité d'Affeffeur, il n'avoit pas le droit d'affifter à cette Commiffion.

Les Etats déterminerent que MM. les Commiffaires s'occuperoient de l'examen de cette queftion & en feroient le Rapport à l'Affemblée ; & cependant ils inviterent M. l'Affeffeur d'Aix à fe rendre à l'Affemblée de MM. les Commiffaires pour faire part de fes obfervations, toutes les fois qu'il le croirait utile & convenable, ainfi que pour faire valoir les droits de fa place, fauf & fans préjudice d'iceux, le cas y échéant (1).

---

(1) Procès-verbal, pag. 45 de l'imprimé.

Dans la féance du 11 Janvier 1788, un des Greffiers des Etats fit lecture d'une partie d'un Mémoire du Roi pour fervir d'inftruction aux Commiffaires de Sa Majefté. Il fallut renvoyer ce Mémoire à l'examen de diverfes Commiffions; elles furent formées; fans aucune mention de l'Affeffeur, il demanda encore fi on le regardoit ou non comme Membre de ces diverfes Commiffions, & ayant droit d'y affifter. M. l'Archevêque d'Aix répondit que l'examen des prétentions de M. l'Affeffeur d'Aix étant foumis à une Commiffion, les Etats ne vouloient & n'entendoient rien préjuger fur cette queftion, & que néanmoins M. l'Affeffeur étoit invité à affifter à la Commiffion pour les demandes du Roi, attendu que fes lumieres pouvoient être infiniment utiles à MM. les Commiffaires (1).

Cette queftion fut en effet examinée, & la Commiffion fut d'avis de prononcer que l'Affeffeur n'a aucun droit d'affifter aux Commiffions émanées des Etats; que cependant ayant été reconnu qu'il pouvoit y être de la plus grande utilité, on a laiffé à tous les Membres quelconques de ces Commiffions, la liberté de l'appeller par la voix de M. le Préfident; que M. l'Affeffeur pourra même, après en avoir prévenu M. le Préfident, fe préfenter à ces Affemblées, lorfqu'il croira que fes obfervations peuvent être utiles fur les affaires dont il aura pris connoiffance, & qui auront été renvoyées à ces Commiffions par les Etats, & qu'une fois admis, il pourra y demeurer, même pendant le cours des opinions.

Les Etats délibérerent conformément à l'avis de la Commiffion (2).

Cette difcuffion m'a engagé à rechercher avec exactitude tout

---

(1) Procès-verbal, pag. 45 de l'imprimé.
(2) Procès-verbal des Etats de 1787, pag. 137 & fuiv. de l'imprimé.

ce que je pourrois trouver de relatif foit aux Commiffions, foit aux Députations, & voici quel a été le fruit de mon travail.

On a vu qu'anciennement lorfqu'il s'agiffoit de réduction dans les Etats, & de Commiffion nommée pour rédiger les chapitres, nos peres avoient adopté l'ufage de former ces Commiffions de telle forte que les Députés du Tiers-Etat, égalaffent toujours en nombre ceux des deux premiers Ordres. Je ne reviendroi pas fur ce fait, il eft prouvé. Cette méthode fondée fur des principes de fageffe & de prudence, eft celle qui paroît avoir été généralement adoptée dans toutes les Commiffions ou Députations. S'agit-il en effet en 1396 de préfenter à la Reine le tableau de l'état critique où fe trouvoit le Pays; les Etats affemblés à Aix députent un Prélat, un Gentilhomme & deux Membres du Tiers-Etat (1). Si en 1419 les Etats déterminent de préfenter à Leurs Majeftés certaines Requêtes, ils nomment pour cette Commiffion trois Membres du Clergé, autant de la Nobleffe, & fix Députés des Communautés (2). L'Abbé de Montmajour, qui fe trouvoit à la tête de la Commiffion en l'abfence de l'Evêque de Digne, rendit compte dès le lendemain de la maniere dont ce dernier Prélat avoit porté la parole & des réponfes qui leur avoient été faites par Leurs Majeftés.

La Provence venoit de paffer fous la domination des Rois de France; les Etats s'affemblerent en 1482. Palamède de Forbin, Lieutenant général pour le Roi en Provence, étoit muni des pouvoirs les plus amples; il nous étoit effentiel, dès les premiers momens, d'obtenir que nos Statuts feroient inviolablement obfervés; les Etats députerent au Commiffaire du Roi, l'Eveque de Digne,

---

(1) Archives du Roi, Reg. *Potentia*, fol. 144.
(2) Archives de Toulon, Reg. en parchemin, Art. 1.

l'Abbé de Saint-Victor, deux Gentilfhommes & les quatre Sindics de la ville d'Aix; ils étoient accompagnés, porte le procès-verbal, de plufieurs Segneurs, Bourgeois, Marchands, & Artifans en très-grand nombre; la parole fut portée par les Procureurs établis dans le fein des Etats, en vertu du pouvoir qu'ils en avoient reçu en 1480; ces Procureurs étoient l'Evêque de Digne, deux Gentilf-hommes, deux des Sindics d'Aix, un Sindic de Marfeille & un troifieme Gentilhomme. Palamède de Forbin jura fur les Saints Evangiles l'obfervation des Statuts (1).

Je m'arrête à cette époque pour préfenter fans confufion les différentes nuances du tableau que je crois devoir mettre fous les yeux de mes Lecteurs.

On fe tromperoit fi on croyoit que cette regle de l'égalité des deux premiers Ordres avec le troifieme a été fi univerfellement adoptée qu'on ne s'en foit jamais écarté. J'ai trouvé aux Etats tenus à Avignon en 1393, une Députation qui ne fut compofée que de trois perfonnes; chaque Ordre fournit un Député (2).

M. l'Abbé Papon, dans fon Hiftoire générale de Provence (tom. III, pag. 320), rappelle une Députation faite à la Reine Yolande. On y demanda une diminution de feux; elle fut accordée; cinq Députés de la Nobleffe & quatre du Tiers-Etat furent choifis pour répartir également fur tout le Pays cette diminution obtenue.

Voici ce que cet Auteur en rapporte :

« La Reine Yolande, Régente & Tutrice de Louis III, reçut le 23 Août 1417 les Députés des trois Etats de Provence. Ils fup-plierent cette Princeffe de remettre l'Adminiftration du Pays dans

---

(1) Archives du Roi, Reg. *Corona,* fol. 169.
(2) *Idem*, Reg. *Potentia,* fol. 57.

le même état où elle étoit fous la Reine Jeanne; de révoquer les Commiffaires établis pour rendre la juftice, & de créer à leur place un Juge mage qui tint fon fiege à Aix, où les Officiers rationaux & le Juge des premieres appellations faifoient leur réfidence, de fupprimer la vénalité des charges; de ne mettre dans les offices de judicative que des Provençaux, & d'ordonner que les Loix & coutumes établies fous la Reine Jeanne fuffent exactement obfervées. Ils la prierent encore de révoquer les fauvegardes & exemptions accordées aux Juifs, comme étant contraire aux libertés des Citoyens, lorfque ceux-ci vouloient les attaquer en juftice; de défendre aux Officiers royaux de faire des defcentes dans les Villes & Villages fans en être requis par les Gens des trois Etats, ou fans en avoir reçu un ordre exprès du Souverain, attendu que ces defcentes étoient ordinairement pour eux une occafion de vexer les Habitans; enfin d'accorder une diminution de feux, parce que la mortalité qui régnoit en Provence depuis plufieurs années faifoit abandonner les terres & mettoit le Pays dans l'impoffibilité de payer les charges. Toutes ces demandes furent accordées. Cinq Députés de la Nobleffe & quatre du Tiers-Etat furent nommés Commiffaires pour répartir également fur toute la Province cette diminution de feux que la Reine venoit d'accorder. »

Nos Etats avoient été convoqués à Marfeille au mois de Janvier 1537. Le feul Evêque de Vence y parut pour le Clergé; il confte même du procès-verbal qu'il étoit l'un des Commiffaires du Roi, auxquels les Procureurs du Pays repréfenterent *que pour autant que aux préfens Etats ne fe trouve à préfent aucun Prélat, fi ce n'eft le Sr de Vence, l'un defdits Commiffaires, à caufe de quoi lefdits Etats ne fe pourroient bonnement affembler, fut leur bon plaifir bailler congé audit Sr de Vence pour préfider auxdits Etats fans toutefois conféquence & préjudice du privilege à ce contraire* (1). On ne doit donc pas être furpris de ne trouver aucun Membre du Clergé dans une Commiffion nommée par ces Etats & compofée de trois Gentilfhommes, & des Communes de Tarafcon, Forcalquier & Graffe.

Je ne reviendroi point fur les époques citées par M. l'Evêque de Sifteron dans fon Rapport aux derniers Etats; je me contenteroi d'obferver que M. de Grignan ayant annoncé aux Etats de 1541 que le Roi devoit envoyer des troupes en Provence, & qu'il étoit néceffaire de pourvoir à leur logement, & de convoquer le ban & l'arriere-ban, les Etats impoferent fept florins & un fol par feu, & nommerent pour veiller à cette levée de deniers, & à fon égalifation, M. l'Archevêque d'Aix ou quelqu'un à fa place, & les Communes de Marfeille & Arles (2).

Il fut queftion en 1542 de faire rendre compte au Tréforier du Pays de fon Adminiftration. Les Etats Affemblés à Aix dans le mois de Novembre chargerent les Procureurs du Pays d'affifter à cet effet *envers MM. de la Chambre des Comptes ou ailleurs où befoin fera*, & leur donnerent pour adjoints les Communes de Forcalquier & de Draguignan (3).

Les Commiffions n'ont été plus fréquentes dans les Etats que depuis le commencement du 17e fiecle. Aux Etats tenus à Aix aux mois d'Avril & Mai 1600, & au mois de Septembre 1605, il fut rapporté qu'il reftoit des fommes affez confidérables dans la caiffe du Tréforier du Pays; il fut réfolu de s'en fervir pour ac-

---

(1) Archives du Pays, Reg. des Délibérations, n. 1, fol. 6.
(2) *Idem*, n. 1, fol. 115.
(3) *Idem*, Etats de Novembre 1542, n. 1, fol. ...

quitter une partie des dettes contractées par le Corps national. Il fallut nommer des Commiſſaires qui ſurveillaſſent cette opération inſpirée par les vues d'une bonne & ſage Adminiſtration. Les Etats nommerent les Procureurs du Pays, l'Avocat Conſeil du Pays, le Sindic & les Procureurs joints du Tiers-Etat ; ceux de 1605 ſubſtituerent à ces derniers les Procureurs joints du Clergé & de la Nobleſſe, les Députés des Communautés de Saint-Paul, Mouſtiers, Frejus & Riez, & permirent aux autres Communautés qui voudroient y aſſiſter, d'y envoyer des Députés, pourvu que ce fût à leurs dépens (1).

Une Aſſemblée générale des Communautés tenue au mois de Juin 1615, s'occupa du moyen de diminuer la maſſe des dettes du Pays; elle impoſa à cet effet 9 livres par feu, & ordonna que la répartition en feroit faite aux créanciers par les Procureurs du Pays, l'Avocat Conſeil, le Sindic du Tiers-Etat, les Procureurs joints pour la Nobleſſe qui ſe trouveroient actuellement à Aix, les Procureurs joints du Tiers-Etat, & les Communes de Pertuis & Manoſque (2).

Les Etats tenus à Brignoles au mois d'Août 1618 ſuivirent cet exemple & nommerent à cette Commiſſion ceux qui occupoient les places déſignées ci-deſſus pour 1615; on ne voit de différence que dans les deux Communes. Le tour de rolle y amena les Députés de Saint-Remi & de Reillanne (3).

Les Etats de 1611, 1624 & 1628, jugerent à propos de renvoyer les Requêtes qui leur étoient préſentées à une Commiſſion qui eût

---

(1) Archives du Pays, Reg. des Délibérations, n. 7, fol. 264, & n. 8, fol. 252.
(2) *Idem*, n. 9, fol. 435.
(3) *Idem*, n. 10, fol. 138.

pouvoir d'y ſtatuer. Partout on trouve les Procureurs du Pays; le Sindic du Tiers-Etat eſt nommé en 1611 & 1624. L'Avocat Conſeil du Pays n'y fut appellé qu'en 1611, avec les Sindics de chaque Ordre, auxquels on ſubſtitua en 1624 les Procureurs joints. La Nobleſſe eut deux de ſes Députés Membres de ces Commiſſions en 1611, 1624 & 1628; le Clergé & le Tiers-Etat figurerent dans les deux dernieres; les Evêques de Frejus & de Siſteron en 1624, l'Evêque de Frejus & l'abbé de Valſainte en 1628, & dans l'un & dans l'autre le Préſident des Etats ; ſavoir en 1624 l'Archevêque d'Auguſtopolis, Coadjuteur de l'Archevêché d'Aix, & en 1628 M. l'Archevêque d'Aix (1).

En 1620 il s'éleva quelque nuage entre le Gouverneur & l'Archevêque d'Auguſtopolis. Les Etats aſſemblés à Marſeille crurent qu'il étoit de leur devoir de travailler à aſſoupir cette rixe; ils nommerent à cet effet une Commiſſion; elle fut compoſée de M. l'Eveque de Frejus, qui préſidoit aux Etats, de deux autres Membres du Clergé, & autant de la Nobleſſe, parmi leſquels le grand Sénéchal, des Procureurs du Pays & des principales Communautés qui avoient des Députés aux Etats (2).

Nous fûmes menacés en 1631 de voir s'établir au milieu de nous les Tribunaux d'élection. M le Prince de Condé commandoit en Provence. Les États aſſemblés à Taraſcon lui députerent M. l'Evêque de Siſteron, Préſident aux Etats, quatre Membres du Clergé, ſix Membres de la Nobleſſe, les Repréſentans des ſix premieres Communautés, & les Procureurs du Pays, pour mettre ſous ſes

---

(1) Archives du Pays, Reg. des Délibérations, n. 9, fol. 258 vº; n. 11, fol. 45, & n. 12, fol. 120.

(2) *Idem*, n. 10, fol. 216 vº.

yeux les maux & les inconvéniens qui réfulteroient d'un pareil établiffement. D'après les réponfes du Prince, les Etats prennent leur réfolution; ils députent encore pour la lui faire connoître, & je trouve encore les Procureurs du Pays chargés de cette commiffion avec fix autres Membres des Etats, pris par égale portion dans chaque Ordre (1).

En 1632 nous fuivîmes la même marche, & les Procureurs du Pays furent encore nommés parmi les Députés chargés de fe retirer vers les Commiffaires du Roi, foit pour connoître les intentions de Sa Majefté, foit pour leur faire part de la Délibération des Etats. Dans la premiere Députation on voit M. l'Archevêque d'Aix, Préfident aux Etats, quatre Membres du Clergé, les Membres de la Nobleffe, les Procureurs du Pays nés & joints, les Sindics des Ordres, & fix Communautés. La feconde n'eft compofée que de deux Evêques, deux Gentilfhommes, le Sindic du Tiers-Etat & deux Communautés (2).

Quelques difficultés s'étoient élevées entre la Nobleffe & le Tiers-Etat en 1639. La prudence & la fageffe fuggérerent de travailler à les terminer à l'amiable. On établit des conférences; on nomma des Commiffaires. Trois Evêques, huit Gentilfhommes, douze Députés des Communautés choifis par elles furent nommés à cet effet, pour, conjointement avec les Procureurs du Pays & le Sindic du Tiers-Etat, & en préfence de M. l'Archevêque d'Aix, Préfident aux Etats, *conférer de tous les expédiens qu'ils pourront prendre en ces affaires & les rapporter par après aux Etats pour y être délibéré* (3).

---

(1) Archives du Pays, Reg. des Délibérations, n. 13, fol. 117 & 122.
(2) *Idem*, n. 16, fol. 206 v° & 245.
(3) *Idem*, n. 19, fol. 239 v°.

Enfin, fut-il queſtion, ſoit en 1620, ſoit en 1639, de traiter tantôt des demandes du Gouverneur, & de tâcher d'obtenir quelque modération à ce ſujet, tantôt du payement de la ſubſiſtance des gens de guerre, & d'y pourvoir, tantôt enfin des ordres que le Commiſſaire général des guerres avoit à communiquer aux Etats de la part de Sa Majeſté; partout je vois les Procureurs du Pays faiſant partie des Commiſſions compoſées, ici, de trois Membres du Clergé, ſept de la Nobleſſe, & douze du Tiers-Etat; là, de deux Députés pris dans le Clergé, quatre dans la Nobleſſe, & des ſix premieres Communautés; & finalement dans une troiſieme Commiſſion, de trois Députés de chaque Ordre; partout je vois le Sindic du Tiers-Etat, puiſque partout je vois les Commiſſions s'aſſembler chez le Préſident des Etats & diſcuter en ſa préſence les objets renvoyés à leur examen (1).

De ce tableau, que j'ai racourci autant que l'exactitude, dont je me fais un devoir, me l'a permis, on doit en conclure que depuis 1600 juſques en 1639, les Procureurs du Pays ont toujours été Membres de toutes les Commiſſions, que le Sindic du Tiers-Etat en a toujours fait partie, & que l'Avocat conſeil du Pays, lorſque cette place ſubſiſtoit, y étoit admis quelquefois, & par une conſéquence naturelle que la demande de M. l'Aſſeſſeur aux Etats de 1787 ne pouvoit être admiſe ſous aucun point de vue, ſoit qu'on le conſidérât comme Aſſeſſeur, ſoit qu'on l'enviſageât comme ayant été ſubſtitué à l'Avocat Conſeil; que les Etats lui ont accordé plus qu'il ne lui étoit dû, & que, faute par ſes collegues, Procureurs du Pays, comme lui, d'avoir été inſtruits des droits que l'uſage leur

---

(1) Archives du Pays, Reg. des Délibérations, n. 10, fol. 224 v°; n. 19, fol 246 v° & 258.

donnoit, ils ont été nommés dans les Commiffions comme Députés de Communautés, de Vigueries ou des Vallées, tandis qu'ils étoient autorifés par un ufage de quarante ans, & par le dernier état des chofes, à être Membres de toutes les Commiffions en leur qualité de Procureurs du Pays; ils avoient même pour eux la raifon. Ce n'eft point l'Affeffeur qui adminiftre, ce n'eft pas même lui qui a la parole, lorfque le premier Conful d'Aix veut la prendre, c'eft le Corps des Procureurs du Pays qui gere, c'eft donc au Corps à répondre, à donner les éclairciffemens; & quels abus ne pourroient pas s'introduire fi un feul étoit chargé de préfenter les affaires; ce feroit fon fentiment qu'il expoferoit & rarement celui de l'Adminiftration.

Il eft une autre Commiffion qui émane de l'autorité des Etats, c'eft la Députation de ceux qui doivent affifter à l'examen & audition du compte du Tréforier du Pays.

Je dis que cette Commiffion émane de l'autorité des Etats, & j'ajoute qu'à leur défaut l'Affemblée générale des Communautés peut y pourvoir. J'en ai trouvé trois exemples, l'un en 1585, le fecond en 1616, & le troifieme en 1617; ce dernier eft furtout remarquable; l'Affemblée générale tenue dans les mois de Janvier & Février 1616, avoit pourvu à l'examen de compte de l'année 1615, & oublia de nommer de pareils Députés pour celui de 1616. Les Procureurs du Pays s'apperçurent de l'omiffion; ils s'affemblerent le 5 Avril 1617 & nommerent pour affifter au compte de 1616 fuivant l'ufage, M. l'Archevêque d'Aix ou fon Vicaire, M. de Flayofc pour MM. de la Nobleffe, les Procureurs du Pays & les Communautés de Lorgues & Aups.

Deux mois après les Communautés s'affemblerent; l'Affeffeur rendit compte de ce qui avoit été fait dans l'Affemblée ordinaire de MM. les Procureurs du Pays, & des plaintes portées par la

Nobleffe, fondées fur ce que fes Procureurs joints fe trouvant à Aix, n'avoient point été appellés à cette Affemblée; il demanda en conféquence à l'Affemblée de vouloir confirmer la Députation, mais elle étoit nulle; auffi les Communautés, affemblées fans avoir égard à la députation ici faite dudit fieur de Flayofc, le nommerent de nouveau avec les autres Députés (1).

Par ce que je viens de dire, on voit que cette Commiffion eft toujours compofée de M. l'Archevêque d'Aix ou d'un de MM. fes Vicaires généraux, d'un Gentilhomme qui y repréfente l'Ordre de la Nobleffe, de MM. les Procureurs du Pays, & de deux Députés de Communautés prifes à tour de rolle.

Je me trouve encore ici dans la néceffité de m'élever contre une affertion de l'Auteur du *Droit public du Comté de Provence,* on lit, page 80 de cet Ouvrage: *Ce n'eft que depuis* 1631 *que l'Archevêque d'Aix affifte aux comptes du Pays.*

Comment eft-il poffible que cet Auteur ait pu donner dans un pareil écart? Comment n'a-t-il pas vu que les dépôts les plus facrés fourniroient les preuves les plus complettes contre fon affertion; les comptes du Tréforier du Pays qui font dépofés aux Archives du Roi, les Délibérations des Etats & des Affemblées qui font confervées au Greffe du Pays? Partout on voit M. l'Archevêque d'Aix nommé à la tête de cette Commiffion; partout on reconnoît en lui le droit de s'y faire repréfenter par fon Vicaire général.

Les Procureurs du Pays affiftent à l'examen du compte du Tréforier; on le voit nommé dans ces Commiffions depuis 1542, fans aucune interruption. Mais ce ne font pas les Procureurs du Pays

---

(1) Archives du Pays, Reg. des Délibérations, n. 4, fol. 146; n. 10, fol. 14, 34 & 49.

en exercice qui y affiftent; ce font ceux qui étoient en charge l'année dont on rend le compte; ils font là pour foutenir leur Adminiftration, pour éclaircir les difficultés qui peuvent fe préfenter; il faut donc néceffairement que ce foit les Adminiftrateurs dont la geftion eft apurée qui foient préfents. Il exifte néanmoins une Délibération prife aux Etats tenus à Aix au mois de Décembre 1607 qui permet *aux Procureurs du Pays étant en charge, d'affifter, fi bon leur femble, à la reddition defdit comptes, foutenir les Délibérations des Etats, bailler leur impugnation, & faire telles autres remontrances qu'ils jugeront être néceffaires* (1) *pour le bien du Pays, fans toutefois prendre aucune chofe pour leur affiftance.*

Cette Délibération qui permet aux Procureurs du Pays *de bailler leur impugnation* n'eft point en contradiction aux deux autres Délibérations prifes par les Etats, l'une en 1603, & l'autre en 1618. Elles défendent aux Députés qui affifteront à l'examen du compte d'impugner les Mandemens donnés par les Procureurs du Pays *en vertu des Délibérations des Etats & Affemblées générales*. Il eft donc permis de *bailler impugnation* contre un article de dépenfe faite fans Délibération des Etats ou des Affemblées générales, Règlement qui a été implicitement renouvellé par l'article 11 du Règlement fur l'Adminiftration intermédiaire, adopté par les Etats de 1787 dans leur féance du 26 Janvier 1788, & qui eft inféré dans tous fes articles aux Pieces juftificatives n. LVIII.

La Délibération de 1603 ne fe contenta pas de défendre d'impugner les Mandemens expédiés en vertu des Délibérations, elle enjoignit encore aux Députés des Etats, pour le compte, de les foutenir, fous peine de defavœu & d'être privés de leurs vacations. Celle

---

(1) Archives du Pays, Reg. des Délibérations, n. 9, fol. 91.

de 1618 ajouta à peine d'être déclarés indignes d'affifter aux Etats, Affemblées, ni à l'examen desdits comptes (1).

La Nobleffe & le Tiers-Etat ont toujours été en poffeffion d'avoir des Députés à l'examen du compte ; l'Ordre de la Nobleffe y eft repréfenté par un Gentilhomme ; le Tiers-Etat par deux Députés des Communautés prifes à tour de rolle, & défignées fous leur nom, fans qu'il foit permis de nommer perfonnellement les Députés d'après la Délibération des Etats du mois d'Octobre 1603 (2).

Il eft cependant permis à toutes les Communautés & Vigueries d'affifter au compte du Tréforier, mais à leurs dépens, d'après la même Délibération. Il a été même un tems où les Vigueries avoient un Député au compte ; alors les Communautés n'en avoient qu'un. Les Etats de 1568, 1569 & 1571, au Regiftre n. 2 des Délibérations des Etats (fol. 32, 113 & 190 v°), nous en fourniffent la preuve en faveur des Vigueries de Mouftiers, Caftellanne & Barjols.

Le Sindic du Tiers-Etat a été au commencement du 17e fiecle nommé parmi les Députés au compte ; on le voit généralement nommé dans tous les Etats tenus depuis 1600 jufqu'en 1639. J'en excepte cependant les Etats tenus en 1607, 1609, 1611, 1612, & l'Affemblée générale des Communautés tenue en 1617.

A tous ces Députés fe joignent les deux Greffiers des Etats, en conformité du Règlement de 1568 rappellé dans les Etats de 1607; mais il ne doit y en avoir qu'un feul de payé, d'après une autre Délibération de ces derniers Etats (3).

J'ai dit qu'il n'étoit pas permis d'impugner les Mandemens expé-

---

(1) Pieces juftificatives, n. LXVIII.
(2) Archives du Pays, Reg. des Délibérations, n. 8, fol. 175.
(3) *Idem,* n. 9, fol. 91.

diés en fuite des Délibérations des Etats ou des Affemblées générales ; j'ajoute qu'aucune dépenfe ne peut être payée par le Tréforier, fans Mandement ; ce fut un des points réglés par les Etats de 1596. Le Gouverneur expédioit des Commiffions, Ordonnances & Mandemens fur le Pays. Les Etats le fupplierent de promettre que conformément à l'ufage & aux Ordonnances des Etats précédens, tout ce qui feroit émané de lui eût l'attache des Procureurs du Pays (1) ; formalité effentielle qui prouve que nous fommes libres dans tout ce que nous offrons & donnons.

Pour ce qui regarde les Députations, je n'ai trouvé rien de fixe, rien de déterminé jufqu'en 1618. On voit que fous nos anciens Souverains les Etats députoient fouvent vers eux pour leur préfenter les doléances de leurs fujets de Provence ; tantôt les Députés étoient pris également dans chaque Ordre, & tantôt le Tiers-Etat fourniffoit autant de Députés que les deux autres Ordres réunis enfemble ; jufques-là une regle de proportion préfidoit à la nomination des Députés en Cour ; nous changeâmes de domination, & l'arbitraire en ce genre prit la place de toute regle. Tantôt le Clergé étoit exclu de ces Députations, tantôt il n'y étoit qu'à très-petit nombre, & tantôt il avoit lui feul plus de Députés que les deux autres Ordres enfemble. La Nobleffe éprouvoit auffi dans ces conjonctures les fuites du défaut de regle ; ici elle étoit exclue des Députations, là elle y étoit dominante ; ici elle étoit en parité avec le Tiers-Etat, là elle n'avoit qu'un Député, lorfque les autres Ordres en comptoient plufieurs. Le Tiers-Etat eft le feul qui paroiffe avoir été le plus conftamment Membre des Députations ; quant au nombre de fes Députés, ce que je viens de dire des deux autres Ordres annonce que l'arbitraire

---

(1) Pieces juftificatives, n. LXIX.

les circonſtances les déterminoit ; ſouvent les Députés étoient pris parmi les ſeuls Procureurs du Pays. Le premier Conſul d'Aix & l'Aſſeſſeur y figurent quelquefois ; l'Avocat Conſeil, le Sindic du Tiers-Etat ſont nommés dans pluſieurs Députations ; les Greffiers des Etats ont été honorés très-ſouvent de la confiance de la Nation.

Il falloit cependant une regle ; parce que dans tout Etat bien policé la regle doit préſider toutes les démarches ; les Etats de 1618 commencerent à s'en occuper ; il y fut fait deux motions relatives aux Députations. Par la premiere on demanda de régler la taxe des Députés ; par la ſeconde, les Communautés demanderent que les Députés du Tiers-Etat fuſſent pris ſuivant le tour de rolle. Les Etats déterminerent que les Archevêques & Evêques Députés en Cour ſeroient payés à raiſon de 12 livres par jour ; les Gentilshommes à raiſon de 9 livres, & les Députés du Tiers-Etat à raiſon de 6 livres. Le tour de rolle propoſé par les Communautés fut adopté ; les Etats arrêterent que les Députations les plus nombreuſes ne pourroient excéder le nombre de trois (1). Il étoit donc poſſible qu'il y eût des Députations auxquelles les trois Ordres ne concouruſſent pas.

Le payement des Députés doit être fait reſpectivement par chaque Ordre. Du moins, c'eſt ce que je penſe pouvoir inférer du procès-verbal des Etats de 1596. On y voit que M. l'Evêque de Siſteron qui les préſidoit, ſe plaignit de ce que parmi les Députés on n'avoit nommé aucun Membre du Clergé ; l'Aſſeſſeur repréſenta que multiplier le nombre des Députés, c'étoit aggraver le ſort du Peuple, & que les Etats ne devoient admettre les plaintes du Préſident,

---

(1) Pieces juſtificatives, n. LXX.

qu'autant que le Clergé confentiroit à payer fon Député. Cette obfervation étoit fondée fur les principes d'équité ; le Clergé l'adopta fans la moindre difficulté, & les Etats placerent fous cette condition, au nombre des Députés, M. l'Evêque de Digne, & en cas d'empêchement le Sr Aimini, vicaire de l'Evêque de Sifteron (1).

Ce n'étoit pas affez d'avoir obvié aux inconvéniens qui réfultoient de la dépenfe exceffive qu'occafionnoient les Députations ; il falloit encore attaquer le mal dans fa racine, & empêcher que les Députations ne fuffent trop fréquentes. Les Etats de 1629 prirent cet objet en confidération & arrêterent qu'il n'y auroit que les Etats ou Affemblées générales qui pourroient député foit en Cour, foit hors des limites de la Provence (2), ne laiffant aux Affemblées des Procureurs du Pays que la faculté de député dans l'intérieur du Pays. Cependant ce Règlement n'a pas été tellement strict, que les Adminiftrateurs ne fe foient crus autorifés de pouvoir y brêcher dans des circonftances extraordinaires. J'en ai trouvé un exemple en 1632.

Le Pays avoit un intérêt réel de député très-inceffamment en Cour ; MM. les Procureurs du Pays s'affemblerent. Le Sr de Montaud, Affeffeur, y expofa les motifs qui néceffitoient la Députation ; mais il ne diffimula pas à l'Affemblée que c'étoit à elle à examiner fi elle le pouvoit, attendu la Délibération des Etats tenus à Tarafcon au mois de Juillet 1629 ; l'affaire dont il s'agiffoit étoit preffante ; une Affemblée générale des Communautés tenue précédemment avoit député pour le même objet ; il étoit effentiel de pourfuivre les démarches déjà commencées ; on rifquoit tout en attendant une

---

(1) Pieces juftificatives, n. LXXI.
(2) Pieces juftificatives, n. LXXII.

convocation d'Etats ou des Communautés. Les Procureurs du Pays pafferent par deffus la regle, & députerent M. de La Palud (1).

J'ai fait obferver que la Délibération des Etats de 1618 porte que les Députations en Cour ne pourront excéder le nombre de trois. Les Etats tenus à Tarafcon au mois de Mars 1631 & à Brignoles au mois de Décembre 1632 mirent cette Délibération à exécution, en déterminant que la Députation qu'ils envoyoient en Cour feroit compofée d'un Membre de chaque Ordre; cependant les Etats de 1632 voulurent ajouter à cette Députation le premier Conful & l'Affeffeur d'Aix, Procureurs du Pays, & un Greffier des Etats, *que iceux Etats ont jugé être abfolument néceffaires audit voyage* (2).

Parmi les Députés du Tiers-Etat, la partie de la Provence qui eft en delà de la Durance éleva en 1594 la finguliere prétention de vouloir qu'il y eût un Député pris dans cette portion du Pays. Il avoit été convoqué en la ville d'Aix une Affemblée en forme d'Etats ; les Communautés de Pertuis & de Manofque firent une mention à cet égard, mais l'Affemblée crut ne devoir point s'y arrêter ; elle réferva fimplement aux Communautés adhérentes la faculté de remettre aux Députés du Pays des Mémoires s'ils en avoient de particuliers à préfenter (3).

La Députation faite aux Etats convoqués à Aix au 31 Décembre 1787 a fourni matiere aux réclamations du Tiers-Etat dans fon Affemblée du 4 Mai 1788.

M. l'Affeffeur y rapporta que les Etats avoient député un Membre de chaque Ordre pour préfenter le cahier à Sa Majefté, &

---

(1) Archives du Pays, Reg. des Délibérations, n. 16, fol. 148.
(2) *Idem*, n. 13, fol. 133 & 263.
(3) *Idem*, n. 6, fol. 87 v°.

qu'ils avoient nommé pour l'Ordre du Tiers ; M. Lyon de Saint-Ferréol, Ecuyer, fecond Conful d'Aix, Procureur du Pays.

M. l'Affeffeur obferva à cette Affemblée que c'étoit fuppofer que MM. les Procureurs du Pays figuroient dans le nombre des Repréfentans du Tiers ; que cette idée ne répondoit pas à celle que l'on doit fe former de leur caractere & de leur fonction.

Sur quoi l'Affemblée délibéra qu'il feroit fait au nom de l'Ordre du Tiers, des repréfentations à M. l'Archevêque d'Aix, Préfident des Etats, à l'effet qu'à l'avenir le Député de l'Ordre du Tiers-Etat fût toujours un Membre de cet Ordre (1).

En examinant avec impartialité la Délibération des Etats, il me paroît qu'elle n'avoit rien de contraire aux regles. Les Vigueries n'ont jamais été exclues de la Députation en Cour. Les Etats tenus à Aix au mois de Janvier 1596 comprirent dans la Députation à la Cour deux Députés des Vigueries (2). M. Lyon de Saint-Ferréol fe trouve dans la lifte des affiftans aux Etats à la tête des Députés des Vigueries, pour la Viguerie d'Aix ; ce fut comme Député de la Viguerie d'Aix que M. le Préfident le propofa aux Etats pour être le Député du Tiers-Etat (3).

J'avoue qu'il y eut des réclamations ; elles porterent fur deux objets : 1° fur ce que contre l'ufage conftant d'affembler, au moins une fois l'année, toutes les Communautéss des Vigueries dans leur chef-lieu, celle d'Aix, par une contravention aux Règlemens généraux, étoit la feule qui n'eût point été affemblée depuis 1717, malgré le Règlement renouvellé en 1779; 2° fur ce que, malgré

---

(1) Procès-verbal de l'Affembléc, pag. 108 de l'imprimé.
(2) Archives du Pays, Reg. des Délibérations, n. 6, fol. 175 v°.
(3) Procès-verbal des Etats, pag. 289 de l'imprimé.

que par toutes les Loix ordonnées & renouvellées pendant trois cents ans, il dut y avoir un Député de chaque Viguerie aux Etats & que ce Député ne dût être ni Conful, ni Habitant du chef-lieu ; le fecond Conful d'Aix fe préfentoit aux Etats comme Député de cette Viguerie, ce qui ne pouvoit être, puifqu'il n'y avoit point eu d'Affemblée, & que les Règlemens s'oppofoient à la Députation (1).

Mais malgré ces réclamations, le caractere qu'avoit M. Lyon de Saint-Ferréol ne fut point contefté ; les Etats n'eurent point à prononcer fur la légitimité de fa préfence aux Etats, comme repréfentant la Viguerie d'Aix ; lors des opinions, il fut toujours appellé en cette qualité ; il étoit donc, en l'état, fous ce rapport, Membre du Tiers-Etat.

M. l'Affeffeur fe formalifoit de ce que par la Députation de M. de Saint-Ferréol, on fuppofoit que les Procureurs du Pays figuroient dans le nombre des Repréfentans du Tiers. Non, les Procureurs du Pays, comme tels, ne figurent point dans l'Ordre du Tiers ; mais ils réuniffent à cette qualité celle de Confuls d'Aix, & fous ce dernier rapport ils font Membres du Tiers ; fi on le difputoit, il faudroit en conclure que la ville d'Aix, la plus confidérable du Pays par fon affouagement, n'avoit point de Repréfentant aux Etats, ce qui ne peut être ; il faudroit fuppofer que les Vallées n'avoient aucun Député dans nos Affemblées nationales ; & on a vu que les Confuls d'Aix n'avoient ceffé de réclamer et que les Etats n'avoient ceffé de reconnoître en eux le Député né des Vallées ; MM. les Confuls d'Aix font donc fous ce rapport dans le nombre des Repréfentans du Tiers, & par une conféquence

---

(1) Procès-verbal des Etats de 1787, pag. 231 & fuiv. de l'imprimé.

naturelle, aptes à être Députés pour le Tiers-Etat. La réclamation de cet Ordre, tendante à ce que fon Député foit toujours un de fes Membres fut donc fans motif; puifqu'en l'état M. Lyon de Saint-Ferréol avoit un caractère qui le conftituoit Membre de l'Ordre du Tiers; car on ne préfume pas que la réclamation ait eu pour but de faire dire qu'il n'y auroit que les Députés du Tiers perfonnellement rôturiers qui puiffent être Députés de cet Ordre; on excluroit par là de la Députation les plus grandes Villes de la Provence, celles qui ont un plus grand intérêt à furveiller toutes les démarches, puifque dans ces Villes le premier chaperon eft toujours déféré à un Gentilhomme; on iroit contre l'ufage obfervé de tout tems; il eft prouvé par tous nos Monumens que le Tiers a fouvent eu pour Députés des particuliers qui par leur naiffance pouvoient figurer dans l'Ordre de la Nobleffe; combien de fois Guiguonet de Jarente n'eft-il pas nommé parmi les Députés du Tiers-Etat?

Les Députations doivent être délibérées librement dans le fein des Etats ou des Affemblées générales; le Gouverneur n'a aucun droit d'infpecter nos démarches à cet égard. J'en ai trouvé un exemple mémorable aux Etats tenus à Aix en Janvier 1596.

MM. le Comte de Carces & le Marquis d'Oraifon, avoient été chargés par le Gouverneur de faire entendre aux Etats qu'il défiroit, qu'avant que de procéder à la nomination des Députés qui devoient être chargés de préfenter à Sa Majefté nos doléances, les Etats nommaffent une Commiffion compofée de quatre Membres de chaque Ordre, qui s'affembleroient chez lui, à l'effet de choifir nos Députés en fa préfence.

Une pareille demande tendoit à gener notre liberté; auffi les Etats n'y eurent-ils aucun égard; ils délibererent que fuivant l'ufage, la Députation feroit faite publiquement dans les Etats; cependant pour concilier autant qu'il étoit en nous, ce que nous devions, de force pour nous maintenir dans nos droits, & d'égards envers le Gouverneur, les Etats arrêterent qu'avant de nommer les Députés, le Gouverneur feroit prié de manifefter ce qu'il pouvoit defirer à cet égard; pour, fur le rapport qui en feroit fait aux Etats, y être librement opiné.

Le Gouverneur ne fe formalifa point de cette réfiftance ; il déclara qu'il ne prétendoit gener en rien la liberté de nos opinions; mais qu'il croyoit qu'il feroit convenable de mettre à la tête de la Députation M. le Marquis d'Oraifon & M. l'Archevêque d'Aix.

Les Etats adhérerent aux defirs du Gouverneur, & nommerent pour leurs Députés en Cour, M. le Marquis d'Oraifon, M. l'Archevêque d'Aix, le Député de la Viguerie de Tarafcon, celui de la ville d'Apt, & celui de la Viguerie de Draguignan (1).

---

(1) Archives du Pays, Reg. des Délibérations, n. 6, fol. 175 v°.

CHAPITRE V.

OBJETS D'ADMINISTRATION RELATIFS A L'UNIQUE AVANTAGE DU PAYS.

Jufques à préfent je ne me fuis occupé que de ce qui conftituoit nos Etats ; formation, Affemblées, Officiers, Commiffions, Députation, je crois avoir tout dit fur ces divers objets. J'ai rapporté les titres, je me fuis permis quelques réflexions ; partout, j'efpere avoir porté le caractere d'impartialité qui convient à celui qui defire le bien, & qui cherche à éclairer pour élogner toute difpute, & ramener la paix.

Il eft tems que j'entre dans les objets d'Adminiftration qui ont occupé nos Etats avant leur fufpenfion. Je m'arrête à cette époque parce que les trois Volumes de l'Ouvrage fur l'Adminiftration de Provence, & une partie de celui-ci, ont été confacrés à retracer le bien qui a été fait par nos Communautés, lorfque feules elles adminiftroient, pour nos Etats, fans en être les vrais Repréfentans.

Je diviferoi ce que j'ai à dire fur les divers objets d'Adminiftration, en deux parties, qui feront les deux derniers Chapitres de cette Differtation.

Dans la premiere, je traiteroi des objets d'Adminiftration qui ne concernent uniquement que le bien & l'avantage du Pays. Dans la feconde, je parleroi des contributions, & des moyens qui étoient employés pour y fubvenir.

La premiere partie préfentera divers objets qui formeront autant de fections de ce Chapitre; portions de la Provence qui en ont été diftraites, & fur lefquelles nous avons encore à réclamer des droits fondés ; confirmation de nos privileges renouvellée de regne en regne; exercice de la juftice, Députations aux Etats généraux de la France. Ce feront là, tout autant de points que je vais traiter fucceffivement.

§ I.

Portions de la Provence qui en ont été diftraites, & fur lefquelles nous avons encore à réclamer des droits fondés.

La Principauté d'Orange, le Gapençois & Tallard, ont anciennement fait partie de la Provence; nous avons obtenu, depuis que nous avons paffé fous la domination des Rois de France, des titres qui auroient dû opérer cette réunion; pourquoi ces diverfes portions en font elles encore diftraites aujourd'hui ? C'eft-ce que je n'ai encore pu éclaircir; je me contenteroi donc de prouver par nos anciens Monumens que nous avons titre.

La Principauté d'Orange faifoit partie de la Provence; le Parlement de Provence y exerçoit fon reffort, lorfqu'une Affemblée des Procureurs du Pays & adjoints convoquée le 20 Octobre

1543, fut informée que *Messieurs du Dauphiné* avoient obtenu ajournement contre le Procureur général du Roi en ce Pays, à raison des prétentions qu'ils avoient sur cette Principauté. L'Assemblée crut ne devoir rien précipiter; elle chargea l'Assesseur d'en conférer avec quatre Avocats pour, sur leur avis, être par une autre Assemblée, pris telle Délibération que la prudence leur suggéreroit (1).

Les Avocats examinerent avec attention cette question; ils discuterent les titres & déciderent que la Principauté d'Orange appartenoit au Roi de France en sa qualité de Comte de Provence. Cette consultation fut rapportée à une seconde Assemblée des Procureurs du Pays & adjoints; elle étoit présidée par le Prévôt de l'Eglise métropolitaine de Saint-Sauveur, Vicaire général de M. l'Archevêque d'Aix; le Procureur général devoit se rendre en Cour pour défendre sur ce procès; l'Assemblée se contenta de le prier de réunir à sa qualité celle de Député du Pays, pour se joindre aux autres Députés qui étoient déjà à la Cour, pour tous ensemble solliciter que la Principauté d'Orange fût définitivement déclarée faire partie du Comté de Provence (2).

Nos Etats furent assemblés à Aix au mois de Février 1544, & ratifierent tout ce qui avoit été fait à ce sujet (3).

Nous ne tardâmes pas à recevoir la justice que nous étions en droit d'attendre; je trouve dans le procès-verbal d'une Assemblée des Procureurs du Pays adjoints, Nobles & Communes, tenue le 5 Mars 1544 (4), que M. le Procureur général instruisit MM. de

---

(1) Archives du Pays, Reg. des Délibérations, n. 1, fol. 197.
(2) *Idem*, fol. 200.
(3) *Idem*, fol. 229.
(4) *Idem*, fol. 231.

Grignan & d'Oppède, de l'Arrêt rendu au Conseil de Sa Majesté en faveur de la Provence, au sujet de la Principauté d'Orange, nouvelle qui fut encore donnée aux Procureurs du Pays par nos Députés en Cour ; la Délibération qui fut prise en suite de ces Lettres, prouve que nous ne fûmes jamais ingrats, lors même que la justice plaidoit notre cause.

Elle porte : *Que là & quand le Roi permettra l'exécution desdits Arrêts & faira au Pays l'incorporation desdits lieux communs de l'ancien District d'icelui, les Gens de ce Pays, comme bons & obeissans sujets, pour subvenir à Sa Majesté dans les fraix de la guerre actuelle, l'aideront, malgré leur grande pauvreté, de la somme de vingt mille livres.*

Cet Arrêt ne fut pas mis à exécution. Quelle en fut la raison ? Je l'ignore ; mais il est prouvé que dans nos Etats tenus à Brignoles au mois d'Avril 1571, M. l'Evêque de Vence, qui les présidoit, remontra *que seroit bon faire réunir la Principauté d'Orange que anciennement avoit été tenue par les Comtes de Provence, comme unie à ladite Comté, & appellée ordinairement au ban & arrière-ban convoqué audit Provence.*

La Délibératian prise sur cette motion fut conforme à ce que l'intérêt du Pays pouvoit exiger. Elle porte en substance que Sa Majesté sera suppliée de *réunir ladite Principauté d'Orange à ladite Comté de Provence pour être tenue comme les autres terres adjacentes dudit Pays sous le gouvernement & juridiction du Gouverneur & Officiers respectivement restans audit Provence* (1).

Nous réitérâmes nos efforts en 1600 mais avec aussi peu de succès ; ce fut même à l'instigation du Gouverneur, que les Etats tenus à

---

(1) Archives du Pays, Reg. des Délibérations, n. 2, fol. 169.

Aix cette même année, délibérerent que dans le cayer qui devoit être préfenté à Sa Majefté, elle feroit fuppliée d'opérer cette réunion (1).

Nous aurions defiré que l'Auteur de l'Hiftoire générale de Provence, nous eût mis fur les voies pour connoître les caufes qui empêcherent l'exécution de l'Arrêt rendu en faveur de la Provence en 1544. La difcuffion de ce fait ne tient point au plan de mon Ouvrage; il m'a fuffi de prouver qu'anciennement la Principauté d'Orange avoit fait partie de la Provence, & que nous avions réuffi un inftant à nous la faire réunir.

On doit fe rappeller qu'en parlant des Evêques qui affiftoient anciennement à nos Etats, j'ai dit que l'Evêque de Gap en avoit été Membre en 1480 & en 1598. Ce fait, s'il étoit ifolé, ne pourroit guere fervir de préfomption pour prouver que le Gapençois faifoit autrefois partie de la Provence; j'en ai donné à entendre les raifons; mais le procès-verbal des Etats tenus à Aix au mois de Février 1538, nous autorife à croire que nous avions été en inftance pour faire rentrer dans les limites de la Provence le Gapençois & Tallard; il eft dit dans ce proces-verbal que nos Députés furent chargés de pourfuivre *l'exécution de l'Arrêt de Gap & Tallard* (2). A quel propos aurions-nous demandé l'exécution de cet Arrêt, fi nous n'y avions pas eu un intérêt, & bientôt on verra que mes préfomptions fe changent en preuve. On voit la même demande renouvellée par l'Affemblée des Procureurs du Pays & adjoints tenue en Décembre 1543, & que nous avons déjà citée en parlant de la Principauté d'Orange; cet Arrêt à mettre à

---

(1) Reg. des Délibérations, des Etats, n. 7, fol. 277 v°, Avril & Mai 1600.
(2) Archives du Pays, Reg. des Délibérations, n. 1, fol. 34.

exécution contre Gap & Tallard, fit partie de la miffion donnée à M. le Procureur général du Roi. Ses difpofitions furent renouvellées dans l'Arrêt obtenu par nos Députés en Cour ; le Gapençois & Tallard furent déclarés, ainfi que la Principauté d'Orange, faire partie de la Provence. Nous en avons pour garant les Lettres mentionnées dans le procès-verbal déjà cité de l'Affemblée particuliere du mois de Mars 1544.

Mais il ne peut plus y avoir aucun doute fur ce fait, lorfqu'on voit M. d'Efcallis, Affeffeur, remontrer aux Etats tenus à Aix en 1573, que par Arrêt du Confeil privé, il avoit été déclaré que Gap & plufieurs autres Villes & Villages qui en dépendent, faifoient partie de la Provence ; qu'à la vérité cet Arrêt n'avoit jamais pu être mis à exécution au grand préjudice du Pays, & qu'il feroit effentiel de s'adreffer au Roi pour obtenir de la juftice que ce titre ne devint pas vain & inutile ; propofition que les Etats accueillirent & qui motiva la Déliberation prife à ce fujet (1).

Ce procès n'étoit point cependant encore terminé en 1583 ; du moins c'eft ce que je crois pouvoir induire du procès-verbal des Etats tenus à Aix cette même année, & au mois de Février. Il en réfulte que quelques Communautés y repréfenterent que Gap & Tallard étoient anciennement unis & incorporés à la Provence, que ces Villes contribuoient aux charges du Pays, ce qui tendoit au foulagement des autres Communautés. Qu'il exiftoit pour raifon de ce un procès ; & elles demanderent qu'il fût pourfuivi jufqu'à jugement définitif ; ce qui fut ainfi délibéré, & les Procureurs du Pays chargés d'y donner leurs foins (2).

---

(1) Pieces juftificatives, n. LXXIII.
(2) Archives du Pays, Reg. des Délibérations, n. 3, fol. 462 v°.

La réunion du Gapençois fut encore un des motifs de nos réclamations en 1600, lorfque le Gouverneur étant entré dans nos Etats, qui étoient pour lors en féance, remit fous nos yeux combien il étoit intéreffant pour nous de conferver les anciennes limites du Pays.

Mais les Archives du Pays étoient dans ce moment dans un tel defordre, que nous n'avions pas même en notre pouvoir les Titres & Mémoires qui avoient été produits lors de l'Arrêt rendu plus anciennement au Confeil privé. Ils étoient entre les mains d'un particulier qui fit propofer aux Etats convoqués à Aix dans les mois de Février & Mars 1601, de les céder moyennant une fomme d'argent. Sur cet avis, les Procureurs du Pays furent chargés d'examiner en quoi confiftoient ces titres; & dans le cas où ils les trouveroient utiles & néceffaires, & qu'il ne feroit pas poffible de les recouvrer au Greffe du Confeil, d'en traiter avec celui qui les avoit dans fes mains (1).

C'étoit un habitant du Dauphiné qui les retenoit. Ils confiftoient en deux Arrêts donnés par le Grand-Confeil, l'un du 10 Octobre 1534 & l'autre du dernier Août 1535. Ils portoient tous les deux que Gap & Tallard appartenoient au Roi en fa qualité de Comte de Provence ; ils ordonnoient que les Habitans de ces Villes & lieux reffortiroient au Parlement de Provence. Il y avoit encore parmi ces papiers la minute de deux autres Arrêts & d'un procès-verbal fait par un Confeiller en Grand-Confeil fur l'exécution du premier de ces deux Arrêts.

L'Affeffeur qui avoit été chargé par les Etats de 1601 d'examiner ces papiers, d'en connoître l'importance & l'utilité, en fit Rapport

---

(1) Archives du Pays, Reg. des Délibérations, n. 8, fol. 27 v°.

aux Etats tenus à Aix dans les mois de Mai & Juin 1602, & annonça que le détenteur demandoit une fomme de trois cents écus pour s'en défaifir en notre faveur. Il fut délibéré qu'il lui feroit offert cent cinquante écus & au plus deux cents (1), Délibération qui fut encore réitérée aux Etats tenus à Aix au mois de Septembre 1605, & après laquelle je n'ai plus rien trouvé qui pût m'inftruire de la fuite de cette négociation.

Nous avons fans doute à regretter qu'ayant titres & raifons pour nous, le Gapençois & la Vicomté de Tallard foient encore englobés dans le Dauphiné. C'eft ainfi qu'en mettant peu de fuite aux affaires on perd les droits les mieux acquis.

§ II.

Confirmation de nos privileges.

Après avoir veillé à la confervation phyfique de la Provence dans toute fon étendue, nos Etats ont dû s'occuper de nous maintenir dans l'intégralité de nos droits & privileges, s'il eft permis de nommer ainfi ce qui eft devenu pour nous Loix conftitutives & fondamentales.

La plus ancienne confirmation que j'ai trouvée eft du 19 Août 1348; ce font des Lettres-patentes données à Naples par la Reine Jeanne. Elle veut que toutes les conventions paffées entre les Souverains fes prédeceffeurs & les Provençaux, tous les Statuts, privileges, immunités, franchifes, obtenus des Comtes & Marquis de

---

(1) Archives du Pays, Reg. des Délibérations, n. 8, fol. 86 v° & 256.

DE PROVENCE. — CHAPITRE V.   193

Provence avant fon avénement au trône, foient fidellement obfervés ; elle déclare jurer fur les faints Evangiles de les maintenir dans toute leur intégrité ; elle veut que l'on fupplée à fes Lettres toutes claufes néceffaires pour en affurer la ftabilité & leur inviolable exécution (1).

La Reine Marie avoit fuccédé au trône de fa fœur ; le grand Sénéchal avoit convoqué à Aix en 1356 les Barons, les Nobles & les Sindics des Communautés du domaine. Il demanda des fubfides, *quod nobis prompte & liberaliter concefferunt.* Mais en même tems les Membres de cette Affemblée fe plaignirent de ce que les Officiers de la Cour royale attentoient à leurs privileges, libertés, conventions & échanges ; ils demanderent d'y être maintenus, & que tout ce qui avoit été fait de contraire, fût révoqué ; cette demande étoit jufte, le grand Sénéchal l'accueillit favorablement, & la confirmation que nous demandions fut inférée en forme de Chartre dans le procès-verbal de l'Affemblée (2).

Cependant, Charles de Duras avoit femé en Provence le feu de la guerre civile ; les Etats généraux s'affemblerent dans la ville d'Apt au mois de Mai 1385. Ils réfolurent de traiter d'un accommodement avec la Reine Marie ; ils députerent à cet effet l'Evêque de Sifteron, Audibert de Sade, Prévôt de Pignans, Raimond d'Agout, grand Chambellan du Royaume de Sicile, Louis d'Anduze, François de Baux, & Barras de Barras. Voici ce que M. l'Abbé Papon nous rapporte dans le Traité, Hiftoire générale de Provence (tom. III, pag. 263).

Nos Députés promirent de reconnoître la Reine & Louis fon fils,

---

(1) Pieces juftificatives, n. LXXV.
(2) Pieces juftificatives, n. LXXV.

à condition qu'elle ne feroit jamais ni paix, ni alliance avec Charles de Duras, meurtrier de la Reine Jeanne, ni avec fes adhérans; que les Comtés de Provence & de Forcalquier & les terres adjacentes demeureroient inféparablement unis fous la domination de Louis d'Anjou & de fes defcendans; qu'en cas de mort fans héritiers, ils pafferoient aux defcendans de Charles fon frere; que les Provençaux feroient déliés du ferment de fidélité, & maîtres de fe donner un Souverain, fi le Comte de Provence ou fes fucceffeurs manquoient à cet article du Traité; qu'il n'aliéneroit aucune partie du domaine; qu'il confirmeroit les libertés, franchifes, coutumes & Statuts accordés par les Comtes fes prédéceffeurs; ne mettroit aucun nouveau fubfide; qu'il confirmeroit toutes les donations faites par la Reine Jeanne & le Roi Robert à leurs fujets de Provence tant eccléfiaftiques que laïques; qu'enfin les caufes civiles & criminelles qui furviendroient dans cette Province, ne pourroient être évoquées à aucun Tribunal étranger. La Reine accepta ces conditions, & les Députés lui prêterent hommage ainfi qu'au Roi fon fils.

Chaque tenue d'Etats nous préfente la preuve de l'attention que nous avons toujours eue à nous faire maintenir dans notre maniere d'être. En 1399 nous demandâmes la confirmation des libertés, franchifes, privileges & Statuts accordés par la Reine Jeanne & Louis de Jarente fon mari, par le Roi Robert & leurs prédeceffeurs. Il nous fut répondu, *placet & omnia petentibus funt confirmata* (1).

La pleine exécution de nos privileges fit encore un des articles de nos Etats tenus à Aix en 1419. Nous travaillâmes même à en étendre la connoiffance autant qu'il feroit poffible. Il fut ordonné

---

(1) Archives du Roi, Reg. *Potentia*, fol. 179 v°.

qu'ils feroient tranfcrits en chaque chef de Viguerie ou Baillage, pour que chacun pût y avoir recours, & être inftruit des infractions qui feroient commifes par les Officiers. Cette précaution étoit dictée par l'amour de la Patrie ; elle fut favorablement reçue par la Reine Yolande, tutrice de Louis III fon fils ; elle donna fa fanction à cette Délibération. Le *plas nos* qui eft en bas eft une preuve de fon approbation (1).

On trouve encore quelque chofe de plus remarquable dans les Etats de 1420. Nos Statuts n'étoient point obfervés, nos privileges n'étoient point refpectés ; chaque jour voyoit éclore quelque nouvelle infraction. Les Etats n'étoient pas continuellement en féance, & on profitoit du tems où la Nation n'étoit point affemblée, pour porter à notre Conftitution des coups funeftes. Nous demandâmes qu'il nous fût permis de nommer des Députés qui feroient chargés & auroient tous les pouvoirs néceffaires pour défendre & conferver ce que nous avions de plus cher. Notre demande ne fut point à la vérité accueillie ; mais la Reine Yolande au nom de fon fils nous répondit qu'elle fe chargeoit d'être à cet égard notre protectrice, & de maintenir nos Statuts dans toute leur pureté. *Regina & Rex fuerunt, funt, & effe volunt actores, confervatores & deffenfores, ipforum & ita intendant facere obfervari* (2).

Nous revîmmes à la charge en 1437. Nous demandâmes au Roi René de confirmer tous les privileges, franchifes, libertés, conceffions, chapitres de paix, Statuts provençaux, ufages & bonnes coutumes du Pays, tant particuliers que généraux, tant eccléfiaftiques que temporels, confentis par les Rois fes prédéceffeurs, leurs Séné-

---

(1) Archives de Toulon, Reg. en parchemin, Art. 10.
(2) Archives du Roi, Reg. *Potentia*, Art. 6, fol. 283.

chaux ou Gouverneurs du Pays. La prudence, exigeoit qu'une pareille confirmation fût fondée fur des titres vrais & non abufifs. Elle dicta la réponfe fuivante : *Placet Domino quod fiat confirmatiæ privilegiorum de quibus legitime apparebit, & de quibus privilegiati funt in poffeffione, feu quafi falvis juftitia & juribus Domini* (Regis) *citra omnem abufare* (1).

On trouve dans le procès-verbal des Etats tenus à Marfeille le 12 Novembre 1442, en préfence du Roi René, une fupplique tendante à obtenir de Sa Majefté, fans aucune reftriction, la confirmation de tous les privileges & Statuts, chapitres de paix, franchifes, us & coutumes accordés tant aux Segneurs, eccléfiaftiques & laïques, aux Communautés & particuliers du Pays, qu'au Pays en général, & dont nous étions en poffeffion de toute ancienneté ; & notamment ceux que nous tenions de la juftice & de la bienfaifance de la Reine Marie, des Rois Louis II & III, de la Reine Ifabelle, leurs Sénéchaux & Gouverneurs ; qu'il fût enjoint à tous Officiers préfens & à venir de fe conformer à notre Conftitution, de la protéger & faire obferver, & en cas contraire, qu'il nous fût permis de ne point adhérer à leurs commandemens. Nous demandâmes encore que la confirmation générale qui nous feroit accordée valut comme fi chaque privilege y étoit exprimé en particulier. La réponfe qui nous fut faite ne nous laiffa rien à defirer. *Placet Regi quod fiat confirmatio privilegiorum & capitulorum per bonæ memoriæ Dominos Reges Ludovicum fecundum, Ludovicum tertium, ipfum Dominum Regem, ac Dominam Reginam Ifabellam confortem fuam concefforum & ac confirmeat, & mandabit ac etiam mandat per Officiales quofcumque ad quos fpectat & fpectabit, illa obfervare.* Cette réponfe ne fut que

---

(1) Archives du Roi, Reg. *Potentia*, Art. 42, fol. 257.

la répétition de celle qui nous avoit été faite en 1440 avec quelques légeres reſtrictions (1), & nous préſagea celles que nous obtimmes en 1469, 1472 & 1473.

Charles du Maine, Héritiers du Roi René, mort le 10 Juillet 1480, lui ſuccéda au Comté de Provence. A peine fut-il monté ſur le trône qu'il convoqua à Aix au mois de Novembre ſuivant nos Etats généraux. Avec quel attendriſſement mes Lecteurs ne verront-ils pas ce Prince ſiégeant au milieu de ſes Sujets, s'impoſer à lui même la loi de faire notre bonheur, écouter avec bonté la demande que nous lui fîmes de confirmer & donner une exécution pleine & entiere à nos privileges, libertés, chapitres de paix, conventions, mœurs, us & coutumes; permettre qu'il en fût dreſſé un acte ſolennel qui pût atteſter à la poſtérité la plus reculée & ſa tendre ſollicitude envers ſes Sujets, & l'amour inaltérable de ſes fideles Sujets envers ſa perſonne ſacrée; ajouter à la foi due à ſa parole royale, l'autorité d'un ſerment prêté dans le ſein des Etats, au conſpect d'un Peuple immenſe attiré autant par le deſir de jouir de la préſence de ſon Souverain, que par l'intime perſuaſion que là où commenceroit la fidele obſervation de ſes Loix, finiroient les malheurs qui l'avoient accablé. Quel ſpectacle que celui de voir des Sujets pleins d'amour pour leur Prince, reconnoître ſes bienfaits par la promeſſe d'une fidelité à toute épreuve & ſans bornes; ſe livrer aux tranſports de l'enthouſiaſme pour exprimer les vrais ſentimens de leur âme; confirmer par des cris redoublés ce que leurs Députés venoient de promettre en leur préſence, &

---

(1) Archives du Roi, Reg. *Roſa*, fol. 126 v°; Reg. *Potentia*, fol. 268, 306, 342 & 370.

fe lier au Souverain par le même acte qui avoit lié le Souverain à eux (1).

Quelle union! Quel accord! Quelle félicité ne dûmes-nous pas nous promettre de l'exécution d'un tel acte.

Ce fut dans cette Affemblée mémorable que nous obtînmes la confirmation d'un droit précieux; celui de ne pouvoir être impofé, que du confentement des trois Ordres réunis.

Déjà, en 1469, nos Etats tenus à Aix avoient demandé qu'aucun particulier, Communauté & lieux du Pays ne pût être contraint à payer don & fubfide au Roi, qu'après que la demande de l'impôt auroit été portée à l'Affemblée des trois Etats, & par elle confentie (2). Le Souverain n'étoit point préfent à ces Etats. Son Lieutenant général crut ne pouvoir pas prendre fur lui de ftatuer fur une pareille demande; il renvoya au Roi. Je ne puis dire quelle fut l'iffue de cette fupplique; mais je trouve qu'en 1437 les Etats avoient déjà fupplié le Roi qu'il lui plût ordonner que le Pays ne feroit tenu d'accorder aucune fubvention, ni mettre aucun impôt, qu'après en avoir délibéré dans les Etats duement convoqués. Cette demande nous fut accordée avec cette reftriction: *Nifi imminent talis neceffitas quod dilationem non patenetur* (3).

Cette demande fut encore mieux exprimée en 1442. En vertu des Lettres du Prince expédiées dans le Royaume de Naples, les Officiers royaux mirent certaines impofitions fur la Provence; elle s'en affranchit par abonnement; cet exemple devint contagieux. Le Sénéchal & le Confeil Royal obligerent diverfes Cités, Villes, Châ-

---

(1) Pieces juftificatives, n. LXXVI.
(2) Archives du Roi, Reg. *Potentia*, Art. 19, fol. 315.
(3) *Idem*, fol. 261 v°.

teaux & particuliers, à fournir certaines fommes d'argent par maniere de pact. Tout cela étoit contraire au droit de la Provence, qui eft un Pays franc & libre tant par privilege, liberté & chapitre que par ufage & coutume ancienne; & fur laquelle on ne peut ni ne doit mettre des impofitions, dons, collectes, gabelles, ou autres charges fans la convocation & confentement des trois Etats du Pays; & encore moins contraindre le Pays en général, ou le particulier pour prêter ou donner. Nos Etats convoqués à Marfeille en 1442 fe plaignirent de toute ces violations de notre droit public; & demanderent au Roi d'ordonner que dorfnavant nos privileges, libertés, chapitres, ufages & coutumes feroient refpectés; & que dans le cas contraire, les Cités, Villes, Châteaux & particuliers feroient autorifés à fe rendre refufans à pareils emprunts ou contributions fans encourir aucune peine, à moins que préalablement la demande n'en eût été portée & confentie par le Confeil des trois Etats du Pays. La réponfe que le Roi René fit à cette fupplique fut conforme à ce que nous devions attendre de fa juflice. *Rex non intendit contra privilegia & bonos mores Patriæ aliquid altemplare, & declarat per jam facta non prejudicare, face prejudicium afferri privilegiis & libertatibus dictæ Patriæ* (1).

Les Eats de 1480 réitérerent la même demande, & s'appuyerent fur un ufage ancien, *antiquam & laudabilem confuetudinem*. Charles III ne fe fit aucune difficulté de nous accorder ce que nous demandions. *Placet Regis non imponem dona nec quæcumque alia onera in Patriâ Provincia & Forcalqueri nifi convocato Concilio trium Statuum* (2). C'eft ainfi que Charles d'Anjou mettoit le fceau à

---

(1) Archives du Roi, Reg. *Potentia*, Art. 15, fol. 271 v°.
(2) *Idem*, Reg. *Corona*, fol. 6. — Item plus fupplicant gentes dicti concilii

notre bonheur, mais le ciel voulut encore nous éprouver. Ce Prince, l'idole de fon Peuple, ne régna que peu de tems ; bientôt frappé de la maladie cruelle qui nous l'enleva, ne laiffant après lui aucune poftérité, il fit fon teftament & nous donna au Roi de France. Charles étoit un Prince religieux; il avoit juré tant pour lui que pour fes fucceffeurs ; il voulut les avertir des devoirs qu'il leur avoit impofés; il les leur rappella dans cet acte qui les rendit maîtres de la Provence. Non feulement il nous recommande à leur bienfaifance. *Verum etiam in fuis pactionibus, conventionibus, privilegiis, libertatibus, franchifis, Statutis, capitulis, exemptionibus, ac prærogativis etiam & item in ufibus, vilibus, moribus, ftylis, ac laudabilibus confuetudinibus, quas, quæ & quos acceptare, ratificare, approbare ac confirmare dignetur ac velit, quemadmodum idem Dominus nofter Rex teftator in Concilio trium Statuum dictæ Provinciæ, ratificavit, acceptavit, approbavit, confirmavit, ac obfervare, tenere & adimplere, tenerique, obfervari, mandari & cum effectu facere pollicitus eft ac jurejurando promifit* (1).]

Louis XI, Roi de France, s'étoit mis en poffeffion de la Provence en vertu de ce teftament; nos Etats furent affemblés en 1482. Palamède de Forbin, que fon mérite avoit élevé au Gouvernement de Provence, reprefentoit notre nouveau Souverain

---

trium Statuum & pro eadem utilitate, quatenus placeat Suæ Majeftati fervare in donis faciendis fi fieri contingant & aliis fubventionibus in dictis fuis Comitatibus & terris adjacentibus antiquum & laudabilem morem & confuetudinem quo cavetur ut ad promifforum conceffionem, feu etiam exactionem non procedatur, nifi prius convocato trium Statuum concilio dictæ Patriæ licet forte ab aliquibus annis citra de facto fuerit contraventum.

Refponfio : Placet Regi, etc.

(1) Teftament de Charles d'Anjou, du 10 Décembre 1481.

dans cette Affemblée nationale. Nous demandâmes : 1° la confirmation de nos privileges ; 2° d'être maintenus dans l'ufage du Droit écrit ; 3° d'être autorifés à ne reconnoître aucunes Lettres du Prince dans lefquelles il ne prendroit pas le titre de *Comte de Provence;* enfin de pouvoir, fans être accufés de defobéiffance, refufer d'obtempérer à tous refcrits du Prince qui feroient contraires à nos chapitres, privileges & liberté. Ce mot *Placet,* mis au bas de chacune de ces demandes, nous affura que nous continuerions, fous les Rois de France, de jouir de notre maniere d'être, telle que nous en avions été en poffeffion fous nos Comtes (1).

M. l'Abbé Papon, en parlant de ces Etats, fait une obfervation que je crois devoir tranfmettre ici à mes Lecteurs.

« Ces privileges étoient fondés fur une poffeffion immémoriale & non feulement on doit regarder comme une Loi fondamentale de la Conftitution de la Province les Statuts faits par les Etats, & avoués par les anciens Comtes de Provence, mais encore ceux accordés par Charles III, le dernier de ces Princes de la Maifon d'Anjou, dans les Etats tenus en 1480, fon Teftament, les Lettres-patentes données par Louis XI en 1482, la Délibération des Etats du mois d'Août 1486, les Lettres-patentes de Charles VIII, de la même année (je les ai rapportées dans mon premier Volume, page 3), celles du 10 Juillet 1498 données par Louis XII, & celles du mois d'Avril 1515, accordées par François Ier. Toutes ces Loix confirment expreffement les Statuts de 1480, dans lefquels fe concilient enfemble les droits d'un Peuple qui obéit par devoir & par inclination, & l'autorité d'un Souverain qui fait qu'il ne commande point à des efclaves. » (Hiftoire de Provence, tom. IV. pag. 2).

---

(1) Pieces juftificatives, n. LXXVII.

Une poffeffion fi conftante, des confirmations fi multipliées, & qui fe fuccédoient, pour ainfi dire, avec autant de rapidité, ne pouvoient que nous rendre jaloux de conferver des privileges auxquels nous étions fi fortement attachés. Ce fut dans ce deffein, & pour étendre autant qu'il feroit poffible, la connoiffance de notre Droit conftitutif, que les Etats tenus à Aix en 1542 nommerent l'Affeffeur de la ville d'Aix, & le Doéteur d'Efcalis, pour faire une recherche exaéte de nos privileges, Statuts & libertés, en former une colleétion complette, & chargerent les Procureurs du Pays de demander au Roi la permiffion de les faire imprimer (1).

§ III.

Exercice de la juftice.

Nous avons en Provence deux Loix effentielles relatives à l'exercice de la Juftice. La premiere ne permet pas que les offices de judicature y foit exercés par autres que par des Provençaux; par la feconde, nous fommes à l'abri de toute diftraétion de jurifdiétion; je vais prouver que nos Etats ont toujours porté la plus grande attention à maintenir ces deux Loix dans toute leur intégralité.

Si j'en crois le nouvel Hiftorien de Provence, « la Reine Jeanne y avoit envoyé, en qualité de Sénéchal, Aimini Rollandi, Gentilhomme Italien. C'étoit attaquer les privileges fuivant lefquels le Sénéchal devoit être pris dans le Pays. Les Provençaux refuferent de le reconnoître, mais les Marfeillois obéirent aux ordres de la

---

(1) Reg. des Délibérations, des Etats, n. 1, fol. 132, Janvier 1542.

Cour. De là naquit entr'eux & le refte de la Provence une divifion dont on eut tout à craindre. De part & d'autre on commença à fe préparer à la guerre ; les Marfeillois, qui cherchoient des alliés, s'adrefferent à Charles de Grimaldi, Segneur de Monaco, à la maifon de Baux, à la Communauté du Martigues & à la ville d'Arles, partout leurs propofitions furent rejettées; enfin, au milieu de cette effervefcence, l'efprit de modération que quelques âmes privilegiées confervent dans les plus grands troubles, reprit fes droits. Les Etats s'affemblerent à Aix (en 1350). On envoya des Députés à Marfeille, & il fut décidé au Confeil de Ville qu'on enverroit une Députation à la Reine pour la fupplier de s'expliquer fur le privilege de la Province, & une autre au Pape, pour demander fa médiation. La Reine écrivit de fon côté au Pontife pour foutenir fon Sénéchal, prétendant que le privilege qu'on alléguoit avoit été extorqué dans des conjonctures où elle n'étoit pas maîtreffe de refufer; mais des circonftances plus critiques la forcerent alors de le refpecter. Elle révoqua donc Rollandi & confirma Raymond d'Agout dans la charge de Sénéchal, aimant mieux céder que d'exciter, par une fermeté déplacée, un foulevement dangereux. » (Hiftoire générale de Provence, tom. III, pag. 188).

Les Etats tenus à Tarafcon en Décembre 1394 fuivirent l'exemple de ceux de 1350. La Reine Marie fut fuppliée de ne donner les offices qu'à fes fideles Sujets de Provence, & d'en exclure les étrangers, ainfi qu'elle l'avoit promis dans les chapitres de paix par elle confentis; ils demanderent encore que les offices fuffent annuels, fans que les pouvoirs puffent être confirmés, & dans le cas contraire, qu'il fût permis aux jufticiables de les recufer (1).

---

(1) Archives du Roi, Reg. *Potentia*, Art. 10, fol. 14.

J'ai remarqué ailleurs que les Etats tenus à Aix en 1419 avoient nommé des Commiffaires chargés entre autres chofes de dreffer les doléances qui devoient être prefentées à la Reine Yolande, & à Louis III fon fils. Le premier article de ces doléances fut relatif à l'objet que je traite dans ce moment. Ces Commiffaires demanderent que les offices de judicature fuffent conférés fuivant les privileges du Pays aux feuls Provençaux. La Reine répondit en ces termes : *Nous vous confirmons tous les privileges donnés par nos prédéceffeurs & par nous tant en général qu'en particulier, & nous vous promettons de vous maintenir dans vos bons ufages & coutumes.* Celui qui faifoit l'objet de la fupplique fut fpécialement exprimé avec cette referve, *falvan & retengut en tot lo du de noftra Sobeirana Senhoria* (1).

Une autre partie de nos privileges eft d'être à l'abri de toute diftraction de jurifdiction. Nos Etats affemblés en 1410 demanderent que les Habitans du Pays ne puffent, pour aucune caufe civile ou criminelle, être diftraits de leurs juges naturels; ils en exceptèrent le crime de leze Majefté (2).

Nous réitérâmes cette demande en 1419 (3).

Le Roi René permit la convocation de nos Etats à Marfeille en 1442. L'objet que je traite fit la matiere de deux fuppliques que nous préfentâmes à ce Prince, que la poftérité a furnommé *le Bon* avec tant de raifon. Par la premiere de ces deux fuppliques, nous demandâmes que, pour le foulagement des Habitans du Pays & l'utilité qui en réfultoit pour la Provence, il ne fût permis à

---

(1) Archives de Toulon, Reg. en parchemin, Art. 3.
(2) Archives du Roi, Reg. *Potentia*, Art. 11, fol. 217 v°.
(3) Archives de Toulon, Reg. en parchemin, Art. 9.

qui que ce fût, de porter ailleurs que par devant les Tribunaux Provençaux, les procès mus à raifon des obligations contractées, à moins qu'elles ne portâffent foumiffion aux Cours étrangeres; nous motivâmes cette fupplique fur ce que les Tribunaux de juftice établis en Provence étoient en état de l'adminiftrer fans recourir aux étrangers (1).

Par la feconde de nos fuppliques, nous demandâmes qu'aucun procès tant civil que criminel ne pût être évoqué hors du Pays de Provence & de Forcalquier par voie d'appel, de requête, fupplique ou de quelque autre maniere que ce pût être, & qu'ils fuffent jugés définitivement fur les lieux (2). Ces deux demandes nous furent accordées ; nous en avons pour preuve les réponfes *fiat*, *placet*, que je trouve au bas de ces deux articles.

Nous avions toujours joui de cette prérogative fous nos anciens Comtes ; elle avoit été comprife dans la confirmation folennelle de tous nos privileges en 1480. Nous paffâmes fous la domination des Rois de France, & dès que nos Etats furent affemblés, en 1482, nous nous hattâmes de faire revêtir de la fanction royale ce point de notre Droit public tendant à écarter de nous toute diftraction de jurifdiction. Nous fîmes plus encore. Nous demandâmes qu'aucune Lettre du Prince ne pût être mife à exécution qu'après qu'elle auroit été préfentée au Tribunal fupérieur féant en Provence, pour y être vérifiée & annexée, & que le défaut de cette formalité devînt un obftacle aux avantages que pourroient s'en promettre ceux qui les auroient obtenus. Cette demande étoit une fuite naturelle de nos principes conftitutifs, & elle nous fut encore accordée (3).

---

(1) Archives du Roi, Reg. *Potentia*, Art. 16, fol. 272.
(2) *Idem*, Art. 33, fol. 275 v°.
(3) Pieces juftificatives, n. LXXVIII.

En effet, nous trouvons parmi les Loix données par Louis III, Comte de Provence, un Edit du 20 Novembre 1424, qui porte qu'aucune Lettre du Prince donnée hors du Pays de Provence ne pourra être exécutée dans ledit Pays fans l'attache ou l'annexe des Officiers réfidans dans le Pays même (1).

Le Statut de 1488 a même ajouté à cette difpofition, en ordonnant que les Magiftrats locaux ne procéderoient à l'enregiftrement d'aucune Loi nouvelle qu'après avoir appellé & entendu les Procureurs du Pays, Repréfentans des trois Ordres (2).

Ces principes que je rappelle ici motiverent les réclamations de Henri II fur le Comté de Nice. François Ier avoit promis de ne jamais rechercher le Duc de Savoie fur les terres qu'il poffédoit. Mais Henri II, inftruit du Droit commun & fondamental de la Provence, chargea fon Ambaffadeur auprès de Charles-Quint de faire valoir le défaut d'enregiftrement des Lettres de renonciation au Comté de Nice; ce Prince, dans fes inftruétions, marquoit expreffément que *cette vérification étoit requife & néceffaire tant de difpofition de droit que par les Ordonnances & ufances du Royaume & du Pays de Provence, & portant que les Lettres demeureroient fans effet, tant qu'elles fuffent vérifiées* (3).

L'obfervation de notre Conftitution à cet égard fit encore un des objets des réclamations des Etats tenus à Aix en Septembre 1609. Le Sr Bonfils, Lieutenant général, fit demander d'être introduit dans le lieu de la féance, & repréfenta qu'il exifte en Provence un Rè-

---

(1) Pieces juftificatives, n. LXXIX.

(2) Pieces juftificatives, n. LXXX.

(3) Proteftation des Officiers du Parlement d'Aix en 1788, pag. 7. Lettre des Avocats au Parlement de Provence à M. le Garde des Sceaux, pag. 8.

glement particulier en vertu duquel *tous Edits doivent être préfentés à la Cour avant qu'être exécutés.* Sur quoi il fut délibéré que *tous Edits & autres provifions portant nouveaux établiffemens & Règlemens feront préfentés à la Cour de Parlement ou Cour des Comptes, Aides & Finances, afin qu'il foit agneu du préjudice du public ou de l'intérêt du particulier* (1).

Plus nous avions veillé, fous nos anciens Comtes, à nous faire maintenir dans le droit de ne pouvoir être diftraits de nos juges naturels, plus, en paffant fous la domination des Rois de France, nous devions montrer de la réfiftance à toute entreprife de jurifdiction qui auroit pu nous rendre jufticiables d'un Tribunal étranger.

L'Affemblée des Procureurs du Pays & adjoints tenue en Décembre 1543 fut informée que les Généraux de la Chambre des Monnoies de Paris s'étant rendus à Aix pour l'ouverture de la Monnoie, avoient rendu une Ordonnance tendante à faire porter au Greffe de Paris les boetes de la Monnoie de Provence. C'étoit diftraire les Provençaux de leurs juges locaux, c'étoit attenter à nos privileges. Les Procureurs du Pays interjetterent appel de cette Ordonnance ; & l'Affemblée particuliere, en ratifiant cet appel, délibéra qu'il feroit pourfuivi au nom du Pays jufqu'au jugement définitif, & ce dans la vue de maintenir nos privileges dans leur entier, & de ne jamais permettre que *les Sujets du Roi en ce Pays ne foient pour raifon defdites boetes ou autrement extraits hors d'icelui* (2).

Une pareille Affemblée tenue en 1544 délibéra *pour l'obfervation des privileges du Pays de demander au Roi de ne point permettre*

---

(1) Archives du Pays, Reg. des Délibérations, n. 9, fol. 164.
(2) *Idem*, n. 1, fol. 203.

que les affaires du Pays foient renvoyées ailleurs, mais qu'elles y foient décidées par les Juges compétens (1).

Cependant les attributions, *committimus* & évocations, fe font multipliées à un tel point qu'elles excitent encore aujourd'hui nos réclamations. On peut voir ce que j'en ai dit dans le troifieme Volume de l'Ouvrage fur l'Adminiftration de Provence (pag. 61 & fuiv.), je me contenteroi de rapporter deux faits que je trouve mentionnés dans nos Etats tenus en Mai & Juin 1611 & Décembre 1612.

On fe plaignit aux Etats de 1611 des inconvéniens qui réfulteroient des évocations multipliées ; le foible toujours expofé à abandonner un droit bien établi, par l'impuiffance de fortir de fa Patrie pour aller pourfuivre ailleurs & à grands frais une demande jufte & fouvent déjà confacrée par un premier jugement ; augmentation de dépenfe toujours réfultante d'une décifion portée par un juge étranger qui fe tranfporte fur les lieux pour mettre à exécution l'oracle de la juftice. Nos Etats, après avoir délibéré qu'il en feroit fait article au Roi, arrêterent cependant qu'en cas d'évocation dans les procès civils les parties feroient tenues de compromettre leur différend fur les lieux, & en 1612, frappés de l'abus qui naiffoit de la ceffion des *commiffimus*, ils délibérerent de demander à M. le Chancelier, que les porteurs de pareilles ceffions ne pourroient en tirer aucun avantage (2).

Le même zele que nous avions porté pour nous oppofer aux diftractions de jurifdiction, nous l'employâmes, lorfqu'il fut queftion de repouffer de nouveaux établiffemens contraires, foit à nos privileges, comme lorfque le Gouvernement voulut introduire parmi

---

(1) Archives du Pays, Reg. des Délibérations, n. 1, fol. 244.
(2) Pieces juftificatives, n. LXXXI.

nous les Tribunaux d'élection, foit à l'effence de nos Tribunaux locaux, comme dans la création des Préfidiaux, foit aux droits acquis par la ville d'Aix, comme dans la tranfférence projettée de quelques Tribunaux qui y ont effentiellement leur fiege, foit enfin à l'intérêt même des Tribunaux, par le morcellement de leur jurifdiction. Je vais reprendre ces divers points, & en retracer l'hiftorique le plus fuccintement qu'il me fera poffible.

En 1630 on voulut établir parmi nous les Tribunaux d'élection; à peine en eut-on connoiffance en Provence que l'allarme y devint générale; nous ne vîmes dans ce projet que la fubverfion totale de notre liberté, & tous les malheurs qui marchent à la fuite de l'efclavage & de la fervitude. Une Affemblée générale des Communautés, convoquée le 28 Avril 1630, députa au Roi pour lui demander la révocation de plufieurs Edits, & notamment de celui des Elus (1). Cette premiere démarche n'ayant pas réuffi, les Procureurs du Pays fe rendirent fur le champ à Marfeille auprès du Gouverneur pour lui repréfenter tous les inconvéniens qui pouvoient en réfulter; pour peu que l'on fût inftruit de nos ufages, la perfuafion n'étoit pas difficile. Le Gouverneur convint de tout & promit d'employer fon crédit pour nous garantir des malheurs qui nous menaçoient.

A ce premier effort, nous en ajoutâmes un fecond. Il n'avoit pas été poffible de convoquer les Etats généraux du Pays; on eut recours à une Affemblée générale des Communautés. Le Gouverneur étoit abfent; nous nous adreffâmes au Parlement pour avoir fon attache; fes fentimens patriotiques l'avoient déjà porté à rendre un Arrêt le 18 Octobre 1630, par lequel il étoit défendu à toute perfonne de traiter de ces nouveaux offices, ni de les exer-

---

(1) Archives du Pays, Reg. des Délibérations, n. 14, fol. 105 v°.

cer par commiffion fous peine de 10,000 livres d'amende, & autre arbitraire; il permit l'Affemblée générale des Communautés; le Sr Martelly y repréfenta avec énergie, combien notre fort feroit à plaindre, fi une pareille nouveauté étoit introduite en Provence; & l'Affemblée délibéra de joindre fes remontrances à celles du Parlement qui devoient être portées au Roi par M. le Procureur général, & cependant il fut arrêté que là où l'on perfifteroit à mettre à exécution ce nouveau projet, toutes les Communautés du Pays y formeroient oppofition.

Nos Etats furent convoqués à Tarafcon en 1631. Ils prirent cet objet en confidération; mais avant que de prendre aucune réfolution, ils crurent devoir députer vers M. le Prince de Condé qui commandoit alors en Provence pour lui repréfenter nos motifs d'oppofition. La Députation fut compofée de M. l'Evêque de Sifteron, Préfident aux Etats, de MM. les Evêques de Senez & de Toulon, des Vicaires généraux de M. l'Archevêque d'Aix, & de l'Evêque d'Apt, de MM. de Trans, de Janfon, de Boulbon, de Laverdiere, de Vins & du Muy, de MM. les Procureurs du Pays, & de MM. les Députés des fix premieres Communautés.

C'étoit ici une affaire d'argent, une reffource de finance; outre l'Edit des Elus, il y en avoit un autre relatif à la comptabilité; déja les Traitans avoient offert 700 mille écus du premier de ces Edits, & 300 mille écus du second. Le Prince nous écouta favorablement; il avoit tous les pouvoirs néceffaires pour terminer cette affaire; mais l'Etat avoit befoin de fecours; & le Prince infifta fur la néceffité d'en offrir.

Nous étions dans le plus grand accablement; nous fîmes cependant un effort, nous offrîmes un million de livres, & nous demandâmes au moyen de cette fomme d'être déchargés des Edits des élections, comptabilité, crue d'Officiers, augmentation du taillon, du prix du fel & diminution des mefures, comptes tutélaires, entretenement des galeres, garnifons & mortes payes, & généralement de toutes autres furcharges & nouveautés contraires aux formes, libertés & ufages du Pays ; pour le payement de laquelle fomme les terres adjacentes & autres Villes & lieux non contribuables aux charges du Pays feroient contraints de contribuer proportionnellement. Le Tiers-Etat demanda encore que le Clergé, la Nobleffe, les Capitaliftes & les Négocians fuffent foumis à contribuer à cet abonnement. Je parleroi plus longuement de cette derniere demande, lorfque je traiteroi des contributions.

Cette réfolution ainfi prife, les Etats députerent de nouveau vers M. le Prince de Condé pour lui porter leur offre & fes conditions ; mais le Prince fe retrancha d'abord à ne vouloir traiter que de l'Edit des élections, & de celui de la comptabilité ; il prétexta n'avoir aucun pouvoir fur les autres articles, & demanda pour ces deux objets deux millions de livres. Dans la fuite de la négociation, le Prince fe relâcha de quelque autre chofe ; il n'excepta plus du Traité que l'augmentation du taillon, & ne voulut point qu'on y comprit les terres adjacentes, Villes & lieux non contribuables aux charges du Pays, avec lefquels le Roi traiteroit féparément.

Il fallut fe foumettre. La Délibération prife par les Etats porta l'offre à 1500 mille livres payables en huit années, mais aux conditions inférées dans la Délibération pendante, à l'exception de l'article relatif aux terres adjacentes dont ils confentirent à fe départir pour cette fois tant feulement fous préjudice du droit acquis au Pays de les faire contribuer aux charges d'icelui, & quant aux capitaliftes, l'opinion qui paffa à la pluralité, fut que les feuls créanciers des Communautés feroient contribuables à l'abonnement ; cette claufe motiva des proteftations de la part de quelques Membres de la Nobleffe.

M. le Prince de Condé, inftruit de nouveau de la Délibération des Etats, parut d'abord tenir à fes dernieres propofitions; on négocia de nouveau. Le Prince accorda la révocation de l'augmentation du taillon, & les Etats fe foumirent à payer les 1500 mille livres dans quatre années.

Ainfi finit cette affaire qui nous délivra pour toujours des Tribunaux des élections (1).

A peine avions-nous échappé à ce danger, que nous fûmes expofés à voir établir au milieu de nous des Préfidiaux. Toutes les Cours, tous les Ordres du Pays tomberent aux pieds du Souverain. On repréfenta que par cet établiffement, *les Cours feroient dépouillées de leurs jurifdictions & réduites à exifter fans fonctions, que les Sujets n'en recevoient aucun foulagement pour la commodité d'avoir la juftice proche, qui a donné fujet d'établir des Préfidiaux dans les autres Provinces, parce que le reffort du Parlement de Provence étant fi petit & la ville d'Aix étant fituée au milieu de la Province, de tous les endroits d'icelle, les Sujets du Roi trouvent la juftice fort proche & commode, la Province n'ayant que vingt-deux lieues de long & quatorze de large*; on ajoutoit que *les Sujets attendent fans difficulté meilleure juftice d'une grande & célebre compagnie que des Officiers d'un Préfidial nouveau qui ne feroient pas de la condition & qualité des Officiers du Parlement*; enfin on difoit que *les Peuples accoutumés aux formes anciennes & conftantes de leurs juftices, ne pouvoient comprendre ces changemens qui affaibliffent les Loix & les defhonorent*; le Parlement députa au Roi (2). L'Adminiftration du Pays ne perdit pas de vue

---

(1) Pieces juftificatives, n. LXXXII.

(2) Lettre des Avocats au Parlement d'Aix à M. le Garde des Sceaux, 17 Mai 1788, pag. 39.

les intérêts qui lui étoient confiés. Les Procureurs du Pays nés & joints s'affemblerent le 24 Mars 1639.

Le Sr de Bompar, Procureur du Pays, y repréfenta le préjudice que le public fouffriroit de ce nouvel établiffement, relativement, foit à la multiplicité des Officiers de juftice toujours très à charge aux Peuples, foit à la fubvention des droits & privileges accordés au Pays par les Comtes de Provence, confirmés par les Rois de France, portant que le fiege de la juftice fouveraine fera toujours établi à Aix, comme Ville capitale, & formant par fa pofition le centre de la Provence (1); il ajouta que l'établiffement des Préfidiaux porteroit un coup très fenfible aux fonctions du Parlement qui, dès-lors, fe trouveroit réduit à une oifiveté très dangereufe, eu égard au peu d'étendue de fon reffort, & au peu d'importance des affaires qui font foumifes à fes jugemens; que cet établiffement ne procureroit point les avantages qu'on s'en promettoit, puifque les plaideurs étant obligés de fe rendre à Aix pour y fuivre les affaires qui les y appelleroient, & relatives ou à l'Adminiftration du Pays, ou à la juftice diftributive à recevoir des autres, divers Tribunaux feroient encore obligés de fe tranfporter dans les Villes, fieges des Préfidiaux, pour y faire juger les procès dont le Parlement connoiffoit & qui feroient attribués à ces nouveaux Tribunaux. D'ailleurs pourquoi opérer un pareil établiffement qui annonce une efpece de difgrâce dirigée contre le Parlement; feroit-ce donc là la récompenfe des foins qu'il ne ceffoit de fe donner pour adminiftrer la juftice, pour veiller à la confervation des droits du Pays, pour les préferver des atteintes qu'on tentoit continuellement de leur porter; pourquoi expofer les Peuples à voir les nouveaux Officiers chercher à fe dédommager

---

(1) Pieces juftificatives, n. LXXXIII.

d'une plus forte finance en augmentant impunément les émolumens de la juſtice ? Enfin M. de Bompar rappella les efforts multipliés des Etats pour s'oppoſer à la tranſférence des divers Tribunaux établis à Aix.

Sur cette dénonciation l'Aſſemblée délibéra qu'il feroit fait au Roi de très-humbles remontrances, qui feroient préſentées à Sa Majeſté par les Srs d'Eſpinouſe & Gaufridi, premier Conſul & Aſſeſſeur d'Aix, Procureurs du Pays déjà Députés à la Cour par les derniers Etats ; que ces remontrances motivées ſur les conſidérations expoſées par le Sr de Bompar tendroient à obtenir de la juſtice du Roi la révocation de l'Edit portant établiſſement des Préſidiaux en Provence ; les Députés eurent pouvoir de préſenter toute Requête néceſſaire à ce ſujet ; & les Procureurs du Pays furent chargés de former oppoſition à cet établiſſement, & de l'empêcher par toutes voies dues & raiſonnables, juſqu'à ce qu'il eût plu à Sa Majeſté de prononcer ſur l'oppoſition du Pays, & cependant l'Aſſemblée ſe rendit en Corps chez le Gouverneur pour lui demander ſon appui dans une affaire dont les ſuites pouvoient être ſi déſaſtreuſes pour la Provence (1).

Quelques jours après les Procureurs du Pays ayant été informés que M. de Lauzun, Commiſſaire du Roi en cette partie, devoit arriver très-inceſſamment à Forcalquier pour y former l'établiſſement d'un Préſidial, députerent ſur le champ un d'eux pour aller lui préſenter, au nom du Pays, la Requête en oppoſition, & faire pour raiſon de ce tout ce qui feroit requis & néceſſaire (2).

Malgré ces réclamations, le Gouvernement perſiſta cependant dans ſon deſſein ; on voulut ériger un Préſidial à Aix ; les Officiers

---

(1) Pieces juſtificatives, n. LXXXIV.
(2) Archives du Pays, Reg. des Délibérations, n. 19, fol. 293 v°.

de la Sénéchauffée fe déclarerent formellement oppofans à une opération auffi contraire au bien du Pays qu'à celui de la juftice. On fe porta à des actes de févérité contre eux, on les jetta dans les fers. Leur fermeté n'en fut point ébranlée, ils fouffrirent la prifon, & le Commiffaire du Roi, témoin de leur courage, leur fit rendre la liberté; nous confentîmes des facrifices d'argent; l'Edit des Préfidiaux fut retiré, & le Roi *déclara qu'à l'avenir on ne pourroit ériger aucun Préfidial en Provence, attendu le petit Diftrict de la Cour, fous quelque prétexte & occafion que ce foit.*

J'ai fait remarquer qu'un des privileges de la ville d'Aix étoit de renfermer dans fon fein toutes les jurifdictions. Cependant en 1627 la Cour des Comptes, Aides & Finances, fatiguée des démêlés qu'elle avoit continuellement avec le Parlement, pourfuivoit auprès du Roi de pouvoir tranfférer ailleurs fa féance. Les Procureurs du Pays en furent informés; ils déférerent ce projet à l'Affemblée générale des Communautés tenue à Aix au mois de Septembre, & il y fut délibéré *que pour l'intérêt évident & notable que le Pays reçoit en cette affaire fi préjudiciable, il fera formé oppofition au nom dudit Pays, par devers le Confeil de Sa Majefté, pour empêcher formellement ladite tranflation pourfuivie par MM. des Comptes, & qu'à ces fins il y fera apporté toutes les difficultés requifes & néceffaires* (1).

Nous efpérions que nos craintes à cet égard étoient totalement diffipées, lorfqu'en 1630 nous fûmes avertis que l'on s'occupoit des moyens de tranfférer à Toulon la féance de cette même Cour; à peine la ville d'Aix en eut-elle été inftruite qu'elle fe hatta de députer vers Sa Majefté pour tâcher de faire échouer ce projet;

---

(1) Archives du Pays, Reg. des Délibérations, n. 12, fol. 68.

la ville de Marſeille imita ſon exemple; les Procureurs du Pays nés & joints s'aſſemblerent le 10 Octobre 1630, & conſidérant le préjudice qui en réſulteroit pour le Pays, ils députerent en Cour M. de Mimata, Vicaire général de M. l'Archevêque d'Aix, non ſeulement pour adhérer aux oppoſitions déjà déclarées, mais encore pour en former une nouvelle au nom du Pays; peu de jours après nos Communautés s'aſſemblerent; l'Aſſeſſeur y rappella l'établiſſement de cette Cour fait en la ville d'Aix par les anciens Comtes de Provence, confirmé par les articles de paix & par les Edits des Rois de France, les inconvéniens qui réſulteroient de cette tranſſérence dans une Ville ſituée à une extrémité de la Provence, ſujette à l'invaſion des ennemis, & qui ne preſenteroient pas autant de ſûreté pour le dépôt des Archives. Ces conſidérations furent plus que ſuffiſantes pour engager l'Aſſemblée générale des Communautés à approuver tout ce qui avoit été fait, déclarer de ſon chef oppoſition formelle, & en même tems délibérer que dans le cas où cette tranſférence s'exécuteroit en tout ou en partie, les Communautés du Pays & même les particuliers ſeroient invités à ne pourſuivre aucuns de leurs procès dépendans de la juriſdiction de cette Cour par devant les Officiers ainſi tranſférés, & ce pendant que MM. de la Cour des Comptes ſeroient ſuppliés au nom du Pays de continuer de rendre la juſtice en la ville d'Aix, ſous le bon plaiſir de Sa Majeſté (1). Délibération qui fut encore réitérée en 1635, & fondée ſur les mêmes motifs (2). A cette derniere époque, le Bureau des Finances avoit été tranſféré à Marſeille, & ce projet étoit déjà exécuté en partie; les Procureurs du Pays préſenterent Requête aux deux Cours

---

(1) Pieces juſtificatives, n. LXXXV.
(2) Archives du Pays, Reg. des Délibérations, n. 18, fol. 72 v°.

pour demander acte de leur oppofition ; l'Arrêt qui intervint défendit aux Officiers du Bureau d'exercer leurs fonctions ailleurs qu'à Aix, & commit le Lieutenant principal pour fe faifir des titres & papiers qui avoient été tranfportés à Marfeille & les rétablir dans le dépôt ordinaire à Aix (1).

Le Pays crut encore devoir prendre part à une querelle qui s'éleva entra la Cour des Comptes & le Bureau des Finances. Il s'agiffoit de favoir auquel de ces deux Tribunaux devoit appartenir la jurifdiction du domaine. La Cour des Comptes avoit pour elle une poffeffiion ancienne ; une Affemblée des Procureurs du Pays nés & joints tenue en 1639 prit en confidération cet objet, & crut devoir porter fecours au nom du Pays à la Cour des Comptes que l'on vouloit dépouiller (2). Mais ces efforts furent inutiles ; le Règlement du 16 Mai 1640 attribua la jurifdiction contentieufe du Domaine au Bureau des Finances.

Je ne finiroi pas cet article fans tranfmettre à la poftérité les généreux & refpectueux efforts que vient de faire la Nation Provençale pour porter la lumiere aux pieds du Trône, & fe garantir de l'exécution d'un projet dont le moindre vice étoit de renverfer notre Conftitution, & de fouler aux pieds toutes nos Loix les plus précieufes.

Deux hommes que le vœu de la Nation avoit, pour ainfi dire, porté au miniftere, qui s'étoient annoncés fous d'heureux aufpices, qui avoient montré des vertus qui pouvoient les rendre dignes & de la confiance dont leur Souverain les avoit honorés, & de l'eftime de la Nation, abuferent de leur crédit, pour, ainfi que s'expliquoit l'immortel Henri IV, *tromper indignement* un Roi bienfaifant

---

(1) Archives du Pays, Reg. des Délibérations, n. 18, fol. 84.
(2) Pieces juftificatives, n. LXXXVI.

qui n'a jamais refpiré que le bonheur de fes Peuples. Sous la trompeufe apparence d'opérer le plus grand bien, leur projet, s'il eût reçu fon exécution, eût dégradé la Nation en l'afferviffant, & avili le Trône en ne lui donnant plus que des efclaves à gouverner.

La Magiftrature, ce Corps antique, qui dans toutes les parties du Royaume de France, a toujours été l'appui le plus inébranlable de l'autorité légitime, qui venoit généreufement de reconnoître que le confentement au tribut excédoit fes pouvoirs, qu'il n'étoit point le Repréfentant d'un Peuple libre, que la Nation feule convoquée par fon Souverain pouvoit voter fur le fubfide, la Magiftrature, dis-je, fut la premiere victime que l'on fe prépara à immoler ; heureux les Peuples, fi en perdant leurs Magiftrats, ils n'avoient pas eu à craindre pour leur liberté; mais la perte de l'une étoit la fuite naturelle de l'anéantiffement de l'autre.

Des Loix nouvelles avoient été préparées dans le filence du myftere le plus obfcur ; confiés aux Commandans des Provinces qui ignoroient ce dont ils étoiens porteurs, ils arrivent dans leur Commandement ; ils affemblent la Magiftrature, qui fe repofe fur le témognage d'une bonne confcience, & qui ne redoute que les malheurs de fes Concitoyens.

Le fecret fe développe peu à peu ; une Ordonnance fur l'Adminiftration de la juftice frappe l'efprit étonné du Magiftrat & des porteurs d'ordre. Erection de grands Baillages, fuppreffion & création de Préfidiaux, attribution à ces nouveaux Corps de juftice, leur compofition ; le premier & le dernier reffort alternativement diftingué & confondu dans le même Tribunal; maintien des jurifdictions fegneuriales par l'aveu fait de vouloir les refpecter, & leur anéantiffement projetté par l'exécution des nouvelles difpofitions, la compétence des nouveaux Tribunaux, leur police ; la forme de leur jugement en dernier reffort, les regles à obferver pour en affurer l'exécution.

Telles furent en substance les principales dispositions de cette Ordonnance, qui, générales à tout le Royaume, devinrent particulieres à chaque Province par la désignation des Tribunaux qui y furent créés. En Provence, deux grands Baillages, l'un à Aix, l'autre à Digne; le grand Baillage d'Aix devoit comprendre dans son arrondissement les Sénéchaussées d'Aix, Arles, Brignoles, Forcalquier, Hieres, Marseille & Toulon, & les Justices royales & segneuriales comprises dans cette étendue. Le grand Baillage de Digne avoit pour ressort les Sénéchaussées de Digne, Barcelonnette, Castellanne, Draguignan, Grasse & Sisteron, ainsi que les Justices royales & segneuriales renfermées dans cet arrondissement.

La seconde Loi qui fut promulguée du très-exprès commandement de Sa Majesté, fut une déclaration concernant la procédure criminelle. Parmi plusieurs dispositions qu'elle contient, on remarqua principalement l'abolition de l'usage de la sellette, à laquelle on substitua un banc placé derriere le barreau & assez élevé pour que les accusés pussent être vus de tous leurs Juges; l'abrogation de la prononciation usitée *pour les cas résultans de la procédure,* avec injonction aux Juges d'énoncer dans le jugement les crimes & délits dont l'accusé seroit convaincu, & pour lesquels il seroit condamné; la nécessité que l'avis prévaille de trois voix dans tout jugement à mort, la suspension pendant un mois de l'exécution des jugemens portant peine de mort naturelle; dans lequel tems le Procureur général étoit chargé d'instruire le Chancelier ou Garde des Sceaux par le premier courier qui suivroit la date desdits jugemens, de la nature du délit, de la date du jugement, & du procès-verbal de la prononciation au condamné. La nouvelle Loi exceptoit de cette disposition les crimes de sédition ou émotion populaire; les jugemens prononcés contre les coupables de ces délits devoient continuer d'être exécutés le jour même de leur prononciation, l'impreffion & l'affiche de tout jugement d'abfolution, enfin l'abrogation de la queftion préalable.

Une troifieme Loi, publiée à la fuite des deux précédentes, fut un Edit portant fuppreffion des Tribunaux d'exception, exclufive des Bureaux des Finances, élections, jurifdiction des traites, Chambre du Domaine & Tréfor, jurifdiction contentieufe des eaux & forêts; toutes les matieres attribuées à ces divers Tribunaux furent renvoyées felon leur nature ou plutôt leur importance aux Préfidiaux ou grands Baillages, & par appel aux Parlement ou Cours des Aides, en cas que l'appel à ces Cours pût avoir lieu d'après les difpofitions de l'Ordonnance fur l'adminiftration de la juftice déjà relatée ci-deffus.

Une quatrieme Loi qui dut fixer l'attention du Magiftrat dont le miniftere avoit été rendu paffif, fut un Edit portant rétabliffement de la Cour pléniere. Sa compofition, l'ordre de fes féances, fa compétence pour l'enregiftrement des Loix & des impôts, l'exécution dans tout le Royaume de fes Arrêts d'enregiftrement, la compétence des Cours & autres Tribunaux pour l'enregiftrement des Loix, la faculté de préfenter des remontrances, la compétence enfin de cette Cour pléniere pour juger la forfaiture; telles furent les difpofitions principales de cette nouvelle Loi, qui n'avoit été imaginée que pour anéantir toutes les Cours.

Il fut encore promulgué deux autres Loix ; l'une, fupprimoit un nombre d'offices dans les Parlements; celui de Provence effuyoit une réduction de quatorze Membres; la feconde fufpendoit toutes les Cours de leurs fonctions jufqu'à nouvel ordre.

Ces Loix furent toutes les mêmes, du moins quant aux points effentiels, dans tout le Royaume; le même jour, la même heure vit, pour ainfi dire, éclore dans toutes les Provinces leur publication; la fenfation qu'elles firent, fut partout la même. Je laiffe aux Hiftoriens de notre fiecle, de configner dans les faftes de la Nation les dangers qui ont menacé la Monarchie; je me renferme dans mon fujet; & je me contente de remarquer que le Tiers-Etat de Provence, qui étoit alors affemblé à Lambefc, frappé de ce qui venoit de fe paffer dans la Capitale de la Provence le 8 Mai 1788, partageant la confternation générale qui étoit peinte fur tous les vifages « confternés du coup funefte qui vient d'être porté à la Conftitution du Pays, par les nouveaux Edits, dont le fyfteme renverfe l'ordre entier des jurifdictions, & enleve au Pays & Comté de Provence le droit inné, conftitutionnel & fondamental d'avoir dans fon fein les Tribunaux compofés de Membres Provençaux, vérificateurs & dépofitaires de toutes les Loix & de tous les Actes légiflatifs, fans exception, qui doivent avoir le caractere de Loi & être exécutés dans ledit Comté, & qui ne peuvent y être adreffés que fous le titre de Comté de Provence; » en cette qualité notre feul & unique Souverain, pria MM. les Procureurs du Pays de repréfenter à Monfieur, frère du Roi, protecteur d'un Pays qui s'honore de fon nom, à tous les Miniftres de Sa Majefté, la douleur profonde & la défolation que cet événement a jetté dans tous les efprits & dans tous les cœurs; comme encore d'adreffer à Mgr le Maréchal Prince de Beauveau, Gouverneur de ce Pays de Provence, à Mgr le Marquis de Brancas, à Mgr le Comte de Caraman, à Mgr l'Archevêque d'Aix, Préfident-né des Etats, & à Mgr de Latour, une copie de la préfente Délibération, & des repréfentations qui feront faites, avec fupplication de les appuyer de tout leur crédit.

« L'Affemblée a de plus délibéré que là où contre toute attente, la furprife faite à la religion de Sa Majefté, n'auroit pas été réparée avant la convocation des Etats prochains, & la défolation qui afflige tout le Pays fubfifteroit encore, MM. les Procureurs du Pays & tous les Députés du Tiers y porteront l'expreffion de leur douleur profonde & de leur confternation, pour que les trois Ordres réunis fe jettent aux pieds du Trône, à l'effet d'implorer avec autant de force que de refpect, la juftice du meilleur des Rois, pour le rétabliffement & le maintien à jamais de la plus effentielle de nos Loix, puifqu'elle eft la fauvegarde de toutes les autres & des pactes inviolables de notre union à la Couronne.

« L'Affemblée, pénétrée de reconnoiffance pour le Parlement & la Cour des Comptes, qui dans toute les occafions & principalement dans celle-ci, n'ont ceffé de veiller au maintien & à la confervation des droits & privileges du Pays, a chargé MM. les Procureurs des gens des trois Etats, de les remercier au nom de l'Affemblée, en la perfonne de M. le Premier Préfident, de M. le Doyen & de M. le Procureur général. »

Les Avocats au Parlement de Provence, cet Ordre fi digne de la confidération dont il jouit, & de l'eftime publique qui fait fa récompenfe, lié par fon ferment à la Patrie, au Souverain & aux Loix, témoins des événemens qui d'un feul coup renverfoient la Conftitution, & frappoient toute la Magiftrature, s'emprefferent par une Lettre en date du 17 Mai 1788, de dépofer dans le fein du chef de la Juftice les fentimens profonds de leur douleur, les témognages de leur attachement inébranlable aux maximes fondamentales, & le tableau affligeant de la confternation des Peuples.

Les Tribunaux interdits & fermés, les Magiftrats difpenfés & fufpendus dans leurs fonctions, les Cours dépouillées de leur pouvoir & de leur dignité, la Juftice fouveraine du Roi morcelée par des divifions & des partages qui l'affaibliffent & la dégradent, le dépôt précieux & inaltérable des Loix enlevé aux Magiftrats fideles, dans les mains defquels l'antique confiance des Rois & de la Nation l'avoit placé ; toutes les parties de l'Etat ébranlées ; toutes fe trouvant à la fois le même jour & dans le même inftant fans Tribunaux, fans police & fans Loix. A la vue d'auffi grandes calamités, le filence leur parut un crime. Citoyens, ils réclamerent contre les atteintes portées à notre Conftitution ; Jurifconfultes, ils rendirent un culte plus particulier à la fainteté des Loix ; affociés aux fonctions & aux travaux importans de la Magiftrature, ils étoient liés par les mêmes devoirs envers l'Etat & le Souverain.

Parmi nous, la vérification des Loix, qui n'eft ni un acte de fouveraineté, ni un acte du Gouvernement, ni un acte de jurifdiction, mais une fanction toute particuliere, un miniftere fublime qui éclaire la puiffance fans la partager, ce miniftere qui doit être auffi actif que la penfée, auffi incorruptible que la vertu, auffi libre que la confcience, a conftamment été rempli par les Cours du Pays compofées de Membres Provençaux, établies dans la Capitale de la Provence, intimement liées au Prince, & toujours préfentes aux befoins du Peuple Provençal.

Cet ordre de chofes eft né avec notre Gouvernement. Sous nos anciens Comtes, il a toujours exifté un Tribunal vérificateur, & enregiftrateur des Loix ; fous les dominations fucceffives de *Cour de nos Comtes,* de *Parlement,* de *Confeil éminent* ou *fouverain,* nos Comtes ont reconnu, par des Ordonnances folemnelles, la néceffité de communiquer leurs Loix à ce Tribunal ; la vérification des Edits y étoit requife fous le nom d'*annexe,* expreffion à laquelle on a fubftitué le terme fynonyme d'*enregiftrement.*

Cette partie effentielle de notre Gouvernement national feroit anéantie par l'établiffement d'une Cour pleniere qui auroit fon fiege à Paris, & à laquelle on attribueroit le miniftere exclufif de vérifier les Loix générales. Le pouvoir donné à cette Cour feroit un renverfement abfolu de nos libertés & de nos franchifes, puifqu'il nous dépouilleroit du droit inhérent à chaque société, d'avoir dans son sein un Tribunal suprême dont l'examen & la vérification puissent garantir aux Peuples l'utilité & les avantages des Loix nouvelles.

Que peut espérer l'Etat, que peut se promettre la Nation, de l'institution d'une Cour unique qui, placée dans la Capitale du Royaume, seroit toujours étrangere à nos besoins & ne pourroit discerner la situation, les usages & les intérêts véritables des Peuples.

La Provence est une Monarchie distincte de la France. C'est en force du fidéicommis perpétuel apposé dans le testament de Charles d'Anjou, & accompagné du consentement libre des Peuples; c'est à titre héréditaire & non en vertu de la Loi Salique, ou par droit de conquête, que les fils aînés de France reçoivent successivement le droit de regner sur nous.

L'union qui est ainsi formée par la disposition volontaire d'un Prince testateur, & par le vœu des Sujets, ne confond pas le Pays de l'ancienne & de la nouvelle domination. Le caractere distinctif de ce genre d'union que le droit public nomme *union principale*, est de maintenir le Pays uni dans ses Loix, ses usages, & la liberté légitime.

La Provence continuant de former un Etat *à part*, un Etat *distinct*, doit jouir du droit essentiel & fondamental, d'avoir dans son sein, les Tribunaux nécessaires pour la vérification des Loix; toute Loi préparée hors du Pays, vient d'une terre étrangere, elle a besoin d'être *naturalisée* par l'examen libre des Magistrats locaux, qui ne doivent même procéder à l'enregistrement d'aucune Loi nouvelle, sans appeler & entendre les Procureurs du Pays, les Représentans des trois Ordres.

Unie à la Couronne sans être *aucunement subalternée au Royaume* la Nation Provençale ne peut être foumife *aux Tribunaux & aux Cours du Royaume* par des attributions ou par des tranfports arbitraires de pouvoir.

Toute Cour que le Roi n'a point établie de fon autorité *royale & Provençale ;* toute Cour que le Roi n'a point établie comme *Comte* & dans l'enceinte *des Comtés de Provence & de Forcalquier ;* toute Cour qui prononce & qui ordonne, *non pas au nom du Comte* mais au nom du *Roi,* ne peut avoir une autorité légitime fur les Habitans de Provence.

Dans le fyfteme des nouveaux plans, la fubverfion des Tribunaux fuit celle des Loix. On dépouille les Cours de leur pouvoir; on éleve à côté d'elles des Préfidiaux & des Baillages, dont l'établiffement auroit l'effet infaillible d'avilir la Magiftrature, en détruifant les grands Corps, qui feuls peuvent en foutenir le luftre & la dignité, & de dégrader la juftice fouveraine de nos Rois en la divifant.

La protection que les Loix doivent à tous, cet objet majeur, fera-t-il rempli, fi les Miniftres des Loix font plus timides & moins puiffans que leurs jufticiables? Que pourra-t-on attendre de ces Tribunaux qui ne feront pas affez forts pour contenir & fupprimer un oppreffeur accrédité, & qui feront affez indépendans pour opprimer eux-mêmes le foible?

Dans le même reffort, le territoire feroit divifé en portions inégales. On verroit s'élever une foule de petits Tribunaux fouverains & indépendans, qui n'auroient aucun rapport entr'eux, ni avec aucun Corps de l'Etat.

Dans les grands Baillages, une Chambre jugeroit en premiere inftance, & l'autre fouverainement. Le même Tribunal feroit inférieur & fupérieur tout enfemble; le même Tribunal feroit appellable à lui-même; il pourroit même arriver fouvent, par la permiffion donnée à une Chambre d'emprunter des Juges dans l'autre, que les mêmes Magiftrats qui auroient prononcé comme Juges appellables, deviendroient les réformateurs ou les arbitres fouverains de leurs propres jugemens.

Les juftices fegneuriales, ce patrimoine facré de la Nobleffe, font avilies & détruites par le choix donné aux jufticiables de procéder par devant elles ou de n'y pas recourir.

Quelle confufion! Quelle fource d'injuftice & de defordre! Que deviendra la Juftice au milieu de cette foule de Miniftres qui ne pourront foutenir la majefté de fon culte? Que deviendront les Loix elles-mêmes?

La Provence n'a qu'un territoire très limité. Le reffort de fes Cours eft moindre que celui du plus petit Préfidial du Royaume. Tous les Tribunaux fouverains font établis à Aix, Capitale du Pays & fituée prefque dans fon centre. Les Habitans, ceux mêmes qui réfident aux extrémités, viennent, fans incommodité & fans peine, y demander & obtenir juftice.

De plus, il exifte à Aix un établiffement qui n'eft peut-être pas affez connu, & que nos voifins nous envient, compofé de tous les Jurifconfultes & connu fous le nom de Bureau charitable, fondé par M. de Grimaldi, Archevêque d'Aix; tous les pauvres de la Province dont l'état eft certifié par le Curé & les Officiers Municipaux des lieux de leur domicile, peuvent s'y préfenter pour la défenfe de leurs procès. Là toutes les demandes font examinées par des Avocats qui s'honorent de remplir ce miniftere de bienfaifance. La voix de l'arbitrage eft celle qui eft d'abord préférée; fi le pauvre eft fondé dans fes prétentions, s'il eft forcé de plaider, tous les Avocats à l'envi leur prêtent généreufement leur miniftere, & on pourvoit aux frais néceffaires d'inftruction avec les deniers de l'Œuvre; toutes les affaires des pauvres font privilégiées; elles font directement portées au Parlement, qui dans le cours de l'année, confacre trois audiences folennelles pour rendre la juftice à la portion fouffrante des Sujets de Sa Majefté.

Les motifs de la nouvelle Loi ne peuvent donc recevoir en Provence aucune application; d'ailleurs il eft effentiel pour l'Etat que, dans une Province frontiere, l'autorité ne foit pas trop divifée & qu'elle demeure toute entiere dans des mains fidelles & en état de la faire refpecter.

Nos Sénéchauffées font compofées d'un petit nombre de Juges; les offices de quelques-unes font entierement vacans & remplis en fubfide par des praticiens; eu égard à la rareté des affaires & à la mifere des Habitans, l'état de Juge ne peut prefque pas y être une profeffion.

A la vérité les Préfidiaux ne feroient fouverains que jufqu'à la fomme de quatre mille livres; mais les moindres intérêts peuvent être liés aux plus grandes queftions. Il n'eft peut-être pas convenable de mefurer l'importance du miniftere fur l'importance des fommes.

Dans un Pays pauvre, un intérêt de 4000 livres décide fouvent de l'aifance & même de la fortune du jufticiable.

Dans les petites Villes les hommes fe rencontrent à chaque pas; mille paffions les uniffent ou les divifent. Le fanctuaire de la Juftice feroit fréquemment fouillé par la prévention, la haine ou la vengeance.

Le projet d'établir deux grands Baillages, l'un à Aix & l'autre à Digne, qui feroient fouverains dans les affaires criminelles, & jufqu'à la concurrence de 20,000 livres dans les matieres civiles, choque encore davantage l'état phyfique du Pays.

Souvent dans le cours d'une année entiere, les Tribunaux de Provence, fans en excepter aucun, n'ont pas à prononcer fur un auſſi fort intérêt. Les Cours, les grands Tribunaux ſeroient donc abſolument ſans pouvoirs & ſans fonctions. Les Magiſtrats ſupérieurs, condamnés à l'inutilité & au néant, ne pourroient plus avec décence demeurer revêtus d'un miniſtere dériſoire; la ville d'Aix, qui par un pacte formel avec ſes Souverains, a été rendue le centre de toutes les juriſdictions & le ſiege de toutes les Cours, ne conſerveroit plus que l'ombre d'un privilege dont elle auroit perdu la réalité. Elle ſeroit abſolument anéantie.

La ville de Digne, dans laquelle on établiroit un grand Baillage, ne ſeroit jamais qu'une Cité pauvre & inabordable pour la pluſpart de ceux de nos Habitans qui ſont déſignés pour compoſer ſon reſſort; il n'y a point de communication entre Digne & les principales Villes qu'on veut lui aſſervir; il n'exiſte aucun chemin. On ſe propoſe de rendre la juſtice préſente à tous les Sujets, & réellement & de fait on la rendroit inacceſſible à tous les juſticiables; ceux mêmes d'entr'eux qui habitent nos montagnes ſont obligés pendant l'hiver de quitter leurs contrées pour venir chercher leur ſubſiſtance dans la partie méridionale de la Provence. L'établiſſement d'un Tribunal ſouverain à Digne ſeroit donc un vain ſpectacle aux yeux des Loix, & un vrai malheur pour les Peuples.

Cette Lettre dont je viens d'extraire les morceaux les plus frappans & qui ont une liaiſon plus intime avec mon ſujet, finit par l'exemple de ce qui ſe paſſa en 1638, lorſqu'on voulut établir des Préſidiaux en Provence; j'en ai déjà rendu compte.

Les Cours de Provence avoient déjà donné d'avance leur vœu par leurs Arrêté, Arrêt & proteſtation des 5 & 8 Mai; mais ce vœu n'étoit qu'un vœu général qui ne portoit que ſur les maux à craindre, ſans les combattre en particulier, puiſque le détail en étoit encore ignoré; les Officiers du Parlement crurent pouvoir, fans s'écarter du refpect dû à l'autorité, confignet dans un acte public les fentimens qui les animoient tous. Inutilement retraceroi-je ici les motifs de leur proteftation ; la vérité eft toujours une ; les armes qu'elle prête font partout les mêmes ; il n'y a que la maniere de s'en fervir qui puiffe être différente. Je ne m'arrêterai donc qu'aux traits qui pourroient fournir de nouvelles lumieres.

Depuis long-tems on foupiroit en France après la convocation des Etats généraux du Royaume ; les Officiers du Parlement d'Aix ne virent dans le nouveau régime qu'un moyen de fe refufer au vœu de la Nation. « On ne peut efpérer, difoient-ils, que la pro-meffe d'affembler les Etats généraux foit réalifée, puifqu'il feroit étonnant qu'à la veille d'une convocation générale de la Nation, on eût anéanti militairement la Conftitution de l'Etat, changé par la violence & par la force les Loix politiques, civiles & criminelles, & renverfé la hiérarchie des Tribunaux ; fi l'on fe fût propofé le bonheur des Peuples, on fe feroit empreffé d'affembler la Nation, pour lui annoncer un fyfteme heureux d'ordre & de bienfaifance.

« L'on a craint la réfiftance généreufe des Cours fouveraines à l'établiffement de nouveaux impôts, leur furveillance exacte fur l'Adminiftration & leur réclamation conftante pour la convocation des Etats & pour le confentement de la Nation aux fubfides.

« La poftérité ne croira jamais que dans un Etat gouverné par un Roi jufte, qui ne veut régner que par les Loix, & qui en a été le reftaurateur, on ait abufé de fon nom, pour perdre la Monarchie, en faifant dégénérer l'autorité légitime en pouvoir arbitraire ; pour violer tous les droits de la propriété, enfreindre la liberté des Su-jets, tranfférer des Compagnies entieres hors du lieu de leurs féan-ces, en difperfer d'autres par l'exil & attaquer le Magiftrat jufques dans le fanctuaire des Loix, où il s'étoit retiré, comme dans un afyle impénétrable ; pour anéantir la dignité & les titres les plus précieux de la Pairie, pour dégrader la Magiſtrature, ou la forcer à s'anéantir en la condamnant à un état d'abjection pire que le néant ; pour réduire un Peuple entier au déſeſpoir, & livrer la fortune, la vie & l'honneur des Citoyens à des Juges notés d'avance d'infâmie & dénoncés par tous les Ordres comme traîtres à la Patrie.

« On en a impoſé au Souverain, mais on n'a pu tromper la Nation en préſentant comme un *rétabliſſement* l'inſtitution nouvelle d'une Cour pleniere chargée de la vérification des Loix.

« Les Monumens de l'hiſtoire nous offrent ſous cette dénomination, tantôt une Cour de *galla* & de réjouiſſance, tantôt une Aſſemblée pour conſeiller le Souverain dans une criſe extraordinaire, mais jamais un Tribunal fixe, ni une Cour de vérification.

« Cour étrangere à la Conſtitution, que l'on croit devoir compoſer de Membres inamovibles, pour leur donner aux yeux de la Nation une apparence de Magiſtrature, & qui pouvant ſans ceſſe être remplacés en tout ou en partie, ſeroit elle-même l'inſtitution la plus amovible qui eût jamais exiſté.

« Cour érigée en Tribunal d'enregiſtrement, où les vérificateurs de la Loi ſeroient ceux mêmes qui l'auroient préparée dans le Conſeil.

« Cour à laquelle on donne ſur les impôts un pouvoir qui n'appartient qu'à la Nation, ſans même y appeler la portion la plus nombreuſe & la plus intéreſſée du Peuple Français ; pouvoir qui, s'annonçant comme proviſoire, deviendroit définitif, ſi l'on parvenoit à perſuader au Roi de retarder l'Aſſemblée des Etats généraux, ou aux Etats généraux de déléguer à ce corps fantaſtique les droits d'une Commiſſion intermédiaire, ou d'un mandataire exprès.

« Cour inſtituée pour juger la forfaiture de tous les Magiſtrats, de tous les Tribunaux, délit ſuſceptible d'une peine fixe déterminée, dès lors absolument arbitraire, & devenant ce qu'étoit le crime de leze Majesté sous les derniers Empereurs romains.

« Cour établie comme une Commission extraordinaire, & une institution toujours armée contre les Loix, qui fairoit de la crainte, le principe de la conduite de leurs Administrés, & rendroit, s'il étoit possible, le Magistrat que l'on doit croire le plus libre des êtres, le plus esclave de tous.

« Cour, plus particulierement étrangere aux droits, aux mœurs, aux coutumes des différentes Provinces, qui ne pourroit ni les connoître, ni les discuter, ni les défendre, malgré l'assistance inutile d'un Magistrat de chaque Parlement, choisi par le Ministre, sujet à la séduction, & impuissant contre l'erreur commune.

« Cour, qui soumettroit la justice à la force, rendroit toutes les autres Cour dépendantes d'une seule, & ne laisseroit dans les Provinces que des Tribunaux passifs & rendus inutiles à leurs Loix & à leur Constitution.

« Cour, qui pouvant ordonner & punir, tiendroit sous son autorité immédiate, les Compagnies souveraines & les Provinces, & pourroient, à son gré, laisser sans effet les représentations dont elle est établie arbitre suprême.

« Cour, plus absolue que nos Rois, qui reçoivent des remontrances, qui veulent les connoître, qui font aux Ministres un devoir rigoureux de leur en rendre compte avant de faire exécuter la Loi, au lieu qu'après l'enregistrement de la Cour pleniere, la transcription & l'exécution seroient forcés avant toute réclamation, qui dès lors deviendroit dérisoire.

« Cour, enfin, qui seroit nécessairement l'écueil de l'autorité royale ou le tombeau de la liberté publique, & qui, tour à tour, menaceroit la Nation du plus affreux despotisme, & le Prince d'une aristocratie bien plus dangereufe que celle qu'on impute à la Magiftrature, qui la defavoue & la détefte.

« On a vainement préfenté la fauffe idée de régénérer la Conftitution exiftante fous Philippe-le-Bel, puifque la plufpart des Provinces n'ont été réunies que depuis cette époque, & fous le ferment de garder leurs Loix & leur Conftitution.

« On ne concevra jamais qu'une Cour, féante à Paris, quelque dénomination qu'on lui donne, & quel que foit fon établiffement, puiffe remplacer le Confeil éminent des Comtes de Provence, le Confeil Delphinal, l'Echiquier de Normandie, la Cour des Ducs de Bretagne, Bourgogne, Guienne & autres. »

Après avoir rappellé les fentiments de tous les Ordres, le vœu de tous les Tribunaux, les Officiers du Parlement d'Aix exprimerent leurs propres fentimens, leur vœu intime dans les termes fuivans :

« Renouvellons les proteftations & déclarations de nullité abfolue & d'illégalité de la tranfcription militairement faite des Edits dont il s'agit, conformément aux Arrêté & Arrêt des 5 & 8 Mai dernier ; nous déclarons protefter dans les réfolutions prifes en tout tems par la Cour, pour le maintien des maximes de la Monarchie françoife & du Comté de Provence, notamment pour la confervation du droit inviolable appartenant aux Etats généraux, de la libre conceffion des fufides à titre de fubvention & de dons, comme devant ladite conceffion précéder l'enregiftrement de la Loi burfale néceffaire pour convertir le don en tribut ou impôt, & comme n'étant que la conféquence naturelle de la Loi facrée de la propriété ; enfemble dans le vœu de la convocation des Etats généraux du Royaume ; le tout aux termes des actes émanés du Parlement à différentes époques, particulierement dans le cours du dernier fiecle & du préfent.

« Déclarons en outre la ferme réfolution dans laquelle nous fommes de ne jamais confentir à aucune opération tendante à fupprimer aucun des Membres de la Cour contre la Loi de l'inamovibilté, ou à dégrader le Parlement en lui ôtant quelqu'une des fonctions qui lui appartiennent effentiellement, notamment la vérification de tout genre de Loix, laquelle vérification eft par fa nature indépendante & appartient exclufivement au Tribunal national propre à la Provence, & de ne jamais concourir à aucun acte capable de détruire ou d'affoiblir les principes & les devoirs folidaires qui lient tous les Parlemens d'un nœud indiffoluble.

« Et fera la préfente proteftation infcrite fur les Regiftres de la Cour, remife au Greffe des Etats, & envoyée aux Sénéchauffées de la Province, pour un Monument éternel de notre fidellité, de notre zele pour le fervice du Roi, de notre amour pour fa perfonne facrée, de notre confiance refpectueufe en fa juftice inaltérable, & de notre attachement aux Loix de la Nation Françoife, à la Conftitution & aux Statuts de la Provence. Fait à Aix ledit jour 7 Juin 1788. »

La Cour des Comptes, Aides & Finances s'exprimant par l'organe de fon chef, s'oublia elle-même pour ne s'occuper que de la confervation des Loix, de la Conftitution du Pays & du Parlement.

Le Bureau des Finances prouva à la Nation, qu'à la qualité de Magiftrat, il joignoit celle de Citoyen, ami des Loix, & jaloux de l'honneur de fon Pays.

Les Sénéchauffées, invariables dans leurs principes, offrirent le fpectacle intéreffant d'une fermeté inébranlable pour le maintien de la Légiflation, de l'attachement le plus conftant à la Magiftrature, & de leur dévouement à la Patrie.

La Nobleffe fit éclater pour les Loix & la Conftitution, les fentitimens de patriotifme & de courage qui ont fi fouvent foutenu le Trône.

Les Repréfentans réunis de tous les Ordres, dans l'Adminiftration intermédiaire, manifefterent par leur adhéfion à l'oppofition du Miniftere public & à celle des Cours, que les Loix, le Prince & la Nation ne forment qu'un tout indivifible, & qu'on ne peut ébranler les maximes fans réveiller l'énergie & la fidellité de tous les Ordres.

Dans la féance du 2 Juin 1788, elle arrêta qu'il feroit donné connoiffance de fon oppofition à MM. les Commiffaires du Roi, & qu'il leur feroit remis une expédition de la Délibération; qu'auffitôt que les Cours reprendroient leur féance, MM. les Procureurs du Pays demanderoient qu'il leur fût concédé acte de la fufdite oppofition, & requéroient la tranfcription de la Délibération dans les Regiftres.

Qu'au moyen de la fufdite oppofition il feroit requis que le teftament de Charles d'Anjou, les Lettres-patentes de 1481, 1482 & 1486 & autres Traités intervenus entre le Souverain & la Nation, continueroient d'être intégralement exécutés.

Que le Pays continueroit d'être Pays principal, nullement *fubalterné*, uni principalement au Royaume, & vivant fous la domination du Comte de Provence.

Qu'il feroit maintenu dans le droit d'offrir librement des dons & des fubfides, & qu'aucun impôt ne pourroit être levé en Provence qu'il n'eût été confenti par la Nation & dûment vérifié.

Qu'il feroit encore maintenu dans le droit d'avoir exclufivement dans fon fein fes Tribunaux intermédiaires & vérificateurs de toute Lettre en forme d'Edit, d'Ordonnance & de Déclaration.

Qu'aucune defdites Lettres ne pourroit être exécutée en Provence avant d'avoir été librement vérifiée & enregiftrée par les fufdits Tribunaux, lefquels continueroient d'adreffer directement & *fans moyens* telles remontrances ou repréfentations au Souverain qu'ils jugeroient utiles ou convenables pour le plus grand bien du Pays.

Que jufqu'après la fufdite vérification & enregiftrement libres, lefdits Edits, Ordonnances ou Déclarations feroient regardés comme non obvenus, en force des capitulations & titres du Pays, & notamment dans l'Edit de Louis III, & que les Peuples ne feroient nullement tenus de les reconnoître & exécuter.

L'Affemblée délibéra encore de renouveller les réclamations conftamment faites par le Pays dans tous les tems contre la création des nouveaux Tribunaux, le dénombrement des Tribunaux exiftans, & pour l'exécution du Traité de 1639.

Comme auffi que Sa Majefté feroit fuppliée de faire ceffer la confternation dans laquelle tout le Royaume étoit plongé, de faire retirer les nouvaeux Edits, notamment celui de la Cour pleniere, & de donner à fes Peuples un nouveau témognage de protection & de bonté, en rendant au Royaume & au Pays de Provence leurs droits & leur tranquillité.

Il fut encore délibéré que Sa Majefté feroit fuppliée de convoquer inceffamment l'Affemblée des Etats généraux du Royaume, comme le moyen le plus propre de pourvoir aux befoins publics, de donner l'ordre, de rétablir le crédit & la confiance, & de faire ceffer l'état de concuffion & de crife dont on ne pouvoit prévoir les fuites, & que la demande en feroit faite par les Députés du Pays, chargés de préfenter à Sa Majefté le Cayer des Etats (1).

Nous étions dans cet état de douleur & d'affliction, lorfque M. le Comte de Caraman, Commandant en chef, arriva le 10 Juin 1788 à Aix. Tous les Corps fe hatterent le lendemain de fon arrivée de

---

(1) Procès-verbal de l'Affemblée, renforcée des Procureurs du Pays nés & joints, du 2 Juin 1788, pag. 5.

lui aller succeſſivement rendre viſite & lui exprimer leurs ſentimens sur les événemens qui affligeoient le Royaume entier.

L'Ordre de la Nobleſſe ayant à ſa tête M. le Marquis de Suffren Saint-Tropez, ſon Sindic, ſe rendit chez M. le Comte de Caraman, & lui adreſſa le Diſcours ſuivant :

« Monſieur, la Nobleſſe de Provence, inſtruite de votre arrivée & de l'objet de votre miſſion, a déterminé unanimement que ſon oppoſition à l'exécution des nouveaux Edits vous ſeroit préſentée. Elle renferme ſon vœu ſur ſes Loix déſaſtreuſes. Jamais la Cour pleniere n'exercera ſon empire ſur la Nation Françoiſe. Jamais elle n'étendra ſon autorité ſur la Nation Provençale, & ce vœu eſt irrévocable. »

Les Officiers du Parlement & ceux de la Sénéchauſſée d'Aix furent introduits chez M. le Commandant, & M. le Premier Préſident lui parla en ces termes :

« Monſieur, la Compagnie me charge unanimement de vous déclarer qu'elle eſt charmée de vous voir revenir en Provence, mais que ſa ſatiſſaction eſt troublée par l'annonce d'un projet de négociation tendant à des ouvertures d'exceptions ou modifications des Edits illégalement enregiſtrés.

« Le Parlement ne pouvant, ainſi que tous les Corps du Pays, former d'autre vœu que celui du retrait abſolu des Edits & du retour ſimultané de toute la Magiſtrature à ſes fonctions, ſe fait un devoir d'état, d'honneur & d'égards pour vous de vous déſabuſer de l'erreur qu'on auroit pu vous ſuggérer, de la poſſibilité du ſuccès d'aucune négociation contraire à ces principes. »

La Cour des Comptes, Aides & Finances, par l'organe de M. d'Albertas, ſon Premier Préſident, exprima ſes ſentimens en ces termes :

« Monfieur, je tiens à devoir & à honneur de vous porter le vœu unanime des Officiers qui compofent la Cour des Comptes, Aides & Finances.

« Ils me chargent de vous déclarer, Monfieur, qu'ils ne peuvent, comme Provençaux, comme Magiftrats, comme Citoyens, reconnoître pour légalement enregiftrées les nouveautés funeftes trancrites d'autorité fur les Regiftres de la Cour.

« Notre zele pour les véritables intérêts du Roi, notre attachement à la Conftitution Provençale, notre ferment nous ordonnent de repouffer avec effroi des Edits violateurs des pactes qui uniffent la Provence au Royaume fans l'y fubalterner.

« Quel que foit le fort qu'on nous prépare, notre dernier vœu fera que le Roi n'ait jamais à regretter les difficultés falutaires, qu'on ne fauroit écarter de fa toute puiffance, fans ébranler fon autorité légitime. »

M. le Préfident de Barnoin, à la tête du Bureau des Finances, énonça ainfi le vœu de fa Compagnie :

« Monfieur, nous venons vous déclarer notre adhéfion au vœu des divers Ordres du Pays. Comme eux, nous réclamons le maintien des droits de la Nation Françoife & de la Nation Provençale. Notre oppofition aux nouvelles Loix fera inébranlable. Elle eft la fuite néceffaire des devoirs facrés que nous impofe notre double qualité de Magiftrats & de Citoyens. »

J'ai déjà fait remarquer que dans ce moment l'Adminiftration intermédiaire des Etats tenoit fon Affemblée. M. l'Evêque de Frejus la préfidoit. Elle avoit délibéré qu'une expédition de fa Délibération feroit remife à M. le Comte de Caraman. En la lui préfentant, M. l'Evêque de Frejus dit :

« Monfieur, la Provence s'eft toujours diftinguée par fon inviolable attachement à fes Souverains. Elle n'a pas moins à cœur le maintien de fa Conftitution ; dépofitaires des droits légitimes de la Patrie, l'Affemblée que j'ai l'honneur de préfider, vient avec confiance, à l'exemple de fes peres, réclamer l'exécution des promeffes & des Traités folennels que la bonté & la juftice du Roi daigneront protéger. Nous attendons de vous, Monfieur, que vous renouvellerez auprès de Sa Majefté vos vives inftances pour la confervation des principes & des fentimens confignés dans la Délibération que nous vous préfentons. »

Le Chapitre de l'Eglife-métropolitaine de Saint-Sauveur d'Aix, crut devoir dans cette occafion donner des preuves de fon patriotifme ; il fe rendit en Corps chez M. le Commandant, & M. l'Abbé de Lenfant, Prévôt, lui parla en ces termes :

« Monfieur, nous venons vous faire part de nos fentimens ; comme Clergé, nous faifons partie des Etats de Provence, & nous adhérons à toutes leurs Délibérations ; comme Chapitre, nous venons vous temogner notre douleur, & combien nous fommes conftternés du malheur affreux qui menace la Magiftrature, la Provence, & principalement cette Ville dont nous fommes Citoyens. »

Enfin, le Corps Municipal de la ville d'Aix fe préfenta pour rendre fes devoirs à M. le Comte de Caraman, & M. Pafcalis, Affeffeur d'Aix & Procureur du Pays, portant la parole, dit :

« Monfieur, la fituation du Pays ne fauroit être plus defaftreufe, la confternation y eft générale, le deuil univerfel, la mifere à fon comble.

« Nos Peuples, partagés entre l'obéiſſance & l'attachement aux droits de la Patrie, mettent en vous toute leur confiance.

« Votre juſtice, la connoiſſance que vous avez des titres du Pays, & l'intérêt que vous lui avez témogné, nous garantiſſent, avec le retour de la tranquillité publique, le maintien abſolu de notre Conſtitution. »

Nos ſentimens ainſi développés, nous attendions avec confiance que le meilleur des Rois féchât nos larmes, & en tarit la ſource.

La volonté du Souverain fut enfin connue; une Déclaration en date du 23 Septembre 1788 ordonna que l'Aſſemblée des Etats généraux auroit lieu dans le courant du mois de Janvier 1789, & que les Officiers des Cours reprendroient leurs fonctions.

Cette Loi fut envoyée en Provence dans le mois d'Octobre. Elle fut préſentée aux Cours le 20 du même mois, & enregiſtrée le 22.

Les Procureurs du Pays ſe préſenterent à elles le 21 pour exécuter la Délibération priſe par l'Aſſemblée renforcée des Procureurs du Pays nés & joints, du 2 Juin précédent; ils demanderent acte de leur oppoſition aux Loix enregiſtrées militairement le 8 Mai, & firent les réquiſitions que j'ai déjà rapportées.

Le Parlement & la Cour des Comptes, Aides & Finances, rendirent Arrêt conforme à la demande du Pays.

Ainſi finit cette Révolution qui avoit mis la Monarchie à deux doigts de ſa perte.

Ne ſoyons point ſurpris de voir nos Etats prendre avec chaleur la défenſe de notre Conſtitution; ils ont toujours été les défenſeurs nés de nos Loix; & en plus d'une occaſion le Conſeil s'eſt adreſſé à eux pour connoître notre régime, nos uſages, nos coutumes. J'ai trouvé quelques actes de notoriété donnés par les Etats, en fuite des Arrêts du Confeil, qui les interrogeoient avant que de prononcer fur les demandes des parties.

Aux Etats tenus à Aix en Décembre 1607, on voit que les villes de Draguignan & de Frejus étoient en procès l'une contre l'autre; l'inftance étoit pendante au Confeil. Il y eut Arrêt qui enjoignit aux Etats de donner leur avis fur certains points qui formoient litige entre ces deux Villes. Les Etats attefterent que les impofitions qui fe répartiffent par feu en Provence, portent généralement fur tout le corps & généralité du Pays. Que chaque Communauté y contribue à proportion de fon affouagement, fans que l'une réponde pour l'autre; que ces deux Villes ont chacune un Député aux Etats, & que le Député de l'une n'opine point pour l'autre.

Les mêmes Etats attefterent dans un autre procès, que nous connoiffons en Provence deux fortes de tailles négociales; que les unes ne concernent que les feuls Habitans, comme font les gages du Maître d'école, du Chirurgien, de la Sage-femme, des Gardes en tems de pefte, Gardes des portes hors du tems de guerre, entretien de l'Horloge, Cloches, Fontaines, Eglifes, honoraires du Prédicateur, frais des procès concernant les libertés, facultés & privileges perfonnels des Habitans; enfin fuftigages des gens de guerre, c'eft-à-dire uftenfile, bois, huile & chandelle; ce font là les tailles qu'on appelle purement négociales, qui font payées par les rentes & revenus de la Communauté, & en cas d'infuffifance, on impofe fur les feuls Habitans, fans que les Forains puiffent être tenus d'y contribuer. Les autres tailles négociales concernent l'utilité des fonds, comme entretien des ponts & paffages, abreuvoir du bétail, gages du Maréchal, & autres dépenfes de pareille nature auxquelles les Habitans & Forains contribuent au fol la livre de leur poffeffion.

Ils attesterent encore que les tailles ne s'imposent que sur les biens; que celui qui ne possede rien au soleil est exempt de droit de toute imposition; cependant ils reconnurent qu'il existoit quelques lieux où le défaut de possession de bien n'étoit pas une raison d'être déchargé de toute imposition; que dans ces lieux on imposoit quelquefois par forme de capitation pour soulager les biens fonds. Sans doute ce furent les copayes que les Etats eurent en vue dans cet article.

Les Etats de 1612 attesterent une autre maxime qui dérive du Droit écrit observé en Provence; conformément au Droit romain, & à l'usage immémorial du Pays, les peres jouissent en usufruit, & sans en rendre compte, des biens maternels qui appartiennent à leurs enfans après le décès de leur femme, mere desdits enfans; ils en jouissent ainsi & de la même maniere qu'ils jouissoient pendant le mariage, des biens à eux constitués en dot (1).

§ IV.

Députation aux Etats généraux du Royaume.

Quoique la Provence forme un Etat distinct & séparé, quoiqu'elle n'ait avec la France que les liaisons qui dérivent nécessairement de la soumission au même Souverain, cependant elle a toujours été appellée par ses Députés aux Etats généraux de la France, & à ces Assemblées que le Roi forme autour de lui pour consulter les Notables de son Royaume.

---

(1) Pieces justificatives, n. LXXXVIII.

Aux Etats de 1576 tenus à Blois, à ceux de 1588, 1591 & 1614, nous voyons nos Députés figurer ; mais quelle eſt la forme obſervée pour ces Députations, à qui appartient le choix des Députés, quel eſt le Corps qui fraye aux dépenſes de la Députation, tout autant de point que je vais tâcher de débrouiller en conſultant nos anciens Monumens.

Nous ne connoiſſons point en Provence ces Aſſemblées de reſſort, de Diſtrict, de Sénéchauſſée, convoquées à l'effet de députer aux Etats généraux ; & ſi en 1588 on voulut introduire cette forme, les Etats tenus à Aix au mois d'Août refuſerent de reconnoître pour légitimes Députés de Provence, ceux qui avoient été nommés dans ces Aſſemblées particulieres, & ce fut dans le ſein de nos Etats qu'il fut procédé à l'élection de nos Repreſentans aux Etats généraux du Royaume. Voici en effet ce qui réſulte du procès-verbal de nos Etats tenus en 1588.

Le grand Sénéchal expoſa aux Etats aſſemblés qu'il avoit été chargé par Sa Majeſté de les convoquer pour y faire procéder à la nomination des Députés des trois Ordres, qui ſeroient élus à l'effet d'aſſiſter aux Etats généraux de France.

Après avoir communiqué les ordres qu'il avoit reçu à cet égard, le grand Sénéchal ſe retira ; le Sr de Fabregues, Aſſeſſeur d'Aix, Procureur du Pays, reprit la propoſition, & inſiſta ſur la néceſſité de choiſir des perſonnes qui puſſent répondre à la confiance dont le Pays alloit les honorer.

Les Députés de Graſſe & de Saint-Paul prirent enſuite la parole & remontrerent que d'après la Commiſſion adreſſée au Lieutenant de Sénéchal au ſiege de Graſſe, les Villes, Vigueries & Baillages de leur Diſtrict avoient été convoqués par devant cet Officier public, pour y procéder à la Députation portée par leſdites Lettres de Commiſſion ; ce qui avoit été exécuté ; qu'en conſéquence les

DE PROVENCE. — CHAPITRE V.   243

Députés nommés pour affifter aux Etats généraux, étoient chargés du cayer des plaintes & doléances qui avoit été dreffé dans ladite Affemblée ; & que cette forme de procéder avoit été fuivie dans la plufpart des autres Sénéchauffées, Vigueries & Baillages de Provence ; en conféquence ils déclarerent ne vouloir concourir en la préfente Affemblée des Etats à aucune autre nouvelle Députation ; *ains proteftent n'y vouloir confentir, comme n'y confentent, & de tous dépens, dommages & intérêts, & où ladite Affemblée voudroit paffer outre, ils s'en portent pour appellans par devant qui il appartiendra, ne voulant par ce moyen porter aucune opinion.*

Les Confuls de Caftellanne & d'Annot repréfenterent à peu près la même chofe, mais moins attachés à ce qui avoit été fait dans l'Affemblée tenue par devant le Lieutenant de Sénéchal au fiege de Draguignan, ils déclarerent que fi les Etats trouvoient que la Députation faite dans cette Affemblée étoit contraire à la regle, ils fe départoient de toute prétention à cet égard, & s'en rapportoient à ce qui feroit décidé par les Etats.

Le Sr Affeffeur s'éleva avec force contre ces Députations particulieres ; il les préfenta comme nulles, au moyen de quoi il requit *l'Affemblée générale des Etats faire la Députation de ceux qui doivent aller affifter pour MM. du Clergé, de la Nobleffe & pour le Tiers-Etat.*

On en vint aux opinions, & il fut délibéré qu'il feroit *interjetté appel ainfi & par devant qui il appartiendra au nom & dépens du Pays des Députations particulierement faites par les Lieutenans du Sr grand Sénéchal, efdits fieges & Sénéchauffées, & à ces fins former oppofition à l'exécution des impofitions de deniers faites pour raifon de ce, & que fera baillé empêchement par tous les remedes de droit à ceux qui voudront aller affifter auxdits Etats généraux de France, autres que ceux qui feront ci-après Députés en cette Affemblée, lefquelles Députations & Affemblées particulieres, ils ont defavoué & defavouent comme nulles & nullement faites, contre l'intention de Sa Majefté, ufages & coutumes obfervés en ce Pays en pareil fait* (1).

Nous étions alors en Provence dans un moment de crife, de trouble, dans un état de guerre civile ; deux partis nous divifoient ; ils avoient chacun leurs Affemblées. Les Etats que je viens de rapporter avoient été tenus à Aix au mois d'Août ; le parti contraire tint fon Affemblée à Pertuis au mois de Décembre fuivant. Elle defavoua la Députation faite par l'Affemblée d'Aix aux Etats généraux de France ; mais fidele aux principes qui nous gouvernent, elle ne crut pas qu'il pût être député ailleurs que dans le fein de l'Affemblée Nationale, & en conféquence nomma de fon chef ceux qui devoient nous repréfenter aux Etats généraux (2).

De ce que je viens de dire, il me paroît prouvé que les Députations aux Etats généraux de France ne peuvent être faites que dans le fein de nos Etats Nationaux ; j'ajoute que nos feuls Etats ont le droit de fanctionner la nomination des Députés ; lors même qu'il y auroit des preuves que chaque Ordre en particulier prépare dans fon intérieur le choix des perfonnes qui doivent être chargées de le repréfenter. Cette derniere maniere de procéder me paroît raifonnable ; chaque Ordre connoît mieux fes Membres, peut placer fa confiance d'une maniere plus conforme à fes vues ; mais alors l'acte de chaque Ordre en particulier n'eft que préparatoire ; c'eft le travail d'une Commiffion qui pour acquérir la force d'une vraie Délibération, doit être confolidé par le vœu de la

---

(1) Archives du Pays, Reg. des Délibérations, n. 5, fol. 38 v° & fuiv.
(2) *Idem*, n. 5 d'une feconde collection, fol. 14.

Nation affemblée; puifque c'eft la Nationqui doit être reprefentée par des Députés des Ordres qui la compofent.

Que la nomination des Députés aux Etats généraux foit un acte dévolu aux Etats Nationaux, c'eft un point qui me paroît ne pouvoir être révoqué en doute d'après les preuves que je vais en rapporter.

Aux Etats tenus à Aix au mois d'Août 1588, ont lit : *Lefdits Etats ont commis & député pour MM. du Clergé de ladite Province, Mgr le Reverendiffime Archevêque d'Aix; pour MM. de la Nobleffe, M. de Béʒaudun, & pour le Tiers-Etat M. M*ᶜ *Honoré Guiran Sr de la Brillanne, Avocat en la Cour, & les Communautés de Forcalquier & de Caftellanne* (1).

Les Etats convoqués à Pertuis au mois de Décembre fuivant, nommerent pour Députés aux mêmes Etats généraux le Sr d'Allein & le Sr de Saint-Martin, qui étoient déjà en Cour pour les affaires du Pays (2).

L'Affemblée tenue à Aix en forme d'Etats aux mois de Janvier & Février 1591, *par la commune opinion de tous, ont commis & député le Sr Reverendiffime Evêque de Sifteron, M. M*ᶜ *Nicolas Flotte, Confeiller du Roi en fa Cour de Parlement de ce Pays de Provence, & le Sr du Caftellet, pour fe tranfporter en la ville d'Orléans ou ailleurs où befoin fera, pour fe préfenter & affifter aux Etats généraux de la France, mandés en la ville d'Orléans au nom du Général dudit Pays; leur faire entendre, etc.* (3).

Une autre Affemblée générale tenue à Aix en forme d'Etats dans

---

(1) Archives du Pays, Reg. des Délibérations, n. 5, fol. 38 & fuiv.

(2) *Idem*, n. 5 d'une feconde collection, fol. 14.

(3) *Idem*, n. 5, fol. 255.

les mois de Novembre & Décembre 1591, me fournit une nouvelle preuve de ce que j'ai avancé. On y voit que *le Sr Affeffeur a remontré que la premiere chofe qu'on doit faire après l'inftitution des Greffiers & autres Officiers, eft de procéder à la Députation de ceux qui doivent être délégués en France pour affifter aux Etats généraux .... Sur laquelle Députation ayant été mûrement délibéré, ladite Affemblée, tout d'un commun accord, a député pour aller auxdits Etats généraux, en France, convoqués en la ville de Rheims, le Sr Reverendiffime Evêque de Riez, pour le Clergé, le Sr de ...., Sr de Bonneval, pour la Nobleffe, & M. M*e* Honoré de Laurens, Confeiller du Roi & fon Avocat général en fa Cour de Parlement de Provence, pour le Tiers-Etat* (1).

Les Etats généraux de France furent encore convoqués, mais pour la derniere fois, en 1614. Nos Etats Nationaux avoient été affignés au mois de Juillet; ils ne furent cependant point convoqués; il fallut néanmoins député aux Etats généraux. Les trois Ordres furent affemblés féparément à Aix; ce fait eft prouvé par tous nos documens, ne le fût-il pas, nous en trouverions la preuve dans le procès-verbal d'une Affemblée générale de nos Communautés tenue à Aix au mois d'Août 1614. On y voit que le *Sr Affeffeur a repréfenté* que les Députés des Vigueries qui ont été mandés de la part de M. le grand Sénéchal, pour l'Affemblée qui fe doit tenir du Tiers-Etat pour député aux Etats généraux, *ont requis par un comparant qu'ils ont préfenté, d'avoir féance & opinion dans cette Affemblée ce qui n'eft de coutume & ufage, n'ayant entrée, voix & opinion qu'aux Etats* (2).

Cette même Affemblée députa en Cour M. l'Archevêque d'Aix,

---

(1) Archives du Pays, Reg. des Délibérations, n. 5, fol. 335.
(2) *Idem*, n. 9, fol. 398 v° & 400.

M. le Marquis des Arcs, premier Conful d'Aix, M. de Salignac, Affeffeur Procureur du Pays, M. de la Motte Saboulin, premier Conful d'Hieres, & Me Antoine Achard, Greffier des Etats. Ces mêmes Députés réunirent les fuffrages de leurs Ordres refpectifs. M. l'Archevêque d'Aix, conjointement avec M. l'Evêque de Sifteron, furent les Députés du Clergé de Provence aux Etats généraux ; M. le Marquis des Arcs fe trouva à la tête des Députés de la Nobleffe ; les autres que j'ai nommé ci-deffus furent les Repréfentans du Tiers-Etat.

Quant au payement des Députés, il n'eft pas douteux que chaque Ordre fournit à la dépenfe de ceux qu'il honore de fa confiance & qu'il charge de fes intérêts.

Le Greffe des Etats n'a pu me fournir les renfegnemens neceffaires pour la Députation aux Etats tenus à Blois en 1576. Le Regiftre des Délibérations des Etats tenus depuis 1573 jufqu'en 1578 eft égaré.

Mais on trouve dans le procès-verbal des Etats tenus à Marfeille en Février 1578, des Délibérations relatives à cette Députation. On y voit que M. Louis Levefque Sr de Rogiers, qui avoit été un des Députés en 1576, conjointement avec le Sr Eveque de Tholon, le Sr Comte de Porrieres, & Me Antoine Thoron, de Digne, & un des Confuls de Draguignan, pour affifter aux Etats généraux tenus à Blois, demanda d'être payé des frais de fon voyage à raifon de 9 livres par jour, pour huit mois & vingt-quatre jours. Me Thoron fit la même demande ; & pour le Conful de Draguignan, il fut repréfenté aux Etats qu'ayant été enlevé par les ennemis lorfqu'il étoit en chemin pour fe rendre à Blois, on devoit au moins lui payer les frais de fon voyage (1).

---

(1) Archives du Pays, Reg. des Délibérations, n. 3, fol. 1 & fuiv.

Le Sr de Porrieres avoit été Député de la Nobleffe; il demanda au Pays le payement de fon voyage; il lui fut refufé, & fe vit obligé de recourir à fes mandans dans leur Affemblée tenue le 8 Juillet 1581.

Il réfulte donc de l'enfemble de toutes ces preuves, qu'aux Etats de Blois en 1576, la Provence fut repréfentée par l'Evêque de Toulon, Député du Clergé, le Comte de Porrieres, Député de la Nobleffe, M. de Levefque Sr de Rogiers, Me Thoron, & un des Confuls de Draguignan, repréfentans le Tiers-Etat. A quel propos fans cela, les Etats de 1578 avoient-ils refufé au Député de la Nobleffe le payement qu'il réclamoit, fi au même inftant, ils avoient alloué à un autre Député du même Ordre les frais de fon voyage.

Les faits que je vais rapporter fortifieront cette induction.

On lit dans le procès-verbal des Etats de 1588 : *Et fera ledit Segneur Reverendiffime Archevêque d'Aix payé de fon voyage par MM. du Clergé dudit Provence, fuivant la taxe qui en fera faite en l'Affemblée générale du Clergé de France, & ledit Sr de Bezaudun par MM. de la Nobleffe dudit Provence, ainfi que fut deffus avant ordonné par le Roi aux précédens Etats généraux; & quant audit Sr Guiran les Etats lui ont taxé & ordonné la fomme de 500 écus fols, & auxdites Communes & Députés de Forcalquier & Caftellanne la fomme de 300 écus fols, à la charge que fi ledit Sr Guiran & Communes font fejour audit voyage de plus de trois ou quatre mois au plus, ils feront chacun d'iceux payés pour le furplus du tems qu'ils y demeureront, à proportion de la fufdite taxe* (1).

Un femblable procès-verbal de l'Affemblée tenue en forme d'Etats

---

(1) Archives du Pays, Reg. des Délibérations, n. 5, fol. 38 & fuiv.

dans les deux derniers mois de l'année 1591, renferme à peu près la même difpofition, *auquel Sr Avocat général* (il étoit Député pour le Tiers-Etat), *ladite Affemblée accorde quatre écus par jour durant fon voyage, & lui fera fait avance de 600 écus, comme avoit été accordé au Sr Confeiller Flotte, Député par l'Affemblée derniere pour le même voyage; & pour le regard dudit Sr Evêque de Riez & dudit Sr de Bonneval feront payés par le Clergé & la Nobleffe* (1).

Nul doute qu'en 1614 les Députés aux Etats généraux n'ayent été payés par leurs Ordres refpectifs; puifque à défaut des Etats de Provence, ils tinrent leur pouvoir d'une Affemblée particuliere de leur Ordre.

Nous n'affiftons pas feulement aux Etats généraux de France pour y foutenir nos privileges, y défendre notre Conftitution, & la garantir de toute innovation; notre miniftere n'y eft point paffif; nous y avons voix déliberative, nous y portons notre opinion; le bien général du Royaume nous intéreffe, & nous votons fur tous les objets mis en délibération. J'en ai pour preuve les pouvoirs donnés à nos Députés par l'Affemblée en forme d'Etats tenue à Aix dans les deux premiers mois de 1591. On y voit qu'ils font chargés de repréfenter aux Etats généraux le trifte Etat ou fe trouvoit réduit le Pays par la guerre civile dont il avoit été le théâtre; *en iceux Etats généraux opiner & donner leur voix délibérative fur tout ce qui y fera procédé pour le bien & foulagement dudit Royaume & fingulierement de cette pauvre Province, fuivant les Mémoires qui leur en feront donnés par forme d'articles par les Srs Procureurs du Pays, duement fignés & qui en dépend, & fur ce,*

---

(1) Archives du Pays, Reg. des Délibérations, n. 5, fol. 335.

faire, dire, procurer, requérir, demander & négocier, & tout ainsi qu'il pourroit être raisonnable & connoîtront réussir au bien, profit & soulagement du général dudit Royaume & de cette Province (1).

Les Etats du mois d'Août 1588, parlerent à peu près le même langage, mais ils fournissent matiere à une autre observation. Peut-on dans nos Assemblées Nationales où il s'agit de députer aux Etats généraux, s'occuper de tout autre objet de délibération ? Si j'en crois le procès-verbal de ces Etats, je pencheroi pour la négative; on remarque en effet que le Sr Chartra, Avocat, ayant été Député en Cour, établit à Paris un Solliciteur pour les affaires du Pays; les Etats tenus à Salon en 1584 avoient donné leur approbation au choix fait par ce Député; cependant la Chambre des Comptes faisoit quelque difficulté d'allouer en dépense les gages & les salaires de ce Solliciteur. Le Sr Chartra se présenta aux Etats de 1588, & demanda le rétablissement de ces sommes. Les Etats avouerent la justice de cette réclamation, mais ils observerent que *n'étant les présens Etats assemblés que pour la Députation des Etats généraux de France, le Sr Chartra attendra la tenue d'autres Etats pour en obtenir l'approbation* (2). Mais ce seul exemple ne sauroit constater la regle, surtout étant en opposition avec les deux Assemblées tenues en forme d'Etats en l'année 1591, & qui s'occuperent de tous les objets que l'on traite ordinairement dans ces circonstances, quoiqu'on eût à député aux Etats généraux de France.

J'ai dit que la Provence n'a jamais été privée du droit d'avoir quelques-uns de ses Habitans dans les Assemblées des Notables;

---

(1) Archives du Pays, Reg. des Délibérations, n. 5, fol. 225.
(2) *Idem*, n. 5, fol. 38 v° & suiv.

il a même été un temps où les Membres Provençaux de ces Assemblées étoient députés par nos Assemblées Nationales ; on en trouve la preuve dans le procès-verbal d'une Assemblée particuliere tenue à Riez en Septembre 1596.

Il avoit été convoqué une de ces Assemblées à Compiegne. Le Sr de Fabregues, Assesseur, representa à nos Communautés assemblées, qu'elles doivent s'occuper d'y députer, suivant l'intention de Sa Majesté. Leur choix tomba sur le Sr de Saint-Martin, Procureur du Pays ; l'Assesseur fut prié de se joindre à lui, & on nomma pour troisieme Député, Me Pierre de Caux, un des Greffiers des Etats. La Délibération porte encore que dans le cas où la santé du Sr de Fabregues ne lui permettroit pas de faire ce voyage, l'Assemblée l'autorise à nommer à son lieu & place telle autre personne qu'il avisera. L'Assesseur ne voulut point profiter de cette liberté ; ses indispositions furent un obstacle à son voyage, & la Députation ne fut composée que du Sr de Saint-Martin & du Greffier des Etats (1).

Il est encore fait mention d'une Assemblée de Notables dans le procès-verbal des Etats tenus à Brignoles au mois d'Août 1618, mais il ne paroit point que les Membres de cette Assemblée eussent été à la nomination des divers Etats qui composent le Royaume de France.

L'Assemblée des Notables avoit été tenue à Rouen ; le Tresor Royal avoit fourni à cette dépense, qui avoit été ensuite répartie sur chaque Province du Royaume. La Provence étoit comprise dans cette répartition pour une somme de 9000 livres, & le Bureau des Finances en la généralité d'Aix avoit été chargé par Lettres-

---

(1) Archives du Pays, Reg. des Délibérations, n. 6, fol. 252 v°.

252   Dissertation sur les Etats

patentes, d'impofer fur le Pays pour faire rentrer cette fomme dans les coffres du Roi. Le Sr de Feraporte, Affeffeur, en rendant compte de cette affaire aux Etats, infifta principalement fur le patriotifme de MM. les Tréforiers généraux de France, qui ne leur avoit pas permis de paffer outre à l'enregiftrement de ces Lettres-patentes, comme étant contraires à nos libertés & à l'autorité des Etats, & autres Affemblées Nationales auxquels feuls il appartient d'impofer fur le Pays. Sur ce rapport il fut délibéré qu'il feroit demandé au Roi de décharger la Provence de cette répartition.

Deux ans après, cette affaire fut encore réveillée aux Etats tenus à Marfeille en Septembre 1620. M. Lazare Cappeau, Tréforier de France en Provence, & un des Commiffaires du Roi aux Etats, fut chargé de renouveller cette demande & de faire procéder à l'exaction de cette fomme. Il en fit part aux Etats, qui recoururent de nouveau à la voie des remontrances.

Cette feconde tentative n'ayant pas mieux réuffi, le Tréforier de l'époque fit procéder contre le Sr Gaillard, Tréforier du Pays, à des pourfuites judiciaires. Celui-ci les dénonça aux Etats tenus à Aix aux mois de Mai & Juin 1622. Ils déclarerent prendre le fait en main de leur Tréforier, & délibérerent de nouveau de s'adreffer au Roy pour obtenir d'être à l'abri de toute pourfuite à cet égard, ce qui nous fut fans doute accordé (1).

---

(1) Archives du Pays, Reg. des Délibérations, n. 10, fol. 108 209 v° & 340.

CHAPITRE VI.

CONTRIBUTION AUX CHARGES PUBLIQUES.

J'entreprends de traiter une matiere qui depuis long-tems agite les efprits en Provence. Serois-je plus heureux que ceux qui m'ont précédé dans cette carriere ? Oui, fans doute, fi je parle le langage de l'impartialité, fi je dis aux uns, vous demandez trop, & que je vienne à bout de le démontrer; fi je dis aux autres, tout exige que vous vous relâchiez de la rigueur de vos droits ; nos mœurs ne font plus les mêmes, & vous êtes trop généreux 'pour vouloir d'un bien que vous ne devriez qu'aux travaux & à la fueur de vos femblables.

Une demande exceffive révolte, lorfquelle n'eft appuyée fur aucune bafe folide. Un refus obftiné & entier excite le défefpoir, lorfque tous les fentimens qui émeuvent l'âme noble le réprouve.

Mais eft-il bien vrai que les prétentions aient été portées au-delà de toute mefure? Oui, fans doute, n'en imputons point la faute au Tiers-Etat; il a été abufé, & on embraffe avec avidité ce qui favorife l'intérêt perfonnel. Nous aimons à croire tout ce qui nous flatte, &

nous ne voulons jamais nous perfuader qu'on ait pu nous tromper dans une défenfe, lors même qu'elle eft dictée par trop de chaleur.

Du refte, je me trompe en nommant dans cette querelle la Nobleffe & le Tiers-Etat, car ici il eft abfolument néceffaire de bien précifer toutes les idées ; nous ne connoiffons en Provence aucune diftinction perfonnelle ; le rôturier qui poffede des terres nobles dans l'étendue de fon Fief, jouit des avantages que ne peut réclamer le Gentilhomme dont les biens font foumis à une jurifdiction qui ne repofe pas fur fa tête, & s'il eft vrai que la Nobleffe en Provence poffede plus de biens rôturiers que de biens nobles, ce n'eft plus la querelle du Tiers-Etat contre la Nobleffe qui excite des réclamations, mais la difpute toujours fubfiftante des biens nobles contre les biens rôturiers. Ainfi donc, dans notre Adminiftration la Nobleffe eft repréfentée quant à fes biens rôturiers par le Tiers-Etat, comme le Tiers-Etat eft repréfenté quant à fes biens nobles par la Nobleffe, depuis que par l'établiffement du franc Fief la poffeffion d'un Fief n'eft plus une preuve de Nobleffe.

Je prie mes Lecteurs d'avoir toujours cette obfervation préfente à leur efprit, lorfqu'ils liront ce Chapitre ; elle fervira au développement des idées que je vais tâcher de leur tracer avec célérité & méthode.

Pour mettre de l'ordre dans ce que je vais dire, je commenceroi par analyfer tout ce qui a été écrit en dernier lieu en faveur du Tiers-Etat, c'eft-à-dire en faveur des biens rôturiers.

Je préfenteroi enfuite les titres qui conftituent les droits refpectifs ; je rappelleroi l'exécution qu'ils ont eu, & je laifferoi à ceux qui me liront à décider ce que la juftice exige, ce que l'équité peut demander.

A peine eûmes-nous conçu en Provence la douce efpérance de voir renaître avec nos Etats généraux notre antique Conftitution, que MM. les Procureurs du Pays fe hatterent dans le mois d'Août 1787 de convoquer une Affemblée des Procureurs du Pays nés & joints.

Là, M. Pafcalis, Affeffeur d'Aix, Procureur du Pays, intimement pénétré des devoirs que lui impofoit, non la qualité de Procureur du Pays, car fous ce rapport il eft le défenfeur des trois Ordres réunis, mais fa qualité de défenfeur du Tiers-Etat, que fes prédéceffeurs s'étoient arrogée, depuis que la place de Sindic des Communes n'avoit plus été remplie, s'attacha à prouver qu'il ne pouvoit point y avoir de réunion des trois Ordres dans l'Adminiftration, fi en même tems les trois Ordres ne concouroient pas dans une jufte proportion au payement de toutes les charges du Pays.

Tel fut le fyfteme de M. l'Affeffeur.

La contribution du Clergé & de la Nobleffe aux charges du Pays eft de Droit commun ; elle eft le vœu de notre premiere Conftitution ; elle étoit pratiquée dans les anciens Etats ; elle fut décidée par le roi René le 17 Octobre 1448, confirmée en 1639 ; elle eft généralement proclamée par tous les publiciftes ; elle eft dans les deffeins du Gouvernement actuel.

Si le Pays n'eft que la réunion des trois Ordres, les charges du Pays ne peuvent être que la charge des trois Ordres. Ce n'eft que par une contribution proportionnée à fes poffeffions, que, dans un Pays où toutes les impofitions font réelles, on peut avoir intérêt à l'Adminiftration.

Si l'Etat eft un Trefor commun dans lequel chacun doit dépofer fes tributs, fes fervices, fes talens, parce que chacun doit y trouver fon aifance, fon bonheur, fa fûreté, il ne peut y avoir d'ordre qui ne tienne à la fociété que pour profiter de fes avantages.

Le fervice militaire n'a jamais été regardé comme un motif d'exemption de contribution aux charges publiques. Sous fon véritable rapport, ce n'étoit que la condition du contrat d'inféodation, qui ne difpenfoit pas de contribuer aux charges publiques.

Peu importoit à l'Etat que le rôturier payât en argent, quand le Gentilhomme poffédant-fief, eccléfiaftique ou féculier, faifoit le fervice militaire à fes dépens. L'un payoit du produit de fes fonds, l'autre de fa perfonne & de fa bourfe.

Si le Gouvernement ne convoque plus le ban & l'arriere-ban, fi c'eft au contraire le Tiers-Etat qui paye le fervice militaire en argent & en nature, il eft bien jufte que le moyen par lequel le Clergé & la Nobleffe contribuoient anciennement aux charges publiques ceffant, l'on rentre dans le Droit primitif, & on en revienne à l'ancienne Conftitution.

Ce retour eft d'autant plus néceffaire, que, quand les Gentilfhommes poffédans-fiefs, convoqués, ne fe rendoient pas, ils payoient en argent le fervice perfonnel qu'ils ne faifoient pas. La difpenfe du fervice perfonnel entraîne néceffairement la contribution en argent.

Ce n'eft point un facrifice qu'on demande aux deux premiers Ordres ; c'eft le retour complet au Droit focial & à notre ancienne Conftitution.

Une des plus anciennes Délibérations des Etats, confignée dans les archives du Roi, au Regiftre *Rubei* (fol. 12), renferme plufieurs difpofitions qui, toutes, retracent cette égalité de contributions.

Les Etats avoient un Tréforier & des Auditeurs de compte ; donc une recette commune.

Les Etats députent dans chaque Viguerie pour faire la recette ; ils ordonnent qu'il leur fera rendu compte de ce qui a été exigé. Ce Tréforier étoit un Gentilhomme des plus qualifiés (Guiran de Simiane) ; il avoit donc la caiffe des trois Ordres ; & cette caiffe fuppofe néceffairement une contribution particuliere à chacun d'eux.

Il fallut repouffer les ennemis. Les Etats s'obligerent de fournir à leurs dépens *quingentos glanios*. Les Etats ne font que la réunion des trois Ordres ; donc les trois Ordres contribuerent.

A l'effet de procurer plus promptement la levée de ce fecours, les Etats députent dans chaque chef de Viguerie *un de chaque Ordre* pour exiger l'argent.

Dans le cas où un noble ou une Communauté vouluffent faire eux-mêmes *glanium* ou *glanios* les concernant, ils pourront retenir le montant de leur contribution, pourvu que tels *glanii* foient prêts de marcher au premier ordre armés de pied en cap.

« Et afin que le Peuple ne fupporte pas tout le fardeau, les Etats ont ordonné que chaque Prélat pour fa temporalité, & les Nobles, payeront chaque mois un florin pour 5oo *glaniis* & demi-florin pour 200, & cela pour la défenfe de la Patrie, fauf l'approbation du Pape pour ce qui concerne les Prélats, lesquels payeront un florin fur 100 de revenu ; & ceux qui n'auront pas un florin de rente, payeront comme ceux du Peuple. »

La Délibération du 1er Octobre 1374 dépofée dans le même Regiftre (fol. 107), fournit une nouvelle preuve de la contribution cumulée des trois Ordres.

Des befoins publics exigerent des fecours extraordinaires ; il fallut lever des troupes, fournir à leur folde.

L'argent néceffaire sera levé à tant par feu.

Chaque Prélat pour fa temporalité, chaque Baron & Noble pour fa jurifdiction payera deux florins pour 100 de revenus, & un florin feulement fi le revenu eft au-deffous de 100 florins.

Chaque Ordre établira dans chaque Viguerie un exacteur.

« Le Sénéchal fera fupplié de faire contribuer à ce que deffus tous les Barons & toutes les Villes, terres & lieux de Provence & de Forcalquier qui fe prétendroient exempts, comme la ville de Marfeille. »

En 1391 les Etats établirent des droits fur les confommations. La plus grande confommation s'opérant par le plus riche, il faut donc conclure que le plus riche payoit la plus forte contribution.

M. l'Affeffeur ne fe diffimule point que le jugement de Louis II, rendu le 6 Octobre 1406, donna quelque atteinte à cette forme de diftribution des charges. Il en donne le motif. La Nobleffe feule, chargée alors du fervice militaire, ne devoit pas payer double charge.

Attento quod nobis & noftræ curiæ ferviunt, & eos fervire volumus, cum neceffitus aderit infuturum.

C'étoit une nouvelle forme de diftribution, qui n'altéroit point le premier principe de la Conftitution. Au moyen du fervice perfonnel que la Nobleffe faifoit à fes dépens, fa contribution devenoit plus forte que celle du Peuple. La Nobleffe ne prétendoit pas alors fe faire déclarer exempte de toute charge, mais ne devoit pas en fupporter deux. *Ne duplici onere gravarentur.*

C'eft de ce jugement que la Nobleffe veut s'autorifer pour ne contribuer ni aux dépenfes d'un fervice militaire qu'elle ne fait plus, & qui n'eft plus qu'à la charge du Peuple, tant en nature qu'en argent, ni aux charges publiques; pas même aux dépenfes communes.

Les impofitions qui n'étoient pas relatives au fervice militaire étoient rares anciennement. Cependant il en exiftoit quelquefois. Les befoins publics les follicitoient. La Nobleffe prétendoit en être exempte; dons & fubfides pour l'Etat, dépenfes communes & profitables à tous, elle voulut tout rejetter fur le Tiers-Etat. Elle prétendit même l'exemption pour les biens rôturiers & taillables qu'elle avoit acquis.

La décifion donnée par le Roi René en 1448 foumit les poffédans-fiefs à contribuer à toutes les charges quelconques pour les biens auparavant taillables qu'ils avoient acquis des plebées; ils furent déclarés exempts de contribuer aux dons & fubfides. Mais quant aux charges & dépenfes pour l'utilité & profit commun de tous, ils furent foumis à y contribuer pour tous leurs biens fans aucune diftinction.

Ipfos Nobiles teneri ad contribuendum cum popularibus, cum nullum genus hominum excufetur, cujufcumque dignitatis ac venerationis exiftat, neminem jus eximat, & in præmiffis Dominos & Dominas incledat.

Unde nos incommodo fubditorum cura privilegi cupientes obviare,....... omni captiofa fubtilitate rejecta, refpectam habentes ad æquitatem & veritatem juris.... præfatas ordinationes juftas & rationabiles ac juri confonas fuiffe & effe declaramus.

Il ne fauroit donc y avoir aucun doute fur la contribution des deux premiers Ordres aux frais d'Adminiftration & dépenfes communes. Quant aux dons & fubfides, les deux premiers Ordres doivent encore y contribuer, parce qu'ils ne font plus le fervice militaire qui leur tenoit lieu de contribution.

De ces titres anciens, M. l'Affeffeur paffe à des titres plus récens.

Arrêt du Confeil du mois de Mars 1635, qui ordonne que *les Etats de Provence payeront 36,000 livres au Gouverneur & 15,000 livres pour la folde & entretenement de fes gardes.* Les Etats doivent payer, donc les trois Ordres doivent contribuer.

Lettres-patentes de 1639 portant convocation de nosEtats. Ils avoient été fufpendus depuis 1632. La Nobleffe s'en étoit plainte ; elle avoit repréfenté qu'il n'étoit pas jufte que contribuant aux charges du Pays, elle n'eût aucune part aux Délibérations qui déterminoient ces charges. Cet aveu eft formel ; pourquoi la Nobleffe fe refuferoit-elle aujourd'hui à une contribution, qu'elle regardoit comme une de fes charges ?

Tel eſt le précis des raiſons & des titres qu'invoqua M. l'Aſſeſſeur pour appuyer ſon ſyſteme de contribution commune des trois
Ordres. Bientôt il fut répandu dans le public un Mémoire ſigné de
lui, dans lequel il développa d'une maniere plus étendue ſes principes & ſes conſéquences.

Mais avant que d'entrer dans l'examen de ce Mémoire, qu'il me
ſoit permis de faire quelques obſervations ſur le rapport de M. l'Aſſeſſeur; de peſer à la balance de l'impartialité les titres dont il a
voulu s'étayer. Peut-être viendroi-je à bout de les réduire à leur
juſte valeur, & de donner à chacun ce qui lui appartient. Car je
le répete, je diroi le bien & le mal; & je tâcheroi de mettre chaque
choſe à ſa place.

Il n'eſt pas douteux que le Clergé & la Nobleſſe ont été anciennement cottifés; les procès-verbaux de nos anciens Etats nous en
fourniſſent des preuves qu'il feroit inutile de chercher à combattre;
mais quels étoient les objets de cette cottiſation? Toujours le péril
imminent qui menaçoit la Patrie; des ennemis à repouſſer, des
invaſions à éviter, nos foyers à défendre, l'honneur de nos Souverains à ſoutenir, leur domination à étendre ou à conſerver; en
voici la démonſtration. Les titres cités par M. l'Aſſeſſeur nous la
donnent.

Le premier titre eſt un extrait du Regiſtre *Rubei* (fol. 11), conſervé aux Archives du Roi. Son intitulation eſt:

*Tranſcriptum pactorum de novo ordinatorum per tres Status
Provinciæ pro defenſione & fuitione hujus Patriæ cum reſponſioni-
bus Domini Seneſcalli.*

Dans ſon diſpoſitif on lit:

*Præterea ordinavit dictum conſilium generale quod ubi præfatus
Dominus Comes voluerit gentem armigeram facere pro defenſione
Patriæ, aut faciet talem gentem pro ſtabilitis aut pro expreſſione*

inimicorum totali fi pro ſtabilitis fiunt ducenti glavii expenfis dictorum trium Statuum nam fatis videtur sufficere dicto confilio attentis omnibus quibus fuit dicta Patria fatigata, inſtante tempore hiamali fi vero voluerit in breve tempus infra duo menſes vel tres manu fortis dicto inimicos expellere militare ordinavit pro dicto tempore quod habeantur & folvantur per dictos tres Status quingenti glavii tantum expenfis trium Statuum predictorum.

Le même motif néceffita la cottifation du Clergé & de la Nobleffe en 1374.

Et primo quod ordinetur defenfio hujus Patriæ tam in fortifitionibus locorum reductione victaulium quam conductione gentis armigere fic quod poffit refifti conatibus ictorum peſtiferorum gentiumque HANC PATRIAM INVADERE *jam minantur.*

Item fuit ordinatum quod Domini prelati pro temporalitate quam habent Barones & Nobiles jurifdictionem habentes pro quolibet centenario florenorum quos habent in redditibus falvat florenos duos & a centenario infra florenum unum vel minus fecundam rotam diminutionis floreni pro foco de quâ fuperius dictum eſt (1). Même motif en 1391 pour la levée des impofitions fur les confommations. Il s'agiffoit de fournir à la folde, des lances, *roffins* & hommes néceffaires pour la défenfe du Pays (2).

Tels font les titres cités par M. l'Affeffeur; il auroit pu pouffer fes recherches plus loin; il eût trouvé au Regiſtre *Potentia*, fol. 128, une taxe faite fur tout le Clergé de Provence, Cardinaux, Archevêques, Evêques, Abbés, Chapitres, Prîeurs, Commandeurs de Saint-Jean de Jérufalem, Prévôts, Archidiacres, tout y fut com-

---

(1) Archives du Roi, Reg. *Rnbei*, Art. 8, fol. 110.
(2) *Idem*, Reg. *Potentia*, fol. 121 & fuiv.

pris. Quel en fut l'objet? La défenfe du Pays, des troupes à mettre fur pied, leur équipement à payer.

On fuivit la même marche en 1393. Le Clergé fut généralement taxé; les Etats du mois d'Août s'adrefferent même au Pape pour avoir des Commiffaires apoftoliques qui puffent contraindre chaque individu de cet Ordre à contribuer à la dépenfe de la guerre, ainfi qu'y contribuoient les laïques (1), & quelques mois après, de nouveaux Etats tenus à Marfeille au mois de Novembre, taxerent les poffédans-fiefs, tant eccléfiaftiques que laïques, à raifon du trois pour cent de leur revenu, & ce pour contribuer à la dépenfe qu'occafionnoit au Pays les gens d'armes & arbaletriers qui avoient été mis fur pied (2). On a vu ces mêmes taxes être renouvellées en 1396 & 1397 (3). Mais je prie mes Lecteurs de confidérer que la Provence étoit alors le théâtre de la guerre; & quel eft le citoyen qui puiffe prétendre être difpenfé de venir au fecours de fa Patrie, lorfque fon exiftence eft menacée.

Mais eft-il bien vrai que le fervice militaire fût tout à la charge du poffédant-fief? Eft-il bien vrai que le poffeffeur du bien rôturier ne payât que *du produit de fes fonds*, tandis que l'eccléfiaftique & le Gentilhomme ayant jurifdiction payoit *de fa perfonne & de fa bourfe*? Confultons encore fur ce point nos anciens Monumens, ils vont nous diriger dans notre réponfe.

Les Etats de 1374, cités par M. l'Affeffeur, après avoir ordonné que la Nobleffe fournira deux cents lances, veulent encore *quod quælibet Bajalia & Vicaria faciat partem fibi contingentem de lanceis*

---

(1) Archives du Roi, Reg. *Potentia*, fol. 31.
(2) *Idem*, Art. 416, fol. 6 v° & *in fine*.
(3) *Idem*, Art. 1, fol. 145, 151, 157, 163 & 69 v°.

& baliſteriis ſupra tactis, ſi in Bajaliis & Vicariis ipſis reperiantur ſufficientes. Voilà donc les Baillages & les Vigueries ſoumis à fournir en nature leur contingent de l'armée ; les voilà dans la même catégorie que la Nobleſſe ; mais ces lances levées par les Baillages & les Vigueries, quel ſera celui des Ordres qui les payera ? Les mêmes Etats nous répondent.

Item fuit ordinatum quod pecuniæ neceſſariæ exigi pro predictis lanceis & baliſteriis levetur & exigatur ad rationem focorum facto prius recurſu vero & debito de focis ſic quod nullus gravetur ſed portet quilibet ut congruit onus ſuum. On n'ignore point qu'en Provence l'impoſition par feu ne compete qu'aux biens rôturiers, ce furent donc les biens rôturiers qui payerent les lances levées dans les Vigueries & Baillages. Le Tiers-Etat paya donc de ſa perſonne & de ſa bourſe ainſi que la Nobleſſe. Egalité de part & d'autre.

Les mêmes Etats ne voulurent point fixer la cottité de la contribution par feu. Les circonſtances pouvoient ſeules en être la regle ils s'en rapporterent à ce qui ſeroit déterminé par le Sénéchal & ſon Conſeil ; mais ils lui demanderent de n'accorder aucune exemption ; Barons, Villes, terres, lieux des Comtés de Provence & de Forcalquier, exempts ou non exempts, à l'exception de la ville de Marſeille, durent contribuer à la défenſe de la Patrie & fournir les ſecours jugés néceſſaires pour repouſſer les Nations ennemies *quæ hanc Patriam invadere jam minentur.*

Item ordinatum ut ſupra quod pro ſingulo foco tam terrarum demonii quam, Prœlatorum, Baronum, Nobilium & Univerſitatum exigatur & levetur premiſſa de cauſa vel minus ſecundam occurrentiam negatii junta arbitrium Domini Seneſcalli & conſiliariorum eligendorum.

Item quod ſupplicatur Domino Seneſcallo quod ſibi placeat cogere

Barones, omnes civitatis terras & loca Provinciæ & Forcalquerii Comitatuum ad contribuendum in omnibus & fingulis fupra dictis qui ad contribuendum in eis affererent fe exceptos & forte pretenderent non teneri preter civitatem Maffiliæ.

J'ai dit que l'impofition par feu ne compétoit qu'aux biens rôturiers. Ces mêmes Etats nous en fourniffent la preuve. S'agit-il d'impofer les Barons & Nobles *jurifdictionem habentes*, l'impofition eft faite fur le revenu; j'en ai déjà rapporté la preuve en citant l'article 8 des Etats de 1374, Regiftre *Rubei*, ceux de 1394 au Regiftre *Potentia*, folio 14, article 5, nous en fourniffent une nouvelle preuve. Les Segneurs, Prélats, Barons & Gentilfhommes y font taxés au centieme de leur revenu pour fournir à la dépenfe des troupes. Faut-il impofer les Nobles ou Prélats *jurifdictionem non habentes*, la contribution eft reglée par feu *alii vero Nobiles jurifdictionem non habentes de terris & locis Prelatorum & Nobilium folvant pro fe pro foco florenum unum cum modificatione ut fupra facta.*

Et alii Nobiles terrarum & locorum demonii folvant ut folvere alias funt foliti (1). Tous ces préparatifs de guerre font faits *ad defenfionem Patriæ.*

Les Etats de 1391 s'occupent des moyens de pourvoir à la fûreté du Pays & ordonnent que le Capitaine général en l'abfence du Sénéchal pourra lever, fuivant que les circonftances l'exigeront, cent lances par Vigueries & Baillages; chaque lance emportant avec elle trois *roffins* & un homme ; leurs honoraires font fixés à raifon de vingt écus florins par mois (2). D'autres Etats tenus à

---

(1) Archives du Roi, Reg. *Rubei*, fol. 110, 111, Art. 3, 4, 5, 6, 7, 17.
(2) *Idem*, Reg. *Potentia*, Art. 3, fol. 121.

Avignon au mois d'Août 1393 firent une impofition de la moitié d'un franc par feu, payable chaque mois, pendant deux mois pour fournir à la folde des gens d'armes (1), les Etats fubféquens tenus à Marfeille au mois de Novembre de la même année, après avoir ordonné que la dépenfe occafionnée par les gens d'armes & arbalétriers levés dans le Comté de Provence, Forcalquier & terres adjacentes feroient payés par les contributions des Prélats & autres Membres du Clergé, par les Barons, Gentilfhommes & Communautés, chacun à proportion de fes facultés, & de telle maniere que perfonne ne pût prétendre aucune exemption, reglerent la contribution des biens rôturiers à cet égard à raifon de 3 livres par feu, & celles des poffédans-fiefs à raifon du trois pour cent de leurs revenus (2). Je trouve dans les Etats tenus à Tarafcon en 1394, une impofition de 24,000 livres à répartir fur les Baillages & Vigueries, deftinée à payer les gens d'armes étrangers, & à recouvrer les forts & places que ces troupes occupoient encore (3).

Il avoit été tenu des Etats à Aix en 1426, c'eft du moins ce qui réfulte du procès-verbal d'autres Etats tenus dans la même Ville en 1429. Les premiers avoient délibéré qu'il feroit mis fur pied, favoir, dans l'étendue des Vigueries 100 hommes d'armes & 200 arbalétriers; & dans les terres adjacentes 50 hommes d'armes & 100 arbalétriers; que les troupes levées dans l'étendue des Vigueries feroient payées du produit d'une impofition de dix fols deux deniers provençaux par feu; on remarque qu'à cette époque la ville d'Aix étoit affouagée 150 feux, & que la totalité de l'af-

---

(1) Archives du Roi, Reg. *Potentia*, Art. 3, fol. 57 v°.
(2) *Idem*, Reg. *Potentia*, Art. 416 & 18, fol. 4 bis.
(3) *Idem*, Art. 9, fol. 14.

fouagement en Provence étoit de 4258 feux; différence énorme fi l'on compare cet affouagement avec celui de nos jours.

Les Etats de 1429 augmenterent le nombre des troupes de 20 arbalétriers par 100 feux (1), preuve contraire que de ce tems là, les poffeffeurs des biens rôturiers contribuoient au fervice militaire, ainfi que les poffeffeurs des Fiefs.

Je vois prouver qu'en paffant fous la domination des Rois de France, nous ne changeâmes rien à nos mœurs à cet égard, lors même que l'on convoquoit le ban & l'arriere-ban.

En 1536 le Roi fit demander aux Etats tenus à Aix la levée de 5500 hommes d'infanterie. M. l'Archevêque d'Aix en mettant l'objet en délibération obferva que c'étoit à raifon de deux hommes par feu (2).

L'année d'après le Comte de Tende, grand Sénéchal, Gouverneur & Lieutenant général pour le Roi en Provence, convoqua les Etats à Marfeille; on ne trouve dans la lifte des préfens aucun des Membres du Clergé. Le Gouverneur y expofa que fes ordres portoient d'affembler le ban & l'arriere-ban, ainfi que *les gens des fougaiges du Pays,* pour s'oppofer aux courfes que les ennemis faifoient journellement en Provence, il demanda en conféquence aux Etats de pourvoir au payement de deux mille hommes d'infanterie. La délibération fut d'abord renvoyée au lendemain, le ban & l'arriere-ban étoient à la charge des poffédans-fiefs; ce n'étoit donc point là l'objet de la délibération; mais le Roi demandoit au Pays de lui fournir deux mille hommes *des gens des fougaiges du Pays,* expreffion qui eft préfentée aujourd'hui par le mot *fouage.*

---

(1) Archives du Roi, Reg. *Potentia*, fol. 227 & 229.
(2) Archives du Pays, Reg. des Délibérations, n. 1, fol. 2 v°.

Les Etats prirent en confidération l'extrême pauvreté du Pays; cependant furmontant leurs propres forces, ils accorderent 1500 hommes d'infanterie pour un mois, & déterminerent leur folde à raifon de fix livres tournois chacun (1).

Ce point de fait me paroît prouvé d'une maniere plus précife par la Délibération prife aux Etats tenus à Aix en Décembre 1544. La Nobleffe s'étoit difpenfée d'y affifter; le Clergé & les Communes demanderent qu'il fût pourvu à la nourriture des troupes aux dépens de la caiffe du Pays, & de ce que le Tréforier *exigera fur tout ledit Pays à raifon du fouage*. Cet objet de police intéreffoit uniquement les Communes; il s'agiffoit de favoir fi on rejetteroit cette dépenfe fur *les générales égalifations*. Elles aviferent & conclurent *que dorénavant les garnifons ne feront plus que trois mois au même endroit, & qu'à leur départ un Conful d'Aix, Procureur du Pays, fe rendra fur les lieux avec le Tréforier du Pays ou fon commis, appellés les Confuls du lieu, pour faire les vivres dont le montant, y compris le faftigage, fera impofé fur le Pays par les Procureurs d'icelui à raifon du fouage* (2). Je prie mes Lecteurs de remarquer que la Délibération que je viens de citer mot à mot, fait deux articles diftincts & féparés des *vivres* & du *faftigage*. Pour fournir aux vivres, on prend les mêmes moyens qui étoient en ufage pour le faftigage. La même Délibération nous apprend que les communes de Toulon & de Saint-Maximin prétendirent être exemptes de la contribution à la gendarmerie, & protefterent; les Communes contribuoient donc au fervice militaire. On ne réclame pas une exception dans un Corps, lorfque le Corps lui-même est exempt.

---

(1) Archives du Pays, Reg. des Délibérations, n. 1, fol. 11.
(2) *Idem*, n. 1, fol. 234.

Ce feroit fans raifon que le Tiers-Etat fairoit valoir le facrifice qu'il fait annuellement de la fomme de 336,000 livres pour fournir au faftigage & à l'uftencile des troupes, foit en marche, foit en garnifon. En Provence cette fomme n'eft point payée par le Tiers-Etat, mais par les biens rôturiers en quelque main qu'ils fe trouvent; la Nobleffe, à cet égard, ne jouit parmi nous d'aucune exemption; c'eft la qualité du bien qui détermine la contribution, fi elle doit avoir lieu; & tandis que partout ailleurs l'Annobli n'eft point foumis au logement des gens de guerre, en Provence, le plus ancien Gentilhomme paye pour ce logement, s'il ne poffede que des biens rôturiers.

Je n'ai point compris dans mon tableau, la contribution par feu pour *l'entretenement* de la compagnie des Gardes, le don gratuit & le plat, fourni anciennement au Gouverneur, & converti en une fomme annuelle de 51,000 livres depuis l'Arrêt du Confeil de 1635. Sans doute que M. l'Affeffeur fe trompa, lorfque dans l'Affemblée de MM. les Procureurs du Pays nés & joints du 18 Août 1787, il préfenta cet Arrêt comme un titre qui foumettoit les trois Ordres à contribuer à cette dépenfe; il ne tarda pas à reconnoître fon erreur; & j'ai déjà fait obferver dans le Chapitre deuxieme de cette Differtation, que lors de l'Affemblée du Tiers-Etat, M. l'Affeffeur repréfenta cette dépenfe comme une de celles qui ne devoient être foumifes qu'à la Délibération du Tiers-Etat, qui feul y contribuoit, & que cet objet devoit faire partie de l'exécution des Lettres-patentes du 18 Avril 1544, données pour priver les deux premiers Ordres du droit de fuffrage dans les Délibérations fur les charges que le Tiers-Etat fupporte feul.

J'ai donc prouvé : 1° que fi fous nos anciens Comtes, le Clergé & la Nobleffe payoient des contributions, ce n'étoit que dans les cas de néceffité preffante, lorfque la Patrie étoit en danger, lorfque l'ennemi menaçoit d'une invasion ; 2° que dans ce même tems il exiſtoit des impoſitions par feu pour les mêmes objets, ce qui annonce que les biens rôturiers contribuoient au ſervice militaire, qu'il y avoit des levées d'hommes par Vigueries & par Baillages, ce qui prouve que le Tiers-Etat payoit alors comme aujourd'hui de ſa perſonne ; que ces troupes étoient payées des deniers levés ſur les biens rôturiers & ſur les biens nobles, ce qui les range tous dans la même claſſe, lorſqu'il s'agiſſoit de la défenſe commune ; j'en ai conclu qu'on ne pouvoit argumenter de cette époque pour prouver que le ſervice militaire fût à la ſeule charge des poſſédans-fiefs. J'ai prouvé en troiſieme lieu que ſi dans des tems moins éloignés les Gentilſhommes poſſédans-fiefs étoient ſujets à la convocation du ban & arriere-ban, à cette même époque les poſſeſſeurs des biens rôturiers étoient ſoumis à des impoſitions par feu ſoit en hommes, en grain, en argent & en bêtes de charges, & on a dû en conclure que la charge de la guerre peſant alors ſur les divers poſſeſſeurs, la ceſſation du ſervice militaire à la charge des Peuples a été un ſoulagement accordé en Provence aux uns & aux autres.

Continuons d'examiner les titres rapportés par M. l'Aſſeſſeur. Le jugement porté par Louis II en 1406 paroît l'embarraſſer un peu ; je vais prouver que ce titre n'a point nui aux poſſeſſeurs des biens rôturiers.

Les Segneurs de Barbentane étoient en procès avec la Communauté dudit lieu. Celle-ci prétendoit que les Segneurs devoient payer leur portion des dons, ſubſides, tailles, impoſitions accordées au Souverain & des charges qui affectoient l'univerſalité, *populares dicebant & aſſerebant prediɗos Nobiles condominos caſtri jam dicti teneri, debere, contribuere & ſolvere in donis, ſubſidiis, talhiis & impoſitionibus nobis conceſſis & aliis oneribus incumbentibus Univerſitati.*

Les Segneurs répondoient au contraire que pareilles charges ne pouvoient les regarder. *Negantibus & dicentibus ipsos nec alios Nobiles suæ condictionis ad contribuendum prœmissorum in aliquo non teneri*. Les possesseurs de Fief intervinrent dans cette instance, & demanderent au Souverain de réprouver solennellement une pareille prétention ; *devotius supplicarunt ne Nobiles prefatæ conditionis Comitatuum prefatorum nostrorum predictorum alterius de cetero pro talibus taligentur laboribus & expensis ordinare*.

Louis II assemble son Conseil ; il écoute les parties, il pese toutes leurs raisons, & prononce en faveur des possesseurs de Fief. *Declaramus & pariter ordinamus quod a cetero Nobiles ....., jurisdictionem habentes non contribuant nec teneantur contribuere in dictis donis talhiis, impositionibus & oneribus supra dictis*. Ce jugement est motivé, & le Souverain se fait un devoir d'instruire ses Peuples des raisons qui l'ont porté à prononcer de la sorte. Lorsque le cas le requiert, les possesseurs de Fief viennent au secours de la Patrie ainsi qu'ils en sont tenus, obligation que le Comte de Provence leur imposa de nouveau lorsque la nécessité le requerra, *attento maxime quod quando est opportunum presati Nobiles nobis & nostræ curiæ serviunt & servire tenentur, eosque servire volumus dum aderit necessitas in futurum*.

Cette exemption, qui vient d'être confirmée par le Souverain, n'est pas telle cependant qu'il veuille priver la Patrie de la contribution *voluntarie* à raison du centieme du revenu aux dons, tailles, impositions & autres charges que les possesseurs de Fief peuvent consentir, soit lors de la tenue des Etats, soit ailleurs. *Nisi tamen ipsi Nobiles in Conciliis generalibus, vel alibi ad contribuendum in dictis donis, talhiis, impositionibus & oneribus pro centenario vel alias sicut retroactis temporibus factum est* voluntarie *consentinent*.

Enfin, après avoir rendu aux poffeffeurs des Fiefs la juftice que tout réclamoit en leur faveur, le pere commun de la Patrie jette un œil d'équité fur ceux de fes Sujets dont il vient de réprouver les prétentions. Il veut que les fubfides qu'ils payent à fon Tréfor foient diminués de quelque chofe, en confidération d'un moindre nombre de contribuables. *Volumus tamen quod propter ordinationem & declarationem noftras prefentes, de fumma pecunia noftræ curiæ debita & debenda per dictos incolas Berbentanæ aut alios dictæ noftræ Patriæ Provinciæ aliqualiter diminuatur* (1). Aujourd'hui encore un plus grand nombre de contribuables aux charges royales n'opéreroit pas une diminution de contribution en faveur des contribuables actuels. Le Tréfor royal en profiteroit pour demander une plus forte contribution ; les biens rôturiers n'y gagneroient aucun foulagement ; les biens nobles acquerroient une charge de plus, qui feroit en pure perte pour les uns, fans avantage pour les autres.

Une nouvelle conteftation qui s'éleva entre les Segneurs de Barbentane & leurs vaffaux, donna lieu à la décifion portée par le Roi René en 1448. Ce Prince ftatua fur deux points effentiels, & fon jugement nous retraça d'un côté les maximes de Droit que nous fuivons encore aujourd'hui & de l'autre des principes de juftice que la Nobleffe & le Clergé ont adoptés dans les Etats convoqués à Aix au 31 Décembre 1787.

Une partie des murs du lieu de Barbentane avoit croulé. Il s'agiffoit de travailler à leur refaction. Les Habitans de Barbentane foutenoient que leurs Segneurs devoient contribuer à cette dépenfe dans la proportion des biens qu'ils poffédoient, de quelque nature & qualité qu'ils fuffent. *Afferentibus ipfis popularibus Nobiles debere*

---

(1) Pieces juftificatives, n. LXXXVIII.

cum eis in refectione dictorum murorum pro quibufcumque bonis fuis cum eifdem popularibus contribuere. Les Segneurs au contraire prétendoient que cette dépenfe ne les regardoit fous aucun rapport, & que leurs poffeffions, de quelque nature quelles fuffent, & à quelque titre qu'elles leur fuffent parvenues, ne doivent y contribuer en aucune maniere. *Prefatis vero Nobilibus idem facere etiam pro bonis ruralibus quæ a popularibus acquifiverant quovifcumque titulo recufantibus & dicentibus non teneri.* Cette conteftation fut portée par devant le Confeil du Prince dont la féance étoit à Aix.

Il fut décidé que les Segneurs de Barbentane devoient leur contribution pour les biens qui des mains de leurs vaffaux avoient paffé dans les leurs, foit à titre onéreux ou lucratif, foit par difpofitions entre vifs ou de derniere volonté, tant ce que lefdits biens feroient en leur poffeffion. *Primo enim dixerunt & declaraverunt Nobiles ipfos de Barbentana debere contribuere pro poffeffionibus quas a popularibus acquifiverant ex contractu onerofo five lucrativo inter vivos vel in ultima voluntate cum ipfis popularibus quamdiu apud eos erant dictæ poffeffiones quantum rata ipforum poffeffionum afcendet.* Mais dans le cas où ces biens leur feroient obvenus par droit de Fief, commis, rétention féodale, ou tout autre droit dérivant de leur majeure directe, ils furent déclarés exempts des contributions auxquelles leurs vaffaux étoient foumis. *Si vero dictæ poffeffiones ad ipfos Nobiles devenire contingat ex caufa & refpectu jurifdictionis ipforum Nobilium puta propter commiffum vel jure retentionis & ita refpectu directi & majoris Dominii tum ex cafu declaraverunt dictos Nobiles ad contribuendum cum popularibus pro eifdem poffeffionibus non teneri.* A ces traits nous reconnaiffons la jurifprudence de nos jours. Le bien qui paffe entre les mains du Segneur fous jurifdiction, & qui eft déjà entaché de rôture, ne perd point fon caractère en changeant de maître ; foumis aux charges royales & à celles du Pays ; il continue d'y contribuer lorfque par le moyen de la compenfation il ne tranfporte pas fur un autre bien de même valeur la charge qui lui étoit impofée. Mais fi ce bien paffe entre les mains du Segneur par droit de Fief, dès lors il participe aux exemptions qui conftituent effentiellement les biens nobles. Ainfi, j'ai eu raifon de dire que cette premiere partie de la décifion nous retrace des maximes que le laps du tems n'a pu effacer.

La feconde partie du jugement, quoique oppofée à l'ufage obfervé jufqu'à ce jour en Provence, n'en eft pas moins conforme aux loix de la juftice & de l'équité.

Les Juges déclarerent que les Segneurs de Barbentane devoient être foumis à contribuer ainfi que leurs vaffaux à la refaction des murs de l'Eglife, des ponts, des fontaines & des chemins. Ils motiverent leurs décifions fur ce que perfonne, de quelque dignité & qualité qu'il fût, ne pouvoit être exempt de ces fortes de dépenfe, auxquelles les Segneurs étoient foumis de droit. *Secundo declaraverunt in refectione murorum Ecclefiæ, pontium, fontium & itinerum ipfos Nobiles teneri ad contribuendum cum popularibus, cùm nullum genus hominum excufetur cujufcumque dignitatis ac venerationis exiftat, jus eximat, fed in premiffis etiam Dominos & Dominas includat*, les Segneurs de Barbentane fe crurent léfés par ce jugement ; ils en appellerent, mais le Roi René le confirma. *Prefatas ordinationes juftas & rationabiles ac juri confonas fuiffe & effe declaramus ipfosque ab omni nullitatis vicio relevantes ac eas inconcuffe obfervari & excurfioni mandari volumus & jubemus* (1).

---

(1) Pieces juftificatives, n. LXXXIX.

Moins prévenus que les Segneurs de Barbentane, les possédansfiefs qui en Provence contribuent à la dépense des chemins par l'abandon gratuit des terrains nobles pris pour leur emplacement, offrirent aux derniers Etats de concourir à cette dépense dans la proportion réglée provisoirement pour leur contribution à l'abonnement du droit sur les huiles & à la construction du palais, c'est-à-dire pour une vingtieme portion.

La Noblesse, en faisant cette offre, y mit les conditions suivantes :

1° Que cet arrangement & cette fixation seroient provisoires, & n'auroient lieu que jusqu'à ce que, par l'opération de l'affouagement & de l'afflorinement faite conjointement, on eût pu connoître la valeur relative des biens nobles & des biens rôturiers, & fixer d'après cette valeur relative la mesure de la contribution des biens nobles à tous les objets qui en étoient susceptibles.

2° Si d'après cette vérification il étoit reconnu que la contribution de la Noblesse étoit trop forte, l'excédent devoit lui être restitué avec intérêts ; & au contraire, en cas d'insuffisance, la Noblesse se soumettoit à payer le surplus, aussi avec intérêts.

3° Cette offre ne devoit continuer d'avoir son exécution, que dans le cas où l'affouagement & l'afflorinement conjoints déjà délibérés dans les Etats seroient faits & perfectionnés au 1er Juillet 1792, & venant cette opération à être retardée sous quelque prétexte que ce fût, la Noblesse déclara que sa contribution seroit suspendue jusqu'à la confection parfaite de l'affouagement & de l'afflorinement, sans qu'elle pût jamais être recherchée pour le tems qui se seroit écoulé entre l'époque fixée par les Etats pour la perfection de l'évaluation des biens réciproques, & l'époque de cette évaluation réelle.

4° La Nobleſſe comprit dans ſon offre la dépenſe des ingénieurs, ſous-ingénieurs & inſpecteurs des chemins.

5° Elle déclara n'y renfermer que les chemins de premiere & ſeconde claſſe, qui ſont à la charge de la généralité du Pays, & dont la dépenſe eſt délibérée par les Etats, ſans qu'elle pût jamais être obligée de contribuer aux chemins de Viguerie ou de Communauté.

6° Elle excepta encore de ſon offre la miſſion empruntée par la caiſſe des chemins pour la refaction de la route de Noves à Marſeille, les intérêts de cette ſomme, & ſon rembourſement, ainſi que l'emprunt délibéré de 200,000 livres pour la route de Meyrargues; & les ſommes dues aux entrepreneurs au payement deſquelles les fonds échus ne pourroient ſuffire, ſon offre ne pouvant avoir aucun effet rétroactif.

Enfin, elle demanda que les biens nobles qui ſeroient pris pour l'emplacement des chemins fuſſent payés par la caiſſe des chemins, comme les biens rôturiers ſont payés par les Communautés dans le terroir deſquelles ces terreins ſont pris; ſauf au Segneur de recevoir en payement le ſol de l'ancien chemin, ſuivant l'évaluation qui en feroit faite, & en déduction du prix du terrein pris pour le nouveau. A la charge que le ſol de l'ancien chemin feroit noble entre les mains du Segneur, & pourroit ſervir de matiere à compenſation, le cas du nouveau bail arrivant. Mais en même tems la Nobleſſe déclara que, ne contribuant point aux chemins de Viguerie, le ſol noble qui ſeroit pris pour ces chemins ne ſeroit point payé (1).

Je vais avec impartialité peſer ces conditions à la balance de la juſtice.

---

(1) Procès-verbal des Etats de 1787, pag. 247 & ſuiv. de l'imprimé.

Préoccupée du jugement porté par Louis II en 1406, la Nobleffe n'a fans doute vu dans cette offre qu'un acte de pure volonté de fa part; le *voluntarie confentirent* l'a induite à erreur ; elle n'y fût point tombée, fes fentiments m'en font un fûr garant, fi elle eût connu la décifion du Roi René en 1448 qui fait de la contribution aux chemins une obligation qui s'étend fur tous les Habitans de la Provence, fans diftinction d'Etat & de dignité. Mieux inftruite, on verra cette généreufe Nobleffe, toujours guidée par des principes de juftice, ne pas attendre d'y être forcée, pour confentir de contribuer non-feulement aux chemins de premiere & de feconde claffe, mais à tous les chemins de Viguerie dont les avantages augmentent en proportion de l'utilité qu'elle en retire, par une plus facile communication avec fes Fiefs fitués dans l'intérieur des terres. Alors, à la vérité, les poffédans-fiefs demanderont de faire partie de l'Adminiftration des Vigueries, dont l'unique but eft l'entretien ou la refaction des chemins; en cela ils ne fairont que donner une nouvelle naiffance à notre Conftitution. J'ai déjà prouvé dans le Chapitre fecond de cette Differtation que les trois Ordres concouroient anciennement à l'Adminiftration des Vigueries.

On verra la Nobleffe ne plus regretter fur des dettes contractées pour des ouvrages d'utilité publique, & qui, faits par anticipation, n'en font pas moins à fa charge, puifque les fommes empruntées ne font que la repréfention de celles qu'il faudroit employer encore aujourd'hui, fi les ouvrages préfentoient encore des chantiers exiftans.

On ne la verra plus demander que la caiffe des ponts & chemins, qui fera alimentée par les deniers des trois Ordres, fourniffe le payement du fol noble pris pour l'emplacement des chemins, tandis que les fonds rôturiers pris pour le même ufage feroient payés aux dépens d'une caiffe qui ne feroit alimentée que par les biens rôturiers, ce qui feroit une double furcharge pour eux, puifque d'un côté ils payeroient feuls le prix des biens rôturiers, & que de l'autre ils contribueroient au rembourfement des biens nobles par leur contribution dans la caiffe des ponts & chemins.

Ce fera ainfi que feront remplies les intentions du Souverain manifeftées aux Etats par la remiffion des articles particuliers des Mémoires fervant d'inftruction aux Commiffaires du Roi (1).

Ce fut avec raifon que la Nobleffe obferva relativement à la dépenfe des canaux, qu'elle y contribuoit plus fortement que le Tiers-Etat. Il eft fourni à cette dépenfe par les deniers d'une remife de 200,000 livres accordée annuellement par le Roi fur le produit de l'augmentation du prix du fel; & cet impôt pefe infiniment plus fur le riche que fur le pauvre, par la plus grande confommation de cette denrée, produite par les fermiers & les troupeaux des poffédans-fiefs.

De leur côté, MM. de l'Ordre du Clergé déclarerent ne pouvoir confentir à aucune contribution avant d'être inftruits du vœu de la prochaine Affemblée du Clergé; ils offrirent cependant pour les chemins un don de la moitié de la contribution de l'Ordre de la Nobleffe. MM. les Commandeurs de Malte adhérerent au vœu du Clergé, fous la réferve de l'approbation de leurs Supérieurs.

On a voulu blâmer cette démarche du Clergé; faire envifager comme contribution forcée, ce que le Clergé a préfenté comme un don, comme une contribution volontaire; pour aprécier ces deux opinions, remontons à la fource, prenons en main les procès-verbaux de nos anciens Etats, c'eft à eux à juger cette queftion.

Je fais que dans les cas de néceffité le Clergé eft obligé étroite-

---

(1) Procès-verbal des Etats convcqués à Aix le 30 Décembre 1787, pag. 262.

ment de contribuer aux charges publiques. Je fais que s'il eft attaché à l'outil par état, il eft attaché à la Patrie par devoir, par reconnoiffance; la Patrie le protege, il doit fecourir la Patrie; ces fentimens font ceux du Clergé en général, de chaque individu en particulier; j'ai déjà prouvé que les Eccléfiaftiques avoient été anciennement taxés, lorfque la néceffité l'avoit exigé. Aux faits que j'ai déjà rapporté, je puis en ajouter d'autres.

En 1391, les Etats tenus à Aix ordonnerent une levée d'hommes pour repouffer l'ennemi; ils impoferent pour fournir à leur folde, & demanderent que les Prélats pour leur temporel, & les Chapelains pour leurs chapellenies, euffent à y contribuer; mais en même tems ils reconnurent que les dixmes & les oblations devoient être exceptées de cette contribution; cette demande, avec la même exception, fut renouvellée en 1393, 1396 & 1399. A ces deux dernieres époques, le Souverain en accordant la faculté d'impofer le Clergé, en excepta les Religieux mendiants & les Religieufes. *Placet Mendicantibus & Nonialibus exceptis* (1).

Mais dans les tems ordinaires, lorfqu'il ne s'eft agi que de fimples dons, que de fubfides, la demande des Etats en contribution contre le Clergé, n'a jamais porté que fur les biens patrimoniaux des Membres de cet Ordre, ou fur ceux qui leur ayant été donnés ou acquis avoient été extraits de la maffe des biens contribuables.

En 1420 les Etats demanderent que les Eccléfiaftiques euffent à contribuer aux charges & impofitions du Pays, foit pour leurs biens patrimoniaux, foit pour ceux qui leur étoient obvenus à quelque titre que ce pût être; & ce dans la même proportion que ces biens étoient cottifés lorfqu'ils étoient dans les mains laïques. La

---

(1) Archives du Roi, Reg. *Potentia*, fol. 122, 157, 181 & 6.

réponfe du Prince fut : *Placet quod contribuant junta forman juris* (1).

Louis III fit notifier aux Etats de 1432 fon mariage, & leur fit demander un fecours en argent. Les Etats accorderent librement & volontairement un don gratuit de 100,000 florins, chaque florin valant 16 fols provençaux ; la répartition en fut faite fur 4,299 feux 1/2, à raifon de 23 florins 11 gros 8 deniers & une mealhe par feu. Ils demanderent que les Eccléfiaftiques euffent à y contribuer. *Placet quod contributiones faciant pro bonis patrimonialibus vel proprio nomine acquifitis;* difpofition qui fut encore renouvellée dans une circonftance à peu près femblable lors des Etats tenus à Aix en 1437 (2). On la trouve encore, mais d'une maniere plus précife, dans les Etats de 1442. *Placet fi confuetum fit folvere pro diƈtis bonis, vel fi talia ante quam perveniffent ad manus Ecclefiafticorum tali fuiffent oneri ad fcripta vel affeƈta* (3). Les Etats de 1440 avoient formé la même demande pour les biens patrimoniaux & taillables des Eccléfiaftiques, elle leur avoit été accordée, *fiat ut petitur & compellantur per ordinarios* (4). On trouve encore de pareilles Ordonnances, foit en 1395, foit en 1401 (5).

De tout ce que je viens d'expofer, on ne pourra certainement pas en conclure que les biens donnés à l'Eglife foient contribuables de droit étroit. Cependant le Clergé contribue par fes décimes aux charges de l'Etat. A cela on objeƈte que le Clergé de Provence

---

(1) Archives du Roi, Reg. *Potentia*, fol. 285 v°.

(2) *Idem*, fol. 241 & 248.

(3) *Idem*, fol. 275.

(4) *Idem*, Reg. *Rofa*, fol. 123.

(5) *Idem*, Reg. *Potentia*, fol. 137 & 200.

n'auroit jamais dû être incorporé avec le Clergé de France ; que la Provence formant un Etat diftinct & féparé, fon Clergé auroit dû conferver le même caractere ; que telle que, la Flandre, le Hainaut, le Cambrefis & l'Artois, la Provence eût pu exiger que fon Clergé contribuât comme la Nobleffe aux impofitions établies dans fon fein.

J'avoue que j'ai toujours fenti toute la force de cette objection ; dans un Etat diftinct & féparé, un Corps qui en fait partie effentielle, & qui cependant eft uni à un autre Corps totalement étranger, cette maniere d'être, je le repete, m'a toujours paru en contradiction avec le teftament de Charles d'Anjou, avec les Lettres-patentes de Charles VIII, avec ce que nous n'avons ceffé de dire & d'écrire, lorfqu'il s'eft agi de défendre notre Droit conftitutif.

En effet nos anciens Statuts nous retracent continuellement cette maxime précieufe parmi nous, que le propriétaire doit contribuer aux charges publiques dans le lieu où font fituées fes poffeffions. Les Etats tenus à Aix dans le mois de Mai 1420 en firent un article particulier de leurs demandes au Roi, & la réponfe nous apprend que cette fupplique étoit conforme à notre Droit. *Placet juxta formam juris & confuetudinem obfervatam ac Statuta approbata & obfervata* (1). On trouve encore cette maxime retracée dans nos Etats tenus dans la même Ville au mois d'Août 1472. *Quia requifitio conformitatem habet cum Statuto Provinciali & eorum obfervantiâ in hac Patria Provinciæ fiat ut petitur, nifi proferatur privilegium aut aliud jus apponeret evidenter* (2). D'autres Etats tenus encore dans la Capitale de la Provence, dont la date n'eft

---

(1) Archives du Roi, Reg. *Potentia*, fol. 380.
(2) *Idem*, fol. 260 v°.

point rapportée, mais que je crois pouvoir fixer en 1419, avoient demandé que tout *manedier* ou autres perfonnes féculieres tenant office en chef ou autrement & encore tous féculiers quelconques ayant & poffédant des biens patrimoniaux, ou *caftrens*, ou acquis, fuffent tenus de contribuer aux charges publiques impofées dans les lieux de leur demeure, fuivant la répartition qui en étoit faite; cette demande n'étoit fufceptible d'aucune difficulté; auffi fut-elle entérinée. *Plas nos, fi non que privilegi o exemption fos in contrari* (1). Enfin les Etats de 1429 fe plaignirent de ce que quelques perfonnes qui poffédoient des biens meubles & immeubles hors du lieu de leur domicile, ne faifoient point payer les tailles, quiftes, reves & autres impofitions; ce qui occafionnoit du retard dans la collecte des Receveurs, qui ne favoient à qui s'adreffer pour exiger la contribution de ces fortes de biens; les Etats demanderent en conféquence qu'il fût permis de procéder par faifie & vente *more fifcalium,* ce qui fut ainfi accordé (2).

Je reviens à mon fujet. Il eft certain que les biens du Clergé ainfi que les biens nobles n'ont jamais été foumis au payement des impofitions en Provence; les différentes décifions que je viens de rapporter, prouvent que les Etats de Provence ne demandoient jamais contre les Eccléfiaftiques que la contribution aux charges pour leurs biens patrimoniaux, ou ceux qu'ils avoient acquis; que fi leur demande s'étendoit plus loing, ils reconnoiffoient que les dixmes & les oblations ne pouvoient être impofées, & que le Prince même n'accordoit jamais la faculté de rendre les Eccléfiaftiques contribuables que relativement aux biens qui

---

(1) Archives du Roi, Reg. *Potentia*, fol. 297 v°.
(2) *Idem,* fol. 231.

leur étoient perfonnels; j'en excepte toujours le cas où la Patrie étoit en danger; alors il n'y avoit plus lieu à aucune exemption. L'Affemblée des Procureurs & adjoints du Pays tenue à Aix en Novembre 1526 nous en fournit une nouvelle preuve; les Etats précédens avoient ordonné *que tous & chacuns les Nobles du Pays tenans-fiefs & arrieres-fiefs fe apprefteront & mettront en ordre, armes & en pain & ainfi qu'ils font tenus.* Le péril augmenta, nous étions menacés d'une invafion; l'Affemblée dont je parle arrêta que *auffi vu que s'agit de la deffenfe & protection du Pays, en laquelle tous Etats ont intérêt & proufit, MM. d'Eglife dudit Pays aident & contribuent aux affaires que audit Pays pourroient advenir pour iceux repulfer & deffendre, tout ainfi que par difpofition du Droit écrit ils font tenus* (1). Si donc, depuis que nous avons paffé fous la domination des Rois de France, le Clergé n'étoit impofé que dans des cas de néceffité urgente, fa contribution aux charges du Pays ne peut être regardée comme une charge ordinaire & forcée de fa part.

Cet exemple n'eft pas le feul que l'on puiffe citer pour prouver que le Clergé ne fut jamais impofé que dans les cas d'une néceffité preffante, fouvent même il y contribuoit en Corps particulier. La France étoit menacée du plus grand danger; il falloit des forces confidérables pour repouffer les ennemis du repos public; déjà le Royaume étoit épuifé, le Bureau de la Garde fut chargé de la part du Roi de demander des fecours à la Provence. Il en fit la propofition aux Etats tenus à Aix au mois de Septembre 1568, & obferva que cette demande ne pouvoit regarder que le Tiers-Etat, *car quant à MM. du Clergé, ils ont contribué & offert une bonne*

---

(1) Archives du Pays, *Petit Livre Rouge*, fol. 423.

fomme de deniers, pour employer au fait de la guerre, MM. de la Nobleffe font mandés & l'arriere-ban créé au 1ᵉʳ Octobre prochain que vont fervir en perfonne. M. l'Archevêque d'Aix, le Cardinal Aftroffi, reprit la propofition, & démontra combien il étoit impoffible au Pays de fe refufer à cette demande; & *que pour le regard de MM. du Clergé, ils ont jà préfenté douze cent mille livres au Roi pour employer au fait de la guerre, & fait procuration pour en prendre davantage s'il fait befoin.* Les Communes du Pays obtinrent la permiffion de s'affembler féparément en préfence d'un Commiffaire du Parlement; elles ne crurent pas que quoique le Clergé eût déjà contribué de fon chef, il dût encore contribuer comme faifant partie des Etats de Provence; elles ne s'occuperent que des fecours qu'elles devoient à l'Etat, & accorderent 100,000 livres pour la folde de 3000 hommes d'infanterie pendant trois mois (1).

Le cas de néceffité eft encore mieux exprimé dans la Délibération prife par les Etats tenus à Saint-Maximin au mois de Juillet 1581. M. Guiran, Affeffeur d'Aix, Procureur du Pays, propofa aux Etats de prendre telles mefures que leur fageffe leur fuggeerroit pour que, fans nuire au fervice du Roi, le Pays ne fût pas accablé par la dépenfe des troupes & par les abus qu'elles fe permettoient; les Etats s'occuperent plufieurs jours de cet objet, & arreterent enfin *que là & quand la néceffité de la guerre adviendroit & que fût befoin tenir quelques forces en ce Pays, que à ce y fera tenu & obfervé le Règlement que s'enfuit.* Voilà bien le cas de la néceffité exprimé, en tems de guerre. *En premier lieu, advenant ladite néceffité, fera fupplié Mgr le Grand-Prieur de France, Gouver-*

---

(1) Archives du Pays, Reg. des Délibérations, n. 1, fol. 1 v° & 11.

neur en ce *Pays, ordonner que MM. du Clergé entreront en ladite dépenſe, pour y avoir eux autant d'intérêt que le demeurant du Pays.*

Par l'article deux de ce Règlement, *les Gentilſhommes & Nobleſſe ſeront tenus auſſi y fournir & mettre des gens de guerre à cheval, juſqu'au nombre d'hommes à quoi ſe peut monter leur cotte du ban & arriere-ban.*

Et pour le regard du Tiers-Etat, ſeront tenus y fournir un, deux ou trois hommes par feu, à pied, armés & équipés (1).

Il eſt donc conſtant qu'à cette époque le ſervice militaire n'étoit pas tout à la charge des poſſédans-fiefs, le Clergé étoit chargé de payer l'artillerie & autres munitions de guerre, la Nobleſſe la cavalerie, le Tiers-Etat l'infanterie. Chaque Ordre payoit la dépenſe qui lui étoit attribuée; & tous enſemble concouroient à la défenſe de la Patrie dans le cas de néceſſité.

Je ſais que l'on m'objectera qu'en pluſieurs occaſions il a été requis aux Etats, que le Clergé & la Nobleſſe euſſent à contribuer aux charges ordinaires du Pays; mais je répondroi que former une demande, n'eſt pas obtenir un titre, & que ſouvent il eſt arrivé que les Etats eux-mêmes ont rejetté de pareilles réquiſitions.

Ainſi, aux Etats tenus à Marſeille en 1537, quelques Communes voulurent faire contribuer le Clergé & la Nobleſſe au payement des vacations dues au Sr de Rogiers. M. l'Evêque de Vence, Préſident aux Etats, repréſenta que cette prétention n'étoit fondée ſur aucun titre & étoit contraire à ce qui s'étoit pratiqué juſqu'alors. Les Etats déclarerent *qu'ils n'entendoient aucunement introduire*

---

(1) Archives du Pays, Reg. des Délibérations, n. 3, fol. 342.

aucune nouvelle coutume, ains qu'ils veulent vivre & se entretenir enfemble en bonne union, comme ils ont par ci-devant accoutumés & non autrement (1).

J'avoue que dans d'autres occafions, le Tiers-Etat a infifté dans fes prétentions de faire contribuer le Clergé & la Nobleffe à certains abonnemens faits avec le Roi pour obtenir la révocation de quelques Edits contraires aux droits du Pays, ou trop accablans pour le Peuple. En 1544, on traita de l'abonnement du droit de cotte; en 1570, de l'extinction du droit de féance; en 1584, de la révocation des Clercs du Greffe; en 1601, de la suppreffion des Clercs jurés; enfin, en 1631, du retrait abfolu de l'établiffement des élections, & de plufieurs autres Edits oppofés à notre Conftitution. A toutes ces époques, le Tiers-Etat renouvella fes demandes contre les deux autres Ordres; quelle fut la néceffité des mouvemens qu'il fe donna? Il a toujours échoué, & toujours les deux premiers Ordres fe font confervés dans leur franchife; j'en excepte cependant l'Edit des Clercs des Greffes qui fut révoqué moyennant 30,000 livres que fournit le Pays, fomme à laquelle le Clergé & la Nobleffe contribuerent pour un cinquieme (2).

A la vérité, dans fon Affemblée générale du mois de Mai 1788, le Tiers-Etat a réclamé l'exécution des Lettres-patentes de 1569, qui foumirent le Clergé & la Nobleffe à payer conjointement avec le Tiers-Etat, & dans la proportion refpective des poffeffions, l'impôt connu fous le nom de fubfide; c'étoit dans fon origine une impofition de 5 livres par muid de vin. Cette réclamation a été faite de bonne foi fans doute, mais fi le Tiers-Etat s'eft trompé, s'il

---

(1) Archives du Pays, Reg. des Délibérations, n. 1, fol. 10.
(2) *Idem*, n. 4, fol. 13 & 38 v°.

n'a pas été inftruit exactement des faits ; s'il a cru aveuglement ce qui lui a été dit, fans fe mettre en peine de vérifier lui-même les faits, ne foyons pas furpris s'il a erré; cherchons à l'éclairer; la vérité reprenant fes droits, produira les effets qu'on doit en attendre.

L'Edit portant établiffement du fubfide avoit été envoyé en Provence. A peine les Procureurs du Pays en eurent-ils connoiffance; que fans appeler les Procureurs joints pour le Clergé & la Nobleffe, ils tinrent clandeftinement une Affemblée dans laquelle après avoir traité de l'abonnement de cet impôt, ils députerent à Paris le Sr de Rogiers, & le chargerent de folliciter des Lettres-patentes qui en mettant le dernier fceau à l'abonnement, foumit les deux premiers Ordres à contribuer à la fomme de 120,000 livres que le Pays venoit d'accorder au Roi pour fe libérer des entraves de la levée de l'impôt en nature ; cette Délibération étoit fans doute nulle; les Procureurs du Pays avoient excédé leurs pouvoirs; ils ne font que les exécuteurs des Délibérations des Etats ou Affemblées générales. L'Adminiftration intermédiaire ne leur eft point confiée, elle réfide dans l'Affemblée des Procureurs du Pays nés & joints. Les Procureurs du Pays furent frappés eux-mêmes des vices qui infectoient leur Délibération; ils chercherent à fe rectifier, & ne préfenterent plus leur Délibération que comme un projet qui ne devoit être mis à exécution que lorfqu'il auroit été fanctionné par les Etats; la Délibération même en cet état ne fut point fignée par tous les Procureurs du Pays.

Cependant le Député, preffé fans doute de fe rendre à Paris, n'exécuta aucune des conditions de l'acte portant fes pouvoirs; il regarda comme définitive une Délibération qui n'étoit que préparatoire; il follicita & obtint les Lettres-patentes dont j'ai parlé ci-deffus.

Les Etats s'affemblerent à Aix au mois de Novembre 1569. Le

Sr de Rogiers y rendit compte de fa députation, & du fuccès qu'elle avoit eu. Le Clergé & la Nobleffe fe récrierent ; ils releverent tous les vices de la Délibération; regarderent les Lettres-patentes comme données fur un faux expofé, & obtenues par furprife; ils s'appuyerent du défaut d'enregiftrement, & protefterent. Le Tiers-Etat fe tint fortement attaché au titre qu'il venoit d'obtenir; les efprits s'échaufferent, & la Délibération à prendre eft encore à voir le jour (1).

Eft-ce là un titre dont le Tiers-Etat ait pu demander l'exécution; tout au plus c'eft une conteftation à décider; je ne me hazarderoi pas à prévoir quelle pourroit en être l'iffue.

Mais de tout ce que je viens de dire, doit-on en conclure que le Clergé & la Nobleffe doivent s'exempter de contribuer aux dépenfes communes; que tandis que la plus grande partie du Tiers-Etat, aux dépens de fes travaux & de fa fueur, augmente la fortune des deux premiers Ordres, ces deux premiers Ordres le verront tranquillement confumer fon mince patrimoine, pour procurer & plus d'utilité & plus d'agrément à leurs poffeffions? Non fans doute, une pareille conféquence feroit en oppofition avec les vrais fentiments du Clergé & de la Nobleffe. Ils favent que s'ils doivent à leur Etat d'en foutenir le rang, ils fe doivent à eux-mêmes, de montrer dans leurs procédés, générofité & équité; fi la défenfe de la Patrie a pu les rendre contribuables, pourquoi ne contribueroient-ils pas à faire fon bonheur, à accroître fes richeffes; donnons à la réflexion le tems de produire fes effets; laiffons à une faine philofophie le foin de rectifier les idées, & bientôt nous verrons les deux premiers Ordres du Pays, je ne dis pas renoncer

---

(1) Pieces juftificatives, n. xc.

à leurs prérogatives, car dans une aſſociation bien policée, la diſtinction d'états peut être le germe d'un plus grand bien, mais nous les verrons aprécier avec équité des exemptions auxquelles notre ſiecle n'eut point donné naiſſance, & qui ne doivent leur exiſtence qu'à la ſimplicité des mœurs de nos peres, au peu de ſoin qu'ils ſe donnoient pour ſe procurer & les commodités de la vie, & les avantages des communications, & les faveurs du commerce, & les facilités dans la circulation.

Après avoir expoſé aux yeux de mes Lecteurs ce que je penſe que le Tiers-Etat doit attendre des deux premiers Ordres, qu'il me ſoit permis d'examiner ſi les plaintes du Tiers-Etat ſont auſſi fondées qu'il paroît en être convaincu ; & ſi je prouve que dans l'état actuel il y auroit de l'injuſtice à vouloir aſſujettir les biens nobles aux mêmes charges que les biens rôturiers ; ſi d'un autre côté je démontre qu'une très-grande partie des poſſeſſeurs de Fiefs contribuent aux deniers du Roi & du Pays, dans une proportion qui, quoique peu connue, mérite cependant d'être priſe en conſidération, peut-être alors les deux partis, étonnés eux-mêmes de ſe trouver ſi rapprochés, prendront des ſentimens plus analogues au bien commun, & bien loin de ſe diviſer ſe réuniront pour l'avantage de tous.

Je dis que dans l'état actuel, il y auroit de l'injuſtice à ſoumettre les biens nobles à toutes les charges qui affectent les biens rôturiers.

S'il eſt vrai que de tous les titres, il n'y en a point de plus ſacré, point de plus reſpectable que celui de la propriété, on doit en conclure que l'exemption dont jouiſſent les biens nobles mérite toute ſorte d'égards, & que vouloir attaquer par la force cette exemption, ce ſeroit ſe livrer à un arbitraire que toutes les Loix établies dans une Monarchie doivent réprouver.

L'exemption, dans ſon origine, a été, j'en conviens, une conceſ-

fion du Prince, & fous certains rapports, une fuite de la parci-
monie avec laquelle nos peres adminiftroient; mais entre les mains
des poffeffeurs actuels cette exemption n'y réfide qu'à titre onéreux; elle a pefé dans l'évaluation lors des ventes; le prix a été
fixé à raifon du moins de charge à fupporter; & tandis que le
bien rôturier dans la Commune s'acquiert au denier 20, & tout
au plus au denier 25, le bien noble eft rarement au-deffus du denier
40. Cette augmentation de prix a déjà valu au Roi une augmentation de lods & d'arrieres-lods dans fa directe, une augmentation
de produit de l'impôt dans le contrôle, & le centieme denier, foit
lors de l'acquifition, foit dans les fucceffions en ligne collatérale.
Or, priver le poffeffeur actuel d'un Fief de l'exemption par lui
acquife, c'eft attaquer fa propriété, c'eft lui impofer une double
charge, c'eft le priver d'un avantage que toutes les Loix intervenues
en Provence depuis plus de deux fiecles entre le Tiers-Etat & la
Nobleffe lui ont affuré; c'eft fe jouer de fa bonne foi, c'eft renverfer des principes que nous avons toujours regardé comme conftitutionnels, & auxquels le Tiers-Etat n'a ceffé de rendre hommage.

On m'objectera fans doute que le bénéfice du tems a déjà in-
demnifé le poffeffeur de Fief de la nouvelle charge qu'il fuppor-
tera. Mais pour cela il faut fuppofer que tous les Fiefs n'ont
éprouvé aucune mutation, & on compteroit à peine en Provence
quelques familles qui puffent repréfenter ces antiques Fiefs que leurs
peres leurs tranfmirent. Hors ce cas, qui eft très rare, l'objection,
fi on y perfiftoit, pourroit être retorquée avec la même force contre
les poffeffeurs des biens rôturiers; le bénéfice du tems n'a pas été
partiel; il a profité aux uns comme aux autres; les uns & les autres fe trouvent donc dans la même pofition.

Je me trompe : les grands poffeffeurs, & de l'aveu du Tiers-
Etat, cette claffe fe trouve dans la Nobleffe, les grands poffeffeurs,

dis-je, fupportent la majeure partie de l'augmentation des impôts. Car quel eft depuis long-tems l'impôt qui en Provence n'ait frappé que fur le Tiers-Etat? Eft-ce l'augmentation du prix du fel? Perfonne n'ignore combien le fel eft néceffaire à nos beftiaux; & les plus grands troupeaux fe trouvent dans les plus grandes poffeffions? Sont-ce les fols pour livres? Mais il eft convenu que la circulation & la confommation eft toujours en proportion des richeffes. Sont-ce les vingtiemes? Mais les biens nobles y contribuent comme les biens rôturiers; & s'il y met encore quelque altercation fur la proportion de cette contribution, l'affouagement & l'afflorinement conjoints qui doivent être renouvellés inceffamment en fuite de la Délibération des derniers Etats, mettront fin à cette difpute toujours renoiffante. Sont-ce les derniers impofés pour la maréchauffée, & pour donner aux maîtres de pofte une gratification qui leur tient lieu d'une exemption de taille qui ne peut avoir lieu dans un Pays où les impofitions font nulles? Les fommes levées pour ces deux objets font réparties au fol la livre de la capitation, & cette derniere impofition eft toujours plus forte dans la claffe la plus relevée. Eft-ce l'impôt fur les huiles de confommation, ou la contribution à la refaction du Palais-de-Juftice à Aix? La Nobleffe en paye fon contingent fuivant les accords fur ce faits. Le Tiers-Etat doit donc fe raffurer fur cet objet; toutes les charges nouvelles peferont également fur toute forte de biens, & pour me fervir de l'expreffion de M. l'Archevêque d'Aix: *il paroît que les idées juftes ont pris un cours déterminé, & le Gouvernement n'entend plus que les impofitions nouvelles pour charges publiques foient rejettées fur les feuls biens taillables ou rôturiers.* Refte donc les anciennes charges royales & les deniers du pays; & j'ai annoncé que je démontrerai que le Clergé & la Nobleffe malgré l'exemption dont ils jouiffent y contribuent perfonnellement, peut-être même dans une proportion plus forte, que fi leurs biens poffédés en franchife étoient impofés.

On fait qu'en Provence nos Villes, nos Communautés, ont le droit de choifir le genre d'impofition qui leur eft le plus avantageux pour s'acquitter envers la Patrie. Les unes impofent en argent; & c'eft ce que nous appellons improprement la taille ; d'autres impofent en fruits ; & cet impôt que l'on peut nommer *territorial* a toujours été employé avec avantage par celles de nos Communautés qui fe trouvoient obérées. Des troifiemes enfin impofent en *reves*.

Nous l'avons déjà dit ; cet impôt porte principalement fur les confommations.

Le droit de nous impofer *en reves* fe perd dans la nuit des fiecles ; il en eft fait mention dans les Etats de 1391. Ils avoient ordonné une levée d'hommes pour défendre la Provence ; ils pourvurent à leur folde ; & les Vigueries & Baillages furent autorifées pour fubvenir à ces frais de s'impofer par *reve* ou de toute autre maniere qui leur paraîtroit plus avantageufe (1).

La demande d'impofer par reves fut renouvellée aux Etats tenus à Aix au mois de Février 1393 ; mais alors cette impofition ne frappoit que fur les véritables Habitans du lieu qui s'impofoit. Les étrangers n'y étoient point foumis ; les Etats déclarerent ne vouloir par là leur porter aucun préjudice (2). Il ne paraiffoit pas jufte en effet que celui qui paye déjà dans les lieux où fes biens font fitués fût foumis à une double impofition, parce que fes affaires l'éloignoient de fes foyers.

Notre Adminiftration, fatiguée fans doute de revenir continuelle-

---

(1) Archives du Roi, Reg. *Potentia*, fol. 125, Art. 10.
(2) *Idem*, fol. 52, Art. 41.

ment à la charge, pour obtenir la permiſſion d'établir des reves, demanda en 1394 que cette faculté lui fût concédée à toujours, ſans être tenue d'obtenir lettres ou proviſions à ce ſujet (1). Cette demande n'eut point ſans doute l'effet que nous nous en étions promis ; la férie des faits que j'expoſeroi en fera la preuve, quoiqu'elle fût réitérée aux Etats de 1396.

Il avoit été accordé au Roi, en 1399, un don gratuit pour ſubvenir aux dépenſes qu'alloit entraîner ſon paſſage à Naples. Ce don fut de 50,000 florins courans, 400 marcs d'argent, 200 marcs daurats & 200 blancs. Pour fournir à ce don, les Etats délibérerent qu'il feroit permis à chaque Ville, Cité ou Château de fournir ſon contingent par reves où de toute autre maniere que le Conſeil Municipal trouveroit la moins onéreuſe (2).

Juſques alors la demande d'impoſer par reve n'avoit paru éprouver aucune difficulté ; en 1400 les Etats accorderent à leur Souverain un don gratuit de 50,000 florins & de 400 marcs de vaiſſelle. Les Etats ſubſéquens tenus à Aix en 1401 pourvurent à l'acquittement de ce don par une impoſition de 7 gros par feu. Mais ils demanderent que pour payer cette impoſition, il fût permis aux Villes & Châteaux d'impoſer vingtains & reves, ſans être dans le cas d'impétrer ſur ce aucunes lettres ; c'étoit changer la nature de l'impoſition ; le Roi refuſa d'y donner ſon aſſentiment. Le *non eſt juſtum* que je trouve au bas de la demande prouve qu'elle fut rejettée (3).

Il étoit tems que cette maniere d'impoſer prit une forme ſtable. Les Etats de 1410 avoient accordé au Roi un ſecours de 16,500 flo-

---

(1) Archives du Roi, Reg. *Potentia*, fol. 14, Art. 14 & fol. 162.
(2) *Idem*, fol. 177 v°.
(3) *Idem*, fol. 193, Art. 1 ; fol. 198, Art 25.

rins. Ils profiterent de cette circonftance pour demander qu'à l'effet de pouvoir fubvenir aux charges actuelles, & à celles qui furviendroient dans la fuite ; il fût permis à toutes Cités, Villes & Châteaux du Pays d'impofer reves, gabelles, copages, vingtains & autres impofitions fur le pain, le vin, la viande, les eaux, les rivages ; fur les herbes, pâturages, huile, poiffon & figues, & toutes les autres denrées toutes fois que bon leur fembleroit, rendre lesdites reves, les augmenter, les diminuer, les impofer, les fupprimer, fans à raifon de ce pouvoir être recherchés, nonobftant toutes décifions à ce contraires données ou à donner ; lefquelles feroient déclarées nulles & comme non obvenues ; le *Placet* que je trouve au bas de cette fupplique ne permet plus aucun doute fur l'exiftence de ce droit (1). Cependant, aux Etats de 1419 nous revimmes à la même demande ; elle ne fut plus auffi étendue pour fa durée ; la permiffion d'établir des reves ne fut propofée que pour dix ans ; & le Prince la limita à deux ans. Mais je remarque qu'à cette époque on voulut y foumettre les étrangers, ce qui fut ainfi accordé ; fans doute que ce fut cette extenfion de contribuables qui fit un devoir aux Etats de s'adreffer de nouveau au Prince, de ne demander cette faculté que pour un tems limité ; & qui engagea le Souverain à ne l'accorder que pour un court efpace (2). Ces mêmes Etats, pour aider le Comte de Provence à conquérir le Royaume de Naples, & témogner à leur Souverain la joye qu'ils reffentoient de le voir heureufement monter fur le Trône, lui accorderent un don gratuit de 30,000 florins qui furent répartis à raifon de 6 florins par feu fur toutes les Villes, lieux & Cités tenues au fouage.

---

(1) Pieces juftificatives, n. xci.
(2) Archives de Toulon, Reg. en parchemin, Art. 8 & 12.

La permiffion d'impofer par reves n'avoit été accordée que pour deux ans en 1419. Les Etats fubféquens tenus à Aix en 1420 revinrent à la charge & demanderent que cette permiffion leur fût donnée pour dix ans ; il n'y fut plus queftion des étrangers ; Louis III & la Reine Yolande fa mere répondirent : *de revis placet ad fex annos juxta formam licentiæ fupra hoc conceffæ* (1). Même demande en 1429 & pour le même efpace de tems ; mais avant que de fe rendre à ce que nous defirions, le Roi voulut connoître quels étoient les objets fur lefquels nous voulions faire porter les reves. *Dominus confuevit requifitas revas &* vingtains *gratiofe concedere ; veniant igitur & declaretur fupra quibus & res a quibus a exigi debet reva & dabitur talis provifio, quod recedent a dicto Domino contenti* (2).

Ces fortes d'impofitions étoient affermées, elles étoient expofées aux encheres, & il étoit levé au proufit du Prince un droit d'inquant, ce qui en diminuoit le produit. Les Etats de 1432 demanderent l'abolition de ce Droit pour ces fortes de vente ; elle fut accordée ; mais en même tems le Prince trouva qu'il étoit contre toute forte de juftice de faire contribuer par cette maniere d'impofer ceux qui jouiffoient d'une exemption reconnue ; il fixa la durée de la vente à cinq ans, & ftatua dans la forme fuivante : *Placet Domino quoad perfonas, fructus & bona Bajuliorum & Vicariorum & locorum illorum, etiam quoad res quæ exponentur in illis, & quod duret per quinquennium, & contentatur Dominus quod non folvatur incantus prout in fupplicatione* (3). L'exemption

---

(1) Archives du Roi, Reg. *Potentia*, fol. 282 v°, Art. 1.
(2) *Idem,* fol. 230, Art. 14.
(3) *Idem*, fol. 238, Art. 8.

du droit d'inquant fut de nouveau confirmée en 1437, mais comme la faculté d'impofer par reve ne fut demandée pour dix ans que pour pourvoir au payement d'un don gratuit de 100,000 florins, que les Etats accorderent au Roi, & qu'ils répartirent fur 3,942 feux 3/4 2/3 y compris les 450 feux de la ville d'Aix, à raifon de 30 florins 11 fols 4 deniers par feu; le Prince en accordant cette demande exigeat : 1° que l'impofition feroit répartie avec égalité; 2° que la reve impofée n'excéderoit pas la valeur du don; & enfin modifiant un troifieme chef de demande, qu'en foumetant à la reve même les Forains, ce feroit fans tirer à conféquence, & après les avoir appellés à la Délibération qui en fixeroit le montant.

Placet Regi, dum tamen fiat recurfus generalis ad fines æqualitatis & peræquationis inter loca & fubditos fine fraude obtinendorum

Placet Regi, provifo quod rationabiliter fiant, quoad quantitatem doni, unà eam intereffe, & expenfis infurgentibus ad caufam illius non excedant & quod latu & incantus non folvantur pro dictis revis & impofitionibus, & exigantur tamquam fifcalia debita.

Placet quoad exactionem doni præfentis dumtaxat, & quod non trahantur ad confequentiam, vocatis quorum intereft ad taxationem, præfente Vicario feu Bajulo locorum, ita quod fiat peræquatio (1).

La faculté d'impofer par reves fut de nouveau accordée pour dix ans en 1440, mais ce fut fans attenter aux exemptions du Clergé & de la Nobleffe : *Placet ...... citra prejudicium Prelatorum, Baronum & Nobilium*. L'exemption du droit de cotte & d'inquant

---

(1) Archives du Roi, Reg. *Potentia,* fol. 248, Art. 3 ; fol. 248 v°, Art. 5, & fol. 250, Art. 12.

pour les encheres du produit de ces reves reçut une nouvelle confirmation (1).

La liberté de foumettre les étrangers à nos reves, fut encore un des articles demandés par les Etats de 1442, qui reconnurent en termes exprès que cette impofition ne pouvoient regarder les Segneurs qui n'y étoient foumis en aucune maniere; ils avoient délibéré en faveur du Roi un don gratuit de 60,000 florins; un fecond de 2000 florins en faveur du Duc de Calabre & de fon Epoufe; & un troifieme de 1500 florins en faveur du Sénéchal. Ils répartirent ces divers dons fur 3,842 feux 1/3 1/4 y compris les 425 feux de la ville d'Aix. Ils efpérerent que tant de libéralités pourroient leur obtenir quelque foulagement par la contribution des étrangers; mais ils furent trompés dans leur efpérance. *Placet Regi, falvo eo quod in quantum in eodem articulo fit mentio de introitis & exitis, non intelligatur conceffio & approbatio facta in præjudicium exterorum, & quod hujus modi impofitiones fiant de confenfu majoris & fanioris partis confiliariorum locorum in quibus fierent* (2); claufe précieufe, qui annonce combien nos Souverains favorifoient notre liberté dans le choix des moyens de payer les impofitions.

Les Etats fubféquens tenus en 1469 & en 1472 ne nous préfentent que la répétition des mêmes claufes, foit pour la durée de la reve, foit pour l'exemption des droits de cotte & inquant. On remarque fimplement dans ces derniers Etats un changement dans l'affouagement, qui n'eft plus porté qu'à 3,347 feux 3/4 1/16.

---

(1) Archives du Roi, Reg. *Rofa,* fol. 127.
(2) *Idem,* Reg. *Potentia,* fol. 227, 277 v°, Art. 39; fol. 278, Art. 40.

Celui de la ville d'Aix n'en éprouva aucun ; il continua d'être de 425 feux (1).

Telle étoit fur nos reves notre ancienne Conſtitution ; elles n'étoient point permanentes, elles n'étoient jamais établies qu'en vertu d'une conceſſion du Prince qui en fixoit la durée ; & le Statut de 1410 qui ſembloit nous avoir donné une entiere liberté ſur cet objet, reſta ſans exécution ; les étrangers n'y étoient ordinairement point ſoumis ; les Forains n'y étoient ſujets que dans des occaſions rares, & ſans tirer à conféquence. L'exemption des Prélats, des Barons, des Gentilſhommes étoit reſpectée ; celle des Segneurs étoit convenue & avouée. Il y a même plus, l'impoſition en reve étoit toujours reçue en déduction des autres impoſitions fixées par les Etats. On en trouve un Statut formel dans les Etats tenus à Avignon au mois d'Août 1393 ; il porte que ſi les reves, vingtains & autres impoſitions rejettées ſur les Clercs comme ſur les Laïques, ſont employés à payer ce qui a été ordonné par les Etats, le produit de ces reves ſera déduit ſur les autres impoſitions (2).

Ainſi donc en ouvrant tous les faits hiſtoriques rapportés par l'Auteur anonyme du *Droit Conſtitutif du Pays de Provence*, en convenant avec lui que ſi le Prince de Tarente qui n'avoit aucun droit ſur la Provence quoiqu'il eût épouſé la Reine Jeanne, & ſi Louis d'Anjou, qui mourut avant que d'avoir la paiſible poſſeſ-ſion des droits que pouvoit lui procurer la qualité de fils adoptif de cette Princeſſe, priverent pluſieurs Villes du droit de faire de ſemblables impoſitions ſans leur permiſſion, nous rentrâmes bientôt dans la plénitude de notre Conſtitution par le Traité conclu entre

---

(1) Archives du Roi, Reg. *Potentia*, fol. 310, Art. 7 & fol. 342 & 348 v°.
(2) Pieces juſtificatives, n. xcii.

la Reine Marie, de Blois, mère & tutrice de Louis II, & les Etats généraux tenus à Apt dans le mois de Mai 1385. En convenant que les Etats tenus en 1394 & 1396 pendant la minorité du même Prince, & fans la Régence de fa mere, ordonnerent que chaque Viguerie, Communauté, Ville & Château pourroit impofer par reves, ou de toute autre maniere, *fans demander lettres ni aucune permiffion de Madame;* en convenant enfin que Louis II, à la demande des Etats, révoqua tout ce qui avoit été fait à cet égard par Louis d'Anjou, fon pere, & par le Prince de Torente, & donna fa fanction au fameux Statut de 1410 que j'ai déjà rapporté, je ne pourrois cependant accorder que poftérieurement à cette époque le droit d'établir des reves ait été un droit illimité, une faculté qui nous ait été abfolument libre; les procès-verbaux des Etats tenus inclufivement depuis 1419 jufqu'en 1472, & que j'ai cités, me démentiroient formellement.

Il n'en eft pas de même de la confirmation que nous obtînmes en 1480, dans la fuplique que nos Etats généraux préfenterent à Charles III pour obtenir cette confirmation, ils mentionnerent fpécialement ce qui avoit été fait par Marie & Louis II. *Per..... Marium, Ludovicum fecundum, etc.* Dès lors le Statut de 1410 prit une nouvelle naiffance puifque la réponfe fut *placet Regi & concedit ut petitur.* Mais de fon côté le Statut de 1393 fut remis en vigueur; & ce Statut veut que les reves foient levées en déduction des autres impofitions.

Il me refte à examiner fur ce point, fi notre Conftitution en ce chef a fouffert quelque altération depuis que nous avons paffé fous la domination des Rois de France.

Le titre le plus ancien que j'aie trouvé depuis cette époque eft configné dans le procès-verbal des Etats de 1542. On y voit qu'ils furent requis de demander au Roi la confirmation de nos Statuts

& notamment de celui relatif à la faculté d'établir des reves *pour en ufer libéralement comme ils ont fait jufqu'à préfent,* porte la Délibération prife à ce fujet (1). Nous étions donc encore à cette époque dans la pleine poffeffion de notre droit; à la vérité nous avions quelques craintes, *& que pour ce ils n'en foient aucunement travaillés & moleftés.*

Je ne fais fi la ville d'Aix avoit excédé dans l'ufage de cette faculté, pour laquelle elle a un titre particulier qui émane de la Reine Marie, tutrice de Louis II, en 1387. Il porte que le *Confeil de Ville peut mettre, impofer des reves & impofitions, & icelles abolir, changer, augmenter ou diminuer, ainfi que le Confeil de Ville verra bon être pour le fuport & entretien des charges de ladite Ville* (2).

Quoiqu'il en foit, on fe plaignit aux Etats tenus à Aix dans les mois de Février & Mars 1601 *des nouvelles impofitions qui fe font & exigent dans la ville d'Aix fur la chair, vin & autres denrées.* L'Affeffeur repouffa cette plainte; il fe fonda fur le Statut, fur le privilege particulier à la ville d'Aix, fur l'ufage univerfellement obfervé dans tout le Pays. On voit avec furprife que malgré des raifons auffi folidement fondées, il fut néanmoins délibéré à la pluralité des voix, qu'il feroit *fait article au Roi pour faire caffer les impofitions nouvelles établies depuis vingt ans dans la ville d'Aix tant feulement* (3). Ce qui fe pratique encore aujourd'hui prouve combien peu cette réclamation eut de fuccès.

Mieux inftruits de nos droits conftitutifs en 1631, nous tînmes une marche toute oppofée. Le Sr d'André venoit d'être nommé

---

(1) Pieces juftificatives, n. xcIII.
(2) Recueil des Privileges de la ville d'Aix, pag. 9.
(3) Archives du Pays, Reg. des Délibérations, n. 8, fol. 18.

Sindic des Communautés, les Etats tenans, par une Affemblée du Tiers-Etat; il avoit prêté ferment entre les mains du Commiffaire autorifant cette Affemblée, les Etats continuerent leurs féances après fon élection, & le premier acte que fit le nouveau Sindic fut de rappeller le Statut de 1410 relatif à l'établiffement des reves; il òbferva que l'exécution de ce Statut avoit éprouvé quelque altération depuis 1471, époque où il fut procédé à l'affouagement général du Pays ; qu'il paraiffoit que depuis lors on n'avoit plus impofé qu'en argent pour fubvenir aux affaires particulieres des Communautés; d'où il étoit arrivé que quelques Communautés ayant voulu reprendre l'ufage des reves, & autres impofitions à peu près de même nature *pour en acquitter leurs créanciers,* fans en avoir obtenu la permiffion foit du Roi, foit des Officiers locaux, les Délibérations portant ces fortes d'impofitions auroient été caffées fur le feul motif du défaut de permiffion, ce qui jettoit les Communautés dans des dépenfes exceffives & entraînoit des longueurs très préjudiciables au bien public.

Sur cet expofé les Etats délibérerent que le Roi feroit très-humblement fupplié de confirmer le Statut de 1410, & ordonner qu'il feroit permis à toutes les Villes, Lieux & Villages du Pays, d'ufer dudit Statut, fans être obligés de recourir à aucune permiffion; cependant les Etats toujours conduits par un efprit de juftice déclarerent n'avoir aucune intention de comprendre dans cette Délibération, *les Segneurs des lieux & autres perfonnes exemptes* (1).

Je m'arrête à cette époque; en citant des faits plus rapprochés de nos jours, je m'expoferois à regretter ce que j'ai déjà dit fur nos *reves* dans le troifieme volume du Traité fur l'Adminiftration de Provence.

---

(1) Pieces juftificatives, n. xciv.

Il eft donc certain que le droit d'établir des reves en Provence eft de toute ancienneté; qu'avant 1410 ces reves ne pouvoient exifter fans en avoir obtenu la permiffion du Prince, que Louis II nous accorda à cet égard une liberté indéfinie; que malgré ce titre, nous recourûmes encore à l'autorité fupérieure pour faire autorifer cette forte d'impofition; que la permiffion toujours demandée pour une efpace de dix années, étoit limitée à un intervalle toujours plus court; il eft encore certain que le titre de 1410 fut remis dans toute fa vigueur par la confirmation de 1480; puifque tout ce qui nous avoit été accordé par Louis II nous fut affuré de nouveau, & que nous n'avons ceffé depuis lors de jouir de cette faculté comme d'un bien qui nous eft propre, malgré les diverfes tentatives qui ont été faites pour nous obliger de recourir à l'autorité fupérieure à l'effet de faire autorifer cette forte d'impofition.

Il réfulte en fecond lieu des faits que j'ai rapporté que la faculté de foumettre aux reves les étrangers fouffrit dans fon principe quelque difficulté; mais qu'aujourd'hui il n'y a plus d'exception en leur faveur; tout ce qui eft objet de confommation eft fujet à l'impôt fans aucune diftinction de confommateur; on en excepte cependant les Segneurs des lieux & quelques Membres du Clergé, en faveur defquels les Villes ont reconnu une exemption particuliere pour certains objets.

Si donc par le Droit provençal, la reve frappe indiftinctement toute forte de confommateurs fans diftinction de rang & d'état; fi dans le Clergé il n'y a que quelques Membres qui jouiffent d'une exception particuliere & relative à quelque objet diftingué; fi les poffeffeurs de Fiefs ne font exempts de la reve que lorfqu'ils habitent leurs Fiefs; fi partout ailleurs ils payent comme tous les autres citoyens, & plus que tous les autres citoyens, puifque la confommation eft toujours en proportion de la richeffe ; fi la reve a pour motif non-feulement les dépenfes particulieres aux Communautés, objet qui feul parut fixer l'attention du Sindic du Tiers-Etat en 1631, mais encore tout ce qu'elles ont à payer pour les deniers du Roi & du Pays; ainfi qu'il eft d'ufage dans nos Villes les plus confidérables ; fi les poffeffeurs de Fiefs n'habitent qu'une partie de l'année leurs terres, & que par état ou par goût ils ayent leur réfidence dans ces Villes qui ne connoiffent d'autre impofition que la reve ; fi malgré le Statut de 1393, celui qui a déjà payé pour fes biens rôturiers l'impofition locale foit en fruits, foit en reves, foit en deniers, eft encore tenu de payer les reves du lieu de fon domicile, fans que le montant en foit déduit fur fes impofitions ; j'ai eu raifon de dire que l'exemption que les propriétaires des biens rôturiers femblent envier aux peffeffeurs des biens nobles n'eft qu'une chimere, un phantome qui s'évanouit à mefure qu'on s'en approche, & qu'on veut l'examiner de près. Contribution réelle à toutes les charges que les befoins de l'Etat ont néceffité depuis trente ans ; contribution indirecte aux charges anciennes & aux charges locales par le payement des reves ; contribution univerfelle à toute efpece de charges comme propriétaires de biens rôturiers ; voilà en deux mots le tableau de fituation des deux premiers Ordres contre lefquels on a cherché à ameuter le Tiers-Etat, & fi à ces contributions déjà forcées, on ajoute les nouvelles contributions que l'efprit patriotique qui anime ces deux Ordres leur impofera, alors je penfe que non-feulement la balance fera égale, mais qu'elle penchera en faveur du Tiers-Etat, & qu'il n'exiftera d'autre différence que celle qui fera le réfultat néceffaire de la proportions des poffeffions.

Ainfi s'évanouiffent ces vaines clameurs que l'on s'eft permifes contre les deux premiers Ordres, & que l'on a préfentées comme le fignal de ralliement ; ainfi fe diffipent ces terreurs que l'on a voulu faire concevoir au Tiers-Etat en lui dépeignant le Clergé & la Nobleffe comme des Membres inutiles dans la fociété politique, toujours altérés du fang du peuple qu'ils condamnent à payer toutes les charges, tandis qu'ils profitent feuls de tous les avantages des contributions, en lui déguifant les faits, & cherchant à lui perfuader qu'anciennement il n'y avoit en Provence d'autre impofition que le fervice perfonnel militaire, ou le fervice militaire par contribution, tandis que tous les Monumens de notre hiftoire nous rappellent les charges qui affeƈtoient les feuls rôturiers. Pour le prouver, je me contenteroi de citer l'Auteur de l'Hiftoire de Provence :

' Après avoir diftingué les perfonnes libres en trois claffes, en Nobles, en Bourgeois, en Artifans, il s'exprime ainfi : « Quant aux Nobles, il y en avoit de trois fortes, les Barons, les fimples Segneurs de Fief & les Nobles qui n'en avoient point. Les Barons tenoient le premier rang. Les Nobles en général étoient exempts d'impôts, avoient droit de faire la guerre pour leurs intérêts perfonnels & n'étoient tenus qu'au fervice militaire envers le Comte & leur Suzerain. » (Tom. II, pag. 340 ; Tom. III, pag. 92 & 423.)

Ailleurs le même Hiftorien rapporte des Lettres-patentes données par Charles II en date du 17 Mars 1292, par lefquelles il fut ordonné que les rôturiers qui avoient acquis des Fiefs ne jouiroient d'aucune exemption des charges, qu'ils les payeroient comme rôturiers, n'exemptant que ceux qui étoient nobles de fang & d'origine, ou qui defcendoient de quelque rôturier armé chevalier par Charles Ier fon pere ou par Raymond-Béranger fon ayeul, ou qui l'avoient été avec leur permiffion. Ordonnance qui ne fut que la répétition d'une autre rendue par le même Prince en 1290.

Mais laiſſons à la réflexion le tems de diſſiper les préventions, & la paix renaîtra du ſein du trouble.

Je ne finiroi pas cet article ſans obſerver que l'impoſition ſur les conſommations n'étoit pas un moyen qui fût ſeulement en uſage dans nos Communautés. Nos anciens Etats nous prouvent que ſouvent la Nation aſſemblée y avoit recours pour s'acquitter envers ſon Souverain & envers la Patrie de ce qu'elle devoit à l'un pour ſa gloire & à l'autre ponr ſa défenſe ; ainſi vit-on les Etats tenus à Avignon dans le mois d'Août 1393 impoſer deux florins par muid de ſel, & deux ſols par ſaumée de la même denrée; douze deniers provençaux par livre ſur les bleds, grains, vin, huile, amandes, & généralement ſur toute ſorte de denrées & de marchandifes. Cette impoſition n'avoit lieu que dans le cas de l'exportation. Mais les Etats tenus à Aix dans le mois de Février ſuivant fournirent à ces impoſitions le ſel & la farine qui ſe conſommeroit dans l'étendue de la Provence & des terres adjacentes ; l'impôt du ſel exporté fut augmenté de trois gros par quintal, & de ſix gros s'il étoit tranſporté dans les lieux maritimes ; celui de la farine conſommée dans le Pays fut de quatre deniers, & ces deux impôts durent porter ſans aucune diſtinction ſur tous Archevêques, Evêques, Abbés, Prieurs, Commandeurs, Barons, Nobles, & généralement ſur toute ſorte de perſonnes exemptes ou non exemptes ; & à l'effet que l'impôt fût levé avec exactitude, la Reine fut ſuppliée de donner un Edit qui autoriſa les exacteurs à faire des viſites dans tous les lieux, même dans les maiſons religieuſes de l'un & de l'autre ſexe. L'impôt de quatre gros par quintal de ſel conſommé ſur les lieux fut renouvellé en 1396 ; mais il fut réduit à deux gros par les Etats tenus à Pertuis au mois de Décembre 1397, & ils remplacerent cette diminution 1° par une capitation d'un gros ſur chaque chef de maiſon, les mendians ſeuls exceptés ; 2° par une impofition de fix deniers par livres fur la vente de toutes marchandifes, denrées & meubles, on en excepta le pain & le vin ; 3° par un vingtain impofé généralement fur tous les fruits & animaux de naiffance ; enfin, par un autre impofition de fix deniers pour chaque poulain âgé d'un mois. Deux ans après, les Etats impoferent de nouveau quatre gros fur chaque quintal de fel, & en deftinerent le produit à acquitter les dettes du Pays & à falarier les troupes. Enfin les Etats tenus en 1420 & en 1437 nous préfentent de nouvelles impofitions fur le fel provoquées pour dix ans (1). C'eft ainfi que dans une Adminiftration bien dirigée, on emploie tous les moyens que la prudence & la fageffe fuggerent pour venir au fecours de l'Etat, répartir avec égalité l'impôt, & y faire contribuer tous les Membres, lorfque la néceffite exige des fecours extraordinaires qu'on ne pourroit fe procurer par les voies ufitées.

J'ai déjà dit que, peu content d'avoir étalé aux yeux des Membres de l'Affemblée de MM. les Procureurs du Pays nés & joints du 10 Août 1787, des principes que l'on pourroit fans craindre d'ufer d'une expreffion trop forte, appeller anticonftitutionnels, M. l'Affeffeur crut devoir inftruire le public de fes maximes par un Mémoire, qui n'eft qu'une répétition amplifiée de ce que j'ai déjà analyfé ; il s'appuya de quelques nouveaux titres que j'ai déjà rapportés, & fur lefquels nous ne différons lui & moi que dans l'application que nous en faifons. Mais peut-être que fi M. l'Affeffeur eût mis ces titres fous les yeux du public, il eût affoibli fa caufe ; & dès lors la prévention eût été moindre. M. l'Affeffeur veut toujours perfuader que conftitutionnellement tous les Ordres

---

(1) Archives du Roi, Reg. *Potentia,* fol. 35 & 35 v°, 43 v°, 44 & 44 v°, 45 & 45 v°, 46 v°, 159, 92 v°, 93, 184, 282 & 263.

doivent contribuer à toutes les charges fans aucune diſtinction ; je crois avoir prouvé le contraire par titres ; je vais à l'appui de mon fyſteme, citer l'Auteur anonyme du *Droit conſtitutif du Pays de Provence*, voici comment il s'explique en parlant de la contribution du Clergé aux charges royales (pag. 44) : « Le Clergé de Pro-
« vence paye donc au Roi ſa portion d'impôt avec le Clergé de
« France, au moyen des dons gratuits qu'ils lui accordent dans
« leurs Aſſemblées générales; tant que cet arrangement ſubſiſtera on
« ne doit donc pas ſe flatter en Provence que les Eccléſiaſtiques
« puiſſent être foùmis à contribuer avec les autres Ordres à l'acquitte-
« ment des charges royales. » Ce ſentiment eſt fondé ſur des principes de juſtice; & ſi on s'en élognoit, la maxime *ne duplici omne aggravarentur* ſi ſouvent répétée par M. l'Aſſeſſeur ne ſeroit plus ſuivie.

C'eſt avec la même impartialité que l'Auteur anonyme dont je m'appuie parle (pag. 46) de la contribution de la Nobleſſe à ces mêmes charges royales ; en faiſant des vœux pour que le Souverain prenne en conſidération la ceſſation du ſervice militaire, il annonce aſſez que le droit parle encore en faveur des biens nobles, & qu'ils ne peuvent être cottiſés tant que nous vivrons fous les Loix qui nous régiſſent. Voici ſes propres paroles:

« L'établiſſement des troupes réglées a rendu le ſervice militaire inutile ; mais l'obligation des Segneurs n'en ſubſiſte pas moins vis-à-vis du Souverain, & cette obligation leur tient lieu de charge. Son inutilité eſt un motif pour la faire ceſſer de droit, comme elle a ceſſé de fait, & doit être priſe en conſidération par le Souveraine pour l'abroger entierement & pour ſubſtituer à ſa place, une contribution réelle & proportionnelle, qui, en rejettant ſur les biens féodaux le poids d'une obligation dont ils ont été ſoulagés juſqu'ici, & dont la ſurcharge a retombé toute entiere ſur le Peuple, mette tous les Ordres à niveau, & comme en équilibre dans la maſſe totale des impoſitions royales. »

Il me reſte à parcourir un autre ouvrage ; c'eſt *le Droit public du Comté-Etat de la Provence ſur la contribution aux impoſitions*, ouvrage dont les idées, pour me ſervir de l'expreſſion du Cenſeur royal, *ſont préſentées quelquefois avec chaleur ;* mais dans lequel l'Auteur *paroît ne deſirer que le plus grand bien*. Je ne ſuivroi pas Bouche dans tout le détail de ſon Ouvrage ; je l'ai déjà réfuté en grande partie. Je ne m'attacheroi qu'à des points qui peuvent lui être particuliers.

Mais avant toute choſe, je dois me diſculper, non d'un reproche que M. Bouche me faſſe, ſon honnêteté ne le lui eût pas permis ; mais d'une idée qu'il me prête, & qui auroit été de ma part une impéritie, ſi je l'avois conçue.

J'ai dit (pag. 122 du Tom. 1ᵉʳ de l'Ouvrage ſur l'Adminiſtration de Provence) que *la Nation entiere contribue en corps au don gratuit*, & en parlant des dons gratuits extraordinaires (pag. 179 de ce même Volume, j'ai ajouté : *Un autre principe que nous n'avons ceſſé d'invoquer contre l'établiſſement des dons gratuits extraordinaires a été qu'en Provence tout impôt doit porter ſur l'univerſalité des Habitans ; celui qui ne frapperoit que ſur une claſſe particuliere contrarieroit notre Conſtitution ; il n'y auroit plus lieu dès lors à l'égaliſation*. De ces deux paſſages, M. Bouche en conclud que j'ai vu écrit dans les titres les plus authentiques du Pays que les poſſédans-fiefs & le Clergé, qui *ſont la portion diſtinguée de la Nation*, doivent payer leur contingent des impoſitions (1), & ailleurs que ce que j'ai dit concourt à former une preuve parfaite de la Communauté des charges parmi les trois Ordres.

---

(1) Droit public du Comté-Etat de la Provence, pag. 26 & 108.

Non, je n'ai pu avoir cette idée, puifque mon premier Volume du Traité fur l'Adminiftration de Provence, dont font extraits les deux paffages cités, eft tout deftiné à traiter des divers objets pour lefquels nous impofons *par feu*, & perfonne n'ignore que cette forte d'impofition exclut toute idée d'une contribution cumulée des trois Ordres, non-feulement dans notre régime actuel, mais même dans les tems les plus reculés; j'ai déjà fait obferver que lorfque très-anciennement une néceffité urgente obligeoit de foumettre les deux premiers Ordres à quelque contribution, elle étoit réglée à proportion du revenu, tandis que celle du Tiers-Etat étoit fixée relativement à la valeur fonciere; de là vient la différence dans la dénomination de la note des contributions. Celle de la Nobleffe eft appellée *afflorinement*, parce que la contribution eft réglée par le nombre de florins qui conftituent le revenu; celle au contraire du Tiers-Etat eft défignée par le mot *affouagement*, parce que la contribution du Tiers-Etat eft fixée à proportion des feux, & que les feux préfentent l'évaluation fonciere des fonds. L'idée que me prête M. Bouche ne peut donc avoir été la mienne, puifque je ne parlois que de l'impofition par feu, & qu'en prenant même littéralement ce que j'ai dit, mes expreffions *Nation entiere, univerfalité des Habitans*, ne peuvent fe rapporter qu'au fujet que je traitois, & je le répete, je ne parlois que de l'impofition par feu.

Mais peut-être alors me faira-t-on le reproche de m'être fervi d'une expreffion impropre & d'avoir mal à propos pris le tout pour la partie; fi ce reproche m'étoit fait, je le repousferois encore en prouvant que le mot *univerfalité* a toujours été employé lors même qu'il ne s'eft agi que d'une impofition par feu. J'en ai pour preuve l'acte de notoriété donné par les Etats de 1607, rapporté au n° LXXXVIII des Pieces juftificatives. On y voit que les impofitions qui fe répartiffent par feu en Provence, portent généralement fur tout le corps & généralité du Pays.

Aux Etats tenus à Aix en 1573, le Roi fit demander l'établiffement d'une fubvention *pour être égalifée sur l'univerfel dudit Pays;* les Etats prirent cet objet en confidération & arrêterent qu'il feroit demandé à Sa Majefté d'ordonner que les deniers de la fubvention feroient mis & impofés à raifon de feu *fur l'univerfel de tout le Pays de Provence.* La plus grande partie des Députés des Communautés & des Vigueries furent d'un avis contraire, & donnerent pour motif de leur opinion que *la fubvention étant mife à raifon de feu, les exempts & privilégiés ne feroient point compris* (1). Cette Délibération prouve ce que j'ai déjà dit : 1° que l'impofition par feu n'a jamais regardé que les biens rôturiers ; 2° que le mot *univerfel* eft même employé lorfqu'il ne s'agit que d'une impofition par feu. Du refte ce n'eft pas le feul exemple que j'ai à citer pour prouver que mon expreffion n'a point été impropre, partout, en parlant des impofitions par feu, on trouve écrit l'*Affemblée* les *Etats impofent fur tout le tout corps & généralité du Pays.*

Je prends actuellement en main l'Ouvrage de M. Bouche, & j'y vois que fans égard aux exemptions les plus anciennes, aux priviléges les mieux reconnus, aux titres qui méritent le plus d'être refpectés, il veut foumettre le Clergé & la Nobleffe indifféremment à toutes les charges, foit Royales, foit du Pays ; je me fuis déjà expliqué fur ces dernieres, je n'y reviendroi pas ; mais quant aux charges Royales, qu'il me foit permis de fuivre de loing en loing l'Auteur du Droit public de Provence. Peut-être viendroi-je à bout de diffiper les préventions qui ont dû réfulter de cet Ouvrage.

---

(1) Pieces juftificatives, n. xcv.

Don gratuit.

M. Bouche a bien fenti qu'il falloit créer un fyfteme pour perfuader que tous les Ordres devoient contribuer au don gratuit. Pour cela il nous affure, page 22, que fi nous remontons vers des fiecles plus reculés, notre hiftoire nous apprend que les Comtes Souverains demandoient un don qui *étoit payé par tous les Habitans fans diftinction de nobles & de rôturiers, de fegneurs & de vaffaux;* voilà la propofition de M. Bouche, voici ma réponfe.

Il avoit été accordé avant 1401 un don gratuit au Roi; pour le payement duquel il avoit été impofé fept gros par feu; les Etats tenus en 1401 voulurent convertir cette impofition par feu en reve; par là tous les confommateurs y auroient contribué; ils s'adrefferent au Souverain pour en obtenir le permiffion; il trouva que cette demande n'étoit pas jufte. *Non eft juftam.*

En 1410 nouveau don accordé au Roi; il étoit de 16,500; il fut réparti fur 5,051 feux 1/4. Chaque feu paya trois florins, trois gros & un denier, il eft facile d'en conclure que les feux l'acquitterent en entier.

La conquête du Royaume de Naples & l'heureux avenement au trône, fournit le motif d'un nouveau don gratuit en 1419, & les Etats en ordonnant que toutes Villes, Lieux & Cités qui étoient tenus au fouage, payeroient leur contingent, impoferent fix florins par feu pour payer 30,000 florins, montant du don gratuit.

Le Prince Charles, frère du Roi, avoit rendu des fervices importans à la Provence; les Etats tenus en 1429 voulurent lui en témoigner leur reconnoiffance, lui offrirent un don de 2000 florins, & impoferent à raifon de ce fix gros par feu.

Le mariage du Roi, & les fervices de Belleval, Sénéchal en Provence, furent pour les Etats de 1432, un motif de libéralités; ils offrirent au Souverain un don gratuit de 100,000 florins, & au Sénéchal 3000. Ils répartirent ces deux fommes fur 4,299 feux 1/2, à raifon de 23 florins 11 gros 8 deniers & une mealhe.

Le paffage du Roi à Naples néceffita un nouveau fecours de 100,000 florins en 1437. Chaque feu fut cottifé 30 florins 11 fols 4 deniers, & on comptoit alors 3,942 feux 3/4 2/3.

En 1442, époque citée par M. Bouche, page 29, il fut accordé au Roi René un don gratuit de 60,000 florins, & 2000 au Duc de Calabre & à fon époufe. Les Etats ordonnerent que chaque Lieu, Ville & Cité feroit tenu de contribuer à ce don, à cottité de fes feux, & l'affouagement général avoit été réduit à 3,842 feux 1/3 1/4.

Enfin en 1472 il fut accordé au même Prince un don gratuit de 50,000 florins, à répartir fur 3,347 feux 3/4 1/16; & fuivant le raport fait aux Etats par Mᵉ Urbain Chauffegros, rational, chaque feu fupporta une contribution de 14 florins 11 gros 4 deniers (1).

En ai-je affez dit pour prouver que le don gratuit n'étoit pas payé fans diftinction de nobles & de rôturiers, de fegneurs & de vaffaux?

Le Tiers-Etat, dans fon Affemblée du 4 Mai 1787, n'eft point tombé dans une pareille erreur; il a paffé fous filence ce point d'hiftoire de nos impofitions; il a mis en parallelle le don gratuit établi depuis 1664, avec le don ancien connu fous le nom de fouage, ou de taille royale, perçu par le Receveur des finances, & eft convenu que *quant à ce il ne pouvoit demander aucune*

---

(1) Archives du Roi, Reg. *Potentia*, fol. 198, 216, 232, 237, 247, 248, 277 & 342. Archives de Toulon, Reg. en parchemin, Art. 12.

participation aux deux premiers Ordres (1). Mais il a prétendu que quant au don gratuit établi depuis 1664, on devoit le ranger dans la claſſe des charges communes : 1° par ce qu'il avoit eu pour motif les armemens de mer qui tournent à l'avantage de tous; 2° par ce qu'il avoit été accordé pour obtenir plus facilement la confirmation du pouvoir des Etats ou Aſſemblées générales relativement aux affouagemens ; 3° enfin parce que l'article 135 de l'Ordonnance d'Orléans porte *qu'en toute Aſſemblée d'Etats généraux ou particuliers des Provinces où ſe fera octroi de deniers, les trois Etats s'accorderont de la quote part & portion que chacun deſdits Etats portera.*

Mais : 1° les armemens de mer, clauſe qui n'étoit que de ſtile, ne préſentent pas un motif plus puiſſant aujourd'hui que ne le préſentoient autrefois les dons gratuits accordés à nos anciens Souverains ; l'accroiſſement de leur domination, la conſervation de leurs Etats, les ſervices rendus à la Provence, des ſecours, des aides ; & cependant j'ai prouvé qu'avant 1481, époque où nous paſſâmes ſous la domination des Rois de France, les dons gratuits étoient répartis ſur les feux ; j'en excepte quelques-uns qui furent accordés dans des circonſtances critiques pour l'Etat ; & alors quel eſt le ſujet qui peut ſe refuſer à venir au ſecours de la Patrie ; l'impôt devient le fruit du ſentiment bien plus que du devoir.

2° Confirmation du pouvoir des Etats ou Aſſemblées générales relatif aux affouagemens, mais l'affouagement intéreſſe-t-il une autre nature de biens que les biens rôturiers ; & ſi les biens rôturiers retirent ſeuls l'avantage d'un affouagement fait conformément à

---

(1) Procès-verbal de l'Aſſemblée du Tiers-Etat, pag. 84.

notre Conſtitution, pourquoi veut-on que les biens d'une autre nature contribuent à ce qui a été accordé pour faire maintenir la Provence dans le droit de régler dans ſon ſein la maniere de répartir l'impôt ſur les biens rôturiers. D'ailleurs de l'aveu du Tiers-Etat l'augmentation du prix du ſel en 1661, fut accordée à la charge qu'il ne ſeroit plus demandé de don gratuit, c'eſt-à-dire que le don gratuit qui n'étoit payé que par les biens rôturiers, fût remplacé par un impôt qui affectât généralement les trois Ordres; & qui frappât ſur les poſſeſſeurs en proportion de leurs poſſeſſions, & on voudroit aujourd'hui faire ſupporter aux biens nobles & l'impôt qui a remplacé l'ancien don gratuit, & le nouveau don gratuit dont on fixe l'époque à 1664, c'eſt-à-dire poſtérieurement à la ſuſpenſion de nos Etats, & accordé par les Communautés aſſemblées, pour n'avoir pas à gémir ſur des opérations deſaſtreuſes, qu'elles avoient à redouter, ſi l'affouagement eût été livré à des Commiſſaires qui n'auroient pas eu le vœu de la Nation.

3° Ordonnance d'Orléans; elle eſt à la date de 1560, & elle n'a point dérogé à nos titres particuliers; l'Arrêt de 1556 eſt encore dans toute ſa vigueur, quoique antérieur à l'Ordonnance citée; les Arrêts de 1668 & 1702 ont été rendus poſtérieurement; ſans ceſſe invoqués par les poſſeſſeurs des biens rôturiers, faudra-t-il donc que les biens nobles ſoient perpétuellement dans un état de fluctuation cruelle; condamnés par ces Arrêts, lorſqu'ils ſont favorables aux biens rôturiers, & jugés, malgré ces Arrêts, lorſqu'ils ſont en contradiction avec les nouveaux ſyſtèmes.

Vieux droits.

La définition que M. Bouche donne des vieux droits domaniaux, me paroît contrarier ſon ſyſteme de contribution commune aux trois Ordres; il dit, page 32 : *Les vieux droits connus ſous le nom de Domaniaux, font des redevances que les Comtes souverains s'étoient reservées dans les domaines qu'ils avoient en leurs mains, & dans les Fiefs qu'ils avoient aliénés.* Mais si les Comtes souverains s'étoient réservés ces droits dans les domaines qu'ils avoient en leurs mains, c'étoit donc les vassaux qui acquittoient ces droits ; s'ils se les étoient réservés dans les Fiefs qu'ils avoient aliénés, ce n'étoit donc pas une charge qu'ils eussent imposée à eux en faveur desquels ils avoient inféodés ces Fiefs ; c'étoit une prohibition de jouir de ces droits déjà établis en faveur du Segneur, & dont le Segneur suzerain se faisoit une réserve.

De ce que quelques Communautés soutinrent en 1691 n'être pas obligées de contribuer au payement de l'abonnement de ces droits, M. Bouche n'ose pas en conclure que ces droits doivent être rejettés en entier sur les possédans-fiefs ; mais il cherche à élever le Tiers-Etat contre le Tiers-Etat. *Il n'est pas juste,* dit-il, *que tant celles* (les Communautés) *qui sont exemptes véritablement, que celles qui peuvent l'être, soient soumises seules à une contribution qui porte ..... sur les seuls Fiefs & Domaines des Comtes souverains.* J'avoue que je n'entends pas le mot *seuls,* puisque l'abonnement est payé par tous les biens rôturiers sans distinction d'exempts & non exempts à cet égard. Quant à la contribution partielle que paroît indiquer M. Bouche, on peut voir ce que j'en ait déjà di dans mon premier Volume du Traité sur l'Administration de Provence, pages 143 & suivantes.

M. Bouche, qui a craint de s'expliquer clairement lorsqu'il a parlé des vieux droits domaniaux en général, se développe d'une maniere plus précise lorsqu'il traite de la *cavalcade ;* selon lui, *la seule faveur que l'on puisse faire aux possédans-fiefs, c'est de permettre qu'ils ne payent qu'une portion de ces droits.* Il en donne le motif ; il distingue deux espèces de *cavalcades,* la personnelle & la pécuniaire. Il reporte la perfonnelle au fervice militaire, & en fixe la conclufion ordinaire ; voici cependant ce que je trouve dans le procès-verbal des Etats de 1419. Mes Lecteurs ainfi que moi n'y verront aucune diftinction. Les Etats repréfentent que deux fléaux terribles, la guerre & la pefte, ont dépeuplé plufieurs lieux qui étoient tenus à certaines albergues, cavalcades & *contaliers*, envers la Cour royale. Que ces lieux ainfi abandonnés, les Segneurs fe font mis en poffeffion des biens déguerpis ; que de là les maîtres rationaux fe font crus autorifés à pourfuivre les Segneurs ou leurs Fermiers en payement de ces droits, auxquels les Segneurs ne furent jamais foumis ; ils demandent en conféquence qu'il plaife à Sa Majefté déclarer que les Segneurs ne peuvent être contraints au payement de pareils droits, fauf de les faire revivre dans le cas où ces lieux viendroient à être repeuplés. Voilà bien la preuve que ces droits n'affectoient que les vaffaux, puifque les Segneurs qui repréfentoient les vaffaux dans leurs poffeffions, demandoient d'en être exempts en leur qualité de Segneurs, qui, dans leur idée, devoit effacer le caractere de vaffalité. La réponfe ne fut que provifoire. Elle ftatua fur le paffé, & déchargea les Segneurs de toute recherche, & réferva au Prince d'examiner ce que le bien de fon domaine pourroit exiger. *Los arreyrages nos remetten, & fur lo principal, y provefiren* (1). J'avoue cependant qu'aux Etats de 1394 & 1396, il a été queftion de cavalcade perfonnelle, mais elle frappoit indiftinctement fur tous les Ordres. Les premiers de ces deux Etats demanderent que tant que dureroit l'impofition faite pour la guerre, les Segneurs Prélats, Barons, Gentilhommes & *Communautés* ne fuffent tenus à aucune cavalcade. Ceux de 1396 déclarerent que

---

(1) Pieces juftificatives, n. xcvi.

les Prélats, Barons, Gentilfhommes & *Communautés* ne feroient tenus de faire aucune cavalcade perfonnelle, pendant le tems de la guerre, attendu les charges qu'ils fupportoient déjà. La Reine Marie, tutrice de fon fils, répondit : *Placet Domino de illis qui obfervabant capitula ordinata* (1).

Nouvel acquêt.

Pour prouver que les poffeffeurs des Fiefs doivent contribuer à l'abonnement de ce droit, voici le raifonnement que nous préfente M. Bouche, page 40 :

« Il eft reconnu que tous les patis, pacages, terres gaftes & incultes, bois taillis & autres, que les pâturages que les Communautés poffedent en Provence, elles les ont acquis des Segneurs à prix d'argent, par compenfation, par tranfaction ou autrement.

« De deux chofes l'une, ou il faut que les Segneurs faffent jouir les Communautés de ce qu'ils leur ont départi, ou il faut qu'eux feuls payent l'abonnement du nouvel acquêt, puifqu'ils en ont retiré le prix. »

Ce raifonnement n'a pas même, j'ofe le dire, mérite d'être fpécieux. Les Segneurs ont tranfporté l'objet qui fait la matiere du nouvel acquêt. J'en conviens; les Communautés ont donc acquis; & il eft défendu aux Communautés, comme moins mortables, d'acquérir. Louis XIV, en 1691, dans le befoin de fes finances, veut fixer un avantage de ces acquifitions faites contre la règle; il exige un droit du nouvel acquêt, à la faveur duquel il confirme les Communautés dans leur poffeffion ; & l'Auteur que je réfute veut que

---

(1) Archives du Roi, Reg. *Potentia*, fol. 14, Art. 18, & fol. 145.

ce foit le vendeur qui fupporte le poids de l'impôt qui, dans fes effets, tourne tout à l'avantage de l'acquéreur; cela n'eft ni jufte, ni raifonnable; cela ne le feroit pas même s'il étoit vrai que l'impôt fût tout au détriment de l'acquéreur, par cette grande reglé que *nul n'eft tenu du fait du Prince*. C'eft un impôt mis par le Souverain; il n'y a donc lieu à aucune indemnité, à aucune demande à *quanti minoris*. On prend une partie de terrain pour y tracer un chemin public; le poffeffeur évincé ne peut dire avec raifon à fon vendeur *faites-moi jouir*. Le Souverain impofe, je dois fupporter l'impôt, fans me croire autorifé à rechercher celui qui m'a tranfmis fa poffeffion, au moment qu'elle n'étoit point encore foumife à tel ou tel impôt. S'il en étoit autrement, le fyfteme de M. Bouche en contribution commune à toute forte de charges feroit l'annonce d'un bouleverfement univerfel; car fi les Communautés peuvent rechercher leurs Segneurs à raifon du payement du nouvel acquêt, les nouveaux poffeffeurs de Fief pourront rechercher leurs vendeurs à raifon des vingtiemes qui n'exiftoient pas lors de leurs acquifitions; & fi le fyfteme de contribution commune étoit adopté, on verroit furgir de toute part des demandes en indemnité. Celui qui a acquis au denier 40, parce que l'objet acquis étoit exempt de toute contribution, ne pourra être foumis en meme tems & à la contribution, & à un prix plus confidérable donné pour jouir de cette exemption.

D'ailleurs eft-il bien vrai que tous ces objets dont parle M. Bouche ayent été acquis par les Communautés à titre onéreux; combien d'entre elles qui en font en poffeffion en fuite de l'acte d'habitation & dans la vue de favorifer l'habitation; feras-ce là, je le demande, un motif pour venir rechercher fon bienfaiteur.

Dons gratuits extraordinaires.

Pour bien apprécier ce que M. Bouche dit fur cet objet, je prie mes Lecteurs de jetter un coup d'œil fur ce que j'en ait dit moi-même dans le premier Volume du Traité fur l'Adminiftration de Provence, pages 157 & fuivantes; ils y verront quelle fut l'origine de cet impôt, quel en fut le motif; le Roi demandoit aux Villes des dons gratuits extraordinaires, & pour les mettre en état de s'acquitter envers Sa Majefté, elle permettoit un octroy fur les confommations; la Provence n'eft point un Pays d'octroy; nous y impofons fur les confommations, c'eft ce que nous appellons *reves*. il fallut donc & racheter la Conftitution qui étoit altérée par l'établiffement des octroys, & fournir au Roi les fommes qu'il demandoit; mais la partie de la Conftitution qui étoit altérée n'intéreffoit que les Communautés; les fecours qui étoient exigés ne portoient que fur des objets déjà foumis aux impofitions des Communautés; elles feules auroient perdu dans l'exécution de l'Edit; elles feules ont dû fupporter l'abonnement; & fi nos principes de répartition générale n'étoient pas auffi folidairement fondés, les petites Communautés que ce nouvel impôt ne pouvoit regarder auroient eu à fe plaindre de ce qu'on les faifoit contribuer à l'abonnement d'un objet qui leur étoit étranger, car l'impôt ne portoit pas fur la confommation en général, mais fimplement fur la confommation de quelques Villes & lieux dénommés dans l'état annexé à l'Edit.

Et quant à ces Villes ainfi taxées, les poffeffeurs des biens nobles peuvent leur oppofer en cas de recherche de leur part, qu'ils avoient prévenu le defir du Souverain par leur contribution aux reves, qui eft véritablement dans l'efprit de l'Edit & qui pefe d'autant plus fur eux, que M. Bouche nous apprend que *les poffédans-fiefs & le Clergé font les plus grands confommateurs, parce qu'ils font les plus riches.* (Pag. 44).

Taillon, Fouage, Subſide.

Subſide. J'ai déjà répondu à cet article, je le répete : *ad hoc ſub judice lis eſt.*

Fouage. M. Bouche est en contradiction avec le Tiers-Etat, qui a dit, écrit & imprimé qu'il ne pouvoit rien demander ſur cet objet.

Taillon. Le ſilence du Tiers-Etat me prouve qu'il n'eſt pas du même avis que M. Bouche. Pluſieurs fois nos Etats ont réclamé contre la levée du taillon, contre les augmentations de cet impôt (1). Je n'ai vu nulle part que le Tiers-Etat ait eu la prétention d'y faire contribuer les deux autres Ordres.

Appointemens du Gouverneur.

Ici M. Bouche marche ſur la même ligne que le Tiers-Etat ; mais j'ai prouvé que le Tiers-Etat eſt en contradiction avec lui-même, puiſque tantôt il demande que le Clergé & la Nobleſſe contribuent à cette dépenſe, & tantôt il cite en preuve de l'exécution des Lettres-patentes de 1544, ſes Délibérations particulieres pour conſentir cette dépenſe, comme y contribuant ſeul ; actes qui n'étoient que préparatoires, & qui n'acquerroient le vrai caractere de Délibérations, qu'après avoir été ſanctionnés par les Etats. Je l'ai démontré.

---

(1) Archives du Pays, Reg. des Délibérations, n. 2, fol. 239, année 1611 ; fol. 369, année 1614; n. 12, fol. 116 & 129, année 1628.

Anciennes & nouvelles Rentes.

Cet article ne peut être difcuté en l'Etat. Il faudroit connoître l'origine des dettes, leur objet, leur utilité; les fentimens du Tiers-Etat me font trop connus pour qu'il puiffe m'être permis de penfer que fa prétention s'étende jufqu'à vouloir faire contribuer le Clergé & la Nobleffe à des dettes qui auroient tourné au feul avantage des biens rôturiers; & l'on doit ranger dans cette claffe toutes les fommes empruntées pour payer l'abonnement du troifieme vingtieme en 1764 & années fuivantes; toutes celles qui ont augmenté la maffe des dettes, pour couvrir l'infuffifance des impofitions relatives à la dépenfe des troupes; les fonds de la fondation de M. de Saint-Vallier qui ont été reçus par le Tréforier du Pays, & que le Tiers-Etat a employés fans doute en fupplément d'impofition; les 40,000 livres données par le Comtat pour fournir aux réparations de la Durance, & que le Tiers-Etat a placé fur lui-même, tandis que feul il adminiftroit les affaires du Pays. Je ne fais que citer ici quelques exemples pour prouver que toutes les dettes n'ont pas été contractées pour l'avantage général; & que quand on difcutera ce point on en trouvera beaucoup qui n'ont eu pour but que l'avantage d'un feul Ordre. Si les poffeffeurs des biens rôturiers pourfuivent à cet égard leurs prétentions, quel vafte champ aux réclamations!

Dépenfe des Troupes.

Je trouve la réponfe à cet article dans le procès-verbal de nos derniers Etats, page 260.

« La dépenfe pour le logement, les voitures & le paffage des troupes étoit autrefois un fervice perfonnel en Provence; il l'eft encore dans plufieurs Provinces, & la Nobleffe en eft exempte.

« Les Assemblées des Communautés ont formé des plaintes sur la dépense des troupes ; elles ont réclamé la décharge accordée à la Province par l'Edit de 1661 ; elles ont représenté l'excès de la contribution ; elles ont obtenu la fixation du taux de l'imposition & elles n'ont jamais prétendu que la charge dût être partagée par la Noblesse.

« L'Ordonnance de 1675 soumit les Communautés à fournir l'étape aux troupes en route ; elle fut exécutée en Provence, comme dans le reste du Royaume ; cette fourniture fut abonnée en 1719 & l'abonnement fut payé sur les feux.

« Cette fourniture a été remise à la charge des Provinces en 1727 ; elle a été fixée en 1760 sur le pied de paix & sur celui de guerre, & la Noblesse n'a jamais été appellée à y contribuer. »

Compte du Pays.

Si les frais du compte ne sont pris que sur le montant des impositions payées par les biens roturiers, s'il n'est pas exact de dire que ces *frais deviennent plus considérables au moyen des sommes versées par la Noblesse dans la caisse du Pays,* que devient l'objection ; & pourquoi le Clergé & la Noblesse contribuoient-ils aux frais d'un compte dans lequel le Trésorier n'est payé que sur son maniment des deniers roturiers, s'il m'est permis de me servir de cette expression.

Convention de 1772.

Si M. Bouche eût bien connu cet objet, il n'eût pas sans doute voulu rejetter sur les deux premiers Ordres une dette de 300,000 livres que l'Assemblée des Communautés contracta pour affranchir son Administration du denier de comptabilité, c'est-à-dire du denier par livre qui étoit payé à la Chambre des Comptes comme épices du compte des Vigueries; or, certainement rien n'eft plus étranger aux deux premiers Ordres dans l'état actuel que l'adminiftration des Vigueries.

Bâtards.

Si je voulois argumenter fur cet objet, je pourrois, d'après l'Auteur de l'Hiftoire générale de Provence (Tom. III, pag. 434), prouver par des faits qu'il cite, que dès le quinzieme fiecle les Communautés étoient chargées des enfans trouvés. Mais la contribution à cette dépenfe eft tout à la fois un acte de charité, d'humanité & de bienfaifance ; & il doit être dans le fentiment de tous les Ordres d'y contribuer ; le Clergé le doit par devoir, la Nobleffe par humanité & par juftice, le Tiers-Etat pour fon intérêt.

Je ne fuivroi pas M. Bouche dans les autres Chapitres de fon Ouvrage ; j'ai déjà applaudi à quelques-unes de fes vues ; je l'ai relevé dans quelques faits, j'ai réfuté quelques-uns de fes principes ; j'efpere ne m'être point livré à l'amertume de la critique ; j'ai expofé mes idées, & lorfqu'elles fe font trouvées en contradiction avec les fiennes, j'ai appellé à mon fecours des autorités que tout Provençal doit refpecter ; fi j'ai erré, mon intention a été pure, & mes fentimens pour l'Auteur n'en ont point été altérés ; on peut différer en opinion, mais l'eftime doit être auffi invariable que les principes fur lefquels on fe fonde.

Ma Differtation eft finie ; je touche à la fin de mes travaux ; ferois-je affez heureux pour avoir atteint au but que je m'étois propofé ? Aurois-je laiffé après moi des femences de paix, d'union, d'accord parfait, que le tems & la réflexion puiffent faire germer au plus grand avantage de ma Patrie ? Alors je ne regretteroi pas le travail exceffif auquel je me fuis livré; mon cœur fera fatiffait

& rempli d'une joye inaltérable. J'auroi procuré le bien ; de quelle fatisfaction cette idée n'en doit-elle pas être la fource ?

O vous que la fainteté de notre état nous rend auffi refpectables que vos vertus, vous qui n'oubliez jamais que fi l'Etat eft dans l'Eglife, l'Eglife eft dans l'Etat, & qu'elle lui doit aide & fecours ; vous qui n'êtes placés à la tête des Ordres que pour les inftruire autant par vos exemples que par vos leçons, fi par des conventions qui font étrangeres à la Provence, & qu'elle peut defavouer, vous vous trouvez féparés, par le fait de vos prédéceffeurs, de la Nation Provençale, dans le payement des fubfides, vous vous réunirez à elle pour concourir à fon bien particulier ; vous ne voudrez pas participer à l'Adminiftration, & ne fupporter aucuns des frais qu'elle entraîne; vous ne voudrez pas que vos poffeffions que vous tenez de la libéralité de nos peres profitent du réfultat des travaux publics dont vous ne diminueriez pas la maffe des dépenfes. La qualité de citoyen prévaudra en vous dans l'ordre de la temporalité, furtout entre qualité.

Et vous, Nobleffe, auffi généreufe que vaillante, vous qui nous retracez les hautes qualités de ces héros qui s'immolerent pour la défenfe de leur Patrie, vous nous donnerez des exemples d'une vertu d'autant plus rare que fon affiete eft plus tranquille, & qu'elle prend fa fource dans les principes d'une philofophie au-deffus de celle de notre fiecle ; vous comprendrez que fi les vertus de vos peres & les vôtres vous ont mérité de la part du Souverain des exemptions qu'il prend pour fon compte, vous ne pouvez vous difpenfer de concourir à l'avantage commun de vos compatriotes, lorfque vous partagez cet avantage en proportion des héritages que nos ayeux vous tranfmirent, & que votre fage économie a augmenté. La contribution aux charges de l'affociation eft un devoir impofé par la juftice, par la raifon à tous les Membres de l'affociation.

Pour vous, que vos travaux utiles à la société rend l'Ordre le plus précieux à l'Etat, vous à qui l'Etat doit ses richesses comme son lustre à la Noblesse, sa vertu au Clergé, vous qui aux dépens de votre sueur faites fleurir le commerce, l'industrie, les arts ; vous surtout, habitans de la campagne, à qui nous sommes redevables du pain que nous mangeons, & qui devez en être plus chers à la Patrie, ne vous laissez point aller au sentiment de cette basse jalousie qui fait envier ce que l'on ne peut avoir, & mépriser ce que l'on a. N'oubliez jamais qu'une plus forte contribution des deux premiers Ordres aux charges royales ne seroient pas un soulagement pour vous. Votre Patrie y perdroit des richesses qui ne tourneroient point à votre avantage ; ne vous laissez donc point aller à une injuste prévention. Il n'est pas de la beauté de votre âme de vouloir un mal qui ne présenteroit aucun bien ; réduisez vos prétentions aux termes de la droite équité ; tous les Ordres, j'ose me le promettre, vont fraterniser ; n'éloignez pas la possibilité du bien par des demandes excessives ; c'est de vous que dépend le bonheur de votre Patrie ; que jamais vous n'ayez à vous reprocher de l'avoir écarté, en demandant au-delà de ce qui est légitimement dû. Alors nous ne ferons plus qu'une famille ; notre antique Constitution renaîtra de ses cendres, & notre Patrie sera le séjour du bonheur.

PIÈCES JUSTIFICATIVES

EMPLOYÉES A L'APPUI DE LA DISSERTATION

SUR LES

ÉTATS DE PROVENCE

PIECES JUSTIFICATIVES

N. I.

Extrait du Regiſtre des Deliberations des Etats de Provence n. 9, conſervé au Greffe deſdits Etats, fol. 24. — Etats tenus à Aix, Juin 1606.

Par le ſieur de la Barben (1ᵉʳ Conſul d'Aix, Procureur du Pays) a été propoſé qu'il y a pluſieurs qui ſont été greffiers des Etats qui ſe trouvent ſaiſis de pluſieurs papiers & regiſtres du Pays, leſquels ſeroit fort à propos fuſſent remis riere le Greffe des Etats.

A été deliberé que tous ceux qui ſe trouveront ſaiſis deſdits papiers & regiſtres les remettront riere le Greffe des Etats, & en cas de refus qu'ils y feront contraints par inſtance.

Autre Extrait du Regiſtre des Deliberations des Etats de Provence n. 10, conſervé au Greffe deſdits Etats, fol. 150 vº.

ASSEMBLÉE PARTICULIERE DE MRS LES PROCUREURS DU PAYS
11 DECEMBRE 1618.

Ledit Sr Archeveque d'Aix a remontré qu'il ſeroit tres utile pour le bien du Pays de faire la recherche de tous les papiers dudit Pays qui ſe trouvent egarés & ès mains de ceux qui ſont été en la charge de greffiers des Etats, & d'autres hommes qui ont eu charge du Pays, & iceux faire remettre tous en une part ſous dû inventaire, afin de s'en pouvoir ſervir lorſqu'ils ſont beſoin.

Ledit Sr de Fremel reprenant ledit diſcours a remontré que par Deliberation faite en l'Aſſemblée particuliere tenue le 2 Aouſt 1611, le feu Sr Buſſan, lors Conſul dudit Aix, Procureur du Pays, le Sr d'Aſſanes & lui furent deputés pour conformement aux Deliberations des precedens Etats faire la recherche deſdits papiers, iceux retirer & remettre riere les greffiers modernes des Etats, ſous dû inventaire, & enſuite de ce, ils y auroient travaillé; mais depuis étant ledit Sr de Buſſan decedé, & le Sr d'Aſſanes declaré ſuſpeɛt par l'Aſſemblée generale des Communautés tenue au mois d'Aouſt 1614, par Deliberation d'icelle, le Sr Rencurel, lors Conſul d'Aix, Procureur du Pays, fut deputé au lieu & place du Sr d'Aſſanes, de ſorte qu'il faudroit à preſent pourſuivre l'execution deſdites Deliberations & à ces fins faire continuer la recherche des papiers & proceder à l'inventaire d'iceux, & parceque pluſieurs qui en ſont ſaiſis ſe rendent refuſans à les expedier, on les y doit faire contraindre par toute voie de droit, à laquelle recherche il faut faire promptement & diligemment proceder, pour etre choſe grandement utile pour le bien du Pays, requerant l'Aſſemblée d'y pourvoir & deliberer.

Sur quoi a été deliberé que conformémént auxdites Deliberations la recherche deſdits papiers ſera continuée par les Srs de Fremel & Brun, Conſuls d'Aix, Procureurs du Pays, & par ledit Sr Rencurel, tous leſquels procederont diligemment au fait de la recherche, & de l'inventaire deſdits papiers; & en cas qu'aucun de ceux qui s'en tiennent ſaiſis ſe rendent refuſans de les rendre, ils ſeront pourſuivis par toutes voies dues & raiſonnables.

N. II.

Extrait du Regiſtre des Deliberations des Etats de Provence n. 11, conſervé au Greffe deſdits Etats, fol. 65 vº. — Etats tenus à Aix, Janvier 1624.

Le Deputé des Etats du Dauphiné ſupplie les Etats de ſe joindre avec eux comme ont fait beaucoup d'autres Provinces afin qu'etant tretous unis, on puiſſe obtenir le ſoulagement qu'on deſire, avec des offres de la part des Etats du Dauphiné non ſeulement de leur affiſtance.... mais encore de leurs biens, fortune & de leur vie, ſi beſoin eſt.

Sur quoi les Etats de Provence nomment pour examiner cette affaire, une Commiſſion compoſée de ſix de Mrs les Eccleſiaſtiques, Mr le Marquis des Arcs, Comte du Bar, Mrs de Solliers, de la Barben, de la Verdiere, de Montmeyan, Baron d'Allemagne, Sr de Bouc, Mrs les Procureurs du Pays, les ſix premieres Communautés qui entrent aux Etats, què leſdits Etats ont deputé pour conferer & traiter de cette affaire & en faire apres rapport aux Etats pour y etre pourvu ainſi qu'ils aviſeront.

Fol. 74. — Le Preſident des Etats rend compte du travail de la Commiſſion nommée ſur la deputation des Etats du Dauphiné, & rapporte qu'il y a été deliberé decrire à Mrs des Etats du Dauphiné une lettre de remerciement du ſoin qu'ils ont eu de les tenir avertis du ſuſdit affaire; que la Provence leur en demeurera beaucoup obligée, & neanmoins que les Etats envoyant ſes Deputés en Cour pour d'autres affaires de la Province, ils ſeront priés par le Pays de conferer ſur le ſuſdit affaire avec les Srs Deputés du Dauphiné pour leur pouvoir donner la ſatiſfaction qu'ils deſirent.

La Deliberation priſe en conformité de l'avis de la Commiſſion, le Deputé des Etats du Dauphiné fut introduit dans le lieu de l'Aſſemblée, le Preſident lui donna à connoître la deliberation priſe; le remercia de la part des Etats de la peine qu'il avoit priſe à ce ſujet & le pria au nom des Etats d'aſſurer leſdits Srs des Etats du Dauphiné que le Pays recherchera toute ſorte de moyens pour les ſervir.

Nota. — Le Deputé des Etats du Dauphiné etoit M. de Reilhannete.

N. III.

Extrait du Regiſtre des Deliberations des Etats de Provence n. 2, conſervé au Greffe deſdits Etats, fol. 167. — Etats tenus à Brignoles, au mois d'Avril 1571.

Et ſur ce le Vicaire de mondit Sr le reverendiſſime Archeveque d'Aix a remontré comme de toute ancienneté ledit Sr Archeveque eſt Procureur né dudit Pays, ce quoi il pourroit avoir interet au moyen de quoi n'y conſent aucunement & proteſte de toute nullité.
Sur quoi leſdites Communes ont dit & déclaré qu'elles n'entendent icy ne comprendre ledit Sr Archeveque; ne deroger aucunement à ſon autorité, & qu'il ſoit toujours Procureur du Pays comme eſt de preſent, & que ce qu'ils demandent ce n'eſt que contre les Conſuls de ladite ville d'Aix.

N. IV.

Extrait du Regiſtre des Deliberations des Etats de Provence n. 19, conſervé au Greffe deſdits Etats, fol. 267 v°. — Etats tenus à Aix, au mois de Fevrier 1639.

Sur le different mû entre quelques uns de Mrs les Prelats & Mr le Prevot de Pignans de ce qu'il pretendoit de jouir de la meme faculté que le feu Sr Prevot de Pignans ſon oncle a eu d'entrer dans les Etats avec le rochet & la croix decouverte, à quoi meſdits Srs les Prelats avoient reſiſté. Mr le Gouverneur s'en etant entremis, à la priere de ſa Grandeur meſdits Srs les Prelats ont permis audit Sr Prevot de Pignans d'aſſiſter en ladite Aſſemblée des Etats avec ledit rochet & croix decouverte, ſans prejudice toutefois de leurs droits & ſans leur rien attribuer de nouveau, & à la charge que les parties se soumettront pour raison du susdit different à ce jugement qui en sera rendu par la prochaine Assemblée du Clergé. De quoi les Etats leur ont concedé acte.

N. V.

Extrait du Regiſtre Rubri *fol. 110, conſervé aux Archives du Roi.*
Etats tenus à Aix le 1ᵉʳ Octobre 1374.

Item quod eligantur Consiliarii pro parte Dominorum Prelatorum duo, pro parte Baronum & Nobilium alii duo & pro parte Universitatum, duo vel quatuor prout eisdem Universitatibus videbitur faciendum, quorum quatuor saltem videlicet unus pro Prelatis, unus pro Baronibus & Nobilibus, & duo pro Universitatibus vocati per ipsum Dominum Seneſcallum ad eum venire debeant in casu necessitatis, & sibi assistant in consiliis & aliis circa premissa necessariis in quibus Consiliarii eligendi, vel major pars ipsorum dum tamen de quolibet statu sit onus & aliter non consentiant.

Et fuerunt electi pro Prelatis Dominus præpositus Piniæcensis, Dominus præceptor Podiimoyssoni, quibus taxatæ fuerunt gagiæ, videlicet Domino præposito florenos quatuor & Domino præceptori francos duos pro die quâlibet quâ vacabunt vocati ratione eorum officii veniendo, stando & redeundo.

Et pro Baronibus & Nobilibus Dominus de Casânovâ, Dominus de Auraysono quibus taxati fuerunt videlicet cuilibet ipsorum pro die qualibet & in modum premissum florenis quatuor quando equitabunt sine armis.

Et pro Universitatibus Dominus Petrus Giraudi, Jacobus Saunerii, Guigonetus Jarenti & Andreas Goffolerii quibus & eorum cuilibet fuerunt taxati pro qualibet die duntaxat quâ equitabunt ratione premissa cum Domino Senescallo floreni duo stando vero aquis nihil recipere debeant.

Et quilibet statu satisfaciat electo vel electis per eum de gagiis predictis.

N. VI.

Extrait du Regiſtre des Deliberations des Etats de Provence n. 1, conſervé au Greffe deſdits Etats, fol. 27. — Etats tenus à Aix en Fevrier 1538.

Et apres a été ceſdits Etats ces même queſtion verbale & débat entre les nobles Guillaume Amalric & Antoine Guiramand, coſſeigneurs du village d'Entregelles. Aux ſuſdits Etats leſdits Amalric & Guiramand voloyent chacun repondre. A quoi ledit Amalric a dit etre ſeul en antique & recente poſſeſſion pacifique de repondre auxdits Etats en ladite qualité ſeul en ce que par ledit ſieur de Guiramand a été nié, ainſi a été pretendu le contraire; à quoi leſdits Etats ont, pour moiennant telles queſtions ne retarder ladite Aſſemblée & concluſion dicelle, que parce que pour le rapport qu'ils ont eu de pluſieurs deſdits Etats ſommairement leur a apparu ledit Amalric avoir accoutumé repondre auxdits Etats pour ladite Seigneurie d'Entregelles, & non autre que ſous prejudice du droit pretendu par ledit Guiramand & ſans connoiſſance de cauſe, ſont été d'avis que ledit Amalric doit repondre pour ladite Seigneurie & non ledit Guiramand.

N. VII.

Extrait du Regiſtre des Deliberations des Etats de Provence n. 10, conſervé au Greffe deſdits Etats, fol. 338 v°. — Etats tenus à Aix aux mois de Mai & Juin 1622.

Mr le Preſident (l'Archeveque d'Auguſtopolis) a dit qu'etant arrivé hier different entre Mrs du Canet pour raiſon de la ſeance que chacun veut avoir dans les Etats, il feroit expedient, puiſque Mr le Greffier de Mrs de la Nobleſſe ſe trouve icy, de faire lire le Reglement qui fut pris dans leur Aſſemblée tenue à Saint-Victor-les-Marfeille au mois de Septembre 1620. Car, à ce qu'il a appris, c'eft un Reglement jufte & equitable.

Sur quoi lecture ayant été faite par Mr Roche, greffier de la Nobleffe, dudit Reglement, les Etats ont deliberé qu'il fera enregiftré dans le Regiftre defdits Etats pour y etre gardé & obfervé felon fa forme & teneur & pour cet effet Mrs de la Nobleffe fuppliés de le maintenir & obferver, fans préjudice aux Communautés de pourfuivre un plus grand Reglement, & du proces pour raifon de ce inftruit, & des deffenfes de la Nobleffe au contraire.

Enfuite de quoi a été dit qu'on doit fortir de ce different qui eft entre le Sr Rafcas Sr du Canet & .... autre Sr du Canet, & encore du Sr de Beaudiment autre Segneur de ladite place, & qu'il n'y aura point de mal pour les ouir tretous pour y deliberer.

Sur quoi ayant été reprefenté par le Sr de Seranon, Sindic de Mrs de la Nobleffe, que leur Affemblée doit terminer ce different conformement au Reglement par eux fait, les Etats ont deliberé que puifque ladite Affemblée fe doit tenir bientot, que fera pourvu par icelle fur le fort du different & fans prejudice du droit des parties qu'aucun defdits Srs du Canet n'entrera pour ce matin aux Etats.

Du depuis l'affaire ayant été terminée par Mr le Grand Senechal & Mrs de la Nobleffe, a été dit que le Sr Rafcas Sr du Canet continuera d'opiner dans les Etats fuivant le Reglement.

N. VIII.

Extrait parte in quâ *de la Deliberation de l'Affemblée de la Nobleffe du* 13 *Septembre* 1620, *Regiftre* 1.

Et advenant le lendemain, 14 dudit mois, à fix heures du matin, au lieu & par devant qui deffus, prefens lefdits Segneurs Gentilfhommes affemblés pour les affaires & interets de leur Ordre.

A été propofé par ledit Sr de Saint-Vincens, Sindic, qu'il arrive fouvent des confufions & defordres en ces Affemblées, à caufe de la grande multitude de ceux qui fingerent d'entrer en icelle, & que l'entrée s'en trouve non feulement libre aux Gentilfhommes poffedans-fief, mais encore le plus fouvent en amenant leurs enfans & font fuivis de leurs ferviteurs & domeftiques, parmi lefquels naiffent quelquefois des querelles & defordres comme auffi bien que pour la feule raifon du Fief le poffeffeur aye droit d'entrer, & pourter voix deliberative dans les Etats & Affemblées, & que chaque Fief ne doive faire plus que d'une voix, neanmoins tous les Gentilfhommes qui font en pariage y entrent indifferemment toutes les années, & qui plus eft, lorfque quelque terre eft donnée en arriere Fief, le poffeffeur pretend avoir le même droit d'entrée & voix deliberative dans les Etats et Affemblées; en quoi feroit neceffaire de pourvoir afin d'eviter la confufion qui va tous les jours en croiffant.

La matiere mife en deliberation, l'Affemblée par pluralité d'opinions & par forme de Reglement a conclu & deliberé ce qui s'enfuit.

Article 1.

Que dorenavant & ainsy que toujours a été accoutumé, les feuls Gentilfhommes poffedans-fief auront entrée, feance & voix deliberative dans les Etats & Affemblées.

2.

Qu'ils ne feront aucunement reçus à donner leur voix, ni avoir entrée par procureur, mais y viendront en perfonne fi bon leur femble.

3.

Que les enfans pendant la vie des peres n'y pourront etre admis ni avoir aucune entrée foit pour accompagner leur pere ou pour reprefenter leur perfonne, avec procuration ou autrement, finon qu'ils fuffent emancipés & donataires defdits Fiefs, auquel cas, ils y feront reçus comme maitres & poffeffeurs defdits Fiefs.

4.

Que les Gentilfhommes qui font en pariage ne pourront tous enfemble & en meme année avoir entrée & voix deliberative auxdits Etats & Affemblées, mais en conviendront entr'eux, en telle forte que chaque année, il n'y en ait qu'un feul appelé fous le nom du Fief, & ou n'en pourroient etre d'accord y fera procedé par cet ordre.

5.

Savoir, que fi font deux, ils auront entrée alternativement, & fi font trois feront triennels, & ainfi confecutivement diftingueront les années par les portions comme l'on fait pour l'exercice des jurifdictions.

6.

Que fi different naiffoit avec eux pour voir qui doit commencer à entrer la premiere année, ils fe regleront en cette forte, favoir que celui qui aura la principale partie du Fief fera le premier; fi font egaux, fera le fils ainé, & s'il n'y a aucune de ces qualités pour les diftinguer, entreront au fort.

7.

Que les poffeffeurs des terres données en arriere Fief n'auront point d'entrée ni voix deliberative dans les Etats & Affemblées, finon que lefdites terres fuffent comprinfes & denombrées dans le general affouagement du pays avec cotité de feu diftincte & feparée.

8.

Que Mrs des Etats feront requis & fuppliés d'ordonner que le prefent Reglement fera gardé & obfervé en iceux, & que à ces fins fera regiftré aux Regiftres defdits Etats.

Et à la marge eft écrit *du deuxieme Juin 1622 le present Reglement a été lû dans les Etats qui ont approuvé icelui & qui fera regiftré dans leurs Regiftres, dont Mr Bonnet leur greffier a recu l'Extrait du Commandement du Sr de Seranon, Sindic.*

N. IX.

Extrait du Registre des Deliberations des Etats de Provence n. 10, conservé au Greffe des Etats, fol. 232 v°. — Etats tenus à Marseille en Septembre 1620.

Le Sr de Feraporte, Sindic des Communautés, a requis les Etats vouloir regler le desordre qui est en opinant par moyen du grand nombre de Mrs de la Noblesse qui se trouvent dans le rolle contre cinquante & tant de Communautés qui ont voix dans les Etats; que se faisant quelque chose dans les Etats c'est Mrs de la Noblesse qui le font tout par ce moyen; que l'Arret qui a été donné au Conseil de Sa Majesté en l'année 1552, le Sindic de la Noblesse ouï, portant Reglement de la susdite dispute aye lieu; requerant acte de ce qu'il a exhibé ledit Arret, & à ce qu'il soit executé & observé.

Mr l'Eveque de Sisteron a dit que ledit Arret n'est que provisionel étant porté par icelui; qu'il seroit au prealable donné avis des us & coutumes de ce Pays, & par ce moyen ne porte aucun Reglement.

Quelques uns de Mrs de la Noblesse ont remontré que sur le desordre qui en seroit dans leur Assemblée, pour raison de ceux qui se font mettre dans le rolle, ne possedant aucun Fief, ils ont fait Reglement il n'y a que deux jours que contentera tout le monde, & le mettra hors de dispute; qu'on ne peut valablement parler de cette affaire, attendu qu'ils sont maintenant tout petit nombre, & que cette proposition devoit etre representée au commencement des Etats, & non de present que sommes à la fin diceux.

Ensuite de quoi le Sindic & Communautés ont seulement demandé acte de l'exhibition dudit Arret du Parlement de Paris, & ont requis Extrait du rolle de la Noblesse qui a été lû aux Etats pour s'en servir en tems & lieu.

Ce que leur a été accordé par lesdits Etats.

N. X.

Extrait du Regiſtre des Deliberations des Etats de Provence n. 11, conſervé au Greffe des Etats fol. 271 v°. — Aſſemblée generale des Communautés tenue à Aix en Fevrier 1626.

Le Sr de Feraporte, Sindic des Communautés, a remontré que depuis que les Communautés ſont icy aſſemblées il ſeroit bon de deliberer qu'on pourſuivra par devant Sa Majeſté, ſon Conſeil ou ailleurs où beſoin ſera au Reglement des Etats pour faire dire que Mrs du Clergé & de la Nobleſſe ne pourroient entrer ni opiner en plus grand nombre dans leſdits Etats que leſdites Communautés & Vigueries, ainſi qu'on fait dans la province du Languedoc qu'eſt une province d'Etats comme cellecy; joint qu'il y a eu Arret autrefois, donné par la Cour de Parlement de Paris, portant que cependant par proviſion, ledit nombre egal ſeroit obſervé, ſi bien qu'il lui ſemble qu'on doit, puiſque la commodité ſe preſente aujourd'hui de cette Aſſemblée, deliberer que ledit Reglement ſera pourſuivi.

Sur quoi ledit Sr Aſſeſſeur a remontré etre d'avis qu'il ne peut empecher ladite propoſition; neanmoins qu'il ſeroit à propos de conferer de cette affaire à l'amiable avec les deux Ordres du Clergé & de la Nobleſſe pour eviter les inconveniens & depenſes qui pourroient arriver en cette pourſuite.

Mr l'Eveque de Riez, Procureur joint pour le Clergé, n'a point voulu opiner, & a proteſté qu'il n'y a point lieu de pourſuivre ledit Reglement, puiſqu'il n'y a eu aucun de ſon Ordre qui ne deſire de ſortir de cette affaire à l'amiable; & de méme Mrs de Montpèzat & d'Anglés, Procureurs joints pour la Nobleſſe.

Sur quoi a été unanimement deliberé par leſdites Communautés que ledit Reglement ſera pourſuivi, & neanmoins que Mrs les Procureurs du Pays comme Peres communs des trois Ordres confereront amiablement du fait dudit Reglement, avec Mrs les Sindics & Procureurs joints deſdits trois Ordres, ſans neanmoins pouvoir rien reſoudre, ni paſſer aucun expedient qui ne ſeroit repreſenté à une Aſſemblée pareille deſdites Communautés.

N. XI.

Extrait du Procès verbal des Etats generaux de Provence convoqués à Aix le 30 Decembre 1787, page 81 de l'imprimé.

Les Etats confiderant que par les inftructions données à Mrs les Commiffaires Sa Majefté, apres avoir accordé au vœu de fes peuples la convocation des Etats de Provence, daigne encore annoncer qu'elle l'accorde comme une fuite de la Conftitution du Pays, qu'elle veut conferver & maintenir, & donne ainfi toute fon étendue & fa parfaite ftabilité, pour l'avenir comme pour le prefent, a ce bienfait fignalé.

Que depuis plufieurs mois, & au moment ou s'eft renouvellé ce vœu general & perpetuel de la Provence pour le retour de l'Affemblée de fes Etats, la Nobleffe a offert de fe compofer de maniere a etablir une proportion fixe & determinée entre les voix des differens Ordres, & de reduire les fiennes de maniere que celles du Clergé & de la Nobleffe foient entr'elles deux à legal de celles du Tiers.

Que cet arrangement eft evidemment favorable aux deux autres Ordres, puisqu'il n'opere aucune diminution dans le nombre des membres qui les compofent.

Que la reduction des voix portée fur un feul des trois Ordres, offerte par lui-meme, dictée par les principes de definteresfement qui animent la Nobleffe, par fa deference & par fon efprit d'union avec les autres Ordres, juftifiée dailleurs par l'exemple des anciens Etats qui ont librement voté des reductions dans le nombre de fes membres pour differentes tenues, n'eft fufceptible d'aucun inconvenient; que dans tous les tems le nombre des Reprefentans de chaque Ordre a été augmenté ou reftreint par la deliberation libre & volontaire des Etats; que la Nobleffe a toujours preparé & confenti dans fon fein les fixations à faire dans le nombre de fes Reprefentans.

Qu'en confequence, l'admiffion aux Etats futurs continuant à dependre, quant aux membres de cet Ordre, du droit de naiffance & de propriété feodale, ou de la qualité de Gentilhomme poffedant-fief determinée par les

Reglements; enfemble des fuffrages du Corps de la Nobleffe ou d'un tour de rolle qui fera reglé dans fon regime interieur, relativement à la participation des divers membres à l'adminiftration actuelle du Corps de la Nobleffe, & plus encore à l'interet de propriété, afin de les faire tous jouir succeffivement du droit d'entrée aux Etats; il ne pourra refulter de cette reduction particielle & fpontanée aucune alteration de la Conftitution, ni aucun obftacle au retour des anciens ufages dans le cas auquel la loi imperieufe des circonftances, reconnue par les Ordres, ou reclamée par l'un d'eux & mife fous les yeux du Souverain, l'engageroit à les reprendre.

Que confequemment, les membres de tous les Ordres demeurant les vrais & naturels Reprefentans de la Nation Provencale, appelés par elle, & capables, à tous egards, de porter un vœu national, conferveront toujours leur caractere primitif & inalterable d'Etats generaux, ou Nationaux du Pays, la forme conftitutionnelle & l'effence du Corps reprefentatif, & le droit de reclamer le choix à faire parmi les membres des differents Ordres des Deputés qu'ils font dans l'ufage d'envoyer aux Etats generaux du Royaume, lorfqu'il plait au Roi de les convoquer; droit dont ceux de Provence ont joui aux epoques des precedentes Affemblées defdits Etats Generaux du Royaume, dans lefquels les Deputés de ceux de Provence ont concouru par leurs fuffrages aux deliberations qui y ont été prifes pour le bien du fervice du Roi & de fes Peuples, & où les droits & privileges des differens Pays foumis à la domination du Roi, ont été reconnus & refervés; referve plus eminemment applicable aux Pays qui, comme la Provence, font unis à la Couronne fans etre incorporés à la Monarchie.

Ont deliberé, à la pluralité des fuffrages, que la fixation des voix des deux Ordres seroit faite de maniere que les voix de l'Ordre du Tiers feroient egales aux voix des deux premiers Ordres reunis.

N. XII.

Extrait du Procès verbal des Etats Generaux de Provence convoqués à Aix le 30 Décembre 1787, page 157 de l'imprimé.

Mr l'Eveque de Sifteron, Prefident de la Commiffion pour la formation des Etats, a dit:

PIECES JUSTIFICATIVES.

Messieurs,

Dans la feance de la Commiffion pour la formation des Etats, tenue hier 23 janvier, Mrs les Deputés des Communautés ont obfervé que l'ouvrage de la formation n'etant pas encore achevé, il etoit tems enfin que la formation entiere fut faite & deliberée dans les Etats.

Que dans la feance du 8 du courant, on a feulement deliberé, à la pluralité des voix, fur le nombre des Deputés du Tiers-Etat, & fur fa compofition, mais qu'il n'a point encore été deliberé fur le nombre des Reprefentans du Clergé & de la Nobleffe; enforte qu'on ne peut pas pretendre que la formation foit entierement terminée.

On ne peut pas dire encore que chaque Ordre doit fe former en particulier, car les Ordres ont reciproquement un droit d'infpection les uns fur les autres, & la compofition generale etant le refultat de la compofition particuliere, celle-ci doit etre decidée par la generalité.

Il ne fuffit pas qu'il ait été deliberé par les Etats, que le Tiers fera egal en nombre au Clergé & à la Nobleffe reunis. Le Tiers-Etat a toujours interet à la formation particuliere du Clergé & de la Nobleffe, & il lui importe de connoitre la maniere fixe & invariable de leur nouvelle formation, ainfi que leur reprefentation refpective dans les Etats.

C'eft aux Etats feuls, formés par la reunion des trois Ordres, qu'appartient le droit de fe reformer, & tout doit etre decidé dans le fein des Etats.

Cela eft conforme à l'intention de Sa Majefté, manifeftée dans fes Lettres-patentes, & particulierement marquée dans la lettre minifterielle de Mr l'Archeveque de Toulouse, où l'on trouve que les Etats feront convoqués felon les anciennes formes, pour y proceder à la nouvelle formation.

On a propofé aux Etats la demande du don gratuit, des milices, de la capitation & des vingtiemes, immediatement après qu'il a été deliberé fur la feule formation de l'Ordre du Tiers, & avant que les Etats ayent deliberé fur la formation des deux premiers Ordres.

Le Tiers-Etat, ne confultant que fon zele & fa bonne volonté pour le fervice de Sa Majefté, a confenti avec empreffement l'acceptation des impôts. Il fe borna a obferver que ces demandes n'auroient du etre faites qu'après que la formation des deux premiers Ordres auroit été reglée & convenue dans les Etats, laquelle referve a été omife dans le proces-verbal.

Mrs les Deputés des Communautés dans la commiffion ont demandé qu'avant que de s'occuper dans les Etats d'aucun autre objet, il y fut procedé à la formation entiere des Etats, & ils ont requis que les motifs de leur demande ci-deffus exprimés, fuffent entierement inscrits dans le proces-verbal de l'Affemblée des Etats.

Apres avoir entendu la lecture du dire de Mrs du Tiers-Etat, & connu leur vœu de la faire inferer dans les regiftres des Etats, Mrs du Clergé & de la Nobleffe ont obfervé, que tous les gentilfhommes poffedans-fiefs, au nombre de trois cents, étoient Membres nés, conftitutionnels & permanens des Etats du Pays & Comté de Provence. Qu'ayant eu connoiffance des inftructions du Roi, ils s'étoient empreffés d'obeir au defir que Sa Majefté y avoit manifefté, que les deux premiers Ordres fuffent à l'avenir enfemble en nombre egal à celui du Tiers-Etat; qu'ils avoient deliberé cette enorme redaction; qu'en confequence la formation des Etats étoit parfaite, & qu'en faifant un fi grand facrifice, le feul indiqué par le Roi, l'Ordre de la Nobleffe n'a entendu & n'entend en faire aucun autre.

Mrs les Deputés des deux Ordres confentent au furplus à ce que les dire ci-deffus foient tranfcris dans les Regiftres.

L'avis de la Commiffion a donc été, que les dire refpectifs fuffent inferés dans le proces-verbal de l'Affemblée des Etats, en obfervant que fi à l'avenir les Etats jugeoient à propos, pour le bien general, & nonobftant les anciens Reglemens d'augmenter le nombre des Deputés & Reprefentans du Tiers-Etat; dans ce cas, les Deputés des deux premiers Ordres feroient auffi augmentés, dans la proportion convenue, & de maniere que l'egalité des deux premiers Ordres pris enfemble avec celui des Deputés du Tiers, foit toujours maintenue.

Mr l'Archeveque d'Aix, Prefident, a ajouté que Mrs les Commiffaires du Roi l'avoient prié de declarer aux Etats, qu'apres avoir demandé au nom de Sa Majefté, de regler le nombre des Membres du Tiers qui feront admis à l'avenir dans les Etats, pour que les deux Ordres puffent fe former d'apres ce nombre, ils n'etoient chargés de faire aucune autre demande ulterieure aux Etats fur cet objet.

Les Etats ont adopté l'avis de Mrs les Commiffaires & l'obfervation qui en fait partie.

N. XIII.

Extrait du proces verbal de l'Affemblée generale du Tiers-Etat convoquée à Lambesc au 4 Mai 1788, page 16 de l'imprimé.

Memoire du Roi pour fervir d'inftruction au Sr de Latour, Confeiller de Sa Majefté en fes confeils, Premier Prefident en fa Cour de Parlement d'Aix, & Intendant de juftice, police, finance en fon Pays & Comté de Provence.

Sa Majefté ayant accordé l'Affemblée des Communautés à la demande qui en avoit été formée pendant les derniers Etats, par fes Commiffaires, charge le Sr de Latour, fon Commiffaire, de declarer fes intentions à l'Affemblée.

Sa Majefté avoit convoqué les derniers Etats dans leur forme ancienne & conftitutionnelle, pour etre tenus, pendant la durée de toute leurs feances, dans la meme forme dans laquelle ils avoient été convoqués, elle avoit defiré que l'Ordre de la Nobleffe confentit à fe reduire, en forte que les voix des deux premiers Ordres fuffent egales à celles du Tiers-Etat.

Elle avoit entendu, felon les propres termes de fes inftructions, qu'il ne feroit rien changé à la formation des Etats dans tout ce qui n'avoit point de rapport à la proportion des voix des differens Ordres.

Sa Majefté a vu avec fatiffaction que les deliberations des Etats, fur la formation des Etats à venir, avoient rempli l'objet de fes inftructions, et n'en avoient point paffé les bornes.

Le Clergé meme a renoncé à l'augmentation du nombre de fes Membres, autorifée par les inftructions.

Le nombre du Tiers-Etat est refté le meme, felon son ancienne Conftitution.

La Nobleffe feule a fupporté une reduction confiderable, & cet Ordre, affemblé apres la cloture des Etats, a exercé le droit qui lui appartient de regler l'election de fes Reprefentans, en fixant le nombre marqué par les inftructions du Roi et les deliberations des Etats.

Sa Majefté avoit indiqué pour les Etats de Provence la meme proportion que des raifons de juftice & de convenance lui ont fait adopter pour toutes les Affemblées provinciales, & elle ne penfe pas qu'il y ait des raifons pour etablir en Provence une autre proportion que dans les autres Provinces du Royaume.

Sa Majefté declare en confequence qu'elle confirme & autorife la deliberation des Etats fur la formation des Etats à venir; qu'elle donne fon agrement au refus fait par le Clergé, de l'augmentation propofée par fes inftructions aux derniers Etats; & qu'elle maintient la Nobleffe dans le droit d'elire librement et volontairement fes Reprefentans aux Etats, fans que le Tiers-Etat puiffe exercer un autre droit, relativement à la reprefentation des deux premiers Ordres, que celui d'en connoître le nombre, à l'effet qu'il n'excede pas celui des Deputés du Tiers-Etat ayant voix deliberative.

N. XIV.

Extrait du Regiftre Rubei, *confervé aux Archives du Roi, fol.* 110. — *Etats convoqués à Aix, au* 1er *Octobre* 1374.

Article 2. Item quod ad faciliorem expeditionem agendorum circa premiffa, confilium dictorum trium ftatuum reducatur ad feptem de Prelatis, feptem de Nobilibus & quatuordecim de Univerfitatibus qui habeant plenam & liberam poteftatem deliberandi, ordinandi & difponendi omnia & fingulœque poffent omnes predicti tres ftatus fi prefentes effent.

Nota. — Nous croyons inutile de rapporter ici les diverfes reductions dont nous avons parlé, il doit fuffire d'indiquer les autorités fur lefquelles nous nous fommes appuyés.

Etats tenus à Aix le 5 Octobre 1399, Regiftre *Potentia*, confervé aux Archives du Roi.
Fol. 172. Reductio concilii generalis.
Fol. 173. Reductio capitulantium.

Etats tenus à Aix le 1 Septembre 1419, Regiftre en parchemin, confervé aux Archives de la ville de Toulon.
Article 2. Pouvoir donné à des Deputés de deliberer.

PIECES JUSTIFICATIVES.

Etats tenus à Aix le 25 Mai 1429, Regiſtre *Potentia*, conſervé aux Archives du Roi.
Fol. 226 v°. A l'effet de rediger les deliberations priſes par les Etats.

Etats tenus à Marseille le 9 Octobre 1473, Regiſtre *Potentia,* conſervé aux Archives du Roi.
Fol. 370. A l'effet de procurer plus prompte expedition.

N. XV.

Extrait du Regiſtre Lividi, *fol.* 265, *conſervé aux Archives de Sa Majeſté.*
Etats tenus à Aix le 28 Mars 1356.

Philipus de Tarento & in comitalibus Provinciæ & Forcalquerii vicarius generalis etc. ſane cum pridem proquibuſdam arduis negociis atque cauſis honorem & reginalem bonumque ſtatum portione iſtorum reſpicientibus, barones ac nobiles & *ſindicos univerſitatum domanii*, partium eorumdem ad noſtran preſentiam fecerimus evocari, ipſi pro parte noſtrâ de agendis incumbentibus informati & demum ex parte dominorum noſtrorum cum inſtentiâ requiſiti de hiis quœ neceſſaria ſunt pro ipſorum agendorum expeditione votivâ, habito ſuper hoc invicem ſæpe cum deliberatione colloquio a preteritis actibus volentes dicedere, ſed iis potius contumaciori laudabili inherere, quedam ſubſidiæ quæ ab eis gratioſe petivimus nobis prompte & liberaliter gratioſius conceſſerunt, quorum laudanda conceſſio & acceptanda pariter nos aſtringit ad grata rependia meritorum. Hâc igitur conſideratione commoti, cum ipſi Barones & Sindici congregati tam pro ipſorum parte quam omnium aliorum qui cogi poterunt in hac parte pro ſuorum revelatione gravaminum ac bono ſtatu partium eorumdem quædam inſtanter petierunt a nobis quæ difficilia ſatis erunt nos intendentes eorum ſinceritatem fidei & devotionis promptitudinem, nec nimus cupientes illis in his & in aliis quæ commode poſſumus promptis affictibus complacere in quadam recompenſatione premiſſorum; vicariatus autoritate quâ tangimur de liberalitate merâ etc. Aquis, anno Domini 1356, die 28. Martii, 9. indictionis.

N. XVI.

Extraits des divers Regiſtres des Deliberations des Etats de Provence, conſervés ſoit aux Archives du Roi, ſoit au Greffe deſdits Etats.

ETATS TENUS A AVIGNON LE 1ᵉʳ AOUST 1393.

Regiſtre *Potentia,* fol. 55. — Marſeille, 2 Deputés. Arles, 2. Aix, 2. Forcalquier & ſon Domaine, 2. Siſteron & ſon Domaine, 2. Apt, Segnon & Buous. Taraſcon, 2. Brignoles. Digne. Seyne. Mouſtiers. Toulon, 2. Barjols & ſon Domaine. L'Iſle de Martigues, 2. La Viguerie d'Aix. Jonquieres. La Ville de la Mer, 2. Draguignan. Saint-Mitre. Saint-Ramiech, 2. Ferrieres. Iſtres, 2. Baronnie de Berre. Ville de Berre, 2. Lorgues. Hieres. Rognac. Manoſque. Graſſe s'en rapporte à la volonté de Madame, & Saint-Maximin à ce qui ſera deliberé.

ETATS TENUS A AIX LE 1ᵉʳ FEVRIER 1393.

Regiſtre *Potentia,* fol. 42. — Marſeille, 2 Deputés. Aix, 2. Taraſcon, 2. Draguignan. Graſſe. Hieres. Toulon. Brignoles. Saint-Maximin. Baillage de Saint-Maximin. Lorgues. Grimaud. Caſtellanne. Seyne. Barjols. L'Iſle. Jonquieres. Berre. Iſtres. Foz. Ferriere. Antibes. Aups. Lambesc. Signe. Pour le Comté de Forcalquier : Apt & Segnon, 2. Forcalquier & ſon Domaine.

ETATS TENUS A AIX LE 15 AOUST 1396.

Regiſtre *Potentia,* fol. 137. — Marſeille, 2 Deputés. Aix, 3. Lorgues, 3. Toulon. Hieres. Graſſe. Draguignan. Brignoles. Saint-Maximin & ſon Bail-

xxij   PIECES JUSTIFICATIVES.

lage, 2. Mouftiers & fon Baillage. Forcalquier. Sifteron. Apt. Digne, Seyne & fon Baillage. Barjols. Aups. Riez. Lifle. Ville domaniale, Caftellanne & fon Baillage. Colmars. Guillaume. Berre. Iftres. Ferriere & Jonquiere. Valenfolle. Lançon. Trets. Eguilles. Le Pui-Sainte-Reparade. Saint-Bunech. Manofque. Mr de Cuers pour les Segneurs & les hommes de Solliers.

Etats tenus a Tarascon en Decembre 1396.

Regiftre *Potentia,* fol. 155. — Aix, 2 Deputés. Apt & Segnon. Graffe. Toulon. La Vallée de Seyne. Grimaud. Mouftiers & fon Baillage. Ollioules Colmars. Guillaume. Digne & certains Chateaux, 2. Brignoles. Lorgues. Pertuis, 2. Tarafcon, 2. Saint-Remy. Saint-Maximin. Saint-Paul-les-Vence. Le Bras & Mouans. Hieres, 2. L'Ifle de Martigues. Berre. Castellanne.

Etats tenus a ..... le 20 Mai 1397.

Regiftre *Potentia,* fol. 59. — Aix, 2 Deputés. Saint-Maximin. Brignoles. Barjols. Draguignan. Graffe. Saint-Paul. Caftellanne, 2. Mouftiers, 2. Digne. Seyne & fon Baillage. Tarafcon. La Ville de la Mer, 2. Viguerie d'Aix, 3. L'Ifle. Hieres. Ollioules & fes dependances, 2. Sifteron. Forcalquier. Lorgues. Aups. Riez. Toulon.

Etats tenus a Aix le 5 Octobre 1399.

Regiftre *Potentia,* fol. 168. — Aix, 2 Deputés. Tarafcon, 2. Saint-Maximin. Brignoles. Barjols. Toulon. Hieres. Draguignan, 2. Graffe, 2. Caftellanne, 2. Saint-Paul. Mouftiers. Digne, 2. Seyne, 2. Sifteron, 2 Apt, 2. Forcalquier. Guillaume. La Vallée de Martigues.

PIECES JUSTIFICATIVES. xxiij

Etats tenus a Aix le 8 Octobre 1480.

Regiſtre *Corona*, fol. 7 v°. — Marſeille, 4 Deputés. Arles, 2. Aix, ſa Viguerie & Diſtrict, 4. Taraſcon, ſa Viguerie & Diſtrict, 2. Forcalquier, ſa Viguerie & Diſtrict. Siſteron, ſa Viguerie & Diſtrict. Graſſe, ſa Viguerie & Diſtrict, 3. Hieres, ſa Viguerie & Diſtrit, 2. Draguignan, ſa Viguerie & Diſtrict, 4. Toulon, ſon Baillage & Diſtrict, 3. Brignoles, ſon Baillage & Diſtrict. Saint-Maximin, ſon Baillage & Diſtrict, 2. Digne. Apt, ſon Baillage & Diſtrict. Barjols, ſon Baillage & Diſtrict, 2. Mouſtiers, ſon Baillage & Diſtrict, 2. Lorgues. Seyne, ſon Baillage & Diſtrict, 2. Caſtellanne, ſon Baillage & Diſtrict. Colmars, ſon Baillage & Diſtrict. Saint-Paul, ſon Baillage & Diſtrict, 2. Pertuis, ſon Baillage & Diſtrict. Guillaume, ſon Baillage & Diſtrict. Annot, ſa Vallée & Diſtrict.

Et quam pluribus aliis perſonis de omni genere, conditione ac ſtatu, nobilibus ſcilicet, Opimatibus, Primoribus, Burgenſibus, Mercatoribus, Arteſanis, & Plebeis, ità quidem quod pompa ſive turba hujus multitudinis vix potuiſſet dinumerari in majori aulà Aquenſis regii palatii propter dictum celebre conſilium trium ſtatuum ut ſuprà deſignatum eſt ad ſpectandum tam ſolemnem actum.

Etats tenus a Aix le 9 Avril 1787.

Regiſtre *Pellicanus*, fol. 113. — Marſeille. Taraſcon, 2 Deputés. Forcalquier. Siſteron, 2. Graſſe, 2. Hieres, 2. Draguignan, 2. Le Luc. La Ville de Draguignan, 2. Toulon, 2. Brignoles, 2. Saint-Maximin, 2. Digne, 2. Aups. Barjols. Mouſtiers, 2. Caſtellanne. Seyne, 2. Colmars. Saint-Paul, 2. Pertuis. Guillaume. Annot. Trets.

Nota. — M. l'Abbé Papon, dans ſon Hiſtoire de Provence, tome 4, page 9, donne la liſte des Communautés qui deputerent à ces Etats. Il place dans ce nombre un Deputé de la Ville d'Arles, quatre Deputés de la Ville d'Aix, & au lieu de la Ville d'Aups', il fait mention d'un Deputé de la Ville d'Apt. Quelque foi que nous devions ajouter à l'aſſertion de cet Hiſtorien, nous penfons cependant que la lifte que nous venons de donner eft conforme à la tranfcription qui en eft faite aux Archives de Sa Majefté.

Etats tenus a Aubagne le 11 Juin 1536.

Archives du Pays, n. 1, fol. 1. — Aix. Forcalquier. Riez. Tarafcon. Draguignan. Frejus. Brignoles. Digne. Seyne. Pertuis. Barjols. Toulon. Saint-Maximin. Aups. Apt. Guillaume. Mouftiers. Caftellanne. Manofque. Lorgues. Graffe. Saint-Paul-de-Vence. Colmars.

Etats tenus a Aix le 13 Juillet 1536.

Archives du Pays, n. 1, fol. 2. — Arles. Marfeille. Aix. Tarafcon. Forcalquier. Graffe. Hieres. Toulon. Digne. Caftellanne. Mouftiers. Brignoles. Saint-Maximin. Barjols. Apt. Colmars. Annot. Guillaume. Seyne. Saint-Paul-de-Vence. Riez. Pertuis. Manofque. Aups. Le Viguariat de Draguignan & autres des lieux ci-deflus, excepté Toulon, Digne, Annot.

Etats tenus a Marseille le 24 Juillet 1537.

Archives du Pays, n. 1, fol. 11. — Aix. Tarafcon. Forcalquier. Sifteron. Hieres. Graffe. Draguignan. Brignoles. Toulon. Saint-Maximin. Apt. Digne. Mouftiers. Seyne. Barjols. Frejus. Lorgues. Riez.

Etats tenus a Aix le 15 Avril 1539.

Archives du Pays, n. 1, fol. 60. — Marfeille. Aix. Tarafcon. Sifteron. Graffe. Hieres. Toulon. Digne. Saint-Paul. Mouftiers. Caftellanne. Apt. Saint-Maximin. Brignoles. Barjols. Colmars. Guillaume. Seyne. Frejus. Riez. Pertuis. Manofque. Lorgues.

PIECES JUSTIFICATIVES. XXV

Vigueries : Aix. Tarafcon. Sifteron. Graffe. Hieres. Toulon. Barcillonne Apt. Saint-Maximin.
Baillages : Brignoles. Barjols. Colmars. Guillaume. Seyne. Saint-Paul. Vence. Mouftiers. Caftellanne. Les Vaux. Martigues. Lambefc. Trets. Rians.

Etats tenus a Pertuis en Octobre 1588.

Archives du Pays. Etats tenus par les Royaliftes, n. 5, fol. 1. — Forcalquier. Sifteron. Hieres. Draguignan. Digne. Brignoles. Frejus. Mouftiers. Caftellanne Barjols. Pertuis. Lorgues. Seyne. Manosque. Riez. Apt. Aups. Colmars. Reillanne.
Vigueries & Baillages : Forcalquier. Sifteron. Draguignan. Brignoles. Frejus. Barjols. Digne. Mouftiers. Lorgues. Seyne.

Etats tenus a Aix le 27 Aoust 1588.

Archives du Pays, n. 5, fol. 38. — Aix, 3 Deputés. Les anciens Confuls & Affeffeur d'Aix. Graffe. Saint-Paul. Aups. Caftellanne. Annot.

Assemblée en forme d'Etats tenue a Aix le 25 Janvier 1590.

Archives du Pays, n. 5, fol. 142. — Aix, 3 Deputés. Le Sindic du Tiers-Etat. L'Avocat Confeil du Pays. Marfeille. Digne. Caftellanne. Colmars. Barreme. Les Mées. Antibes. Eyragues, 2. Chateaurenard. Orgon. Le Martigues, 3. Cucurron & autres en grand nombre.

Etats tenus a Aix en Janvier et Fevrier 1591.

Archives du Pays, n. 5, fol. 194. — Aix, 4 Deputés. Graffe. Draguignan, 2. Digne. Saint-Paul. Caftellanne. Apt. Barjols. Guillaume. Annot. Colmars. Lorgues. 2. Aups. Saint-Remy, 2. Reillanne. Les Mées.

xxvj   PIECES JUSTIFICATIVES.

Vigueries : Grafle. Draguignan, 3. Digne. Caftellanne. Apt. Barjols. Annot. Colmars. Tarafcon, 2.

ASSEMBLÉE EN FORME D'ETATS TENUE A AIX EN NOVEMBRE ET DÉCEMBRE 1591.

Archives du Pays, n. 5, 332. — Aix. Draguignan. Viguerie de Barjols. Apt. Saint-Remy. Barjols. Aups.

ASSEMBLÉE EN FORME D'ETATS TENUE A AIX LE 29 AVRIL 1592.

Archives du Pays, n. 5, fol. 379. — Aix, 4 Deputés. Arles, 2. Draguignan. Barjols. Viguerie de Barjols. Aups, 2. Rians. Martigues. Apt, 2. Salon, 2. Lambefc. Saint-Remy. Barbentane. Orgon. Viguerie de Colmars. Viguerie d'Apt, 2.

ASSEMBLÉE EN FORME D'ETATS TENUE A AIX EN MARS 1594.

Archives du Pays, n. 6, fol. 30 v°. — Aix, 4 Deputés. Un des Confuls & l'Affeffeur d'Aix en l'année 1593. Apt. Seyne. Pertuis. Manofque. Saint-Remy. Le Vicaire du Brufquet, Deputé de la Viguerie de Digne. Viguerie d'Apt. Viguerie de Seyne.

ETATS TENUS A MARSEILLE EN SEPTEMBRE 1620.

Archives du Pays, n. 10, fol. 229. — Clergé : Les Eveques de Frejus, de Sifteron. Le Prevot de Pignans. Le Vicaire de l'Eveque de Riez.

Nobleffe : Le Grand-Senechal. Le Comte du Bar. De Janfon. De Solliers. De Chaudon. D'Efpinoufe. De Carnoules. de Montmeyan. De Meirargues. De Cuges. De [Cabriès. Du Muy. De Belle-Affaire. De Peinier. De Seranon. De Beaudinand. De Villecrofe. De Courmes. De Valettes. De Saint-Janet. D'Anglés. Du Canet. De Mazaugues. D'Argent. De Roquebrune. De La Roque. De Montpezat. De Cucurron. D'Eyguieres. De Rians. De Sillans-Reguffe. De Tournon. De Saint-Michel. De Salignac. De La Verdiere. De Chateaufort. De Ramatuelle.

PIECES JUSTIFICATIVES.   xxvij

Communautés : Le 1ᵉʳ Conful d'Aix. Tarafcon. Forcalquier. Sifteron. Graffe. Hieres. Draguignan. Toulon. Digne. Saint-Paul. Mouftiers. Caftellanne. Apt. Saint-Maximin. Brignoles. Barjols. Guillaume. Annot. Colmars. Seyne. Frejus. Riez. Pertuis. Manofque. Lorgues. Aups. Saint-Remy. Reillanne. Les Mées. Antibes. Valenfolle.

Vigueries : Aix. Forcalquier. Graffe. Draguignan. Digne. Saint-Paul. Mouftiers. Caftellanne. Apt. Saint-Maximin. Brignoles Barjols. Guillaume. Seyne.

Nota. — Cette lifte des prefents refulte d'un proces-verbal d'opinion qui fut dreffé aux Etats de 1620 à la requifition des Procureurs du Pays affiftés de la plufpart des Deputés des Communautés & Vigueries.

Etats tenus a Aix en Octobre 1624.

Nota. — On ne trouve point la lifte des Communautés qui y deputerent. Voici les noms des Communautés qui affifterent à ces Etats comme Deputés des Vigueries.

Archives du Pays, n. 11, fol. 120. — Barbentane pour Tarafcon. Ceyrefte pour Forcalquier. Salignac pour Sifteron. Oppio pour Graffe. Couloubrieres pour Hieres. Bargemon pour Draguignan. Eftoublon pour Digne. Tourrete-de-Vence pour Saint-Paul. Saint-Martin pour Mouftiers. Ubraye pour Caftellanne. Cadenet & Saint-Savournin pour Apt. Bras pour Saint-Maximin. La Celle pour Brignoles. Ginafervi pour Barjols. Cuillouques pour Guillaume. ..... pour Colmars. Vernet pour Seyne. Meoulles pour Annot. Rians pour Vallée dudit lieu.

N. XVII.

Extrait du Regiftre des Etats de Provence n. 2, conferve au Greffe des Etats, fol. 268. — Etats tenus à Aix en Fevrier 1573.

Sur le different mû entre le Comte de la Ville de Mouftiers, d'une part, & la Communauté de Riez, d'autre, difant la Commune de Mouftiers que la Commune de Riez ne doit ni peut entrer efdits Etats & elle porter opinion, fi ce n'eft que en tant que les Confuls dudit Riez feront Deputés par les Villes & Villages du Vigueriat de ladite ville de Mouftiers, & que en corps de Communauté, ils n'y doivent entrer, parce que ce n'eft ville royale, mais un village, ayant le Sr Eveque de Riez & autres coffegneurs la jurifdiction dudit Riez, etant du Vigueriat dudit Mouftiers, le tout fuivant la vieille & ancienne coutume; au contraire les Confuls dudit Riez ont dit que de tout tems & ancienneté dont n'eft memoire d'homme au contraire, les Confuls dudit Riez ont accoutumé entrer auxdits Etats, & en iceux porter opinion, comme auffi font les villes de Pertuis, Manofque & Reillanne, encore qu'elles foient fous le Vigueriat d'autre ville, & que au moyen de ce ils doivent etre maintenus en leur ancienne coutume.

Sur quoi lefdits Etats ayant au prealable opiné par la pluralité des voix, apres avoir avifé en toutes chofes ont deliberé & conclu que la vieille & ancienne coutume defdits Etats fur le fait deffus propofé fera gardée, obfervée & entretenue de point en point, fans que foit permis à aucune perfonne de les enfreindre, ne y contrevenir en aucune maniere.

N. XVIII.

Extrait du Regiftre des Deliberations des Etats de Provence n. 3, conferve au Greffe des Etats, fol. 31.— Etats tenus à Marfeille en Fevrier 1578.

Par lo Sr d'Auribeau, Affeffeur & Procureur du Pays, avoit été remontré que fuivant la charge que lui feroit été baillée par Mrs des Etats pour voir les papiers, titres & documens prefentés par la Communauté des Mées aux fins d'avoir entrée aux prefents Etats, & voix, opinion deliberative, comme les autres Communes dudit Pays, attendu qu'ils font aujourd'hui au Roi, il auroit vu les titres & documens par lefquels lui a apparu qu'ils doivent & peuvent entrer dans les Etats, & y avoir opinion deliberative comme les autres pour etre aujourd'hui vaffaux du Roi, & ne reconnoître aucun Segneur, ni Gentilhomme que Sa Majefté, & que fur ce elle doit deliberer.

Et fur ce M. le Reverendiffime Archeveque d'Aix affifté de tous ceux du Clergé & de la Nobleffe, lequel a dit & remontré que n'y a à prefent aucun lieu ne apparence de conclure & deliberer fur ce fait, attendu que les Etats font formés, & qu'on va prefentement proceder à la publication d'iceux, où la plus grande partie, tant de Mrs du Clergé que de la Nobleffe, s'en font fortis & que faut differer à uns autres Etats, declarant n'y vouloir à prefent repondre ni opiner pour n'etre en nombre fuffifant.

Et les Communes affiftantes ont dit, arreté, difent & deliberent que ladite Communauté des Mées entrera & affiftera à la tenue des Etats, y ayant en iceux opinion & voix deliberative comme les autres Communes & tant que ladite Ville fera & demeurera du Domaine du Roi.

A quoi Mrs du Clergé & de la Nobleffe n'y ont confenti & proteftent de la procedure cy-deffus comme faite contre l'Ordonnance des Etats.

Fol. 291. — Etats tenus à Saint-Maximin en Juillet 1581.

M. Me Honoré Guiran, Affeffeur d'Aix & Procureur du Pays, a remontré aux Etats avoir charge & memoire des Confuls & Communauté des Mées leur faire entendre que s'étant eux rachetés ne reconnoiffant autre Segneur que le Roi, qui leur met tous les officiers, comme Juge & Viguier, ils prefenterent requete aux Etats tenus à Marfeille en l'année 1578 à ce qu'ils fuffent reçus d'entrer dans lefdits Etats, & y avoir voix & opinion deliberative, comme y ont les autres Communes du Pays que entrent auxdits Etats, où fut commis le Sr d'Auribeau à prefent Confeiller en la Cour de Parlement & lors Affeffeur d'Aix & Procureur du Pays, de voir leurs papiers, titres & documens, lefquels ayant vu & fait rapport auxdits Etats, avoient dit & déclaré ladite Commune des Mées pouvoir entrer dans lefdits Etats & y avoir voix & opinion deliberative comme les autres, tant que ladite Ville demeureroit au Domaine du Roi; mais d'autant que lors dudit rapport & tenue defdits Etats fut remontré par aucuns de Mrs du Clergé & de la Nobleffe que n'y avoit lieu pour lors qu'ils entraffent en iceux, d'autant que c'etoit à la cloture defdits Etats, & la plufpart de Mrs du Clergé & de la Nobleffe s'en etoient fortis, que fut la caufe que depuis ils ont differé de fe trouver aux derniers Etats à caufe de guerre & pefte furvenues en ce Pays, dont à prefent auroit reprefenté auxdits Etats, enfemble ladite Deliberation, avec leurfdits titres & documens, par lefquelles il leur a paru qu'ils font de la qualité de pouvoir entrer en iceux & y avoir voix & opinion deliberative, comme les autres Communes, requerant Mrs des Etats y vouloir fur ce deliberer.

Quoi entendu par iceux, apres avoir vu l'Ordonnance & deliberation faites auxdits Etats de Marfeille, & entendu la lecture d'icelle & le rapport qui a été fur ce fait par ledit Sr Affeffeur.

Ayant fur ce opiné, a été dit & arreté que lefdits Confuls dudit lieu des Mées entreront & affifteront aux prefens Etats, Affemblées des Communes & autres que fe feront par cy apres, & en iceux, auront voix & opinion deliberative comme les autres Communes dudit Pays, & autant que demeureront au Domaine du Roi, & où adviendroit que pour l'avenir ils en fuffent diftraits, retourneront à l'Etat qu'ils étoient auparavant fans pouvoir entrer auxdits Etats & Affemblées.

N. XIX.

Extrait du Regiftre des Deliberations des Etats de Provence n. 8, confervé au Greffe defdits Etats, fol. 4. — Etats tenus à Aix en Fevrier 1601.

Sur la contention qui s'eft mue entre M° Pelegrin, Avocat & Deputé pour le Vigueriat de la ville de Draguignan, & M° Pena, Docteur en medecine, Deputé de la ville de Frejus, pour raifon de leur preseance & de la requifition faite par le Deputé de ladite Viguerie, que les Deputés de Frejus fuffent compris dans la deputation generale d'icelui Vigueriat, & que feance & opinion lui fuffent données.

Les Etats, apres avoir fait fortir l'un & l'autre, ont definitivement ordonné d'un commun confentement que les Deputés de ladite ville de Frejus continueront leur poffeffion & auront feance dans les Etats & Affemblées fans prejudice des autres differens qui font entre lefdites villes de Draguignan & Frejus, concedant acte audit Deputé de ladite Viguerie de la proteftation sur ce par lui faite.

Fol. 73. — Etats tenus à Aix en Mai & Juin 1602.

Contention entre le Deputé de Draguignan & celui de la ville de Frejus, le Deputé de Frejus difant qu'ils font en poffeffion d'avoir feance aux Etats

& que cette difficulté fut jugée par les derniers Etats, à la refolution defquels il infifte.

Lecture faite de ladite deliberation, a été dit qu'elle fera gardée & obfervée, & ladite ville de Frejus maintenue en la feance defdits Etats de laquelle deliberation & de la precedente, comme de nouveau venue à la notice, le Deputé de Draguignan avoit appelé.

N. XX.

Extrait du Regiftre des Deliberations des Etats de Provence n. 9, confervé au Greffe des Etats, fol. 247. — Etats tenus à Aix en Mai & Juin 1611.

Ledit Sr Decormis, Affeffeur, a dit apres cela que les Confuls de la ville d'Antibes lui ont donné une requete pour rapporter aux Etats, tendante à fin d'avoir feance en iceux, voix & opinion deliberative, comme les autres Villes royales de la Province, attendu que ladite Ville eft unie au Domaine du Roi, & ne reconnoit aucun autre, & requiert les Etats d'y avifer & d'y apporter de la confideration, parce que c'eft une place d'importance tant pour fon fouage que pour etre la premiere Ville de la cote de la marine du coté d'Italie.

Les Etats ayant fur ce opiné par la pluralité des voix, ont deliberé que ladite ville d'Antibes aura feance, voix & opinion deliberative en tous les Etats & Affemblées & en tout ce qui s'y deliberera & propofera ainfi que les autres Villes dudit Pays, fans que cette deliberation puiffe etre tenue à confequence pour aucune autre Communauté.

N. XXI.

Extrait du Regiftre des Deliberations des Etats de Provence n° 10, confervé au Greffe des Etats, fol. 136. — *Etats tenus à Brignoles en Aouft* 1618.

Sur la requete prefentée par les Confuls & Communauté de Valenfolles tendante aux fins d'entrer & avoir feance à l'avenir dans les Etats & Affemblées du Pays, attendu que c'eſt au lieu affouagé juſqu'à 28 feux & ſupporte de grandes charges dudit Pays.

A été deliberé qu'à l'avenir ladite Communauté de Valenſolles entrera & aura ſeance dans les Etats & Aſſemblées du Pays pour y porter voix & opinion deliberative, comme les autres Communautés, de quoi le Deputé de la Communauté de Mouſtiers a appelé.

N. XXII.

Extrait du Regiſtre des Deliberations des Etats de Provence n. 7, conſervé au Greffe des Etats, fol. 77. — Etats tenus à Aix en Fevrier & Mars 1598.

Ledit ſieur Aſſeſſeur a auſſi repreſenté qu'il y a quelque different entre la Communauté d'Annot & celle de Guillaume ; preſuppoſant ladite Communauté d'Annot etre le chef de la Viguerie & non Guillaume, ſuivant les anciens privileges qu'ils ont, ayant par ce moyen l'autorité en telle qualité d'aſſembler ladite Viguerie & faire la deputation aux Etats & non ledit Guillaume ; mais qu'il trouve que par la deliberation des Etats tenus à Marſeille le mois de Mars dernier, cette queſtion a été jugée, & neanmoins qu'il lui ſemble de propos d'y deliberer afin que les opinions ne ſoient interrompues ſur ce qui ſera cy apres repreſenté.

Apres laquelle propoſition, ayant leſdits Deputés deſdites Communautés de Guillaume & Annot été ouis, & ſoit lecture de la deliberation des Etats, a été unanimement deliberé que le Deputé de la Communauté d'Annot remettra riere le Greffe des Etats les titres & privileges qu'il preſuppoſe avoir pour le ſoutenement dudit different; pour iceux vus par ledit Sr Aſſeſſeur, & entendre ſon rapport y pourvoir ainſi qu'il appartiendra, & cependant que la deliberation deſdits Etats de Marſeille tiendra.

N. 11, fol. 48. — Etats tenus à Aix en Janvier 1624.

Le Sr Rogeri, Aſſeſſeur, a dit que le Deputé de la Viguerie d'Annot eſt venu pour requerir Mrs des Etats pour lui donner entrée & voix deliberative dans iceux, attendu que c'eſt une Viguerie diſtincte & ſeparee de celle de Guillaume; ſe trouvant chef de ſept Villages dependant de ladite Viguerie, etant raiſonnable que comme les autres Vigueries jouiſſent de cette prerogative, qu'elle leur ſoit auſſi accordée, puiſque par Arret ils ont été declarés chef de ladite Viguerie d'Annot, diſtincte & ſeparée de celle de Guillaume, & par ainſi requiert leſdits Etats de lui accorder ladite ſeance.

Sur quoi les Etats ont reſolu que ladite Viguerie d'Annot aura la meme ſeance, voix & opinion deliberative dans les Etats que ont les autres Vigueries dudit Pays; de laquelle deliberation le Deputé dudit Guillaume a declaré etre appellant.

Fol. 121 *v°.* — *Etats tenus à Aix en Octobre* 1624.

Contention entre la Viguerie d'Annot & celle de Guillaume, le Deputé de Guillaume voulant empecher le Vigueriat d'Annot d'entrer aux Etats preſuppoſant ledit lieu d'Annot & les autres lieux pretendus de ſa Viguerie etre tous de la Viguerie de Guillaume & que par deliberation des Etats de l'an 1597, confirmée par ceux de l'an 1598, fut deliberé qu'aucun Deputé pour la Viguerie d'Annot n'aſſiſteroit aux Etats; par contraire les Deputés de la Communauté & Viguerie d'Annot preſuppoſent y devoir aſſiſter & avoir été ainſi deliberé par les derniers Etats.

Sur ce different les Etats deliberent que les deux Vigueries remettront leurs pieces par devers le Sr Aſſeſſeur pour etre decidée par Mr l'Eveque de Senes, l'Abbé de Valſainte, les Srs Procureurs du Pays, tous ceux qui ſont en charge, que les Elus & Communautés de Taraſcon, Forcalquier & Siſteron, à tous leſquels les Etats en baillent le pouvoir.

Cette Commiſſion s'aſſemble, mais attendu que le Deputé de Guillaume n'avoit en ſon pouvoir les titres de ſa Communauté.

L'affaire a été renvoyée aux prochains Etats, auquels tems leſdites Communautés manderont par leurs Deputées leurs titres & documens avec charge expreſſe par deliberation de leur Conſeil de les remettre riere les perſonnes qu'a ces fins ſeront deputés par leſdits prochains Etats, auxquels bailleront pouvoir par leſdites procurations de juger definitivement ledit different ainſi qu'ils verront etre à faire par raiſon, & cependant ſans prejudice du droit des parties, ni leur attribuer rien de nouveau, a été deliberé que le Deputé pour le Vigueriat d'Annot affiftera aux prefents Etats, fuivant la deliberation faite aux precedens.

N. 18, fol. 169. — Affemblée generale des Communautés tenue à Cannes le 30 Novembre 1635.

Ledit Sr Affeffeur a remontré que le Sr Deputé de la Communauté de Guillaume l'a prié de reprefenter à l'Affemblée qu'etant entierement la ville d'Annot comprife dans la Viguerie dudit Guillaume, elle voulut s'en diftraire & feparer en l'année 1624, & à ces fins elle prefenta requete aux Etats tenus en ladite année dans la ville d'Aix, pour fe faire eriger en corps de Viguerie & deliberer fur ladite feparation, ce qui lui auroit été accordé par lefdits Etats, & que la ville d'Annot bailleroit le denombrement des lieux dont elle prefuppofoit compofer fa Viguerie, fans que du depuis, il y ait été fatiffait; mais bien la ville d'Annot fe trouve encore comprife dans le livre fouager à la Viguerie dudit Guillaume, ce qui revient à leur interet, d'autant que fe trouvent lefdites deux Vigueries contribuables pour l'entretenement des troupes qui font dans la Province, les chefs & officiers trouvant Annot dans la Viguerie dudit Guillaume, executent ladite Communauté dudit Guillaume pour le tout, requerant l'Affemblée d'y pourvoir.

Sur quoi l'Affemblée a deliberé que Mrs les Procureurs du Pays procederont à la feparation des Vigueries, ainfi qu'ils aviferont fur les pieces que les Deputés defdites Communautés leur remettront pour en pouvoir demeurer d'accord avec eux.

N. XXIII.

Extrait du Regiftre des Deliberations des Etats de Provence n. 12, confervé au Greffe des Etats, fol. 70 v°. — Affemblée generale des Communautés tenue à Aix le 10 Septembre 1627.

Ledit Sr de Malignon, Affeffeur, a remontré que les Confuls & Communauté d'Ollioules prefentent requete à l'Affemblée à ce qu'il lui plaife lui accorder l'entrée, feance, voix & opinion deliberative dans les Etats & Affemblées generales comme les autres Communautés de la Province, fur cette raifon qui eft grandement confiderable que ladite Communauté eft affouagée au cadaftre du Pays 33 feux 3/4 ; par ainfi fujette à fupporter des grandes charges de la Province.

Sur quoi l'Affemblée a deliberé que ladite requete fera prefentée aux prochains Etats pour y etre pourvu ainfi qu'ils aviferont.

N. 16, fol. 255. — Etats tenus à Brignoles en Decembre 1632.

Le Sr Affeffeur a remontré que la Communauté d'Ollioules prefente requete aux Etats, à ce qu'il leur plaife lui donner entrée, feance, voix & opinion deliberative dans les Etats & Affemblées generales, comme les autres Communautés de ladite Province, eu egard qu'elle eft 33 feux 3/4, & par ce moyen grandement intereffée aux charges de la Province, y ayant plufieurs Communautés qui ont eu cette entrée, quoiqu'elles foient beaucoup moins affouagées que celle d'Ollioules, qui s'etant pourvue par requete pour le meme fujet en l'Affemblée generale des Communautés en Septembre 1627, elle fut renvoyée aux prefens Etats.

Enfuite de quoi les Communautés de Tourves & de Fayence qui font auffi grandement affouagées, ayant demandé la meme chofe qu'Ollioules, & s'etant mu plufieurs difcours fur les Reglemens qui doivent etre faits pour le rang, entrée & feance des trois Ordres aux Etats.

Ayant fait courir les voix, par la pluralité des opinions a été deliberé qu'à l'avenir la Communauté d'Ollioules entrera & aura feance dans les Etats & Affemblées du Pays pour y porter voix & opinion deliberative comme les autres Communautés de la Province qui entrent dans lefdits Etats & Affemblées ; & neanmoins que tant fur le Reglement propofé que fur les demandes defdites Communautés de Tourves & de Fayence, il fera pourvu par les prochains Etats, ainfi qu'ils aviferont, auxquels le tout a été renvoyé.

N. XXIV.

Extrait du Regiſtre des Deliberations des Etats de Provence n. 12, conſervé Au Greffe des Etats, fol. 144. — Etats tenus à Aix en Mai 1628.

Le Sr Gaufridy, Aſſeſſeur, a remontré que les Conſuls & Communauté de la ville de Cuers preſentent requete aux Etats à ce que ayant plu au Roi par ſes Lettres-patentes en forme de Chartre données à Saint-Germain-en-Laye, le mois d'Octobre 1626, unir & incorporer à ſon Domaine la juriſdiction haute, moyenne, baſſe dudit Cuers, pour etre perpetuellement exercée ſous ſon nom avec titre de Ville royale, & toutes les qualités & prerogatives dont jouiſſent toutes les autres Villes royales de cette Province, leſquelles Lettres ont été duement verifiées par Arret de la Cour de Parlement, & Cour des Ordres de ce Pays pour jouir du droit d'icelles aux preſens Etats ; ſe trouvant outre & pardeſſus leſdites Lettres-patentes grandement intereſſée au payement des charges & impoſitions qui ſe font par le Pays, à cauſe de leur fouage, pour etre 16 feux 1/2, pour ce moyen, beaucoup plus que d'autres Communautés qui entrent dans leſdits Etats & Aſſemblées, requerant par ainſi, puiſque elle eſt Ville royale & grandement affouagée, lui accorder la meme choſe que par les precedens Etats fut reſolu en faveur des Communautés de Valenſolles, Lambeſc & Trets, qui ne ſont point ſi privilegiées que ladite ville de Cuers.

Sur quoi ayant fait courir les voix, par la pluralité des opinions les Etats ont deliberé qu'à l'avenir la Communauté de Cuers entrera & aura ſeance dans les Etats & Aſſemblées du Pays, pour y porter voix & opinion deliberative, comme les autres Communautés du Pays qui entrent dans leſdits Etats & Aſſemblées à laquelle deliberation le Deputé de la Communauté d'Hieres a proteſté pour l'interet du Vigueriat & des frais de ladite Viguerie.

N. XXV.

Extrait du Regiſtre des Deliberations des Etats de Provence n. 19, conſervé au Greffe des Etats, fol. 251 v°. — Etats tenus à Aix en Fevrier 1639.

Ledit Sr Affeffeur a remontré que les Confuls & Communauté de la ville de Martigues preſentent requete aux Etats, à ce qu'il leur plaiſe leur accorder entrée, ſeance & voix deliberative en iceux & aux Affemblées du Pays, comme les autres Communautés de la Province en conſideration de ce que la Communauté porte le titre de Ville, & qu'elle eſt affouagée 22 feux & compoſée d'un fort bon nombre d'habitans ; d'ailleurs etant Ville de confideration & d'importance & chef de Principauté, elle a interet d'etre du nombre de celles qui ont cette prerogative.

Sur quoi les Etats en conſideration de ce deffus, ont deliberé que la Communauté de Martigues entrera & aura ſeance aux Etats & Affemblées du Pays pour y porter voix & opinion deliberative comme les autres Communautés de la Province qui ont accoutumé d'y affiſter ; etant à ces fins le Sr Armand, Conful dudit Martigues, entré aux Etats.

N. XXVI.

Extrait du Regiſtre des Deliberations des Etats de Provence n. 9, conſervé au Greffe des Etats, fol. 13 v°. — Etats tenus à Aix en Janvier 1606.

Le Sr de Feraporte, Sindic du Tiers-Etat, auroit remontré avoir une requete ou poing des Confuls & Communauté du lieu de Lambeſc, tendante aux fins d'avoir ſeance & voix deliberative aux Etats, diſant avoir titre, & qu'autrefois ils ont été en poffeffion ; au contraire les Srs de La Barben & de Fuveau, Confuls d'Aix, auroient remontré que tant s'en faut que ledit lieu de Lambefc ait jamais eu feance & opinion dans les Etats, que c'eſt les Confuls de la ville d'Aix, qui de tout tems ont toujours opiné pour les Vaux, ainſi que l'a juſtifié par le Reglement des Etats, ſi bien que demeurant cette faculté acquiſe aux Confuls d'Aix par un ſi long eſpace de tems qu'il n'eſt memoire d'homme, au contraire il ſemble qu'il n'y a lieu de les en priver, ayant meme egard que leſdits Confuls de Lambefc ne font apparoir de pretendus titres qu'ils diſent avoir, en tout cas où il echerroit contrarieté entre les parties contendantes, que par proviſion leſdits Confuls d'Aix doivent etre maintenus en leur poſſeſſion qui eſt receante & juſtifiée par les Regiſtres des Etats.

Sur quoi par la pluralité des voix a été deliberé que leſdits Confuls de Lambefc fairont apparoir de leurs titres, & cependant que leſdits Confuls d'Aix feront maintenus en leur poſſeſſion d'opiner pour leſdits lieux de Lambefc & ſa Vallée, enſemble pour les autres Vaux, excepté pour celui de Rians, pour lequel ils n'opineront qu'en leur abſence.

N. 11, fol. 52. — Etats tenus à Aix en Janvier 1624.

Par Mr d'Allein, premier Conful, a été remontré que les Confuls du lieu de Lambefc repreſentent aux Etats qu'etant affouagés 17 feux, ils ſe trouvent intereſſés au payement des charges & impoſitions faites tant eſdits Etats que Aſſemblées; etant raiſonnable qu'ils ayent feance & opinion deliberative dans leſdits Etats, comme ils ont eu par cy-devant, n'ayant diſcontinué de s'y trouver que par la faute de leurs Adminiſtrateurs qui l'ont negligé; demandant par ainſi la meme prerogative que les autres Communautés qui entrent dans leſdits Etats & d'etre traités à l'egal de Valenſolles, à qui la meme choſe fut accordée par les Etats de Brignoles tenus en 1618.

Sur quoi les Etats ont deliberé que ladite Communauté de Lambefc aura la meme feance, voix & opinion deliberative dans leſdits Etats & Aſſemblées generales des Communautés que ont les autres Communautés dudit Pays, ſans qu'elle puiſſe pretendre d'y entrer comme chef de la vallée de Lambefc, pour laquelle les Confuls d'Aix opinent ſuivant la deliberation des Etats.

PIECES JUSTIFICATIVES. xxxix

N. XXVII.

Extrait du Regiſtre des Deliberations des Etats de Provence n. 9, conſervé au Greffe des Etats, fol. 252. — Etats tenus à Aix en Mai & Juin 1611.

A été remontré qu'au préjudice des deliberations des precedents Etats portant reglement pour la ſeance que les Vaux doivent avoir es Etats, celui du lieu de Trets que par ladite deliberation s'en trouve exclu, & ſeroit entré, ce qui eſt contraire à la teneur deſdites deliberations.

Lecture faite de ladite deliberation des Etats de l'an 1606, a été unanimement deliberé que Mrs les Conſuls d'Aix opineront pour les Vaux, ainſi & à la forme marquée es regiſtres des Etats, & que ledit lieu de Trets pour la pretendue Vallée n'y aura aucune ſeance.

N. 11, fol. 53. — Etats tenus à Aix en Janvier 1624.

Par le Sr Augeri, Aſſeſſeur, a été dit que les Conſuls du lieu de Trets remontrent aux Etats qu'etant affouagés 29 feux, ils ont eu de toujours entrée & opinion deliberative tant dans les Etats qu'Aſſemblées des Communautés & neanmoins ils auroient diſcontinué durant quelques années par la negligence de leurs Adminiſtrateurs, ce qui ne peut leur porter prejudice, pour etre ſi conſiderable en la Province etant 29 feux, ayant en cette condition reçu lettre de M. le Gouverneur pour ſe trouver auxdits Etats, comme les autres Communautés; par ainſi ils ſupplient les Etats lui accorder la meme choſe qu'à la Communauté de Lambeſc & Valenſolles qui ſont la moitié moins affouagées qu'eux & etre traité à leur égal.

Sur quoi s'etant mu pluſieurs diſcours qu'il ne ſeroit point raiſonnable d'ouvrir la porte à tant de Communautés qui demanderont la meme choſe, pour eviter la conſequence, qu'ils ne font cela à autre deſſein que pour n'etre compriſes aux frais des Deputés des Vigueries, & d'ailleurs que les Etats de l'année 1606 en debouterent ladite Communauté de Trets, par ainſi y ayant été pourvu une autrefois, inutilement on preſente cette requete.

PIECES JUSTIFICATIVES.

Sur laquelle contention les Etats ayant opiné, par la pluralité des voix a été deliberé que par un prealable les pieces de ladite Communauté feront portées pardevant M. le Prefident, Mrs les Eveques de Frejus & de Sifteron, Mrs De Solliers & de La Verdiere, Mrs les Procureurs du Pays & les Communautés de Tarafcon & de Forcalquier, que les Etats ont deputés pour etre par eux lues & vifitées, & fur le rapport qui en fera par eux fait, y etre pourvu ainfi qu'ils aviferont.

Fol. 86 v°.

Ledit Sr Affeffeur a remontré que les Etats doivent refoudre fi la Communauté de Trets doit avoir feance dans les Etats comme les autres Communautés, fuivant la propofition qui fut faite dans le commencement defdits Etats ou bien de la congedier.

Sur quoi les Etats ont renvoyé cette affaire à la plus prochaine tenue des Etats pour y etre pourvu.

Fol. 133. — Etats tenus à Aix en Octobre 1624.

Le Sr Affeffeur a remontré qu'aux Etats derniers les Confuls & Communauté du lieu de Trets baillerent requete à fin d'etre reçus dans les Etats, y avoir entrée, feance, voix & opinion deliberative comme les autres Communautés dudit Pays, ainfi qu'elle a fait autrefois & qu'elle juftifie, n'y ayant defifté d'y entrer que par la negligence de fes Adminiftrateurs; laquelle requete fut renvoyée aux prefens Etats, & portant le Deputé de ladite Communauté fait la meme requete aux prefens Etats, & requiert les vouloir recevoir, au meme egard qu'elle eft affouagée 29 feux, fouage fort confiderable, & qui fupporte une grande partie des charges du Pays.

Sur ce ayant été opiné, par la pluralité des voix a été deliberé que ladite Communauté de Trets eft reçue aux Etats pour y avoir entrée, feance, voix & opinion deliberative, & dans les Affemblées generales des Communautés comme Communauté particuliere, tout de meme que les autres Communautés qui y affiftent, & fans que ladite Communauté de Trets puiffe pretendre d'y

PIECES JUSTIFICATIVES. xlj

entrer comme chef de la Vallée de Trets, pour laquelle Mrs les Confuls d'Aix opineront ainfi que de coutume.

N. XXVIII.

Extrait du Regiftre des Deliberations des Etats de Provence n. 16, confervé au Greffe des Etats, fol. 244 v°. — Etats tenus à Brignoles en Decembre 1632.

Le Sr Affeffeur a remontré que la Coumunauté du lieu de Rians prefente requete aux Etats tendante à ce que ayant de long-tems entrée, feance, voix & opinion deliberative dans iceux en qualité de Vallée, il plaife auxdits Etats lui accorder cette entrée & feance comme corps de Communauté pour leur oter tous les proces qui pourront avoir avec ladite Vallée, eu égard que ledit lieu eft affez intereffé aux charges de la Province, & que la meme chofe fut accordée aux Communautés de Lambefc & Trets qui etoient auffi chefs de Vallée.

Sur quoi les Etats ont deliberé que ladite Communauté de Rians eft reçue en iceux, pour y avoir entrée, feance, voix & opinion deliberative, & dans les Affemblées generales des Communautés, comme Communauté particuliere tout de meme que les autres Communautés qui y affiftent, & fans que ladite Communauté de Rians puiffe pretendre d'y entrer, comme chef de la Vallée de Rians, pour laquelle M. les Confuls d'Aix opinent ainfi qu'eft la coutume.

NOTA. — Cette deliberation eft en oppofition avec celle prife aux Etats tenus à Aix en Janvier 1606, rapportée cy-deffus au n. xxvi, & dans laquelle il eft dit que les Confuls d'Aix continueront d'opiner pour les Vaux, *excepté pour celui de Rians, pour lequel ils n'opineront qu'en leur abfence.*

PIECES JUSTIFICATIVES.

N. XXIX.

Extrait du Regiſtre des Deliberations des Etats de Provence n. 3, conſervé au Greffe des Etats, fol. 435 v°. — Etats tenus à Aix en Fevrier 1583.

Sur le different qu'eſt advenu auxdits Etats touchant la ſeance & preſeance d'entre Mrs les Conſuls de Marſeille & ceux de la ville d'Arles pretendant les Conſuls dudit Marſeille comme l'une des Capitales & principales Villes dudit Pays devoir preceder & etre nommée par rang ſur la ville d'Arles ; & que au contraire ceux dudit Arles pretendoient etre premiers & avoir ſeance avant ceux de Marſeille, & que ſur ce y a eu autres forces contentions mus es Etats & par iceux reſolu que alternativement leſdites Villes ſe precederoient l'une & l'autre, comme advint aux Etats dernierement tenus en cette ville d'Aix ſur meme different, ou fut reſolu, combien que ne ſe trouve rien par écrit, que les Conſuls de la ville de Marſeille precederoient les Conſuls dudit Arles dans les Etats aux années de pair ou impair, comme fut l'année paſſée de 1582, que ladite ville de Marſeille accommença & que cette année qui eſt impair ſuivant leur rang & coutume, ils doivent entrer & preceder ceux de Marſeille ; & pour ce que le fait eſt conſequent, & leſdites Villes importantes, ont remis à ſe pourvoir & que cependant on ſe informera de la coutume qu'on a uſé par cy-devant, pour cy-apres etre fait tel Reglement que ſera aviſé par leſdits Etats.

Page 34 du proces verbal imprimé des Etats convoqués à Aix au 31 Decembre 1787.

Mrs les Deputés de la ville de Marſeille ont demandé à Monſeigneur le Preſident la permiſſion de parler, & apres l'avoir obtenue, ont dit :

Qu'une deliberation expreſſe de la Communauté de Marſeille les obligeoit de reclamer contre Mrs les Deputés de la ville d'Arles, ſur le rang qu'ils occupoient dans cette Aſſemblée, & de ſe retirer apres avoir fait leur protestation. Ils ont lu à cet effet un Memoire contenant les motifs de leur protestation, qui sera conservé au Greffe des Etats.

M. l'Archeveque d'Aix, President, a repondu que les Etats avoient desiré de n'etre pas privés de voir dans leur Assemblée les Deputés d'une Ville aussi celebre & aussi interessante que celle de Marseille, & qu'ils ne pouvoient que temoyner leurs regrets sur ce que Mrs les Deputés prenoient le parti de se retirer apres avoir fait leur protestation.

Mrs les Deputés de la ville de Marseille ont fait la protestation dont ils etoient chargés, & se sont retirés.

Page 52.

Mr l'Eveque de Sisteron a dit :

Deux Deputés de la ville d'Arles se sont presentés : doit-on les admettre tous les deux, ou ne donner l'entrée qu'à un seul ? La teneur de la deliberation de cette Ville, qui depute deux personnes, donne elle-meme lieu à ce doute; elle porte que si par la verification des anciens Etats, il conste qu'il n'y a eu qu'un seul Deputé qui eût entrée , Mr du Roure, premier Consul, entrera en cette qualité. Nous avons fait des recherches pour decouvrir les anciens usages des Etats, relatifs à l'admission des Deputés de la ville d'Arles, & nous avons trouvé que les Consuls d'Arles etoient rarement nommés dans les proces verbaux, parce que ordinairement ils ne faisoient pas mention du nom des Deputés; que cependant aux Etats de 1629 se trouvoit le Sr de Bringuier, premier Consul de la ville d'Arles, assisté des Sieurs de Varadier & Verran, Deputés.

Cette enonciation ne nous avoit pas paru suffisante pour legitimer la pretention de la ville d'Arles; mais au moment de la discussion elle nous a fait communiquer des extraits en forme des deliberations de son Conseil municipal des années 1547, 1550, 1583, 1611 & 1639, qui renferment toutes la nomination des deux Deputés aux Etats. La deliberation de 1583 charge encore ses Deputés de demander à preceder les Consuls de la ville de Marseille, attendu que c'etoit une année impaire, & que les Consuls de la ville de Marseille avoient eu, selon l'ancien usage, la preseance l'année precedente, année paire.

Cette clause a fait noître une observation, c'est que par les differentes circonftances, il pouvoit arriver que les Etats fe trouvaffent plus fouvent dans les années paires, ce qui priveroit la ville de Marfeille du droit precieux d'avoir preseance dans les Etats.

La Commiffion a été unanimement d'avis d'admettre les deux Deputés de la ville d'Arles, & quant à la preseance entr'elle & la ville de Marfeille, elle a jugé que cette preseance ne devoit point etre reglée par les années paires ou impaires, mais qu'elle auroit lieu à l'alternative entre ces deux Villes.

Page 58.

Les Etats ont deliberé :
Que la Communauté d'Arles fera reprefentée par deux Deputés, le premier d'entr'eux feulement ayant voix confultative.

N. XXX.

Extrait du Regiftre des Deliberations des Etats de Provence n. 7, confervé au Greffe des Etats, fol. 1.— Etats tenus à Marfeille en Mars 1597.

Par Mr M⁰ Antoine de Badet, Affeffeur d'Aix, affifté du Sr d'Efparron & de Mr Jean Salla, Conful dudit Aix, & tous Procureurs du Pays, a été remontré que voulant des hier Monfegneur le Duc de Guife faire faire l'ouverture defdits Etats qu'il a mandés tenir audit Marfeille, fe feroit mu different par Mrs les Confuls de ladite Ville pretendant vouloir avoir feance & affifter dans les Etats avec leur chaperon ce qu'avient été debatu pardevant Monfegneur & remontré qu'il ne pouvoit avoir autre marque dans les Etats avec le chaperon que celle de Mrs les Procureurs du Pays, fous la conduite defquels comme Procureurs de tous les trois Ordres, toutes chofes etoient regies & adminiftrées. Enfin apres plufieurs contentions, mondit Segneur le Duc de Guife avoit ordonné auxdits fieurs Procureurs du Pays pour aucunes confiderations de permettre auxdits fieurs de Marfeille affifter auxdits Etats avec leurdit chaperon pour une ou deux entrées feulement, a qualité toutefois qu'ils tiendront place apres lesdits fieurs Procureurs du Pays, ce que lefdits Procureurs du Pays n'avoient voulu accorder, ains requis Monfeigneur leur permettre la prefente Affemblée, laquelle leur avoit accordé ; à laquelle il a d'abondant fait entendre le fait que deffus pour y deliberer, vu que ce fait regarde l'autorité des Etats.

Le fait mis en deliberation & opiné l'Affemblée a conclud & arreté que mondit Segneur Duc de Guife fera fupplié & requis de vouloir maintenir & conferver l'autorité des Etats, & ce faifant que nul ne pourra affifter à iceux avec ledit chaperon que lefdits Srs Confuls d'Aix, Procureurs du Pays, ainfi que de tous tems a été gardé & obfervé, fauf auxdits Confuls de Marfeille y pouvoir affifter fi bon leur femble fans chaperon & fans y avoir aucune voix ni opinion comme ils ont fait cy-devant.

N. XXXI.

Extrait du Regiftre des Deliberations des Etats de Provence n. 2, confervé au Greffe des Etats, fol. 261. — Etats tenus à Aix en Fevrier 1573.

Controverfe a été mue efdits Etats entre la Communauté de Draguignan, d'une part, & les Communes de Sifteron, Graffe, Hieres, d'autre, pour raifon de la prefeance, difant les Confuls dudit Draguignan que la Commune de ladite Ville doit etre en premier lieu appelée efdits Etats, lorfqu'on fait courir les voix fur les opinions, & apres elle, lefdites Communes de Sifteron, Graffe & Hieres, dautant qu'il y a un fiege & lieutenant de Mr le Senechal & font affouagée, & au contraire les Confuls des Communes des villes de Sifteron, Graffe & Hieres ont foutenu que de toute ancienneté elles ont été appelées premier que ladite Commune de Draguignan, ainfi qu'il en appert par le rolle vieux & ancien etant es mains des Greffiers des Etats qu'ils requierent etre lu, & fuivant icelui leur etre pourvu.

Lefdits Etats apres avoir mis ledit fait en deliberation & ayant fait lire le rolle vieux ecrit de la main de Mᵉ Alexis Geoffroy, jadis Greffier des Etats, ont ordonné que par provifion & fans prejudice du droit des parties, ledit rolle vieux tiendra, & que fuivant icelui, les Communes dudit Provence fe-

xlvj PIECES JUSTIFICATIVES.

ront appellées chacune par fon Ordre, fauf à la Commune dudit Draguignan de trouver rolle plus ancien pour iceux, vus & parties ouies y faire telles provifions & deliberations qu'il appartiendra.

Ont auffi ordonné lefdits Etats que hors en la ne pourront entrer en l'Affemblée d'iceux Etats, fi ce n'eft qu'un Conful ou Deputé pour la Ville chef de Vigueriat, & l'autre pour ledit Vigueriat, en portant due procuration quils feront tenus mettre pardevers les Greffiers defdits Etats, au commencement d'iceux.

N. XXXII.

Extrait du Regiftre des Deliberations des Etats de Provence n° 16, confervé au Greffe des Etats, fol. 243 v°. — Affemblée generale des Communautés tenue à Manofque en Mai 1633.

Ledit Sr Affefleur a remontré qu'il a été requis fouvent par la plufpart des fieurs Deputés des Communautés de propofer à l'Affemblée de faire reglement à l'avenir pour eviter les abus & les brigues qui fe font aux Confeils des Villes fur le fait des deputations pour venir aux Etats & Affemblées, tendant à ce que chaque Confeil de Ville en pareille occurrence fera tenu de deputer privativement à tous autres les premiers Confuls fors les Communautés qui fe trouveront fondées en des Reglemens & coutumes particulieres pour ce fujet etant à l'Affemblée de juger fi ce Reglement eft neceffaire.

Sur quoi l'Affemblée a deliberé que conformement à ce que deffus, chaque Confeil de Ville procedant à la deputation de ceux qui doivent affifter aux Etats & Affemblées, fera tenu de deputer & commettre fes premiers Confuls privativement à tous autres, fors les Communautés qui fe trouveront fondées en des Reglemens & coutumes particulieres pour ce fujet.

N. 18, fol. 160. — *Affemblée generale des Communautés tenue à Cannes le 30 Novembre 1635.*

Ledit fieur Affeffeur a remontré qu'il a été requis par les Srs de Fons & d'Archimbaud, Deputés des Communautés de Tarafcon & de Pertuis de propofer à l'Affemblée qu'ayant un Reglement particulier dans leur Ville fait depuis quelques années par lequel leurs premiers Confuls doivent affifter aux Etats, & les feconds aux Affemblées generales, fe rencontre que depuis trois ou quatre ans en ça, ne fe tenant aucuns Etats, ains des Affemblées fort fouvent, il ne feroit pas raifonnable que les premiers Confuls qui fe trouvent Gentilfhommes & gens de condition fuffent exclus de cet honneur que leur charge leur donne, & que l'Affemblée generale des Communautés tenue à Manofque le mois de Mai 1633 leur a accordé; requerant celle-cy d'en faire deliberation particuliere pour pouvoir jouir du meme benefice que les autres nonobftant ledit Reglement, etant neanmoins à l'Affemblée d'avifer fi elle a droit d'en prendre connoiffance.

Sur quoi l'Affemblée, par la pluralité des opinions, *& en tant qu'elle peut,* a deliberé que nonobftant ledit Reglement defdites Communautés de Tarafcon & Pertuis, leurs premiers Confuls affifteront auxdites Affemblées, & à defaut leurs feconds; de laquelle deliberation les Srs Aycard & Ravilli, Deputés des Communautés de Toulon & dudit Pertuis ont déclaré etre appellant.

N. XXXIII.

Extrait du Regiftre des Deliberations des Etats de Provence n. 12, confervé au Greffe defdits Etats, fol. 317. — Etats tenus à Tarafcon en Juillet 1629.

Mr l'Eveque de Sifteron, Prefident aux Etats, a remontré que quoiqu'il n'ait aucun fujet de plainte de Mrs les Confuls de Tarafcon, au contraire, qu'il foit grandement fatiffait du foin qu'ils ont pris à pourvoir dans la grande foule & abord de toute la Cour à faire loger tous les Deputés de Mrs des

xlviij   PIECES JUSTIFICATIVES.

trois Ordres convoqués à la tenue des Etats, il lui semble fuivant la preffe qui lui a été faite par la plufpart des Srs Deputés de faire un Reglement pour l'avenir pour eviter tout plein de defordres qui pourroient arriver à faute d'y avoir pourvu.

Sur quoi les Etats ont deliberé que tous les Srs Confuls des Villes & lieux de la Province où les Etats feront convoqués, tous ceux des villes d'Aix, Arles & Marfeille, feront tenus, à l'avertiffement qui leur en fera donné par Mrs les Procureurs du Pays, de faire préparer des logis par billetes pour tous Mrs les Deputés des trois Ordres, à peine d'etre privé de l'entrée des Etats; & neanmoins s'en allant les Srs Procureurs du Pays par la Province faifant la fonction de leurs charges, les Confuls des Villes & lieux ou ils aborderont leur fairont billetes pour leur logement fans aucuns frais & depens.

N. XXXIV.

Extrait du Regiftre Potentia, confervé aux Archives du Roi fol. 72 v°. — Etats tenus à ..... le 20 Mai 1397.

TRADUCTION.

Item an adoordenat li Srs dits tres Etats que per alcunas caufas neceffarias toquant lo fach de la guerra & lo bon ftament des Pays las quals caufas non fon neceffarias defplicar prefentialement & per vefer en que ftat fera la guerra prefent & cou fi lo exercici de loft fera mes en ordre & per provefir en las caufas que occurerian neceffarias en aquel temps, que los Prelat, Baron, Gentilhomme, la Communitas dels dits Comtats de Prohenfa & de Forcalquier, deion perfonalement per els fio per lurs Procurators compareiffer lo xv jour d'Ahoft davant Monfenhou lo Senefcal

Item pour ces trois objets neceffaires pour le fait de la guerre & le bon etat du Pais, lefquels objets il n'eft point neceffaire d'expofer dans le moment & pour voir dans quel etat fe trouvera la guerre prefente, & lorfque l'exercice de l'armée fera mis en ordre & pour pourvoir aux chofes qui fe trouveront neceffaires dans ce temps là les Segneurs defdits trois Etats ont ordonné que tous Prelats, Barons, Gentilhommes ou Communautés defdits Comtés de Provence & de Forcalquier comparoîtront perfonnellement ou par leurs Procureurs le quinzieme Aouft pardevant

la on el fera la mandara plenier poder ad aquels que feran en lo exercici de las Bayllias ho Vigarias fobre dichas per concluyrre & determinar fo que lur porra en lur confcientia & en lur armo per honor del Rey Loys, noftre Senhor & per lo bon ftament del Pays.

Placet Domino.

Monfegneur le Senechal dans le lieu où il fe trouvera ou enverront pleins pouvoirs à ceux qui feront en exercice des Baillages ou Vigueries fufdites pour conclure & determiner ce qui leur paroîtra bon en confcience & fur leur ame pour l'honneur du Roi Louis, notre Segneur, & le bon etat du Pays.

Le Senechal approuve.

N. XXXV.

Extrait du Regiftre Rofa, *confervé aux Archives du Roi, fol.* 123 *v°.* — *Etats tenus à Aix en* 1440.

Semblanlamant fupplicon à la dicha Majefta, los dichs Senhors Prelats, Barons & Nobles que li plaffa de prohibier & comandar & vedar que deguns Officials del lurs Corts Royals non aufon ni deian conftrenher ne compellir per penas ni autrament les hommes des dichs Senhors Prelats, Barons et Nobles a elegir en lo cap della Vigaria o Baillia mas lur laifon elegir lur Seignor fi volon o autre qual fi femblera dels dichs luos & fi fafian lo contrari tombon en grant pena per la dicha Majeftat empofodoira.

Lefdits Segneurs Prelats, Barons & Nobles, fupplient pareillement Sa Majefté, qu'il lui plaife de prohiber, mander & defendre qu'aucun Officier des Cours Royales n'ofe ni ne doive contraindre & forcer par punition ou autrement les vaffaux defdits Segneurs, Prelats, Barons & Nobles faire un choix dans le chef lieu de leur Viguerie ou Baillage; mais qu'on leur laiffe choifir leur Segneur s'ils veulent ou autre qu'ils trouveront bon defdits lieux, & fi on fait le contraire on foit foumis à une grande punition qui fera impofée par Sa Majefté.

RESPONSIO.

Regina intendit quod fit liberum arbitrium in eligendo quofcumque voluerint.

REPONSE.

La Reine entend qu'il y ait pleine liberté pour choifir qui on voudra.

PIECES JUSTIFICATIVES.

Fol. 125 *v*°.

Subfequentment fpaufan con lo fie caufa que al temps paffat fout coftumat quant fi mandara per lo Senhor major als Officiers de cap de Bailla o de Vigaria que accampaffan lur Vigaria o la Bailla per venir compareffer al Confelh dal tres Stats & per auras caufas a far los dichs Officiers mandaran appellar los tres Stats de lor Vigaria o Bailla & aqui fi eligie fo que fe propaufara far & les hommes dels Senhors Prelati & Nobles eligion lur Senhor o quelque lur playfia, la qual coftuma fi es vota & mandat obfervar del contrari en grant prejudici dels Senhors Prelats & Nobles que fafian per lurs homes comparaiffer & aras lur fan los dichs Officiers eligir autres fupplicon la dicha Majeftat que li plaffa conftituir & ordenas daiffi avant en las congregations dellas Vigarias o Bailias fi deion appellar los tres Stats & que les hommes que ferion accampats per los luecs de las Vigarias o Baylias puefcan elegir qual lur playra & fi neguna pena era a negun fobre aifo ampoufada per los Officiers royals que li plaffa de las remettre & revocar.

Fol. 125 *v*°.

On expofe encore que comme au tems paffé il etoit d'ufage que quand le Segneur majeur mandoit aux Officiers des chefs de Baillage ou Viguerie d'affembler leur Viguerie ou Baillage pour venir comparoître au Confeil des trois Etats ou pour autres affaires, ces officiers convoquoient les trois Etats de leur Viguerie ou Baillage, & là on deliberoit fur ce qu'on fe propofait de faire & les vaffaux des Segneurs Prelats & Nobles elifoient leur Seigneurie ou celui qui leur plaifoit ; mais que cet ufage a été interrompu, & qu'on a fait obferver le contraire au grand prejudice des Segneurs Prelats & Nobles qui avoient coutume de comparoître pour leurs vaffaux, & à prefent les Officiers font faire choix d'autres perfonnes ; on fupplie Sa Majefté qu'il lui plaife etablir & ordonner que dorenavant on appelle les trois Etats dans les Affemblées des Vigueries ou Baillages & que les hommes qui fe trouveront dans ces affemblées pour les lieux des Vigueries ou Baillages aient la liberté d'elire qui il leur plaira & que fi les Officiers royaux avoient impofé quelque peine à ce sujet, qu'il plaife à Sa Majefté de la revoquer ou de la remettre.

RESPONSIO.	REPONSE.
Placet quod libero eorum arbitrio remitatur eligere quem volent & penas impofitas Regina penitus revocat & remitit & fiat juxta confuetudinem antiquam.	Il vous plait qu'on laiffe le choix à la volonté & la Reine revoque & remet entierement les peines impofées. Que l'on obferve la coutume ancienne.

N. XXXVI.

Extrait du Regiftre des Deliberations des Etats de Provence n. 5, confervé au Greffe des Etats, fol. 196. — Affemblée en forme d'Etats tenue à Aix en Janvier & Fevrier 1591.

Ledit Sr de Mauvans (Affeffeur dudit Aix, Procureur du Pays), a auffi remontré à ladite Affemblée que font venus en cette ville d'Aix plufieurs perfonnes qui fe difent etre deputés par les Confuls & Communautés de plufieurs lieux & Villages des divers Vigueriats de ce Pays pour affifter à la prefente Affemblée, & en icelle donner leur opinion, *y faire leurs plaintes & doleances*, & d'autres qui fe difent deputés pour leur Vigueriat, or ce que leurdit Vigueriat & Communauté n'ayent été mandés y venir pour cet effet, nonobftant que lefdits fieurs Procureurs du Pays euffent eu volonté que lefdits Vigueriats euffent été mandés pour deputer & venir affifter à ladite Affemblée pour etre par forme d'Etats, & que par avis de Son Alteffe, auroient auffi mandés aux Communes de Sault, Lifle & Vence à l'imitation de femblables mandats qui n'auroient été faits à la derniere Affemblée; fur quoi il lui femble etre requis pourvoir & deliberer.

Ladite Affemblée, par la plus grande & faine opinion des affiftans a deliberé & conclu qu'il eft permis aux Députés defdites Communautés de chacun Vigueriat de eux affembler en prefence du Conful & Deputés du chef de chacun Vigueriat refpectivement ou a faute dudit chef de Vigueriat d'un des Greffiers des Etats, pour tous enfemble elire & deputer l'un d'entr'eux de chaque Viguerie, lefdites Communes de Lifle & Vence pour affifter à ladite Assemblée, & en icelle donner leur voix deliberative, representer toutes plaintes & doleances & faire les autres actes à ce necessaires où pourroient assister les autres Deputés, si bon leur semble, comme le chef desdits Vigueriats, sans que pour raison de ce ledit Pays soit surchargé de depenses.

N. XXXVII.

Extrait du Regiſtre des Deliberations des Etats de Provence n. 7, conservé au Greffe des Etats, fol. 236 v°. — Etats tenus à Aix en Avril & Mai 1600.

Ledit Sr Assesseur a remontré, etc.

Sur quoi, après avoir été opiné par tous les assistans auxdits Etats, a été deliberé par la pluralité des voix, que après le mandat qui sera fait de la tenue des Etats par le Roi, des lettres de Monsegneur le Gouverneur aux Villes chefs des Vigueriats, lesdits chefs seront expressement tenus, suivant la deliberation des Etats tenus à la ville de Marseille en l'an 1597, d'avertir incontinent toutes les Villes & lieux de leur Viguerie & les assigner à jour certain pour se trouver en la Ville chef de ladite Viguerie pour s'assembler en presence du Viguier ou de son Lieutenant dans la Maison commune dudit chef lieu, & là sans autre prorogation de l'Assemblée que du lendemain du jour de l'assignation, proceder à l'election de celui qui devra etre deputé pour ledit Vigueriat, pour venir & se trouver auxdits Etats; à laquelle election tous les assistans après le chef dudit Vigueriat, opineront par leur ordre, & en cas de partage & parité de voix, y comprise celle du chef, sera jetté au sort lequel des deux elus sera Deputé, & la deputation demeurera en la personne de celui à qui le sort obviendra, & ne pourront etre nommés ni elus pour ledit Vigueriat aucun des Consuls ou habitans du chef lieu, ains sera l'un de ceux qui seront nommés des autres lieux dudit Vigueriat, & sera le sort pris par billets où seront ecrits les noms des deux nommés sur l'election desquels le partage est arrivé, & par un jeune garçon de sept ans ou en bas premier fortuitement trouvé, dans un chapeau qui sera tenu par ledit Viguier ou Magistrat royal qui presidera en ladite Assemblée; & l'assignation de laquelle ou les reponses des assignations données, seront raportées en defaut des affignés & defaillans; fera procedé par les affiftans ainfi & dans la forme que deffus, pourvu que les affiftans foient au nombre de trois opinions pour le moins, fans que lefdites Communautés & chefs de Viguerie y puiffent autrement proceder, finon que les Deputés des lieux du Vigueriat fuffent en moindre nombre que de trois, auquel cas le chef lieu elira & deputera un des Confuls des lieux dudit Vigueriat & des plus affouagés; & fera le prefent Reglement inviolablement par cy-après gardé & obfervé, & toutes les autres deputations que feront faites contre la forme dudit Reglement feront nulles.

N. XXXVIII.

Extrait du Regiftre des Deliberations des Etats de Provence n. 9, confervé au Greffe des Etats, fol. 247. — Etats tenus à Aix en Mai & Juin 1611.

A été parlé des abus & des brigues qui fe commettent fur les deputations des Vigueriats, & qu'il feroit à propos de les regler à tour de rôle pour y remedier.

Sur quoi ledit Sr Decormis, Affeffeur, a remontré que les Etats doivent bien advifer avant que de changer les vieilles coutumes & de retrancher la liberté des elections qui fe font es Affemblées defdits Vigueriats, fur le choix de la qualité & fuffifance des Deputés, & meme que le nouveau Reglement à tour de rôle feroit plein d'inegalité, vu que fous couleur d'icelui les Villages moins affouagés auront autant d'avantages que les plus affouagés, & y aura tel Vigueriat que le lieu qui eft plus en cotte fur le fouage ne viendra dans les Etats qu'une fois dans cinquante ans.

L'affaire mife en deliberation & opiné par la pluralité des opinans, a été refolu que par cy-après les deputations des Vigueries pour affifter aux Etats fe fairont à tour de rôle, commençant au lieu le plus affouagé, & en cas d'egalité au concours de feux, fe prendront fuivant l'ordre que lefdits lieux font rangés au fouage, & que lefdits lieux s'affembleront au chef de la Viguerie, lorfqu'ils auront reçu lettre de la convocation des Etats, afin d'y recevoir les Memoires & plaintes de la Viguerie pour les reprefenter auxdits Etats & fera tenu celui qui aura été deputé pour le lieu qui fera appellé à fon tour, d'en rapporter certificat des Officiers qui ont accoutumé de préfider auxdites Affemblées des Vigueriats; de laquelle deliberation les Deputés des Vigueries de Tarafcon, Mouftiers, Saint-Maximin, Barjols & Hieres en ont appellé.

N. XXXIX.

Extrait du Regiftre des Deliberations des Etats de Provence n. 16, confervé au Greffe des Etats, fol. 204. — Etats tenus à Brignoles en Decembre 1632.

Ledit Sr Affeffeur (M. Viany), a remontré que la Communauté de Tourves préfente requete aux Etats tendante à trois fins : la premiere pour faire dire & ordonner que les Confuls de Saint-Maximin, chefs de Viguerie, qui s'y font ufurpés deux voix en toutes les Affemblées qui en font faites pour deputer aux Etats, foit pour deliberer des autres affaires concernant ladite Viguerie, n'auront qu'une voix; la feconde, que les Communautés de ladite Viguerie qui ne voudront deputer quelqu'un de leur lieu pour affifter aux Etats lorfqu'il fera fon tour, ne pourront fubroger à leur lieu aucun qui foit habitant de Saint-Maximin, comme a fait la Communauté de Seillons à la derniere Affemblée ayant fubrogé le Sr Frefquiere, & la raifon en eft que ces Affemblées & deputations des Vigueries ne font pour autre fujet que pour deduire & former les plaintes que les lieux & Villages de ladite Viguerie ont à faire aux Etats contre le chef d'icelle Viguerie; or s'il etoit loifible de fubroger un des habitans de Saint-Maximin, intereffé aux preéminences & avantages de leur Ville, les plaintes feroient etouffées, & les pauvres Communautés feroient en quelque forte d'oppreffion; la troifieme fin de leur requete tend à fupplier les Etats de prendre le fait en main des Communautés de la Viguerie de Saint-Maximin au proces qu'elles ont pendant pardevant la Cour des Comptes, demandereffes en lettres de requete civile contre le Viguier, Procureur du Roi, & Greffier de Saint-Maximin, qui fe font fait taxer par furprife leur droit d'affiftance aux Affemblées qui fe font pardevant eux en ladite Viguerie, contre la coutume & Reglement de tout tems obfervés; requerant ledit Sr Affeffeur, les Etats de deliberer & regler pour une bonne fois toutes ces contentions & defordres, & prevenir beaucoup d'autres abus qui s'y font gliflés dans les chefs des Vigueries fur le fait des taxes.

Sur quoi les Etats, par la pluralité des opinions, ont deliberé que les Confuls dudit Saint-Maximin & autres chefs de Vigueries, n'auront qu'une voix dans leurs Affemblées, & que les Communautés dependantes defdites Vigueries ne pouvant aller aux Etats, lorfqu'elles auront été deputées à leur tour, ne pourront fubroger les Viguiers, Confuls & Greffiers des chefs defdites Vigueries, & neanmoins que le Pays prendra la caufe & fait en main pour la Viguerie dudit Saint-Maximin au fufdit proces ; & prevoyant aux abus qui ont été reprefentés, ont deliberé que les taxes & deportemens des Deputés & autres feront faits par devant les Confuls chefs de Viguerie privativement à tous autres, fans que pour raifon de leur affiftance, ils puiffent pretendre aucun falaire.

N. XL.

Extrait du Regiftre des Deliberations des Etats de Provence n. 10, confervé au Greffe des Etats, fol. 321 v°. — Etats tenus à Aix en Mai & Juin 1622.

Par Mr Broqueri, Conful & Deputé de la Communauté de Tourves, de la Viguerie de Saint-Maximin, a été remontré que les Etats doivent pourvoir à un Reglement pour raifon des Communautés qui fe trouvent affouagées les unes demi feu, les autres trois quarts, & les autres un feu, n'etant raifonnable que les petits Villages ayent le meme honneur & profit que ceux qui font grandement affouagés & furchargés; comme la Communauté de Tourves qui eft affouagée 24 feux, par ainfi plus que tout le refte de ladite Viguerie, fi bien qu'aux frais qui fe font par les Affemblées, ils font contraints de cinquante ecus en payer plus de vingt-cinq, n'etant point de juftice qu'une Communauté qui ne fera que demi-feu & un feu fe prevaille d'une deputation & d'une taxe qui eft plus que baftante de payer toutes leurs charges.

Sur quoi les Etats faifant confideration que ce feroit à rompre l'ordre qui a été inviolablement obfervé par le Reglement des Etats de 1611, confirmé par tous les autres qui fe font tenus par après, ont deliberé n'y avoir lieu d'aucun nouveau Reglement, ains que celui defdits Etats de 1611 feroit gardé & obfervé pour etre executé felon fa forme & teneur.

N. XLI.

Extrait du proces verbal de l'Affemblée generale des Gens du Tiers-Etat du Pays & Comté de Provence, convoquée à Lambefc au 4 Mai 1788, page de l'imprimé 67.

Lecture faite de la deliberation des Etats, relative au tour de rôle des Deputés des Vigueries, & de la lettre circulaire adreffée à toutes les Communautés par Monfegneur l'Archeveque d'Aix, prefident des Etats, du 22 Janvier dernier,

L'Affemblée confiderant que cette deliberation femble prejuger que fi l'on ne s'en tient pas aux anciens Reglemens, on fe contentera d'y apporter les modifications que les circonftances & le vœu général exigeront, & qu'il ne fera jamais queftion de l'abolir.

Que le tour de rôle determiné par les Etats de 1611 n'eft pas celui auquel on voudroit afservir les Vigueries.

Que leur interet exige qu'elles foient maintenues dans la liberté du choix de leurs Deputés, comme le feul moyen d'avoir des Reprefentans qui reuniffent leur confiance.

Que de droit commun, & meme de droit naturel, tout Corps, & par confequent tout Ordre, peut choifir librement fes Reprefentans & fes Mandataires.

Que ce droit a été fpecialement refpecté dans les Affemblées provinciales.

Que Sa Majefté, dans les inftructions qu'elle a données à la prefente Affemblée, le confirme fpecialement pour l'Ordre de la Nobleffe, & attefte qu'en nommant fes Reprefentans, cet Ordre a exercé le droit qui lui appartient de regler leur election.

Que Sa Majefté maintient la Nobleffe dans le droit d'elire librement & volontairement fes Reprefentans aux Etats, fans que le Tiers-Etat puiffe exercer d'autre droit que celui d'en connoître le nombre.

Que Monfegneur l'Archeveque d'Aix l'avoit dejà annoncé dans fes inftructions aux differentes Communautés, en annonçant que la Nobleffe a le droit qui appartient à chaque Communauté d'elire fes Deputés.

Qu'il eft de toute juftice que fi l'Ordre du Tiers n'a pas le droit d'infpecter la formation de l'Ordre de la Nobleffe, l'Ordre de la Nobleffe n'aye pas le droit d'infpecter la formation de l'Ordre du Tiers.

Que dans une Affemblée de Pays d'Etats, libre & compofée de citoyens, il ne peut y avoir, ni deux formes, ni deux regles differentes, & qu'il eft impoffible que le Tiers ne jouiffe pas, pour fa formation, de cette liberté conftitutionnelle & de droit naturel que l'Ordre de la Nobleffe n'a pas reclamé fans fuccès. Que par confequent chaque Viguerie doit avoir la liberté de nommer tel Deputé, poffedant bien dans fon diftrict, qui recevra fa confiance.

A deliberé que la requifition en fera faite dans les prochains Etats.

N. XXXIX.

Extrait du Regiftre des Deliberations des Etats de Provence n. 11, confervé au Greffe des Etats, fol. 46 v°. — Etats tenus à Aix en Janvier 1624.

A été remontré par le Deputé de la Communauté de Pourrieres, du Vigueriat de Saint-Maximin, qu'ayant l'Affemblée du Vigueriat été mandée pardevant le Sr Viguier de Saint-Maximin pour voir proceder à la deputation au lieu de deputer leur Communauté, comme venant à fon rang, etant la plus affouagée après Tourves qui affifta aux derniers Etats, quoi qu'il foit defendu à ceux qui font officiers du Roi d'etre deputés pour venir aux Etats, ledit Sr Viguier s'eft fait deputer pour la Viguerie de Saint-Maximin, au prejudice de ladite Communauté de Pourrieres qui eft 7 feux; par ainfi qu'il eft raifonnable devoir etre exclu de ladite deputation, puifqu'elle leur appartient.

Sur quoi après avoir entendu ledit Sr Viguier & encore les Deputés des Communautés de .... & de Nans fur ce meme affaire, puifque ledit Sr Viguier fe trouve pourvu de bonne deputation, & de memoires de ladite Viguerie, a été deliberé que fans confequence, il aura feance aux prefens Etats pour la Viguerie de Saint-Maximin, & neanmoins qu'il fera fait Reglement par les Etats, qu'aucun officier du Roi du chef de Viguerie, ne pourra etre Deputé pour affifter aux Etats, & en cas de deputation, qu'elle fera nulle & ne pourra avoir aucun effet, & ceux qui auront fait ladite deputation, ou nomination, en feront dechus & privés pour cette fois, & par meme moyen, inhibitions & defenfes feront faites à tous lefdits officiers de rechercher, ni accepter par cy-après aucune deputation pour les Etats à peine d'en etre exclus & privés, & d'etre declarés indignes d'y affifter.

Fol. 47 v°.

Et en ce qui eft de celle de la Viguerie de Saint-Maximin, que pour cette fois fans confequence ledit Sr Viguier affiftera aux prefens Etats non en ladite qualité, mais comme perfonne privée & comme Sr de Porchieres & Deputé de la Communauté de Nans pour ladite Viguerie de Saint-Maximin; & neanmoins que le Reglement fait fur ce fujet par lefdits fieurs Deputés fera gardé & obfervé pour etre executé felon fa forme & teneur.

N. XL.

Extrait du Regiftre des Deliberations des Etats de Provence n. 2, confervé au Greffe des Etats, fol. 60. — Etats tenus à Aix en Novembre 1569.

Affemblés Mrs des Etats au lieu que deffus, Monfegneur l'Illuftriffime Cardinal a remontré que de toute ancienneté on eft de coutume de faire preter le ferment à tous Meffieurs qui entrent auxdits Etats de tenir les Ordonnances & Deliberations d'iceux fecretes, & que feroit bon de faire le femblable; & tout incontinent tous Meffieurs defdits Etats tant du Clergé, la Nobleffe, que Communes, ont refpectivement juré garder & obferver les Ordonnances, & tenir les Deliberations & autres chofes que feront traitées auxdits Etats fecretes *in formâ*.

N. 18, fol. 200. — *Affemblée generale des Communautés tenue à Frejus en Fevrier 1636.*

Ledit Sr Affeffeur (M. de Julianis), a remontré qu'il n'eft aucun dans l'Affemblée qui par fes propres fentimens ne juge à quel point de mifere la Province fe trouve reduite, & combien les affaires qui donnent matiere de long entretien & eclairciffement pour parvenir à une mure & prudente deliberation font importantes au bien & fervice du Roi, & à l'Etat de cette Province; fur quoi confequemment le feul fecours & affiftance depend du Ciel, où, eft le tems plus qu'en tout autre, les ferventes prieres doivent etre portées du fonds de l'âme & reconnoître qu'en meprifant ou negligeant icelle, chacun reffent par divers moyens les fleaux de la Divine Juftice, de maniere que pour les éviter & avoir une claire lumiere fur les affaires qui fe traitent, il ne fe peut que non ne l'emprunte du Dieu fouverain qui l'a créée, eftimant que cette Affemblée fans etre invitée par l'exemple des autres Affemblées publiques, accordées par ceux qui en ont le pouvoir & l'autorité du Roi, agréera auparavant que d'entrer & traiter des affaires occurrentes qu'il foit dit une meffe à l'honneur du Saint-Efprit, en laquelle Mrs les Députés fe trouveront, etant affurés que toutes chofes reuffiffent heureufement à ceux qui ayant les intentions juftes & droites recourent humblement à Dieu, & quand la pieté accompagne les deffeins, le bonheur eft infeparable des evenemens & d'autant que la neceffité auffi bien que l'importance des affaires qu'on propofe exigent d'etre tout à foi-meme, & que bien fouvent la refolution eft differée d'un jour à l'autre par divers refpects & confiderations qui eft un moyen pour reveler les fecrets & les bonnes intentions des deliberans, afin de les en demouvoir, & les porter dans un deffein contraire prejudiciable à la Province; il femble que le feul remede eft de s'attacher tres tous par le refpect d'un ferment de religion es mains de Mr le Commiffaire; confiderant chacun en droit foi que Dieu eft fi jufte vengeur de la foi violée, meme que les lois juftes vengereffes ont etabli des peines à leur inconftance, & portant il femble que l'Affemblée doit fe refoudre à fuivre & embraffer cette propofition aux deux chefs cy-deffus declarés, & que la deliberation quelle fera ferve de Reglement à l'avenir, lequel fera lu à la premiere feance des Affemblées gardé & obfervé ponctuellement.

Sur quoi l'Affemblée jugeant la fufdite propofition abfolument neceffaire &

profitable, l'a unanimement approuvée, & deliberé qu'elle paffera par forme de reglement qui fera lu au commencement de chaque Affemblée, gardé & obfervé felon fa forme & teneur.

Page 36. — *Extrait du Procès verbal des Etats Generaux de Provence, convoqués à Aix au* 31 *Decembre* 1787.

Monfegneur l'Archeveque d'Aix, Prefident, a propofé de former l'Affemblée par la preftation du ferment, & fur ce qui a été obfervé que dans les anciens Etats on avoit ceffé de preter ferment que l'Affemblée generale des Communautés, tenue à Frejus dans le mois de Fevrier 1636, ayant fait un Reglement pour entendre la meffe chaque jour au nom du Saint-Efprit, & pour la preftation du ferment, les Etats de 1639 delibererent que ce Reglement feroit executé pour la meffe feulement.

La matiere mife en deliberation, il a été determiné, par forme de Reglement, qu'à l'avenir, & à commencer dès à prefent, tous les affiftans aux Etats preteront, d'abord après la legitimation des pouvoirs, un ferment qui n'auroit d'autre objet que de donner l'avis qu'on croiroit le plus utile au fervice du Roi & de l'Etat & au bien du Pays.

Page 37.

Et tout de fuite le ferment a été preté, favoir, Mrs de l'Eglife, *ad pedus*, Mrs de la Nobleffe, les Deputés du Tiers-Etat, & les Officiers du Pays, ayant la main levée à Dieu.

N. XLIV.

Extrait du Regiftre des Deliberations des Etats de Provence n. 19, *conferve au Greffe des Etats, fol.* 256. — *Etats tenus à Aix en Fevrier* 1639.

Sur ce qui a été propofé que les Etats doivent faire Reglement fur la forme des opinions qui doivent etre prifes, après que les propofitions ont été faites, etant incertain s'il fera meilleur d'ecrire le nom des opinans avec leurs opinions dans le brouillard, ou de tirer en ligne, & marquer lefdites opinions par nombre, ainfi qu'on a fouvent accoutumé.

Les Etats, après plufieurs arraifonnemens & ouvertures faites, ont unanimement deliberé qu'à l'avenir les Greffiers tiendront memoire dans un papier feparé de leur brouillard, du nom & de l'opinion particuliere d'un chacun, apres quoi ils tireront en ligne dans ledit brouillard le nombre des opinions pour favoir celle qui prevaudra, & que devra etre fuivie, & à l'inftant ledit Memoire contenant le nom des opinions fera dechiré.

N. XLV.

Extrait du Regiftre des Deliberations des Etats de Provence n. 2, confervé au Greffe des Etats, fol. 102 v°. — Etats tenus à Aix en Novembre 1569.

Sur quoi a été remontré auxdits Etats les inconveniens & proces que journellement fe levent & menent audit Pays pour raifon des ordonnances & deliberations d'iceux, ou de Mrs les Députés, à proceder au fait de la generale egalifation des Procureurs du Pays ou autres ayant d'eux charge, defquelles les parties fe portent pour appelantes contre l'autorité des Etats qu'eft caufe de beaucoup de depens fruftratoires audit Pays. Lefdits Etats ont conclu & arrêté que ne fera permis ni loifible à aucun defdits Etats recourir ne fe porter pour appellans des ordonnances & deliberations d'iceux Etats, & de leurs Députés ou autrement, lefquels fe pourront retirer à iceux pour leur faire droit, & à faute de ce les Procureurs dudit Pays, au nom des Etats prendront la deffenfe & caufe pour l'appelé, & icelui pourfuivront aux depens du Pays.

N. 5, fol. 213 *v°. — Affemblée en forme d'Etats tenue à Aix en Janvier & Fevrier* 1591.

M. l'Affeffeur a encore remontré qu'il lui femble que ladite Affemblée doit deliberer & doit faire autre article à mondit Segneur le Duc de Mayenne, & audit Confeiller d'Etat portant que les deliberations, refolutions & ordonnances qui feront faites par les gens des trois Etats duement affemblés ne pourront etre reparées ne revoquées en doute par aucuns Juges, Magiftrats, Gouverneur, ne par autres perfonnes quelconques, fors que par le Roi, ou Mr le Duc de Mayenne; ayant egard que lefdits Etats prennent leur force de la jurifdiction royale, & non d'autres jurifdictions quelles que ce foient.

Ladite Affemblée, par la pluralité des voix, a refolu & deliberé que ledit article fera fait & mis en memoire defdits Deputés, comme grandement profitable au Pays, & confervation de l'autorité defdits Etats.

N. XLVII.

Extrait du Regiftre des Deliberations des Etats de Provence n° 17, confervé au Greffe des Etats, fol. 308 v°. — Affemblée generale des Communautés tenue à La Valete en Juin 1635.

Sur quoi l'Affemblée a unanimement deliberé que fans s'arreter audit defaveu de la ladite Communauté de Toulon, le Pays pourfuivra l'effet de la deliberation prife par ladite Affemblée, & en cas de plus grande pourfuite, le Pays y apportera toutes les defenfes neceffaires, de quoi Mrs les Procureurs du Pays ont été tres inftamment requis & neanmoins defenfes font faites à toutes les Communautés qui entrent aux Etats & Affemblées de faire pareils defaveux des opinions portées par leurs Deputés à icelles, à peine d'etre declarées indignes de l'entrée defdits Etats & Affemblées.

N. XLVIII.

Extrait du Regiftre des Deliberations des Etats de Provence n. 9, confervé au Greffe des Etats, fol. 109 v°. — Etats tenus à Aix en Decembre 1607.

Et voulant proceder à la publication des deliberations faites par les Etats, le Sr de Feraporte, Sindic du Tiers-Etat, a remontré qu'il eft averti que quelques-uns de Mrs de la Nobleffe ne veulent pas permettre que la deliberation qui fut prife hier fur la continuation du furfeoy des dettes des Communautés foit publiée, pour n'avoir affifté à icelle, requerant ladite deliberation etre publiée comme les autres, attendu qu'elle fut faite en prefence de M. le grand Senechal & de plufieurs gentilfhommes.

Le Sr de La Barben, Sindic de la Nobleffe, a remontré au nom de toute la Nobleffe, que ladite deliberation ne doit etre publiée, tant parce qu'elle fut faite tumultuenfement, que pour etre prefque toute la Nobleffe fortie de l'Affemblée des Etats, lorfque la propofition en fut faite, & qu'à prefent on ne peut deliberer fur icelle vu que les Etats font rompus & qu'on n'eft affemblé que pour faire la publication de ce que a eté deliberé auxdits Etats, requerant acte de ce qu'en la prefente Affemblée n'y a aucun pour Mrs du Clergé, que Mr l'Eveque de Frejus, Prefident aux Etats, & lui pour la Nobleffe, proteftant que ladite Nobleffe n'entend avouer ladite deliberation & pretend appeller d'icelle en cas qu'on la faffe publier.

A été refolu que ladite deliberation fera publiée & enregiftrée comme les autres, de quoi ledit Sr de La Barben a de nouveau protefté.

N. XLVIII.

Extrait du Regiftre Rubei, *confervé aux Archives du Roi, fol.* 110. — *Etats convoqués à Aix au* 1er *Octobre* 1374.

Item quod eligantur Confiliarii pro parte Dominorum Prelatorum duo, pro parte Baronum & Nobilium alii duo & pro parte Univerfitatum, duo vel quatuor prout eifdem Univerfitatibus videbitur faciendum, quorum quatuor faltem unus pro Prelatis, unus pro Baronibus & Nobilibus, & duo pro Univerfitatibus vocati per ipfum Dominum Senefcallum ad eum venire debeant in cafu neceffitatis, & fibi affiftant in confiliis & aliis circa premiffa neceffariis in quibus Confiliarii eligendi, vel major pars ipforum dum tamen de quolibet ftatu fit unus & aliter non confentiant.

Et fuerunt electi pro Prelatis Dominus prepofitus Piniacenfis, Dominus preceptor Podiimoyffoni, quibus taxatæ fuerunt gagiæ, videlicet Domino prepofito florenos quatuor & Domino preceptori francos duos pro die quâlibet quâ vacabunt vocati ratione eorum offici veniendo, ftando & redeundo.

Et pro Baronibus & Nobilibus Dominus de Cafânovâ, Dominus de Aurayfono quibus taxati fuerunt videlicet cuilibet ipforum pro die qualibet & in modum premiffum floreni quatuor quando equitabunt fine armis.

Et pro Univerfitatibus Dominus Petrus Giraudi, Jacobus Saunerii, Guigonetus Jarenti & Andreas Goffoleri quibus & eorum cuilibet fuerunt taxati pro qualibet die dumtaxat quâ equitabunt ratione premiffa cum Domino Senefcallo floreni duo ftando vero aquis nihil recipere debeant.

Et quilibet ftatus fatiffaciat electo vel electis per eum de gagiis predictis.

N. XLIX.

Extrait du Regiftre Corona, *conferve aux Archives du Roi, fol.* 7. — *Etats tenus à Aix en Novembre* 1480.

Item plus fupplicant eidem Regiæ Majeftati quatenus placeat licentiam impertiri· prefenti confilio trium ftatuum creandi, conftituendi Procuratores actores & Defenfores privilegiorum libertatum conventionem & capitulorum totius patriæ Provinciœ & Forcalquerii ac terrarum adjacentium prout exigentiæ cafus in futurum occurret & alias in meliori formâ & pro manutentione & defenfione dictorum privilegiorum, libertatum & conventionum, & illorum obfervantiâ.

RESPONSIO.

Placet Regi & concedit ut petitur.

N. L.

Extrait du Regiftre Stella, *confervé aux Archives du Roi, fol.* 259 *v°*.

Pro Patriâ & gentibus trium ftatuum Provincie, quod annis fingulis deputentur unus Prelatus, duo ex Nobilibus, & tres Confules Communitatum

Provincie qui cum Archiepiscopo Aquensi & Consulibus civitatis Aquensis possint tractare de negotiis Patriæ.

François, par la grâce de Dieu, Roi de France, Comte de Provence, etc.

Comme par l'Edit dernierement par Nous fait sur le fait de la reformation en notre Pays & Comté de Provence ayt entre autres choses été dit que les gens des Etats dudit Pays ne pourroient plus deputer ne faire autres Procureurs que l'Archeveque, Consuls & Assesseur d'Aix, encore que anciennement eussent accoutumé de deputer certain nombre de Prelats, Nobles & Communautés dudit Pays qui avoient puissance desdit Etats de pourvoir à l'éminent peril quand il se presentoit avec notre congé & commandement, ou de notre Lieutenant general audit Pays, & pareillement pourvoir aux affaires & bien de la chose publique en notre dit Pays, & à present etant les choses reduites au terme que dessus, ledit Archeveque & Consuls de ladite ville d'Aix n'ont pouvoir de faire aucune provision pour la defense & garde dudit Pays sans assembler lesdits Etats, chose de grande longueur & depens dont pourroit advenir grand prejudice & dommage tant à nous qu'à nos sujets, joint que etant lesdits Procureurs en si petit nombre qu'ils sont & tous demeurant en une meme ville, où ils ont autre charge & affaires ne peuvent bonnement satisfaire à ceux dudit Pays qui surviennent souvent & en grand nombre : sçavoir faisons que nous y voulant à l'heure pourvoir & remedier pour le bien & soulagement de notre Peuple, Garde tuition & defense de notre dit Pays, & obvier aux inconveniens que à faute d'ordres promptement donnés es affaires dudit Pays pourroient advenir à nous, avons dit, declaré & ordonné, disons, declarons & ordonnons par ces presentes, voulons & nous plait que doresenavant les Etats de notre dit Pays puissent & leur soit loisible deputer pour chacune année, un Prelat, deux de la Noblesse, & trois Consuls des Villes, lesquels avec lesdits Archeveque & Consuls d'Aix auront puissance de traiter, negocier & pourvoir aux affaires qui surviendront pour le bien de la chose publique dudit Pays, lesquels s'assembleront toutes les fois qu'il sera besoin au mandement de Nous ou de notre Lieutenant & auxquels sera donné puissance par lesdits Etats de pourvoir aux affaires susdites, lesquels Etats à ces fins voulons pour ce etre assemblés, sans toutefois que lesdits Deputés puissent prendre aucune vacation ou salaires fors leurs depens tant seulement durant le tems qu'ils vaqueront aux affaires pour lesquelles ils seront assemblés, & sans mener plus grand train que celui qu'ils ont accoutumé pour leurs propres affaires. Si donnons en mandement par ces presentes à notre Lieutenant general de Provence, & à nos amés & feaux les gens tenant notre Cour de Parlement dudit Pays & à tous autres qu'il appartiendra que notre declaration, ordonnance, vouloir & intention, ils entretiennent, gardent & obfervent, faffent entretenir, garder & obferver, etc. Donné à Saint-Germain-en-Laye, le 8 Mai 1543, & de notre regne le vingt-neuvieme.

N. LI.

Extrait du Regiftre des Deliberations des Etats de Provence n. 2, confervé au Greffe des Etats, fol. 167. — Etats tenus à Brignoles en Avril 1571.

Et fur ce, Louis Michel, Deputé par la Communauté de Tarafcon & fon Vigueriat avec l'affiftance du Sr Conful, Roy, & du Sr de Jourdan de ladite Ville, lefquels ont dit que d'autant que les Confuls d'Aix ont tous les profits & maniement des affaires & que font difficulté de cautionner, ils offrent de cautionner pour ladite fomme au nom du Pays, & à ce que chacun s'en reffente requierent que foit fait article au Roi par les raifons qu'ils diront en tems & lieu que toutes les Communes dudit Pays puiffent entrer par ordre annuellement à la procuration dudit Pays, fans permettre d'hors en là que les Confuls d'Aix s'en puiffent plus entremettre & foient Procureurs perpetuels dudit Pays finon pour leur rang.

Le Sr de Tourtour, Conful d'Aix & Procureur du Pays, avec le Sr Berardi, Afleffeur, & Romani, auffi Conful dudit Aix, Procureurs du Pays, ont remontré qu'ils font Procureurs du Pays de tout tems & en tel etat avoir été inftitué & etabli par l'Edit du Roi depuis la reformation de la juftice, fans que autres fe puiffent meler & entremettre defdits Etats, avec inhibitions & defenfes à tous fujets du Roi d'y contrevenir & les troubler en l'exercice dudit etat de Procureurs du Pays, au moyen de quoi ont protefté & proteftent contre tous ceux qui y voudront contredire de toute indue vexation, & comme contrevenans aux Edits & Ordonnances du Roi, & de les prendre en parties formelles, requerent etre prohibé & defendu d'en opiner & paffer plus outre fur ce qui a été avancé par ledit Louis Michel, & Commune de Tarafcon, pour etre directement contre l'Ordonnance du Roi & inhibitions fur ce faites, declarant en cas qu'ils paffent outre de fe pourvoir.

Et nonobftant à l'inftance de ladite commune de Tarafcon & autres à eux adherans, M. le Reverendiffime Eveque de Vence, Prefident aux Etats, a dit qu'il faut opiner fur ce fait.

Les Confuls d'Aix, Procureurs du Pays, ont déclaré qu'en cas que lefdits Etats paffent outre & opinent fur ce que deffus, pour l'infraction des Edits & Ordonnances du Roi, voyant l'incommodité & dommage qui pourront advenir audit Pays, qu'il ont appellé & appellent comme d'abus, proteftant des attentats, là où l'on voudroit paffer outre au prejudice dudit appel.

Et pour montrer que pour raifon de ce, ils ne pretendent aucunement delayer à former lefdits Etats, ils accordent le don du Roi, & autres fubfides demandés par Sa Majefté par fes Lettres-patentes lues & publiées es prefens Etats, & à ces fins font impofés deniers à la maniere accoutumée, comme ont fait le femblable y affiftans qui ont auffi accordé ledit don.

Et nonobftant lefdits Etats voulant fur ce que deffus opiner, M⁰ Pierre Margaillet, Docteur & Avocat defdits Etats, leur auroit remontré que pour le dû de fon Etat & charge il les doit avertir en ce que concerne la contravention des Edits & Ordonnances du Roi, & qu'il leur baille avis & fait entendre que ladite propofition importe en foi une droite contravention aux Edits & Ordonnances du Roi, ce qui leur pourroit grandement prejudicier pour l'avenir & etre domageable audit Pays.

De rechet lefdites Communes ont infifté de vouloir opiner, declarant qu'ils n'entendent aucunement pour raifon de ce contrevenir aux Edits du Roi, à caufe de quoi lefdits Confuls d'Aix & Procureurs du Pays font fortis hors defdits Etats, comme ont fait le femblable Mrs de la Nobleffe, a favoir, le Sr Marquis de Trans, le Sr de Pourrieres, le Sr de Peinier, de Saint-Etienne, Chevalier de l'Ordre du Roi, & d'autres avec quelques Communes qui font Hieres & Riez; n'y ayant demeuré que le Sr de Saint-Andiol & du Caftellet.

Et fur ce le Vicaire de mondit Sr le Reverendiffime Archeveque d'Aix, etc.

Sur quoi lefdites Communes ont dit & declaré, etc.

(Voyez cet article cy-deffus, n. 2.)

Mgr le Reverendiffime Eveque de Vence, Prefident aux Etats, voyant que lefdites Communes infiftent d'opiner fur ledit fait, a dit qu'on opinera.

Et lors toutes lefdites Communes etant auxdits Etats enfemblement, ont dit & declaré que fera fait article au Roi & fupplier Sa Majefté que lui plaife permettre à Mrs des Affemblées defdits Etats de elire & deputer annuellement à la tenue d'iceux les Procureurs du Pays, qui feront Mgr le Reverendiffime Archeveque d'Aix ou fon Vicaire, l'Affeffeur, qui fera originaire, habitant ou refidant en ladite Ville, avec deux des Communes des chefs de Vigueries ou Baillages qui feront deputés par ordre fans autres, qui adminiftreront toutes affaires dudit Pays d'une affemblée defdits Etats à l'autre, fans qu'ils puiffent traiter ni negocier d'aucunes affaires dudit Pays les uns fans les autres ou la plufpart, & que les Confuls d'Aix, à l'avenir, ne feront plus Procureurs du Pays perpétuels, & n'y pourront rentrer qu'à leur rang comme les autres Communes dudit Pays.

Fol. 170.

Le Sr de Tourtour & Mᵉ Raimond Berard, Confuls & Affeffeur de la ville d'Aix, Procureurs du Pays, entrés en l'Affemblée defdits Etats, leur auroient remontré que d'autant que hier ils fe feroient portés pour appellans & en cas d'abus, caufant lequel, ils auroient deliberé pour n'y contrevenir de n'affifter aux prefens Etats, mais d'autant que cejourd'huy matin, par autorité de M. le Comte de Tende, Gouverneur en ce Pays, leur auroit été fait commandement, à peine de 10,000 livres, & de tenir les arrets de cette ville de Brignoles, de entrer & affifter aux prefens Etats, & iceux continuer jufqu'au parachevement d'iceux, fatiffaifant auquel commandement, & pour obeir audit Segneur, fans toutefois que pour raifon de ce, ils pretendent aucunement & en maniere que ce foit prejudicier audit appel, & pour maintenir leur ancienne & recente poffeffion de Procureurs du Pays, ils font contens d'affifter auxdits Etats, de quoi en requerent acte pour s'en fervir & valoir en tems & lieu, & fur ce les Communes ont dit qu'ils y peuvent affifter & lès reconnoiffent à prefent comme Procureurs du Pays, de quoi leur a été du tout concedé acte.

Fol. 277 *vº.* — *Etats tenus à Aix en Fevrier* 1573.

François Guillet, Conful de la ville de Tarafcon, a remontré auxdits Etats que durant la tenue des Etats dernierement tenus en la ville de Brignoles, il fut fait & dreffé expedient touchant le fait du proces que les trois Ordres avoient contre Mrs les Confuls d'Aix pour le fait de la procuration dudit

Pays, & qu'il feroit bon de conclure & arreter fi ledit expedient doit tenir & avoir lieu ou non.

M. Margaillet, Avocat dudit Pays, a dit qu'il a dreflé l'expedient dont eft queftion, & que à fon avis etoit dit & ordonné par icelui que Mrs les Confuls d'Aix demeureront toujours Procureurs du Pays aux memes autorités & préeminences qu'ils avoient auparavant, & que iceux Etats nommeroient & deputeroient tous les ans un Gentilhomme, une ou deux Communautés qui feroient auffi Procureurs dudit Pays avec meme autorité, lefquels feroient tenus refider audit Aix, & que tous enfemble feroient les affaires dudit Pays, & figneroient les mandemens neceffaires; que le Gentilhomme qui feroit deputé par lefdits Etats auroit lieu après Mgr l'Archeveque d'Aix, & que aucuns n'affifteroient aux comptes & egalifations que ceux qui feroient deputés par iceux aux Etats. Sur quoi Mrs du Confeil dudit Aix firent quelques difficultés, tant fur la preseance d'entre le Gentilhomme qui fera deputé Procureur du Pays par lefdits Etats, & le premier Conful dudit Aix, qui eft de la naturelle election Gentilhomme; que fur ce qu'eft dit par ledit expedient que autres ne pourront affifter auxdits comptes & egalifations, fi ce n'eft que ceux qui feront deputés par lefdits Etats pour ce qu'il leur femble etre raifonnable que lefdits deux Gentilhommes doivent avoir lieu felon leur qualité, & que les quatre Confuls & Affeffeur dudit Aix doivent d'ordinaire affifter auxdits comptes & egalifations, en recompenfe de tant de peines & travaux qu'ils prennent tout le long de l'année pour les affaires dudit Pays.

Sur quoi lefdits Etats, tous d'un commun accord, ont deliberé que ledit expedient aura lieu & fortira fon plein & entier effet, felon fa forme & teneur, fauf & refervé que le Gentilhomme qui fera deputé Procureur dudit Pays par lefdits Etats & le premier Conful dudit Aix, qui eft auffi de fa naturelle inftitution Gentilhomme, auront & prendront lieu & place felon leur qualité; & en outre que les Confuls & Affeffeur dudit Aix, que font en tout quatre, entreront & affifteront d'ordinaire à la reddition des comptes du Treforier dudit Pays & aux egalifations qui feront faites des fautes & depenfes dudit Pays à la maniere accoutumée.

Et fur ce, Mgr l'Eveque de Frejus (il etoit Prefident des Etats), & Mrs les Vicaires d'Aix, d'Avignon, Riez & Pignans, ont remontré que de toute ancienneté on avoit accoutumé mettre & ordonner deux de Mrs gens d'Eglife, en l'etat de Procureurs dudit Pays; & que là où lefdits Etats n'en voudroient nommer & deputer qu'un, favoir le Sr Archeveque dudit Aix, qu'ils n'y consentent point, ains en protestent pour se pourvoir là, où, & pardevant qui appartiendra, requerant acte.

N. LII.

Extrait du Registre des Deliberations des Etats de Provence n. 6, conservé au Greffe des Etats, fol. 66 v°. — Assemblée en forme d'Etats tenue à Aix en Septembre 1594.

Sur quoi ayant été opiné à la maniere accoutumé, ladite Assemblée a unanimement & sans discrepance deliberé qu'en ce qui touche la treve, le sursfeoy des contributions, retranchement des compagnies des gens de guerre, & autres choses ordonnées pour le soulagement du Peuple aux huit premiers articles de l'Ordonnance de Mgr le Connetable, il y sera, de la part des trois Ordres de la Province entierement obei & satisffait, excepté toutefois en ce qui concerne la procuration du Pays, dont est faite mention au septieme article de ladite Ordonnance, pour le regard de laquelle procuration, ladite Assemblée ne peut accorder qu'elle soit communiquée à autres qu'aux Consuls d'Aix, suivant leurs anciens titres & privileges auxquels Sa Majesté les a expressement confirmé par Edit du mois de Mai dernier, duement verifiée par la Cour de Parlement, qui ne peut etre enfreint, joint que cette pretendue diversité des Procureurs du Pays ne sert que pour nourrir & fomenter la division parmi les sujets & serviteurs du Roi, au grand prejudice du bien de son service.

N. 7, fol. 83 v°. — Etats tenus à Aix en Fevrier & Mars 1598.

Etant les Etats assemblés au lieu que dessus, ledit Sr Assesseur a remontré que suivant ce qu'a été resolu ce matin, M. l'Eveque de Marseille, President, le Sr de Fabregues & Mrs les Procureurs du Pays ont parlé avec mondit Segneur le Gouverneur du fait de la clause apposée dans les lettres patentes des Etats pour en savoir sa volonté; lequel les a assurés que cela n'a point été fait de son aveu & poursuite, chose à quoi il n'avoit pris garde, & n'en avoit ouï parler, jusqu'à la publication d'icelles, dont il fut tout esbahi, croyant que cela ne procede d'ailleurs que de l'inexperience de celui qui a dressé lesdites lettres; n'ayant jamais eu intention de vouloir alterer ni brecher en rien l'autorité des Procureurs du Pays, ni innover aucune chose contre les anciennes coutumes & privileges du Pays, ni moins s'aider de ladite clause, ains la conserver en tant que sera de son pouvoir; leur ayant commandé de le faire entendre aux Etats, à quoi ils n'ont voulu manquer, afin que chacun en sache son intention.

Ce que entendu par les Etats a été deliberé que Monsegneur sera tres humblement remercié par Mrs les Procureurs du Pays de sa bonne volonté à l'endroit du Pays de la part des Etats.

N. LIII.

Extrait du Registre des Deliberations des Etats de Provence n. 6, conservé au Greffe des Etats, fol. 190. — Etats tenus à Aix en Janvier 1596.

Et pour le Tiers-Etat a été deliberé que pour commencer à mettre les choses hors la confusion où la misere du tems les auroit portées, que le rôle des Communautés commencera & sera suivi & gardé aux autres années tant pour lesdites charges que pour les deputations aux comptes des Tresoriers; enjoint aux Greffiers d'y prendre garde, ainsi qu'est de coutume, & par ce moyen les Communautés de Tarascon & de Forcalquier feront Procureurs joints durant la presente année.

N. 8, fol. 174 v°. — Etats tenus à Aix en Octobre 1603.

Et pour le regard des Communautés d'autant que M...... a fait voir aux Etats que le tour de rôle qu'est gardé pour leur chef depuis l'année 1596 finit à present, ne restant plus que les Communautés de Reillanne & Les Mées, qui doivent etre deputées pour l'examen & l'audition du compte du

Pays de la presente année, a été deliberé que le rôle fera de nouveau accommencé pour autres divers Ordres, savoir que les Communautés qui ont été jusqu'icy au rang de la procuration du Pays feront hors en là pour la deputation du compte de la Treforerie du Pays, & que celles qu'ont été pour assister audit compte, feront à present pour ladite procuration, & par ainsi sont deputées pour cette année pour le Tiers-Etat les Communautés de Guillaume & Annot, & que par cet Ordre ledit rôle sera continué.

N. LIV.

Extrait du Regiftre des Deliberations des Etats de Provence n. 19, confervé au Greffe des Etats, fol. 147. — Affemblée des Communautés tenue à Aix en Mars 1638.

Ledit Sr Affefleur a remontré que les Confuls des Communautés de Saint-Remy & Reillanne prefentent requete à l'Affemblée par laquelle ils remontrent que bien que les Procureurs joints des trois Ordres n'ayent jamais été inftitués ni revoqués que par l'Affemblée générale des Etats, toutefois en ce qui eft des Procureurs joints des Communautés, il eft raifonnable que ceux qui feront etablis par les Etats de Brignoles de l'année 1632 & qui ont exercé environ fix ans foient revoqués par cette Affemblée, puifque ce font les Communautés qui ont droit de choifir leurs Procureurs, & que d'ailleurs il n'y a point d'election à faire pour ce regard, vu que lefdites charges ont toujours été exercées à tour de rôle, & par cette meme raifon, il fembleroit etre jufte, afin que toutes les Communautés participent à la meme charge, d'ordonner par maniere de Reglement qu'à l'avenir toutes les Communautés qui ont entrée & voix dans les Affemblées enverront annuellement lefdites charges à tour de rôle, fans qu'il foit befoin qu'aucune Affemblée l'ordonne.

En fuite de quoi les Srs Lattamer & de Bres, Confuls des Communautés de Lorgues & Aups, ont protefté de ce que l'Affemblée n'y peut pas toucher, pour etre Officiers que les Etats ont accoutumé de faire de tous les trois Ordres & jufqu'aux nouveaux Etats.

Et fur ce faifant courir les voix après que l'Affemblée a déclaré ne vouloir point toucher à Mrs du Clergé & de la Nobleffe, n'appartenant qu'aux

Etats d'en faire election, ains feulement qu'elle entend de pourvoir à ce qui regarde l'egalité parmi elles, a deliberé qu'à l'avenir les Procureurs joints pour le Tiers-Etat feront annuels ; & à cet effet, fuivant leur rang & ordre, lefdites Communautés de Saint-Remy & Reillanne exerceront les charges de Procureurs joints pour le Tiers-Etat pendant le refte de cette année 1638.

N. LV.

Extrait du Regiftre des Deliberations des Etats de Provence n. 8, confervé au Greffe des Etats, fol. 122. — Affemblée des Communautés tenue à Brignoles en Octobre 1602.

Ladite Affemblée a deliberé que conformement aux anciennes Coutumes & Reglement des Etats que lorfqu'il fe prefentera quelque affaire importante pour les affaires du Pays, où l'avis & l'affiftance des Srs Procureurs joints de chacun Ordre feront requis, lefdits Srs Procureurs du Pays nés feront tenus les appeller pour communiquer enfemblement de ce qui devra etre fait & refolu pour le bien dudit Pays, pourvu que les affaires qui fe prefenteront ne requierent une grande promptitude & celerité.

N. LVI.

Extrait du Regiftre des Deliberations des Etats de Provence n. 17, confervé au Greffe des Etats, fol. 165. — Affemblée ordinaire des Procureurs du Pays nés, du 8 Novembre 1634.

Voulant Mr François de Rafcas, Sr du Muy, Hercule de Ponteves, Avocat en la Cour, & Mathieu Brun, Bourgeois, Confuls & Affeffeur d'Aix, Procureurs du Pays, s'affembler avec le Sr Vicaire general de Mgr l'Archeveque de ladite Ville, premier Procureur Pays pour les affaires d'icelui, a été propofé par ledit Sr du Muy, qu'il ne feroit raifonnable de tenir l'Affemblée, dans la maifon dudit Sr Vicaire general, ains feroit plus à propos que ce fût dans celle du premier Conful pour ne deroger à la qualité & dignité de fa charge, requerant la Compagnie d'y deliberer.

Sur quoi, apres avoir été vu par lefdits Srs Procureurs du Pays dans les Regiftres, que des quelque tems on a introduit cette coutume de s'affembler dans les maifons dès Vicaires generaux dudit Sr Archeveque, & attendu que les affaires font preffantes, a été deliberé que pour le prefent & fans confequence ladite Affemblée fera tenue dans la maifon du Sr de Mimata, Vicaire general, fous la proteftation neanmoins que lefdits Srs Procureurs du Pays font de faire regler la difficulté à la premiere tenue des Etats, & faire dire que deformais en abfence dudit Sr Archeveque les Affemblées particulieres feront tenues dans la maifon dudit Sr premier Conful & autres qui feront à la meme charge à l'avenir.

N. LVII.

Extrait du Regiftre des Deliberations des Etats de Provence n° 17, confervé au Greffe des Etats, fol. 153 v°. — Affemblée des Procureurs du Pays nés & joints du 26 Octobre 1634.

Mr l'Archeveque d'Aix a dit qu'il femble qu'avant de prendre aucune refolution, il falloit decider une difficulté, favoir fi Mrs les Confuls nouvellement elus doivent avoir voix deliberative à cette Affemblée, & après avoir vu dans les Regiftres du Pays qu'es années 1628 & 1630 & au mois d'Octobre ceux qui etoient pour lors elus avoient affifté à pareilles Affemblées de Mrs les Procureurs du Pays nés & joints & ont figné les deliberations & par confequent porté voix deliberative.

L'Affemblée a deliberé que lefdits Srs Confuls nouvellement elus opineront & neanmoins que les Greffiers du Pays demeureront chargés de faire reprefenter cette difficulté aux prochains Etats pour y deliberer definitivement.

N. LVIII.

Extrait du Procès verbal des Etats de Provence, convoqués à Aix au 31 Decembre 1787, page 181 de l'imprimé.

REGLEMENT
POUR L'ADMINISTRATION INTERMEDIAIRE.

ARTICLE 1.

Il y aura trois Affemblées des Procureurs du Pays chaque année, lefquelles fe tiendront chez Mr l'Archeveque d'Aix, premier Procureur né du Pays, & Préfident des Etats de Provence, & en fon abfence en la maniere accoutumée pour les Affemblées convoquées des Procureurs du Pays nés & joints.

2.

La premiere de ces Affemblées fe tiendra au premier de Fevrier, la feconde au premier de Juin, la troifieme au quatrieme de Novembre, & la durée de chaque Affemblée fera de quinze jours ou trois femaines.

3.

Il fera deliberé dans la premiere Affemblée, fur les difpofitions à prendre fur l'exécution de tout ce qui aura été deliberé par les Etats; dans la feconde, il fera rendu compte de l'etat de tout ce qui aura été executé, depuis la derniere Affemblée des Procureurs du Pays nés & joints; & il fera deliberé fur tout ce qui fera executé jufqu'à la fuivante Affemblée; dans la troifieme, il fera rendu compte de tout ce qui aura été executé dans le cours de l'année, & il fera deliberé, foit fur ce qui refte encore à executer, foit fur les objets à propofer à la prochaine Affemblée des Etats.

4.

L'Affemblée des Etats ayant deliberé fur quelque objet & en ayant ordonné l'execution, les Procureurs du Pays remettront à la premiere Affemblée des Procureurs du Pays nés & joints les deliberations des Etats & lui feront l'expofé de toutes les difpofitions à prendre pour l'execution.

5.

Ne pourront lefdites Affemblées des Procureurs du Pays nés & joints, deliberer & ordonner aucun objet qui n'ait été deliberé & ordonné par la derniere Affemblée des Etats, fauf le cas d'abfolue neceffité, fous la referve expreffe de l'approbation & ratification des Etats.

6.

Sera reprefenté, dans chacune des trois Affemblées des Procureurs du Pays nés & joints, l'etat des mandats faits ou à faire pendant l'intervalle des Affemblées.

7.

La relation des affaires, expediées pendant le courant de l'année, fera faite dans la troifieme Affemblée des Procureurs du Pays nés & joints, pour etre apportée enfuite à l'Affemblée des Etats.

8.

Toutes demandes à propofer aux Etats feront remifes, par les Procureurs du Pays, à l'Affembléc des Procureurs du Pays nés & joints qui precedera l'ouverture des Etats.

9.

Les Procureurs du Pays remettront aux differentes Commiffions, etablies pendant la tenue des Etats, felon les differens objets qui les concernent, les deliberations des fufdites Affemblées des Procureurs du Pays nés & joints,

PIECES JUSTIFICATIVES.   lxxvij

en exécution des deliberations des precedens Etats, ainfi que les obfervations defdites Affemblées fur tous les objets à propofer aux Etats.

10.

Aucune demande ne fera propofée aux Etats, dans aucun genre, fans remettre fous les yeux des Etats les Memoires detaillés de fon utilité ou neceffité, & les deliberations anciennes ou nouvelles qui auront été prifes, foit
par les Affemblées generales des Communautés, foit par les Affemblées des
Procureurs du Pays nés & joints, foit par les Affemblées des Etats, relativement aux objets de la demande.

11.

Ne pourront etre employés dans tous les genres, les fonds deftinés à quelque objet par la deliberation des Etats, qu'à l'objet meme qu'ils auront deliberé, fous que, fens aucun pretexte quelconque, ils puiffent etre detournés
pour quelque autre objet.

12.

Ne pourra etre fufpendue l'execution d'un objet ordonné par les Etats
dans l'Affemblée des Procureurs du Pays, fans y etre appellés les Procureurs
du Pays joints, en exercice de l'année, feans à Aix; & les raifons de la
fufpenfion feront expofées à la premiere Affemblée fuivante des Procureurs
du Pays nés & joints, pour qu'ils puiffent en deliberer.

13.

Ne pourront les Procureurs du Pays deliberer fur aucun objet ni donner
aucun mandat pour une affaire meme urgente, fans appeller les Procureurs
du Pays joints en exercice feans à Aix; & lefdites deliberations feront rapportées à la premiere Affemblée des Procureurs du Pays nés & joints.

14.

Il fera prefenté à chaque Affemblée des Etats, un Tableau de fituation des fonds du Pays par recette & par depenſe, & ce Tableau ſera inferé dans le proces verbal de l'Aſſemblée.

15.

Toutes les deliberations priſes, ſoit par les Aſſemblées ordinaires, ſoit par les Aſſemblées des Procureurs du Pays nés & joints, feront tranſcrites ſur un Regiſtre qui ſera depoſé au Greffe des Etats.

16.

Toutes Lettres & Memoires adreſſés aux Procureurs du Pays, feront portés au Bureau de l'Adminiſtration, pour etre ouverts & lus dans l'Aſſemblée ordinaire des Procureurs du Pays.

17.

Il n'y aura point de tournée generale des Procureurs du Pays.

18.

Aucune tournée des Procureurs du Pays n'aura lieu qu'en vertu d'une deliberation d'une des trois Aſſemblées des Procureurs du Pays nés & joints.

19.

En cas d'affaire urgente, il ſera deliberé par l'Aſſemblée ordinaire des Procureurs du Pays, appelés les Procureurs joints en exercice, ſeans à Aix, ſur la neceſſité ou l'utilité du tranſport d'un Procureur du Pays ſur les lieux.

20.

Ne pourra etre accompagné un Procureur du Pays, dans une tournée ou dans une viſite, que de l'Ingenieur du Departement, ou de l'Ingenieur en chef, ou de tous deux enſemble & d'un Greffier.

PIECES JUSTIFICATIVES. lxxix

21.

La meme Affemblée qui aura deliberé & ordonné une tournée ou une vifite, reglera] les frais & depenfes de la tournée ou vifite ordonnée.

Fol. 186.

REGLEMENT

POUR LA FORMATION DES ASSEMBLÉES DES PROCUREURS DU PAYS NÉS ET JOINTS, DES 1er FEVRIER, 1er JUIN ET 4 NOVEMBRE.

ARTICLE 1.

Les Affemblées des Procureurs du Pays nés & joints, convoquées au premier Fevrier, au premier Juin & au quatrieme Novembre, feront des Affemblées renforcées & feront compofées des Procureurs du Pays nés, des deux Procureurs du Pays joints de chaque Ordre, nommés pour l'exercice de chaque année, & de deux Procureurs joints de chaque Ordre qui leur feront affociés dans lefdites Affemblées.

2.

Il fera formé quatre Bureaux dans les Affemblées renforcées des Procureurs du Pays nés & joints; le premier pour tout ce qui concerne la conftruction & entretien des chemins; le fecond, pour les impofitions, frais & depenfes; le troifieme, pour les affaires diverfes, & le quatrieme pour tout le travail prealable à l'operation conjointe de l'affouagement & de l'afflorinement general.

3.

Le Bureau des Impofitions fera chargé de propofer les Reglemens à faire, pour etablir des correfpondans dans les Vigueries fur les affaires concernant les droits des fermes & les moyens d'en maintenir l'execution; il prendra connoiffance de toutes les Lettres adreffées fur le meme objet aux Procureurs du ·Pays ; il fera chargé de propofer les formes à fuivre pour reprimer & reparer chaque variation qui fera furvenue, afin que l'Affemblée puiffe en deliberer, & il fera part, pendant la tenue des feances, des deliberations de l'Affemblée aux correfpondans des Vigueries, dans lefquelles les affaires fe feront prefentées.

4.

Le Bureau des Affaires diverfes fera chargé de dreffer le projet concernant l'etabliffement des eleves pour les accouchemens, & dans la fuite de propofer les moyens relatifs au maintien & au fucces de l'Etabliffement, afin que l'Affemblée puiffe en deliberer.

5.

L'Affeffeur d'Aix rapportera les affaires à tous les Bureaux, fauf le droit du premier Conful d'Aix, Procureur du Pays, pour les affaires dont il voudroit faire le rapport.

6.

En cas d'abfence des Procureurs du Pays joints de chaque Ordre, en exercice pendant l'année, feront fubrogés à leur place les Procureurs joints, affiftans aux Affemblées renforcées des Procureurs du Pays nés & joints.

N. LIX.

Extrait du Regiftre Potentia, *confervé aux Archives du Roi, fol.* 30. — *Etats tenus à Avignon le 26 Aouft* ....

Item lan ordenat que cafcuna Vigaria & Baylia encontenent fe convocon & accampon les tres Eftats & que aqui ordenon un Culhidor per los tres Eftats per culhis & levar las ditos monetas &	Item ont ordonné qu'on affemble incontinent les trois Ordres dans chaque Viguerie ou Baillage & qu'on y etabliffe un collecteur des trois Ordres pour lever lefdites impofitions & les bailler au Tre-

baylar al dit Trefaurier general e aqui el comandara fegon que toquara quafcuna Vigaria & Baylia & quafcun del tres Eftats per fa rata & non ad autra perfona ni per autre comandament qual que fia & volon & ordenon que lofdit tres Eftats Affemblats en quafcuna Vigaria & Baylia a ordenon dos Cliers & dos Lays lofquals aian a vefer quals tara los Cliers & los Lays de ladita moneda que fe levara en la Villa dou feran & fegon aquo lo Culhidor ho deia exhigir & levar & en cas que los Cliers non hi volran venir que fi on taxas per los Lays coma los Lays.

Plas a Madama.

Item lo ordenat que lodich Culhidor aya & deya rendre conte al dits tres Eftats de ladita Vigaria o Baylia ou fera ordenat als Deputas per els adayffa.

Plas à Madama.

forier general, & celui-ci reglera le contingent de chaque Viguerie ou Baillage & la portion de chaque Ordre, fans qu'aucune autre perfonne s'en mele & qu'il y ait autre commandement de fa part. On ordonne auffi que chaque Viguerie ou Baillage nomme deux Ecclefiaftiques & deux Laics qui examinent ce que doivent payer les Clercs & les Laics des levées qui fe fairont dans la Ville de leur domicile, & que le Collecteur fe conforme à ce qu'ils auront reglé; & dans le cas que les Clercs ne voudront venir à l'Affemblée, ils feront taxés par les Laics comme Laics.

Madame approuve.

Item que le Collecteur rendra compte aux trois Ordres de fa Viguerie ou Baillage & aux Députés qu'elle aura choifi.

Madame approuve.

N. LX.

Extrait du Regiftre des Deliberations des Etats de Provence n. 17, confervé au Greffe des Etats, fol. 179 v°. — Affemblée generale des Communautés tenue à Aix en Janvier 1635.

M. l'Eveque de Sifteron, Procureur du Pays joint pour le Clergé, a dit que leur ayant cette propofition été communiquée tout prefentement dans l'Affemblée du Clergé, elle a trouvé à propos & deliberé par une commune opinion de fe joindre & faire inftance pour la fufdite repetition des deniers, fi le cas y echoit pour etre rendu à qui de droit, & outre ce que tres humbles fupplications feront faites à Sa Majefté, fi fon bon plaifir eft tel, de nous donner pour Gouverneur Mr le Cardinal de Lyon, & qu'il feroit donné avis à mondit Segneur le Cardinal de cette deliberation par perfonnes qui lui feroient expreffement envoyées; ayant mondit Sr de Sifteron declaré qu'il etoit obligé de donner connoiffance à cette Affemblée de la refolution qui a été prife à celle dudit Clergé & telle eft fon opinion.

N. LXI.

Extrait du Regiftre des Deliberations des Etats de Provence n. 3, confervé au Greffe des Etats, fol. 294 v°. — Etats tenus à Saint-Maximin en Juillet 1581.

Le Sr Affeffeur Guiran a remontré que fuivant la charge que fut baillée au Sr Comte de Grignan, Segneur des Baux, & Sr Chateauneuf Colongues & autres, ils fe feroient affemblés, fait & dreflé Reglement fur l'etat & charge des Greffiers, qui eft, que apres chacune iffue des Etats, lefdits Greffiers feront tenus porter vers le Sr Affeffeur, qui fe trouvera en iceux ou Affemblées particulieres, les deliberations & remontrances qui auront été faites en icelles, pour etre par eux vues, corrigées & paraphées en chacun feuillet; & le jour fuivant feront lefdites deliberations lues auxdits Etats ou Affemblées, pour entendre fi ce font celles que auront été deliberées & felon leur volonté; & les broyards de telles deliberations feront gardés & obfervés par lefdits Greffiers, hors que foient été remifes au net pour exhiber toutefois & quant ils en feront requis; & neanmoins que les deliberations que feront faites fur aucun fait concernant les Greffiers, elles feront reçues & redigées par ecrit par le folliciteur du Pays qui gardera en ce fait meme Reglement. Seront auffi tenus lefdits Greffiers, lefdits Etats ou Affemblées tenues, bailler extrait à bref du refultat des deliberations qui y auront été faites aux Communes, defquelles en feront requis, le plus promptement qu'ils pourront, fans rien prendre; toutes lefquelles deliberations feront tenus les mettre au net enregiftrer quinze jours apres la tenue des Etats ou Affemblées.

Lequel Reglement ouï & entendu par lefdits Etats, ont dit qu'il fera gardé & obfervé en la qualité que deffus.

N. LXII.

Extrait du Regiſtre des Deliberations des Etats de Provence n. 1, conſervé au Greffe des Etats, fol. 26 v°. — Etats tenus à Aix en Fevrier 1538.

Le fufdit Sieur de Rogiers expofe que le Pays ayant beaucoup d'affaires, il feroit bon de deputer quelque homme de bien refidant à Aix, pour pourfuivre & folliciter lefdites affaires, & autres...... Les Etats donnent pouvoir aux Procureurs du Pays de deputer un folliciteur pour lefdites affaires etant en ce Pays & non ailleurs, lequel n'aura autre chofe que pour ledit Pays, & fera fatiffait ainfi que par lefdits Procureurs fera avifé, & en cas que pour ledit folliciteur ne fafle fon devoir à la pourfuite defdites affaires, pourront lefdits Procureurs le changer & mettre un autre en fa place, & ce durant cette année & jufqu'aux prochains Etats tant feulement ; & de ce faire leur ont donné lefdits Etats plein pouvoir & puiffance, fans entrer en aucune confequence en quelque forte que ce foit.

N. LXIII.

Extrait du Regiſtre des Deliberations des Etats de Provence n. 3, conſervé au Greffe des Etats, fol. 411. — Etats tenus à Aix en Janvier 1582.

Sur les remontrances faites aux Etats par plufieurs Communes dudit Pays, de ce que les proces & affaires d'icelui etant l'Avocat du Pays, Affeffeur de la ville d'Aix, qui n'eſt en charge qu'une année, & viennent de main à autre, les proces font interrompus, à faute que celui qui entre en charge n'eſt inſtruit d'iceux, qu'eſt la caufe que le plus fouvent demeurent en arriere, meme quand l'Affeffeur eſt inſtruit d'un fait & informé des affaires, l'année paſſée, & que pour le bien, proufit & utilité du Pays, on y doit mettre & inſtituer un Avocat particulier qui aye lefdites affaires en main, comme toute ancienneté avoit été obfervée, fors le deces de feu Mᵉ Margallet.

Ayant été ce fait mis en deliberation lefdits Etats ont arreté que hors en là, fera mis un Avocat que conduira les proces dudit Pays, & trouvant à prefent Mᵉ Louis Fabre fieur de Fabregues, qui eft Avocat en la Cour, de la fuffifance duquel lefdits Etats en font bien certains & inftruit des affaires, ont icelui elu pour leur Avocat aux proces dudit Pays, que entrera en ladite charge lorfque fortira d'Affeffeur, & continuera tant que fera le bon plaifir defdits Etats; & fi lui ont ordonné pour fes etats & gages ordinaires la fomme de 100 livres toutes les années, qui lui feront payées par le Treforier dudit Pays, à la quittance qu'il en rapportera, comme eft de coutume, fans autre mandement; & à ces fins l'acteur & folliciteur du Pays fe retireront par devers lui pour lui communiquer & faire entendre lefdits proces & affaires concernant fa charge.

N. LXIV.

Extrait du Regiftre des Deliberations des Etats de Provence n. 10, confervé au Greffe des Etats, fol. 98 v°. — Etats tenus à Brignoles en Aouft 1618.

Mondit Sr le Prefident a remontré que depuis la mort du feu Sr de Fabregues, il n'y a eu aucun pourvu à la charge d'Avocat du Pays; & on doit deliberer fi les Etats veulent pourvoir de quelqu'un autre à fa place.

Sur ce ledit Sr Affeffeur a remontré que c'eft en vain de pourvoir à cette charge, d'autant qu'elle n'eft pas fi neceffaire que le Pays ne s'en puiffe paffer, parce que outre les Affeffeurs qui font affez capables pour vaquer aux proces & affaires du Pays, il y a le Sindic des Communautés & ceux qui ont été en charge d'Affeffeur qu'on peut en cas de befoin employer & confulter pour les affaires importantes qui fe peuvent prefenter pour le Pays; c'eft pourquoi les Etats peuvent fupprimer ladite charge.

L'affaire mife en deliberation par la pluralité des opinions, a été deliberé que ladite charge d'Avocat du Pays fera fupprimée, & n'en fera pourvu d'aucun à l'avenir.

PIECES JUSTIFICATIVES. lxxxv

N. LXV.

Extrait du Regiſtre des Deliberations des Etats de Provence n. 10, conſervé au Greffe des Etats, fol. 273. — Etats tenus à Aix en Aouſt 1621.

Mr de Saint-Michel a remontré qu'ayant été deputé par les Etats derniers tenus à Saint-Victor-les-Marſeille, pour aſſiſter à l'examen du compte du Sr Gaillard, Treſorier du Pays de l'année 1619, il a remarqué pluſieurs abus qui ſe commettent tout le long de l'année à la diſtribution des deniers du Pays, que les Etats doivent regler; entr'autres celui des parcelles qui ſont taxées par le Sr Aſſeſſeur tout ſeulement, lorſque les autres Srs Procureurs du Pays ſeront appellés, & l'autre qui eſt encore plus grand & dommageable qui eſt celui des deputations ordinaires qui ſe font tout le long de l'année pour des complimens & autres choſes dependantes de leurs charges, auxquelles deputations leſdits Srs Procureurs du Pays ſont accompagnés de quarante ou cinquante perſonnes à cheval avec les trompettes & couriers du Pays qui ſont tous defrayés aux depens du Pays & leſdits ſieurs Procureurs du Pays payés de leurs vacations, tellement qu'il a eſtimé pour le bien du Pays en avertir les Etats afin qu'ils puiſſent couper chemin à de grandes & ſuperflues depenſes qui ſe font inutilement auxdites deputations, ce qui ſe pourroit faire par moyen d'un Reglement.

Suivant laquelle propoſition les Etats ont deliberé que pour ce qui eſt des parcelles & vacations des Srs Aſſeſſeurs & depenſes qui ſe font aux voyages par les Srs Procureurs du Pays, la taxe en ſera faite par les ſieurs Procureurs dudit Pays, Mr l'Archeveque d'Aix ou ſon Vicaire general, tous les Srs Procureurs du Pays joints, qui ſe trouveront dans la Ville, & le Sindic des Communautés ſans rien prendre.

Et en ce qui eſt des voyages qui ſe font par leſdits ſieurs Procureurs du Pays ou autres, que pour le voyage du compliment qui ſe fait pour aller au rencontre de Mr le Gouverneur, leſdits Srs Procureurs du Pays ne pourront aller qu'aux plus proches lieux de la ville d'Aix, accompagnés de ſix perſonnes de qualité & d'honneur de ladite Ville, & des quatre trompettes ſans aucun courier du Pays.

Et pour les autres voyages foit auffi de compliment ou autres urgentes affaires du Pays, ne pourront etre deputés que un ou deux defdits Srs Procureurs du Pays au plus, avec le feul trompette du Pays, & fans aucune perfonne pour les accompagner.

Et ne pourront lefdits Srs Procureurs du Pays pour lefdits voyages du compliment prendre aucune taxe ni falaire, ains feulement defrayés de leur depenfe de bouche, & du louage des chevaux, tous lefdits trompettes qui feront payés à l'accoutumée.

Et pour cet effet enjoint aux Greffiers des Etats de ne dreffer ni figner aucun Mandement contre ledit Reglement à peine de radiation en leur propre, & feront tenus de notifier auxdits fieurs Procureurs du Pays à l'entrée de leur charge, afin qu'ils n'en puiffent pretendre caufe d'ignorance.

N. LXVI.

Extrait du Regiftre des Deliberations des Etats de Provence n. 13, confervé au Greffe des Etats, fol. 146.

Affemblée generale des Deputés des Communautés & Vigueries de cette Province qui fe font trouvés à la tenue des Etats dudit Pays, convoqués en cette ville de Tarafcon le prefent mois de Mars 1631, par autorité du Roi & mandement de Mgr le Duc de Guife, etc., Gouverneur & Lieutenant general pour Sa Majefté en cedit Pays, etc., & fuivant les ordres que Mgr le Prince de Condé, premier Pair de France, etc., en avoit reçu de Sa Majefté & ladite Affemblée par autorité & permiffion de Mgr le Prince & pardevant Mr d'Aubray, Confeiller du Roi, en fes confeils, & Maître des Requetes Ordonnances de fon Hôtel, Commiffaire fur ce deputé par mondit Segneur, à laquelle Affemblée tenue cejourd'hui 13 de ce mois de Mars, dans le refectoire des peres Cordeliers dudit Tarafcon, ont été prefens Mr le Reverendiffime Mgr Touffaint des Glandeves, Eveque de Sifteron, Procureur du Pays joint pour le Clergé; Mr Rolland de Caftellanne, Sr de Montmeyan, Procureur du Pays joint pour la Nobleffe; le Sr Ardouin de Boniparis, fecond Conful d'Aix, Procureur dudit Pays, & tous les Srs Deputés des Communautés & Vigueries affiftant auxdits Etats.

Mondit Sr d'Aubray, Commiffaire fufdit, a reprefenté qu'ayant été averti que le fujet de cette Affemblée, n'eft que pour elire leur Sindic, il eft obligé de leur faire connoitre qu'ils font tres tous louables en ce deffein, n'y ayant de regret que d'y avoir apporté un fi grand retardement, principalement en cette occafion où la Province n'eut jamais tant de neceffité d'etre affiftée; & plus de befoin d'avoir un homme qui ait un efprit de paix & la probité & integrité fuffifantes pour correfpondre à la fonction de cette charge, la confideration de laquelle leur etant connue, il ne doute point qu'il ne foit fait choix d'une perfonne telle qu'il faut pour l'exercer, puifque c'eft l'une des charges la plus importante de la Province, & à laquelle les affaires les plus grandes & de plus grand poids font attachées, etc.

Enfuite de laquelle remontrance, ayant fait courir les voix, l'Affemblée a elu & inftitué pour Sindic des Communautés le Sr Paul d'André, Avocat en la Cour, à la place du feu Sr de Feraporte, devancier en la charge, & aux gages accoutumés; & à ces fins ayant ledit Sr d'André été mandé venir dans ladite Affemblée, a preté le ferment entre les mains de mondit Sr le Commiffaire.

N. LXVII.

Extrait du Regiftre des Deliberations des Etats de Provence n. 19, confervé au Greffe des Etats, fol. 138 v°. — Affemblée generale des Communautés tenue à Aix en Mars 1638.

Ledit Sr Duperier, Affeffeur, a reprefenté qu'il a été requis de la part du Sr André, Sindic des Communautés, de fupplier l'Affemblée de lui donner un coadjuteur en ladite charge, attendu que fon âge & fon indifpofition ne lui permet plus de l'exercer & de continuer le fervice qu'il a fidelement rendu à la Province tant que fa fanté le lui a permis. En quoi ladite Affemblée doit confiderer que cette charge, qui n'eft point perpetuelle, & dependant abfolument de la difpofition des Communautés qui font en liberté de changer de Sindic, quand bon leur femble, reviendroit perpetuelle & irrevocable, lorfque celui qui la poffede n'eft plus en etat de la pouvoir exercer on lui donne un coadjuteur, vu que cela temoigneroit que la charge ne peut finir qu'avec la vie du poffeffeur, à quoi l'Affemblée avifera & mettra neanmoins en confideration, l'affection & la fidelité que le Sr André a fi longtems temoyné à la Province dans l'exercice de cette charge.

Et fur ce ayant fait courir les voix, par la pluralité d'icelles a été deliberé qu'il ne fera donné aucun coadjuteur audit Sr André; & qu'attendu fa declaration & fon indifpofition, elle a pourvu & inftitué à ladite charge le Sr Guillaume Blanc, Avocat en la Cour, pour l'exercer tant qu'il plaira auxdites Communautés, & aux gages accoutumés.

N. LXVIII.

Extrait du Regiftre des Deliberations des Etats de Provence n. 8, confervé au Greffe des Etats, fol. 175. — Etats tenus à Aix au mois d'Octobre 1603.

Et neanmoins a été deliberé qu'il eft permis à toutes les Communautés & Vigueries d'affifter à l'examen dudit compte, & autres qui fe rendront par cy-apres, aux depens particuliers des Communautés & Vigueries qui y voudront affifter, à la charge que tous lefdits Deputés lors de l'examen dudit compte ne pourront en nulle façon que ce foit impugner & debattre les mandemens qu'auront été faits par les Srs Procureurs du pays en vertu des deliberations des Etats & Affemblées generales, ou autrement en fuite d'icelles; ains les foutenir pour la confervation de la liberté & autorité defdits Etats, fous peine de defaveu, & d'etre privés de leurs falaires & vaccations; declarant en outre que pour le regard de la Deputation pour l'affiftance au compte & pour ladite Procuration du Pays, icelle fe fera conformement aux anciens Reglemens fous le nom defdites Communautés & non des perfonnes de leurs Deputés, revoquant les Deputations qu'ont été faites cy-devant.

N. 10, fol. 125. — Etats tenus à Brignoles au mois d'Aouft 1618.

Là deffus ledit Sr Affeffeur a remontré que les Deputés qui affiftent à l'examen des comptes du Treforier du Pays, impaynent le plus fouvent des payemens qui fe font en fuite des deliberations des Etats & Affemblées, quoique cela leur foit defendu par plufieurs deliberations des precedens Etats, ce qu'on doit à prefent reiterer.

.... Et neanmoins que defenfes feront faites à tous les Deputés qui affifteront aux comptes des Treforiers du Pays d'impugner femblables payemens à peine d'etre declarés indignes d'affifter à jamais aux Etats & Affemblées, ni à l'examen defdits comptes.

N. LXIX.

Extrait du Regiftre des Deliberations des Etats de Provence n. 6, confervé au Greffe des Etats, fol. 148 v°. — Etats tenus à Aix au mois de Janvier 1596.

Et afin que l'ordre foit gardé autant qu'il eft poffible, que mondit Segneur fera fupplié en expediant les commiffions, ordonnances & mandemens fur le Pays qu'elles feront auffi contrefignées, & avec les Reglemens des Srs Procureurs du Pays, ainfi qu'eft de coutume, & que les affignations ou contributions feront departies par lefdits Srs Procureurs du Pays felon que leur a été ordonné par les Etats.

N. LXX.

Extrait du Regiftre des Deliberations des Etats de Provence n. 10, confervé au Greffe des Etats, fol. 133. — Etats tenus à Brignoles en Aouft 1618.

Mr l'Eveque de Sifteron a remontré que pour eviter les grandes depenfes qu'on fait au Pays par moyen de fi grandes & fatigantes deputation & taxes d'icelles, il feroit bon d'y faire quelque Reglement pour l'avenir, de ne permettre lefdites deputations qu'en cas de grande & urgente neceffité, & de fi peu de perfonnes qu'on pourra.

Sur ce difcours, quelques Deputés des Communautés affiftant aux Etats, ont requis qu'il feroit à propos de deliberer que d'hors en là les deputations en Cour des Communautés fe fairont à tour de rôle.

Sur quoi ayant été longuement difcouru & opiné, par la pluralité des voix a été deliberé que ceux qui feront deputés pour l'avenir ne pourront pretendre plus grande taxe que de 12 livres pour Mrs du Clergé, fçavoir Archeveques & Eveques; 9 livres pour Mrs de la Nobleffe, & 6 livres pour les Deputés des Communautés, le tout pour chacun jour; & neanmoins qu'il ne pourra etre deputé plus grand nombre que de trois & au-deffous, & les deputations defdites Communautés fe fairont à tour de rôle.

N. LXXI.

Extrait du Regiftre des Deliberations des Etats de Provence n. 6, confervé au Greffe des Etats, fol. 188. — Etats tenus à Aix en Janvier 1596.

Mr l'Eveque de Sifteron, Prefident, a remontré qu'en la deputation faite pour aller vers Sa Majefté, aucun du Clergé n'a été deputé; que le Sr de Vallegrand trouveroit à propos qu'on deputât.

Le Sr Affeffeur a dit que c'eft furcharger le Peuple. On pourra bien deputer, mais à condition que Mrs du Clergé le payent.

Ce que ledit Sr Eveque a trouvé raifonnable.

A été deliberé par la pluralité des voix que Mr l'Eveque de Digne, & à fon defaut le Sr Aimini, Vicaire de l'Eveque de Sifteron, à la charge & non autrement que foit l'un ou l'autre fe fairont payer de leur voyage à Mrs du Clergé; declarant que le Pays n'entrera en aucun depens pour ce regard; ladite deputation fous cette condition expreffe qui fera acceptée ou refufée, aux memes qualités dont lefdits Etats ont protefté.

N. LXXII.

Extrait du Regiftre des Deliberations des Etats de Provence n. 12, confervé au Greffe des Etats, fol. 332. — Etats tenus à Tarafcon en Juillet 1629.

Mr l'Eveque de Sifteron, Prefident aux Etats, a remontré que les Etats doivent pourvoir à faire un Reglement à l'avenir pour eviter que les deputations à la Cour ou hors la Province ne foient pas fi frequentes, afin que l'on puiffe prendre garde à ceux qui pourront etre dans l'employ pour les choifir de la qualité & condition qu'il faut pour porter la parole à Sa Majefté ou ailleurs où befoin fera pour les affaires de la Province.

Sur quoi les Etats ayant fait courir les voix, par la pluralité des opinions ont deliberé qu'à l'avenir ne fera faite aucune deputation à la Cour & hors la Province pour les affaires d'icelle, qu'il n'y ait été pourvu par les Etats ou Affemblées generales des Communautés.

N. LXXIII.

Extrait du Regiftre des Deliberations des Etats de Provence n. 2, confervé au Greffe des Etats, fol. 266 v°. — Etats tenus à Aix en Fevrier 1573.

Sur la remontrance faite auxdits Etats par Mr l'Affeffeur d'Efcalis, Procureur du Pays, difant que par arret du Confeil privé du Roi, auroit été declaré & ordonné que la ville de Gap & autres Villes & Villages etant là autour, etoient du Comté de Provence, & que par ce moyen les habitans defdites Villes & Villages etoient tenus reffortir pardevant la Cour fouveraine du Parlement de Provence, comme etant du Corps dudit Pays, fans qu'il ait pu jamais etre mis à execution, au grand prejudice & interet d'icelui Pays, & par ce moyen il lui femble expedient d'en faire article au Roi, à ce qu'il lui plaife permettre l'exécution dudit arret.

Et fur ce lefdits Etats, tous d'un commun accord ont deliberé de faire article au Roi, le fuppliant de permettre l'execution dudit arret, & à ces fins leur bailler & deputer Commiffaires pour icelui arret executer de point en point felon fa forme & teneur.

N. LXXIV.

Extrait du Regiftre Viridis, confervé aux Archives du Roi, fol. 45 v°.

Johanna etc., univerfis etc, & fi præteritorum regnantium Principum propter infinita effluxa curricula ipforum vetufte fcripturorum cautela indultorum fidelibus fubditis ruinam confumptionis immineant, & illos materia fofpite taciturnitatis per Regio fedentem in folio revocare prepedicet, tenetur regalis dignitas faftigium per debite provifionis remedium in iis talibus benigue occurrere ; & fcripturas hujus modi per renovationis fuffragium gratiofius confirmare; ex quo fidelium devotionem in finceritate fidei ad obfequendum plus provocat & in effentiam majoris fidelitatis & conftantiam animi firmius jam confirmat. Sane pro parte Baronum & virorum Nobilium ac Univerfitatum dictorum comitatuum noftrorum Provinciæ & Forcalquerii ac terrarum eifdem adjacentium habuit nudius humilis fupplicatio culmini noftro facta quod olim progenitores noftri Reges illuftres Jerufalem & Siciliæ memoriæ recolendæ, nec non Comites & Marchiones Provinciæ attendentes fidelitatem antiquam & incorruptæ fidei paritatem prædecefforum & progenitorum dictorum Baronum & Nobilium pariterque Univerfitatum etiam præfcriptarum nonnullas conventiones cum illis inierunt gratantius ac certa ftatuta & privilegia, immunitates & franchefias eis ex gratiarum plenitudine & largitate manificâ liberaliter concefferunt quæ licet fic indulta, uberius fuerunt tam per noftram celfitudinem, ut dictorum Baronum & Nobilium ac Univerfitatum eadem fupplicatio habuit, fuerunt minime fucceffu temporis confirmata, dignaremur dictas conventiones, libertates, immunitates ac franchefias, privilegia & etiam ftatuta præfcriptis Nobilibus, Baronibus & Univerfitatibus pro eis & eorum hæredibus & fucceforibus de munificentiæ noftræ gratiâ & certâ noftrâ fcientiâ liberaliter confirmare. Nos autem quæ more progenitorum noftrorum fupplicationes fidelium ad gratiam exauditionis libenter admittimus, hujus modi fupplicationibus benignius annuentes, conftantem fidelitatem ipforum, quâ Majeftati noftræ in Provinciæ partibus dum de regno noftro Siciliæ, nos ad illas contulimus, unanimes claruerunt, prefcripta ftatuta & privilegia, feu........ conventiones, libertates, franchefias, & immunitates quæcumque fint fub quibufcumque tenoribus diftribuantur; eifdem Nobilibus, Baronibus & Univerfitatibus pro fe & eorum hæredibus & fucceforibus de certâ noftrâ fcientiâ & fpeciali gratiâ tenore prefentium etiam confirmamus & in uberioris cautelæ fuffragium illos & illa quæcumque fint firmos & firma, inconcuffos & inconcuffa, habere & tenere in quibufcumque ipforum & ipfarum partibus firmiter volumus ac tactis facrofanctis Evangeliis, præftamus corporaliter juramentum, ordinationibus edictis, revocationibus feu mandatis noftris vel alterius cujufcumque factis jam vel in antea faciendis, fub quacumque formâ vel expreffione verborum, etiamfi de illis vel aliquâ eorum claufulâ fpecialis vel expreffa effet in præfentibus mentio facienda quas & quæ quantum ad hanc noftram gratiam & confirmationem viribus & efficaciâ penitus irritamus executioni præsentium minime obstituris, in cujus rei testimonium has nostras litteras de præmissis fieri & pendenti Majestatis nostræ sigillo jussimus communiri etc. Datum Neapoli, etc., anno Domini 1348, die decimâ nonâ Augusti, regnorum nostrorum anno sexto.

N. LXXV.

Extrait du Registre Viridis, *conservé aux Archives du Roi, fol.* 266 *v°.* — *Etats tenus à Aix le* 28 *Mars* 1356. *Article* 15.

Cum dicti Barones, Nobiles & Universitates, asserant se multa privilegia, libertates, conventiones, excambia, seu permutationes habere, contra quæ & quas in eorum præjudicium per officiales dictæ curiæ sicut asseritur, extitit sæpe petitio cum instantiâ per eosdem, ipsa privilegia, libertates, conventiones & excambia eis illibate servari, & attemptata in contrarium revocari, nos cupientes, quantumque licenter possumus complacere eisdem, placet nobis & volumus ac præsentium tenore concedimus & mandamus quod nonobstante quacumque casu contrario, seu quali possessionis, dicta privilegia & libertates, conventiones & excambia per illos ad quos expectaverit, prout de jure servando fuerint eis debeant observare, quodque si super his contra jus est aliquid fore factum, illud in irritum, vocatis procuratoribus, qui jura curiæ tuentur, summarie revocetur.

N. LXXVI.

Extrait du Registre Corona, *conservé aux Archives du Roi, fol.* 7 *v°.* — *Etats tenus à Aix le* 8 *Novembre* 1480.

Anno & die predictis (millesimo quadragentesimo octagesimo & die octava mensis Novembris), gentibus jam dicti trium Statuum, excellentis concilii videlicet Reverendissimo, reverendisque in Christo patribus, venerabilibusque

ac egregiis viris Dominis Olivario dei gratiâ Archiepifcopo Aquenfi, etc.
Et item magnificis, ftrenuis, ac potentibus egregiis quoque & generofis viris
Domino Fulcone de Agouto & Domino Barone de Saltu, etc. Atque pariter
egregiis Nobilibus & honorabilibus viris Domino Jacobo de Cepeta, Affeffore,
Domino Jacobo Candole jurium profefforibus, Jacobo de Remefano & Francifco
Blancardi tanquam miffis atque ambafxiatoribus civitatis Maffiliæ, etc., &
quam pluribus aliis perfonis de omni genere, conditione, ac ftatu, Nobilibus
fcilicet, Opineatibus, Primoribus, Burgenfibus, Mercatoribus, Artefanis & Plebeis; ita quidem quod pompa five turba hujus multitudinis vix potuiffet dinumerari in majori aulâ Aquenfis regii palatii propter dictum celebre concilium trium Statuum ut fupra defignatum eft ad fpectandum tam folemnem
actum undique ut vulgi moris eft convenientibus, affluentibus, & congregatis
ante confpectum, ob tuitum & digniffimam excellentiam fupra dicti fereniffimi
ac invictiffimi Domini noftri Domini Caroli, dei gratiâ Regis & Comitis qui
ibidem in trono five ejus regali folio, per gradus in altum elevato ac fumptuofe & magnifice palliato fedentis eminentius prefidebat exiftentibus & perfonaliter conftitutis atque unum & idem unitum ac indivifum corpus dictæ
patriæ & terrarum adjacentium copulatius facientibus prefatus Reverendiffimus Dominus Archiepifcopus Aquenfis primum & digniorem locum, inter
cæteros Dominos Prelatos tenens & præftans ipfi eidem Sereniffimo Domino
noftro Regi ut jam demonftratum eft fedenti & Prefidenti, tam fuo proprio
quam & coeterorum Dominorum Prelatorum, Baronum, Nobilium & Communitatum jam dicti præclari trium Statuum concilii, imo & totius patriæ
Provinciæ & terrarum adjacentium & fingularum perfonarum eorumdem nominibus & pro parte cum quantâ potuit humilitate atque inftancia fupplicavit
cum cœtu & collegio ipfius incliti concilii mente, animo, reverentiâ ac gefta
fibi unanimiter adherente quatenus refponfiones præmiffas capitalis per fuam
Majeftatem ut in pede cujuflibet ipforum manu alienâ defcribitur factas &
quæ continentur in illis, ad majorem cautelam ipforum ac totius rei geftæ
fidem & teftimonium palam renovare & reflenare, & acceptare, & nihilominus
illos cum effectu exequi & adimplere, & exequendo privilegia, libertates,
capitula pacis, conventiones, mores, ritus, litteras & cætera jura dictæ patriæ
& terrarum adjacentium, tam in generali quàm in particulari, cujufcumque
continentiæ, feriei, five formæ exiftant, prout in primo capitulo dictorum
capitulorum diffenfius exprimitur, ac fieri fuppliciter poftulatur, non folum confirmare, approbare, ratificare, & omologare, ac etiamfi opus erit, de novo
dare & concedere, verum etiam illos, illas & illa prout data, fcripta & conceffa funt perpetuò in futurum inconcuffe, inviolabiliterque, & incommu-

tabiliter tenenda & adimplenda & obfervanda, tenerique, obfervare, & adimpleri, mandanda, ordinanda & facienda jurejurando promittere, polliceri fua majeftas invictiffima ut fubfequitur benignius dignaretur altro dictis nominibus offerens gentes predicti excelfi trium Statuum concilii homagium debitum fidelitatis facramentum, & inde fibi ac fuis hæredibus & fuccefforibus quibufcumque viciffim ac univerfaliter fe facturos; quibus quidem fupplicationibus ut fupra factis, auditifque ac intellectis, & predictum excellentiffimum Dominum noftrum Regem confulto & deliberate, libenterque ac liberaliter exauditis, ipfe Dominus nofter priùs ut dixi de refponfionibus ipfis tanquam juffu fuo, ac de ejus certâ fcientiâ & merâ liberalitate, manu magnifici & egregii legum eximii profefforis Domini Joannis de Luperis ipfius invictiffimi Domini noftri Regis confiliarii collateralis & cambellarii in pede cujuflibet capituli dictorum capitulorum defcriptis certior factus atque illorum recentem memoriam adhuc tenens refponfiones ipfas in eorum & cujuflibet ipforum plenâ fubftantiâ atque effectu, iterum atque iterum per fe & fuos hæredes & in pofterum fucceffores quofcumque, ratos & gratos habuit, illos que identidem averavit & acceptavit atque propterea fe inclinatum & perfuafum effet dicta privilegia, libertates, capitula pacis, mores & ritus pactiones & cætera jura dictæ patriæ ac terrarum adjacentium & fingularum perfonarum earumdem patriæ & terrarum generaliter & particulariter quemadmodum in dicto primo capitulo feriofius continetur fecundum tamen refponfionem eidem capitulo factam fatiffaciat approbare, confirmare & omologare refpondendum duxit atque refpondit ficut illicò vivæ vocis oraculo acceptavit, ratificavit, approbavit & in quantum opus eft de novo conceffit, cum qualitatibus tamen & conditionibus in refponfionibus eifdem utique relatis & refervatis & quod illos, illas & illa inconcuffa & incommutabilia non folum tenebit & obfervabit verum etiam per fuos quofcumque Senefcallos, Concellarios, Judices Majores, Prefidentes, Magiftros rationales, Judices primorum appellationum & nollitatum atque pariter cæteros Pretores, Prefidentes, Jufticiarios & Officiarios fuos, prefentes & futuros mandabit cum qualitatibus tamen & refervationibus jam dictis, .teneri, ædimpleri & obfervari, promittere, jurare & polliceri humaniffime fe obtulit. Quod cum ita ut premiffum eft equo & benigne animo dixiffit & obtuliffet, e veftigio procefferunt Reverendus in Chrifto pater Dominus Ifnardetus de Graffa, Epifcopus Graffenfis ac Commendatorius perpetuus Abbatiæ facri Monafterii beati honorati infulæ lirinenfis nec non ftrenuus ac potens miles Dominus Fulco de Agouto, Baro & Dominus de Saltu fupra nominati ac Nobilis Antonius fuavis Sindycus alterque ex primoribus & optimatibus civitatis Aquenfis qui tres tanquam per gentes & omnem cætum

ac collegium dicti preclari concilii trium Statuum ad infra fcripta per agenda
electi, deputati, & ordinati tronum & folium regale memorati Domini noftri
Regis fupplias adherentes & appropinquantes tandem capitibus difcopertis,
flexifque genibus fic proclivi ante tronum & folium ipfum quoddam facra-
tiffimum miffale ipfi Excellentiffimo Domino noftro Regi apertum filicet mu-
tuis moribus detulerunt & prefentarunt, humillime orantes ut prænarrata
privilegia, libertates, capitula pacis & jura in dicto primo capitulo particulariter ac extenfius declarata, & prout in eodem capitulo tenetur & fupplicatur
jurare ac polliceri vellet & benignius dignaretur. Poft hæc autem dictus
Excellentiffimus Dominus nofter ficut premiffum eft inclinatus & perfenfus,
tenfis fuis ambabus manibus in dicto miffali prænarrata privilegia, libertates,
capitula pacis, mores ritus laudabiles, confuetudines, litteras, & cætera jura
dictæ Provinciæ & terrarum adjacentium atque pariter fingularum perfonarum eorumdem patriæ, & terrarum, tam generaliter quam particulariter in-
dicto primo capitulo ipforum capitulorum expreffius defignata & declarata,
quos, quas & quæ ibidem habere voluit pro expreffis ac fingulariter defi-
gnatis ac fi de verbo ad verbum in inftrumento hujus modi expreffa &
defignata forent cum refervationibus tamen & qualitatibus in dictis refponfionibus ut fupra retentis & refervatis attendere, complere ac inviolabiliter
& inconcuffe tenere & obfervare, tenerique & obfervari, mandari & facere
per fe & fuos hæredes & fucceffores quofcumque fub verbo & fide regalibus
pollicitus eft atque promifit & juravit tactis fcripturis dicti facratiffimi mif-
falis ad Evangelia Dei fancta, ex nunc mandato præcipiens ac ftrictius in-
jungens per hoc ipfum præfens inftrumentum quod vim habere voluit ipfe
Dominus nofter potentium litterarum magni Senefcallis, concellariis, judicibus
fecundarum & primarum appellationum & nullitatum Provinciæ, Magno
Prefidenti, Magiftris rationalibus, & aliis fuis Pretoribus, Prefidentibus, Juf-
ticiariis & Officialibus memoratis & quilibet feu loca tenentibus ipforum
prefentibus & futuris quantum comodo in antea per in perpetuum fupra dicta
privilegia, libertates, pactiones, capitula pacis, litteras & cætera jura ut fupra
confirmata, premiffa & jurata falvis femper dictis qualitatibus & refervationibus
omninò teneant, obfervant atque exequantur tenerique, obfervari & exequi
mandent & faciant fine obftaculo & contradictione quacumque quantum gratiam regiam eorum habent & indignationem defiderant non fubire. His itaque
omnibus fic peractis illicò & incontinenti memorati Dominus Epifcopus graffenfis, Dominus de Saltu, & Antonius fuavis, Sindicus, omnes tres fimul tam
eorum proprio quam etiam nominibus vice & pro parte fingularium Dominorum, Prelatorum, Nobilium, Communitatum & aliorum quarumcumque per-

fonarum incliti concilii dictorum trium Statuum unum & idem corpus indivifum totius patriæ & terrarum adjacentium predictorum facientium, flexis genibus & capitibus difcopertis manibufque utriufque ipforum in dicto miffali extenfis & appofitis, omni turbâ, cœtu & collegio dictorum trium Statuum & cæterorum ibidem extenfium apparentibus demonftrationibus, acta, gefta, mente & animo adherente, confentiente, aufcultante & intelligente dixerunt & palam confeffi funt prefatum Dominum noftrum Regem Carolum fore & effe dictorum comitatuum Provinciæ & Forcalquerii ac terrarum adjacentium comitem ac verum, rectum, legitimum, fupremum & naturalem Dominum & propterea alium mediatum vel immediatum dominum nifi dictum Dominum noftrum Regem Carolum Provinciæ & Forcalquerii comitem ac verum, rectum, legitimum, fupremum & naturalem Dominum non habere, nec habere velle dicentes propterea atque recognofcentes jam dictos comitatus & terras adjacentes teneri immediate & in capite fub majori Dominio, principatu, dittione & fuperioritate ejufdem Domini noftri Regis Caroli, tamquam dictorum comitatuum & terrarum adjacentium comitis, legitimique, veri, naturalis & fuperioris Domini & idcirco ipfi prefato Domino noftro Regi & Comiti prefenti ac pro fe & fuis hæredibus & fucceforibus quibufcumque ftipulanti & recipienti & juraverunt ad fancta Dei Evangelia, prout fupra quod ipfi numquam erant in concilio, tratatu, vel opere quo dictus Dominus nofter Rex & Comes, hæredefve ipfius & fucceffores in eifdem Provinciæ & Forcalquerii comitatibus & terris adjacentibus perfonam, membrum aut aliquam dignitatem vel terram amittere poffit, quinimo fi fiverint aut ad eorum vel alterius ipforum notitiam pervenerit, id toto poffe difturbabunt, & fi difturbant non poffunt, quam totius poterint eidem Domino noftro Regi & Comiti aut fuis hæredibus & fucceforibus predictis vel aliis per quos poterit citius ad illorum notitiam pervenerit manifeftabunt & revelabunt, & eis dabunt confilium bonum & utile pro poffe dum requifi fuerint, prout altiffimus fibi ipfis miniftrabit, illorum quæ concilia, commiffa, fecreta tenebunt, & nemini revelabunt, & item dabunt & preftabunt eidem Domino noftro Regi & Comiti ac fuis hæredibus & fucceforibus predictis quoties erunt requifiti contra & apud omnes de perfonâ & bonis ufque ad mortem inclufive adjutorium, opem & omnem favorem, nec erunt illis in damno de juftitiâ fuâ, fed eum & ejus jura totis viribus fervabunt illæfa ac omnia univerfa & fingula facient, tenebunt, & inviolabiliter perpetuo obfervabunt que in formâ antiquâ & novâ fidelitatis comprehendi & intelligi poffunt & debent, de quibus dixerunt fe fufficienter informatos, proteftantes quod fi aliter facere five preftare hommagium hujus modi & ad majora tenerenter, propterea eis

XIII.

non prejudicatur & quod eorum & cujuflibet ipforum, tam generaliter quam fpecialiter, libertates, privilegia, capitula pacis, litteras, & cætera jura ut fupra ratificata, promiffa & jurata fint eis omnibus & particulariter fingulis falva & illæfa atque incommutabilia perpetuo maneant in futurum rurfus vero poftquam premiffa ut fupra acta & gefta funt cum gentes dicti preclari concilii trium Statuum & alii prefentes percunctarentur five interrogarentur per eminentem & magnificum jurium eximium profefforem, Dominum Joannem Jarente prefati Domini noftri Excellentiffimi Regis Concellarium & collateralem an fcilicet homagium ligium & fidelitatis facramentum per jam dictos Dominos Epifcopum graffenfem, de Saltu, & Antonium Suaris modo premiffo factum & preftitum, ratum, gratum & firmum haberent & habere vellent perpetuò in futurum, omnes, capitibus difcopertis, proclivi & fuplices erigendo eminentius manus eorum dextras in fignum mutui confenfûs & optimæ ac indivifibilis volontatis rurfum identidem altâ voce, palamque & publice unanimes & fine quacumque difcrepatione refpondendo conclamaverunt quod fit, dicentes *fiat,. fiat* & fubjungentes altiori voce *ifte vivat Rex nofter Carolus in æternum.* Ad quæ omnia ipfe præfatus Dominus nofter Rex eofdem prout fupra recepit & beniguius admifit, falvis & refervatis femper Regiæ Majeftati & fuis fucceffioribus qualitatibus fupra dictis, etc.

Regiftre Corona *fol.* 5.

TENOR PRIMI CAPITULI CONFIRMATIONIS PRIVILEGIORUM.

Et primo ex parte dicti generalis concilii trium Statuum humiliter fupplicatur facræ Regiæ Majeftati ut dignetur tenere, complere & inviolabiliter obfervare, tenerique, compleri, attendi & inviolabiliter obfervari facere & cum effectu ac jurejurando firmare omnes & quafcumque conventiones, tranfactiones, omnia & quæcumque pacis & alia capitula & Statuta quomodo libet & fub quibufcumque verborum formis & conceffionibus initas & inita, factas & facta per & inter Illuftriffimos & Sereniffimos retro Principes Comites & Comitiffas Provinciæ & Forcalquerii & terrarum adjacentium, Dominos & Dominas cum quibufvis Ecclefiis & Prelatis ac Ecclefiafticis Perfonis, Baronibus, Nobilibus quibuflibet ac Civitatibus, Villis, Caftris, Oppidis & Univerfitatibus quibufcumque intra dictos Comitatus & terras adjacentes conftitutis, etiamfi eifdem conventionibus capitulis ac ipfarum & ipforum alteri per non ufum aut contrarium ufum feu abufum, fit aut fuerit quomodolibet derogatum, quas & quæ fuo motu proprio ac ejus certâ fcientiâ dignetur convalidare & approbare & pro firmis & illibatis habere, ac fi nufquam contraventum fuiffet, feu fi ex-nunc de novo inhiret, conveniret feu tranfigeret, vel concederet quæcumque fint illa cujufcumque tenoris & efficaciæ, quarum & quorum tenorem & illarum illorumque auctores habere dignetur eadem Regia Majeftas pro fufficienter expreffis, ac fi de verbo ad verbum prefentialiter effent lecta & huic approbationi & confirmationi omnino inferta, nec non dignetur eadem Regia Majeftas confirmare, omologare, approbare, & quatenus opus eft de novo concedere & donare omnia & quæcumque Statuta, privilegia, libertates franchefias, immunitates, exemptiones quafcumque, quâvis ratione feu caufâ & quibufvis Ecclefiafticis feu perfonis per bonæ memoriæ quondam retro Sereniffimos Principes & Principiffas, Comites & Comitiffas, videlicet Ildefonfum., Raymondum Berengarii, Guillelmum & Guiguonem, Carolum primum, Carolum fecundum, Robertum, Ludovicum & Johannam, Mariam, Ludovicum fecundum, Ludovicum tertium, Ifabellam & Renatum & alios quofcumque fuos predeceffores, Comites predictos tam mares quam fæminas, illorumque, illarumque vice Gerentes & Senefcallos & Dominos terrarum illis adjacentium, tam conjunctim quam divifim quomodolibet indultos & indulta, conceffos & conceffa etiamfi talia forent feu fint quibus forte per non ufum aut contrarium ufum feu abufum quocumque modo derogatum fuerit in genere vel in fpecie, delarando omnes & fingulos eorumque & fingula predictos & predicta, conventiones, tranfactiones, libertates, pacis & alia capitula & Statuta provincialia ac privilegia ipfarum ipforumque & quod libet fuum debere plenarie fortiri effectum ac fi eis aut ipforum alteri nufquam fuiffet contraventum, feu derogatum, fupplendo quofcumque defectus, fi qui forte in illorum conceffione vel ufu intervenerint quæ omnia predicta & ipforum qualibet pro fufficienter lectis & replicatis cum ipforum auctoribus habeantur & illis a cætero ftetur ac fi ut fupra de verbo ad verbum hic inferta effent, etiamfi talia effent quæ archivari debuiffent & archivata non fuerint, ac aliis quibufcumque in contrarium nonobftantibus.

RESPONSIO.

Placet Regi & concedit ut petitur, falvo jure Regiæ fuperioritatis & cujuslibet tertii declarando tamen quod per hujus modi refervationem Regia Majeſtas non intendit prejudicare nec contravenire ſupra dictis privilegiis, libertatibus, capitulis, & conceſſionibus ac preſenti confirmationi, renovationi, & conceſſioni ſuperius declaratis, ſuperioritate Regiâ ſemper ſalvâ.

N. LXXVII.

Extrait du Regiſtre Corona, *conſervé aux Archives du Roi, fol.* 162. — *Etats tenus à Aix en* 1482.

Article 5. Cum hæc patria ſit ab ævo patria juris ſcripti, ſoleatque Regi ſecundum jus ſcriptum & Conſtitutiones regias & ducales & Statuta provincialia, placeat Majeſtati veſtræ dictam patriam ſinere & nos ſemper uti & Regi legibus Statutis, conſtitutionibus & conſuetudinibus, quibus aſſueti ſunt hâc uſque uti & non aliis.

Responsio.

Placet.

Fol. 162 *v°.*

Article 10. Item placeat Regiæ Majeſtati poſt titulum Corona, intitulare ſe, Comitem Provinciæ, in omnibus quibuſcumque litteris, pro quâcumque cauſâ ſcribendâ & dirigendâ infra dictam veſtram patriam Provinciæ, ita quod, nullis aliis litteris corentibus dicto titulo, Comitis Provinciæ, parere teneantur & nec illis parendo, argui poſſimus de aliquali inobedientia vel offenſâ veſtræ Majeſtatis.

Responsio.

Placet.

Fol. 166 *v°.*

Article 52. Quod ſi per importunitatem petentium aut aliàs derogaretur & contraveniretur capitulis, privilegiis & libertatibus hujus patriæ Provinciæ per

litteras & alias provifiones illis conceffas, tales conceffiones & provifiones pro
non conceffis habeantur & pro nullis & invalidis teneantur & reputentur.

RESPONSIO.

Placet.

N. LXXVIII.

Extrait du Regiftre Corona, *confervé aux Archives du Roi, article 2, fol.
161 v°. — Etats tenus à Aix en* 1482.

Quod omnes caufæ tam civiles quam criminales terminentur & decidantur
ac finiantur in Provinciâ, abfque eo quod extrahi poffint extra Provinciam
prout hactenus huc ufque extitit obfervatum fervatis jure difpofitionis com-
munis & regiis conftitutionibus.

RESPONSIO.

Placet.

Fol. 162 v°.

Article 11. Placeat Regiæ Majeftati quod litteræ veftræ Regiæ ab extra
veftram prefentem patriam venientes, priufquam exequantur prefententur
veftro Concilio in Provinciâ refidente, ut maturius & confultius exequantur,
habitâ prius dicti Concilii interinatione & annexâ, fine quibus non liceat
impetrantibus & portitoribus & aliis quibufcumque illis uti.

RESPONSIO.

Placet.

N. LXXIX.

Edit de Louis III, Comte de Provence, du 20 Novembre 1424.

Ludovicus tertius dei gratiâ Rex Jerufalem & Siciliæ, dux Andegaviæ, Comitatuum Provinciæ & Forcalquerii, cænomaniæ, ac Pedemontii Comes, Germano noftro Carolo illuftri, noftro in comitatibus Provinciæ & Forcalquerii prædictis locum tenenti generali falutem & fraternam dilectionem cariffimo etc.

Item volumus, ftatuimus & ordinamus quod omnes litteræ noftræ gratiam continentes, vel aliæ quæ extraordinariæ officialibus dirigentur, & fimiliter commiffiones ad informationes recipiendas vel inquifitiones faciendas quæ ab hoc regno in futurum emanabuntur in patria Provinciæ exequendæ, priufquam executioni mandentur, debeant, noftro locum tenenti Senefcallo vel gubernatori aut alteri in eadem patriâ officiali principali præfentari..... alioquin, quidquid vigore non prefentatorum fieri contigerit, nullius fit roboris vel momenti, etc.

Datum averfæ per manus Ludovici Regis præfati die 20. menfis Novembris tertiæ indictionis, anno 1424. Regnorum verfo noftrorum prædictorum anno octavo.

N. LXXX.

Statut de l'année 1488.

Item quod quoties contingit impetrari per non nullos litteras a Chriftianiffimo Domino noftro Rege, quas fecundum formam privilegiorum, annexare neceffe eft, nihilominus aliquando ut plurimum litteræ impetratæ contra privilegiorum patriæ feriem & per confequens non veniunt annexandæ, placeat ad annexum talium litterarum non poffe procedi nifi prius vocatis procuratoribus, & fi aliter proceffum fuerit annexa, fit nulla & irrita.

PIECES JUSTIFICATIVES. ciij

Responsio.

Placet & Regii concilii providentiâ obfervatum fûit huc ufque.

N. LXXXI.

Extrait du Regiftre des Deliberations des Etats de Provence n. 9, confervé au Greffe des Etats, fol. 262. — Etats tenus à Aix en Mai & Juin 1611.

Sur les plaintes faites aux Etats des grands abus qui procedent de la frequence des evocations & d'extraction des habitans dudit Pays hors de leur reffort pour toute forte de proces qui demeurent bien fouvent en arriere par la pauvreté & impuiffance de ceux qui font diftraits & par plufieurs autres incommodités qui redondent defdites evocations, en particulier des executions des Arrêts & Jugemens qui fe donnent hors dudit Pays, lefquels fe font par des Commiffaires etrangers à la grande furcharge du Peuple.
Lefdits Etats ont deliberé qu'il fera fait article au Roi, & Sa Majefté tres humblement fuppliée de ne donner aucune evocation qu'aux cas que font portés par les Ordonnances, & neanmoins qu'aux proces civils, les parties, en cas d'evocation feront tenues de compromettre à d'arbitres non fufpects, la fentence defquels fera premierement executée, & aux proces criminels les debats & querellés feront tenus de fe remettre en prifon, & configner les amendes ja jugées & autres adjudications, auparavant que d'en faire aucune pourfuite, & auffi Sa Majefté fera fuppliée que les Jugemens & Arrets qui viendront *ab extra* s'executeront par les Juges de la Province non fufpects.

Fol. 342. — *Etats tenus à Aix en Décembre* 1612.

Le Sr Affeffeur a remontré qu'il y a plufieurs plaintes touchant les affignations qui font données aux fujets de cette Province en fuite des *committimus* obtenus par plufieurs perfonnes, lefquelles rapportant des ceffions des autres perfonnes privilegiées & pour dettes litigieux veulent diftraire les debiteurs de la jurifdiction de leurs juges naturels, les conftituent en grands fraix & depenfes, etant contraints le plus fouvent lefdits debiteurs, à faute de moyens pour fe pouvoir defendre hors du Pays, de fouffrir injuftes condamnations.

Les Etats ont unanimement deliberé que les Deputés feront remontrances à Mgr le Chancelier qu'il lui plaife ne donner d'hors en çà aucun *committimus* aux perfonnes fervant actuellement & couchées fur l'Etat, fuivant les Ordonnances. Neanmoins fera fait article au Roi que ceux qui ne font employés ayant lefdits *committimus* & qui auront rapporté ceffion ne pourront convenir les debiteurs que pardevant leurs Juges naturels & ordinaires de la Province.

N. LXXXII.

Extrait du Regiftre des Deliberations des Etats de Provence n. 13, confervé au Greffe des Etats, fol. 61 — Affemblée generale des Communautés tenue à Aix le 25 Octobre 1630.

Le Sr Martelly, Affeffeur d'Aix, Procureur du Pays, a reprefenté que le principal fujet de la convocation de cette Affemblée eft pour informer les Communautés de l'introduction qu'on veut faire dans la Province de l'Edit des elections qui feroit la chofe la plus prejudiciable non feulement en ce qui regarde les biens, mais les libertés, voire la propre vie des habitans dudit Pays; car outre que l'Edit des elections porteroit un aneantiffement de tous les us, coutumes, privileges & libertés dudit Pays, il priveroit les habitans de la difpofition de leurs biens qui ne dependroient que des Officiers etablis pour ladite election, dont le nombre par la fupputation qui en a été faite feroit de 350, qui traineroient avec eux une legion entiere de Sergens, Executeurs, Recors & autres telles fortes de gens qui devoreroient la fubftance du pauvre Peuple, en forte que de bons & fideles fujets que les Provençaux ont été reconnus durant tous les fiecles paffés, non feulement utiles, mais neceffaires à la confervation de cet Etat, ils feroient changés en de vils & miferables efclaves à qui on auroit oté la force &

abbattu le courage de pouvoir continuer leurs fervices au Roi. Auffi Mrs de la Cour de Parlement ayant prudemment examiné l'importance d'un tel Edit, & les inconveniens que l'execution d'icelui pourroit produire, ont fait un arret le 18 de ce mois portant defenfe à toute perfonne de traiter des offices d'iceux, ni iceux exercer un titre d'office ou par commiffion à peine de 10,000 livres & autre arbitraire; & tout ce deffus ayant été reprefenté par ledit fieur Affeffeur à Mgr le Gouverneur à fon arrivée à Marfeille en la prefence de Mrs les Procureurs du Pays nouveaux créés & de plufieurs Confulaires de la Ville, il avoua que cet Edit etoit grandement prejudiciable non feulement à la Province mais au fervice du Roi, & par ainfi promettoit de s'employer avec toute affection pour empecher l'execution d'icelui, & etabliffement des Officiers, & ne rien oublier de l'affiftance que le Peuple fe doit promettre de fon amitié en cette occafion, où il y va de fa confervation.

Fol. 63 *v*°.

Sur quoi l'Affemblée a unanimement deliberé que tres humbles remontrances feroient faites au Roi fur le prejudice que l'execution de l'Edit d'election & établiffement des Officiers apporteroit à fon fervice, au moyen de la defolation de tout ce Peuple dudit Pays qui feroit privé du contentement & de la gloire de pouvoir fervir Sa Majefté, de continuer les temognages de fon entiere fidelité, puifqu'on lui auroit oté la force, & abbattu entierement le courage en les reduifant à une mendicité, les privant de leurs liberté & privileges, fans avoir commis, ni de fait, ni de penfée aucun crime qui meritât une telle punition; & que Sa Majefté fera tres humblement fuppliée pour la confolation de fon Peuple de revoquer cet Edit; lefquelles remontrances feront jointes à celles qui feront portées par Mr le Procureur general du Roi qui en fera prié, fans qu'il foit befoin de faire aucune deputation pour ce fujet. Et cependant conformement audit arret de la Cour de Parlement, en cas qu'on en pourfuivît l'execution & etabliffement des Officiers, que toutes les Communautés de la Province y donneront empechement par toutes les voies dues & raifonnables afin qu'une chofe tant dommageable au fervice du Roi & au falut des Peuples, qui font infeparables, ne foit etablie dans la Province.

Fol. 117. — *Etats tenus à Tarafcon en Mars* 1631.

Mondit Sr l'Eveque de Sifteron a remontré qu'il refte à pourvoir fur le principal point de la propofition de mondit Segneur le Prince concernant l'execution des Edits portant etabliffement de l'election & de la comptabilité, grandement prejudiciable à la Province par de fi puiffantes raifons que fi elles etoient reprefentées à mondit Segneur, il eft croyable qu'elles opereroient à nous faire avoir du foulagement en nos maux, eftimant qu'avant y pouvoir remedier & refoudre, qu'il feroit neceffaire de faire connoître à Son Alteffe les maux & incommodités que les Edits apporteroient au Pays, & pour cet effet il lui femble que les Etats doivent deputer des perfonnes des trois Ordres pour les lui reprefenter & en apres rapporter à la Compagnie ce qu'il auroit plu à mondit Segneur leur repondre.

Sur quoi, etc.

Fol. 120.

Mr l'Eveque de Sifteron a remontré que fuivant la deliberation prife ce matin ils ont eu l'honneur avec ceux que les Etats ont deputés de faire favoir à mondit Segneur le Prince tous les prejudices, incommodités & autres inconveniens qui pourroient arriver en execution de l'etabliffement des Edits d'election & comptabilité; ayant été favorablement ecoutés de mondit Segneur qui, apres en avoir conferé avec Mrs de fon Confeil, il leur a dit librement que quoique par l'etabliffement de l'Edit des elus, le Roi en retira 700 mille ecus, & par celui de la comptabilité 300 mille, qu'eft au tout un million d'or, & neanmoins fi les Etats fe difpofent à venir à main ouverte avec des offres puiffantes & confiderables pour donner contentement au Roi en la neceffité de fes affaires, Son Alteffe pourroit auffi donner fatiffaction au Pays, puifqu'elle a le pouvoir de Sa Majefté, qu'il faira voir quand on le defirera, non feulement de la revocation des deux Edits, mais encore pour faire retablir les Cours fouveraines & autres Srs Officiers dans la ville d'Aix, & que le meilleur affaire qu'on pourroit faire pour le Pays, c'etoit de temogner promptement les effets de fa bonne volonté envers fadite Majefté pour fe tirer de l'incommodité & de la depenfe des troupes dont Son Alteffe peut auffi foulager le Pays comme du refte,...... c'eft ce que mondit Sr l'Eveque de Sifteron a voulu faire favoir à la Compagnie afin qu'elle foit pleinement informée de tout ce qui fe paffe, pourvoir aux expediens & remedes pour fortir de cette affaire, puifque au plus nous delayons au plus notre mal s'augmente, & que mondit Segneur nous a fait connoitre que notre plus grand bien confifte en la prompte expedition de nos refolutions pour voir bientôt les chofes remifes à leur premier Etat.

Fol. 121.

Sur quoi mure deliberation prife dans les Etats, a été unanimement refolu que Sa Majefté fera humblement fuppliée, attendu les extremes neceffités de fes pauvres fujets de ladite Province qui ne lui peuvent rien offrir, parce que apres Dieu, ils reconnaiffent vie & bien à fa Souveraineté, neanmoins parce qu'il lui plait de les vouloir entendre & recevoir fous les termes de fa clemence & de fa bonté, fera fon bon plaifir que la fomme d'un million de livres tiendra lieu & place de plus grand fecours que Sa Majefté pourroit defirer de fefdits fujets entierement zelés & affectionnés pour fon fervice, la feule impuiffance les arretant de pouvoir faire plus, payable ladite fomme dans tel tems que le Pays la puiffe acquitter fans retardement des autres charges ordinaires.

Fol. 124 *v*º.

Enfuite de quoi a été unanimement deliberé que le Pays furmontant fes propres forces, augmentera fon offre jufqu'à la fomme de 1500 mille livres payables au moins dans huit années, aux qualités portées par la deliberation du jour d'hier, dans laquelle offre les terres adjacentes & lieux non contribuables aux charges dudit Pays ne feront comprifes pour cette feule fois tout feulement, en confideration qu'au moyen de ce, il a été fait une notable diminution des demandes propofées à ladite Province & fans à l'avenir fe departir du droit qu'elle a de les faire entrer aux charges du Pays, ainfi qu'il a été pratiqué pour le paffé, & dont les arrets & jugement du Confeil font en vigueur, à laquelle fomme de 1500 mille livres, par la pluralité des opinions a été deliberé que les capitaux des penfions fur les Communautés dudit Pays feront contribuables; à quoi Mr le Marquis de Janfon, Baron de Cerefte, de Vins, de Buoux, de la Martre, de Sauffes & autres fieurs de la Nobleffe ont déclaré pour eux & pour leurs adherens etre oppofans tant pour leurs interets qu'ils deduiront en tems & lieu que pour n'etre cet article exprimé ni compris dans la propofition de la presente deliberation & que par la refolution prife le jour d'hier les Communautés & Vigueries n'ont été reçues qu'aux proteftations par elles faites dans ladite deliberation, & les autres opinans ont protefté de leurs deffenfes au contraire.

N. LXXXIII.

Extrait parte in qua *des Lettres-patentes données par la Reine Marie, le 5 Septembre 1399, relatives aux Chapitres ou Articles particuliers concernant la ville d'Aix & fes habitans.*

PRIVILÉGES DE LA VILLE D'AIX, PAGE 10.

Item que la Cour du Senechal, Juge majeur, & des Appellations, Chambre des Comptes & Maitres rationaux, fe tiendra toujours continuellement en la ville d'Aix & non ailleurs, & s'il y avoit quelques conceffions faites defdites Cours, ou l'une d'icelles à quelques Communautés, elles feront auffitot & demeureront revoquées, & à ces fins, ceux en faveur defquels telles conceffions ou donations auroient été faites, feront tenues confentir à la revocation.

Item que la Chambre des Archifs & du Fisc, fera perpetuellement & continuellement en ladite ville d'Aix, fans qu'elle puiffe jamais etre tranfferée ailleurs.

Item que tous Senechaux & Juges mages qui feront à l'avenir, demeureront ordinairement en ladite ville d'Aix pour l'exercice de leurs offices, fans en pouvoir partir, pour quelque caufe ou fujet que ce foit, que pour vifiter lefdites Communautés fuivant les Statuts provinciaux.

N. LXXXIV.

Extrait du Regiſtre des Deliberations des Etats de Provence n. 19, conſervé au Greffe des Etats, fol. 291 v°. — Aſſemblée des Procureurs du Pays nés & joints du 24 Mars 1639.

Le ſieur de Bompar, Procureur du Pays, a repreſenté qu'il eſt obligé de donner connoiſſance à cette Aſſemblée d'une nouveauté tres pernicieuſe & prejudiciable à toute la Province, qu'on eſt à la veille d'introduire par l'etabliſſement de divers ſieges preſidiaux en pluſieurs villes de la Province, ayant eu avis qu'il doit arriver dans peu de jours un Commiſſaire de la part de Sa Majeſté pour y faire ledit etabliſſement, & que ſur la nouvelle que Mrs du Parlement en ont eue, ils deputerent hier matin deux Commiſſaires de leur Corps pour s'acheminer vers ledit Sr Commiſſaire pour former oppoſition au nom du Parlement audit etabliſſement, à ce qu'il y ſoit ſurſis juſqu'à ce que Sa Majeſté ait fait droit ſur les remontrances des Deputés que le Parlement a envoyés expreſſement par-devant elle pour ce ſujet. Sur quoi il eſt obligé de repreſenter à cette Aſſemblée qui eſt compoſée des Deputés des trois Ordres de la Province, le prejudice & le dommage que le public ſouffriroit de ce nouvel etabliſſement; car outre que la multiplicité d'Officiers de juſtice apporte ordinairement la multiplicité des proces qui ſont des maux qui ſe renouvellent tous les jours, conſoment les meilleurs patrimoines, & troublent inceſſamment le repos des familles, il eſt d'ailleurs à conſiderer que l'etabliſſement des Preſidiaux tend à violer & detruire les privileges & droits concedés au Pays par les Comtes de Provence, & confirmés par les Rois de France, & notamment par le Roi heureuſement regnant, portant que le ſiege de la juſtice ſouveraine, en cette Province, ne pourra etre levé de la ville d'Aix, comme la ville capitale & la plus commode par ſa ſituation, qui eſt preſque dans le cœur de la Province & de toutes les autres villes du Pays, à cauſe de quoi, ſur la pourſuite qu'on faiſoit de tranſferer la ſeance de la Cour des Comptes, Aides & Finances de la ville d'Aix à celle de Toulon, l'Aſſemblée generale des Communautés, tenue le mois d'Octobre 1630, fit deliberation de former oppoſition à cette tranſference au nom du Pays, & d'en porter la plainte à Sa Majefté; en confequence de laquelle Sa Majefté par fa juftice ordinaire revoqua ladite tranfference, & fuivant lequel exemple, il femble que la Province a plus de fujet & de raifon d'empecher l'etabliffement des prefidiaux, pour ce que comme il eclipferoit entierement la jurifdiction du Parlement eu egard à la pauvreté & petiteffe du Pays, dont prefque tous les proces confiftent à des chofes & fommes fi minimes qu'ils pourroient etre jugés fouverainement par lefdits Prefidiaux. Pour ce moyen le Parlement & la Juftice fouveraine de la Province fe trouveroient non feulement tirés de la ville d'Aix, mais difperfés en divers lieux de la Province, à la grande furcharge des habitans d'icelle, vû que venant à la ville d'Aix à la pourfuite des proces qu'ils ont au Parlement, ils pourfuivent pareillement ceux qu'ils ont pardevant la Cour des Comptes, & les Srs Treforiers generaux de France dont les Tribunaux y font etablis, meme les Communautés y reçoivent une grande commodité, pour ce que leurs Deputés en meme tems viennent faire leurs affaires qu'ils ont concernant le Pays avec Mrs les Procureurs du Pays dont le fiege ordinaire eft pareillement etabli dans la ville d'Aix, De plus l'Affemblée doit confiderer le fujet qu'elle a de fe louer de la bonne juftice que pour le paffé en tout tems & en toute forte de rencontres les habitans de la Province ont reçu du Parlement, le grand foin que ladite Cour a pris de bien ufer de l'autorité fouveraine que Sa Majefté lui a confiée pour l'adminiftration de la Juftice, & les bons offices que perpetuellement il a rendu pour le foulagement de la Province & la confervation de fes privileges dont jufqu'à prefent le public a reffenti les effets, & efpere d'en reffentir la continuation à l'avenir, au lieu qu'il a fujet d'aprehender tout le contraire par l'etabliffement des Prefidiaux, etant à craindre que les Officiers des Senechaux qui acheteront les offices, voire qu'on obligera contre leur gré d'en acheter, augmentent pour fe remplacer & tirer profit de leur argent, les epices, droits de greffe & emolumens de Juftice, ce qu'ils feront d'autant plus facilement qu'ils le feront impunement comme n'aprehendant plus que la correction & reformation de ces abus foit faite de l'autorité ordinaire du Pays, fupérieure à la leur en cè qui fera des proces qui feront de la nature des Prefidiaux; en quoi la faute & la furcharge qui tombera fur le Peuple, accablé d'ailleurs en cette faifon calamiteufe d'une infinité de miferes, fera extraordinaire & perpétuelle, même que les Regiftres du Pays font foi de diverfes deliberations prifes dans les Etats pour faire moderer les epices exceffives, & regler les abus qui fe commettent es greffes par des indues exactions dans les Senechauffées de la Province fur les plaintes que les Habitans d'icelle ont porté aux Etats, à quoi le Pays a toujours travaillé. Davantage l'Affemblée doit confiderer que l'étendue du reffort du Parlement eft fi petite, qu'eu egard au lieu où la Juftice Souveraine a été établie, cette Province n'eft pas de la nature de celles qui ont reçu des Prefidiaux, comme en effet depuis plus de cent ans que les Prefidiaux ont été etablis dans quelques Provinces de ce Royaume qui font d'une longue & vafte etendue, ni le Pays ni aucune Ville d'icelui n'a jamais fait plainte qu'elle venoit demander juftice en un lieu trop elogné; enfin que le Pays a toujours par le paffé fait tous fes efforts pour empecher la nouvelle creation des Officiers & les etabliffemens ou changemens prejudiciables au Peuple, comme il a apparu les années dernieres que le Bureau des Srs Treforiers generaux de France ayant été tranfferé hors de cette ville par arret du Confeil donné en l'année 1637, fur la requete des gens des trois Etats & à leur pourfuite, ledit Bureau fut retabli en cette Ville, par toutes lefquelles raifons, & autres qu'un chacun peut confiderer, il eftime que l'Affemblée doit prendre en une matiere fi importante une refolution digne du zele qu'elle a pour le bien public.

Sur quoi la matiere mife en deliberation a été unanimement refolu que tres humbles remontrances feront faites à Sa Majefté au nom du Pays par les Srs d'Efpinoufe & Gaufridy, premier Conful & Affeffeur d'Aix, Procureurs du Pays, Deputés vers elle par les derniers Etats fur la revocation de l'Edit portant etabliffement des Prefidiaux en cette Province comme tres prejudiciable au Pays; lefquels Srs Deputés reprefenteront à Sa Majefté & à nos Segneurs de fon Confeil que les Habitans de la Province ont trouvé en toute occafion tant de juftice en la Cour de Parlement d'Aix qu'ils n'ont jamais defiré ni ne defirent de recevoir l'adminiftration de la juftice d'autre Souveraine, mais que de celle-là, & qu'ils n'en peuvent etre diftraits qu'avec un grand deplaisir & un grand prejudice en leurs biens & en leur fortune pour raifon de quoi l'Affemblée a donné charge auxdits Srs Deputés de bailler toutes requetes & faire toutes inftances qu'ils jugeront neceffaires pour obtenir de la bonté de Sa Majefté la revocation d'un Edit fi prejudiciable, & cependant en cas qu'il vienne un Commiffaire en cette Province pour etablir lefdits Prefidiaux, l'Affemblée a deliberé qu'il fera formé oppofition au nom du Pays par les raifons & moyens que deffus, donnant à ces fins pouvoir auxdits Srs Procureurs du Pays de faire toutes inftances que befoin fera pour empecher ledit etabliffement par toutes voies dues & raifonnables, jufqu'à ce que les oppofitions du Pays & autres parties plaintives & intereffées foient jugées par Sa Majefté, & neanmoins l'Affemblée confiderant que l'un des principaux moyens pour obtenir la revocation de ce nouvel Edit de la bonté de Sa Majefté eft l'interceffion envers elle de Monfegneur le Gouverneur, a deliberé de s'acheminer tout prefentement en corps vers fa Grandeur pour lui faire favoir le prejudice & le dommage que cette nouveauté cauferoit dans la Province, & que le Pays dans les derniers Etats paffant pardeffus fes forces a accordé à Sa Majefté des fommes fi immenfes qu'il lui eft prefque impoffible de les payer, fans l'efperance qu'on lui a donnée que les nouveaux Edits dont cette Province etoit menacée feroient revoqués. A quoi mondit Segneur le Gouverneur par fa bonté ordinaire & par l'amour qu'il porte à la Province, ayant promis de contribuer de tous fes foins, ladite Affemblée le fuppliera de vouloir continuer audit Pays fes faveurs & fes bons offices auprès de Sa Majefté pour lui faire obtenir la revocation d'un etabliffement fi pernicieux.

N° LXXXV.

Extrait du Regiftre des Deliberations des Etats de Provence n. 13, confervé au Greffe des Etats, fol. 62 — Affemblée generale des Communautés tenue à Aix le 25 Octobre 1630.

Ledit Sr Affeffeur a auffi reprefenté qu'on pourfuit encore une affaire prefque autant prejudiciable à la Province que celui des Etats. C'eft la tranfference de Mrs de la Cour des Comptes, Aides, & Finances en la ville de Toulon, bien que l'etabliffement en ait été fait en la ville d'Aix par les anciens Comtes de Provence, confirmé par les articles de paix & encore par des Lettres-patentes & Edits de nos Rois apres la reunion de la Province à la Couronne de France; etant chofe affez notoire que la feance de ladite Cour en la ville d'Aix eft commode à toute la Province, tant parce que la dite Ville eft comme le centre d'icelle, & par confequent tous ceux du Pays qui ont des affaires en ladite jurifdiction y abordent avec beaucoup moins d'incommodités que s'il falloit aller à l'extremité de la Province & meme à ladite ville de Toulon qui eft frontiere & fujette à l'invafion des Etrangers, & on ne pourroit eftimer affurés tant de beaux titres & documens qui font dans les Archives de la Chambre des Comptes où confiftent les fortunes & honneurs tant des Ecclefiaftiques, Gentilfhommes, Communautés & autres particuliers dudit Pays. D'ailleurs chacun fait que cette tranfference n'eft procurée que pour pouvoir plus facilement faire verifier plufieurs Edits grandement pernicieux au Peuple, meme celui de la comptabilité, à quoi fe trouvera plus de refiftance, & fe formera des empechemens plus folides quand ladite Cour continuera fes feances en la ville d'Aix. Auffi on a vu que tout le Peuple de la Province s'eft emu à cette nouveauté; de forte que ladite Ville ayant deputé vers le Roi pour lui reprefenter que ladite tranfference ne pouvoit etre faite fans au prealable avoir ouï fes plaintes & raifons d'oppofition, la ville de Marfeille reconnaiffant qu'elle avoit part à cet interét a femblablement deputé pour joindre fes plaintes à celles dudit Aix. Mrs les Procureurs du Pays nés & joints confiderant le prejudice que tout le Pays recevroit par ce changement, en leur Affemblée du 10 de ce mois auroient auffi deputé Mr de Mimata, grand Vicaire de Mr l'Archeveque, pour fe tranfporter en Cour, non feulement pour faire adherance auxdites oppofitions, mais en former inftance; etant queftion que l'Affemblée delibere tant fur l'aprobation de ce qui a été fait fur ce fujet, que fur ce qu'on doit faire à l'avenir.

Fol. 64.

Sur quoi l'Affemblée en aprouvant unanimement tout ce qui a été fait par ladite Affemblée dudit jour 10 de ce mois, a deliberé qu'il fera non feulement fait adherance à ladite ville d'Aix, mais formé inftance fpeciale pour empecher ladite tranfference, & que tres humbles remontrances feront faites au Roi, fur le prejudice que le Pays recevroit par ledit changement, & Sa Majefté fuppliée de revoquer toutes les Lettres-patentes, Arrêts & Commiffions qui pourroient avoir été expediées fur ce fujet, fans que pour raifon de ce, foit befoin de faire aucune Deputation; & neanmoins que s'il fe trouvoit des Officiers de ladite Compagnie qui fe fuffent tranfportés en ladite ville de Toulon, pour l'exécution d'un certain Arrêt du Confeil donné fans ouïr ni appeller aucune des parties intereffées, qu'aucune des Communautés de la

Province ne faira aucune pourfuite de fes proces dependans de la jurifdiction de ladite Cour en la ville de Toulon ou ailleurs, hors la ville d'Aix, & tous les Habitans dudit Pays admoneftés d'en faire le femblable en leur particulier, afin qu'une chofe fi dommageable à tout le Peuple, procedant de l'invention de certains efprits ennemis de fon repos, ne puiffe etre executée, & qu'il fera ecrit au Sr de Mimata, fi fait n'a été, de s'en revenir, neanmoins que Mrs de ladite Cour des Comptes feront fuppliés au nom du Pays de continuer en la fonction de leurs charges, & rendre juftice en cette ville d'Aix aux fujets de Sa Majefté fous le bon plaifir d'icelle.

N. LXXXVI.

Extrait du Regiftre des Deliberations des Etats de Provence n. 19, confervé au Greffe des Etats, fol. 338. — Affemblée des Procureurs du Pays nés & joints du 12 Juillet 1639.

Le Sr de Bompar, Procureur du Pays, a remontré qu'ils ont eu avis qu'on pourfuit aupres du Roi de diftraire de Mrs de la Cour des Comptes la jurifdiction ordinaire qu'ils ont dès long-tems du Bureau du Domaine, où ladite Cour a accoutumé de commettre annuellement trois des Srs Confeillers de fon Corps pour juger des chofes qui fe prefentent, ce qui fe fait avec fort peu de frais, & au contraire, fi cette jurifdiction venoit a etre demembrée, outre que le Pays a un notable interet d'empecher les nouveautés s'agiffant en ceci d'un vieux etabliffement, qu'on pretend de tranfferer, la Province recevroit encore cette furcharge de beaucoup plus de depens qui s'y fairoient en un autre Corps, lequel etant compofé d'un plus grand nombre, cauferoit davantage de frais aux parties, outre que les papiers de cette jurifdiction du Domaine fe trouvant enfermés dans les Archives du Roi, le Pays a notable interet de n'en permettre pas la feparation, ains de rechercher les moyens pour y etre confervés, tellement qu'il femble que le Pays eft obligé pour fon interet de donner adherance à la pourfuite que Mrs de la Cour des Comptes font aupres du Roi pour fe maintenir la jurifdiction dudit Bureau du Domaine.

Sur quoi l'Affemblée a deliberé que le Pays donnera adherance à ladite

Cour des Comptes pour empecher la feparation dudit Bureau du Domaine, fans que pour raifon de ce, le Pays entre en aucun frais, foit en ladite pourfuite ou pour la confervation de ladite jurifdiction, & à ces fins, extrait de la prefente Deliberation fera envoyé à Mrs d'Efpinoufe & Gaufridi, Procureurs du Pays, Deputés en Cour, pour, en confequence d'icelle, faire toutes inftances requifes & neceffaires.

N. LXXXVII.

Extrait du Regiftre des Deliberations des Etats de Provence n. 9, confervé au Greffe des Etats, fol. 99 v°. — Etats tenus à Aix en Decembre 1607.

Le Sr Affeffeur a remontré que ceux qui ont été Deputés par les Etats pour deliberer fur les avis que doivent etre donnés par lefdits Etats au privé Confeil du Roi, des proces & differens pendans par devant icelui, entre les villes & vigueriats de Draguignan & la ville de Frejus, & entre les Confuls & Communautés du Reveft & Pierre........ Hermitte de la ville de Toulon; lefquels Deputés ayant vu les Arrets donnés par le Confeil contenant les faits fur lefquels lefdits avis doivent etre donnés, & vu les pieces defdites parties, ont trouvé bon que lefdits Etats doivent dreffer lefdits avis en la forme que par eux a été dreffée, requerant en etre fait lecture.

Lecture faite defdits avis, les Etats ont iceux approuvés pour etre le contenu en iceux veritable, & deliberé qu'ils feront enregiftrés aux Regiftres defdits Etats, & extraits duement collectionnés donnés aux parties, fignés par les Srs Procureurs du Pays & par le Greffier defdits Etats, & fcellés des Armoiries dudit Pays.

Teneur desdits Avis.

Satiffaifant à l'Arret donné par le Confeil privé de Sa Majefté, entre les Confuls & Communauté de Frejus, d'une part, & les Confuls & Communauté de Draguignan d'autre, du 4 Avril dernier, par lequel eft mandé aux Etats donner avis fur les faits contenus en icelui, vu ledit Arret & autres Pieces remifes par les parties, par devant Mᵉ Nicolas Audibert, Affeffeur de la ville d'Aix, Procureur du Pays, & ouï le rapport d'icelui.

Lefdits Etats donnent avis que les impofitions generales qui fe font par les Etats & Affemblées dudit Pays, fe font generalement fur tout le Corps & generalité des Villes & Villages dudit Pays à cottité de feux, & que chacune Communauté de la Province y contribue à cottité de fes feux, fans que l'une reponde pour l'autre, fe faifant l'exaction defdites impofitions par le Treforier dudit Pays fur l'etat general qui lui eft expedié par lefdits Etats, conformement au fouage general de ladite Province. Ayant ladite ville de Frejus entrée, feance, voix & opinion deliberative dans lefdits Etats, feparement & à part de celle de ladite ville de Draguignan, & le Deputé de la ville de Draguignan opine pour les lieux de ladite Viguerie auffi feparement, & les uns n'opinent point pour les autres. Deliberé à Aix dans lefdits Etats ledit jour 20 Decembre.

Teneur d'autre Avis.

Satiffaifant à l'arret donné par le privé Confeil de Sa Majefté entre les Confuls du fieur du Reveft d'une part, & Barthelemy Hermitte, Pierre & Guillaume... Hermitte, heritiers teftamentaires de feu Honoré Hermitte, vivant marchand de la ville de Toulon d'autre, du 12 Novembre dernier, par lequel eft mandé aux Etats donner avis fur les faits contenus en icelui, vu ledit Arret & autres Pieces remifes par les parties par devant Mᵉ Nicolas Audibert, Affeffeur de la ville d'Aix, Procureur du Pays, lefdits Etats donnent avis à Sa Majefté :

Qu'en cette Province, il y a deux fortes de tailles negociales. Les unes ne concernent que les feuls Habitans, & font purement negociales, comme font les gages du maitre d'ecole, chirurgien, fage-femme, garde de pofte, entretenement de l'horloge, cloches, reparations d'eglife, entretenement du Precheur, garde de porte hors des tems de guerre, reparations des fontaines, frais des proces concernant les libertés, facultés & privileges perfonnels des Habitans, & les faftigages des gens de guerre qui font les uftenfiles des meubles, bois, huile & chandelle fournis à iceux, & celles-là fe payent des rentes & revenus que les Communautés ont, & fi lefdites rentes ne font baftantes pour le payement d'icelles, les Habitans feuls les payent, & les Forains ne font tenus y contribuer; & les autres tailles negociales concernent non feulement les Habitans, mais auffi l'utilité des fonds, comme font l'entretenement des ponts & paffages, des abreuvoirs du betail, les gages du marechal, & autres charges de femblable nature, & à celles-là tant les Habitans que les Forains y contribuent à fol & livre à proportion de leurs biens, & les pauvres Habitans qui ne poffedent aucun bien, de droit ne font tenus contribuer à aucune charge, parce que les tailles s'impofent fur les biens, y ayant feulement quelques lieux auxquels ceux qui n'ont point de biens font cottifés quelque peu de chofe, par forme de capitation, pour aider à fupporter les charges des Communautés felon la coutume des lieux. Deliberé à Aix le meme jour 20 Decembre.

Fol. 331 v°. — Etats tenus à Aix en Decembre 1612.

Le Sr de Bargemon, Affeffeur, a remontré qu'en execution de l'arret donné par le Roi en fon Confeil, le 3 Juin 1606, entre Mrs les Officiers de l'une & l'autre Cour & le Corps du Pays fur le fait des tailles, lefdits Srs Officiers auroient été condamnés au payement defdites tailles pour l'avenir & dechargés des arrerages. Les Confuls & Communautés de Rians auroient pourfuivi par devant le Parlement de Paris la liquidation des arrerages de taille de quelques biens tenus & poffedés par le Sr de Callas, Confeiller en ladite Cour des Comptes, & Segneur dudit lieu, qu'ils pretendoient ne pouvoir etre exempts. Sur quoi arret dudit Parlement de Paris s'en eft enfuivi par lequel ledit Sr Confeiller de Callas feroit été declaré exempt & immune des arrerages de taille pour les biens propres qu'il poffede audit lieu, & encore des biens qu'il poffedoit comme mari & maitre des biens dotaux de demoifelle Marguerite de Bompar, jufqu'au deces d'icelle, & condamné auxdits arrerages des tailles des biens de fes enfans dont il jouit par ufufruit depuis le deces de leur mere, contre lequel arret ledit Sr de Callas fe feroit pourvu au Confeil privé du Roi en contrarieté d'arrets, & par arret dudit Confeil du 16 Avril dernier, auroit été dit, avant proceder au jugement dudit proces, que les Etats de ce Pays à prefent affemblés donneroient avis à Sa Majefté fur le differend des parties, a requis lecture etre faite dudit arret du Confeil, enfemble de la requete prefentée par les Confuls & Communautés dudit Rians auxdits Etats.

Lecture faite dudit arret & de ladite requete, les parties ayant été ouïes par avocat, les Etats ayant mis l'affaire en deliberation ont d'un commun confentement deliberé qu'il eft donné avis au Roi & à nos Segneurs de fon Confeil que la Province a toujours ufé du Droit romain ecrit, y conjognant les Statuts & les Ordonnances royaux, & que conformement audit Droit ecrit, l'ufage immemorial en cette Province eft que les peres jouiffent en ufufruit & fans rendre compte des biens maternels appartenans en propre à leurs enfans apres le deces de leur femme, mere defdits enfans, felon & ainfi & en la meme forme que pendant & conftant le mariage, ils jouiffoient defdits biens à eux conftitués en dot.

N. LXXXVIII.

Extrait du Regiftre Leonis, *confervé aux Archives du Roi. fol.* 242.

Inftrumentum factum pro declaratione non folutioni talhiorum pro Nobilibus habentibus jurifdictionem.

Ludovicus fecundus, Dei gratia Rex Jerufalem & Siciliæ ducatus Apuliæ Dux Andegariæ Comitatuum Provinciæ & Forcalquerii Cenomoniæ & Pedemontis ac Ronciæcii Comes, univerfis & fingulis Officialibus, Commiffariis, Thefauraris & aliis quibufcumque noftris Fidelibus & Subjectis perdictos noftros Comitatus Provinciæ & Forcalquerii conftitutos ad quos fpectat & fpectare poterit prefentibus & futuris gratiam & bonam voluntatem cum quædam queftio fuborta & diutius ventilata fuerit inter Nobiles caftri de Berbentana ex una parte & Univerfitatem popularium dicti caftri parte ex altera fupra eo quod dicti populares dicebant & afferebant predictos Nobiles condominos caftri jam dicti teneri debere contribuere & folvere in donis fubfidiis & talhiis & impofitionibus nobis conceffis & aliis oneribus incumbentibus Univerfitati jam dictæ prefatis Nobilibus condominis dicti caftri premiffa eft adverfo negantibus & dicentibus ipfos nec alios Nobiles fuæ conditionis ad contributionem premifforum in aliquo non teneri & fuper hoc per appellationes & alias inter partes ipfas per longa tempora fuerit litigatum noviter autem condomini & cum eis Agoutus de Agouto Dominus de Mifono Petrus de Venteirolio, & plures alii Nobiles fideles noftri tam pro parte ipforum quam aliorum Nobilium dictorum Comitatuum predictorum noftrorum jurifdictionem habentium in eifdem ferenitati noftræ devotius fupplicarunt ne Nobiles prefatæ conditionis Comitatuum prefatorum noftrorum predictorum alterius de cetero pro talibus faligentur laboribus & expenfis ordinare & ordinationem noftram declarare fuper premicis dignaremur. Nos vero audita fupplicatione premiffa cum affiftentia nobis noftri confilii deliberatione matura ne amplius de cetero Nobiles jurifdictionem habeatis in dictis ipfis Comitatibus pro predictis & eorum fimilibus habeant cum fuis hominibus litigare, & ut eviventur fcandala quæ exinde poffint exoriri declaramus & pariter ordinamus quod a cetero Nobiles condomini caftri predicti de Berbentana & alii Nobiles dictorum noftrorum Comitatuum Provinciæ & Forcalquerii jurifdictionem habentes non contribuant nec teneantur contribuere in dictis donis talhiis, impofitionibus & oneribus fupra dictis neque aliquid folvere occafione premifforum attento maxime quod quando eft opportunum prefati Nobiles nobis & noftræ curiæ ferviunt & fervire tenentur, eofque fervire volumus eum aderit neceffitas in futurum nifi tamen ipfi Nobiles in Confiliis generalibus vel alibi ad contribuendum in dictis donis, talhiis, impofitionibus & oneribus pro centenario vel alia ficut retroactis temporibus factum eft voluntarie confentirent. Volumus tamen quod propter ordinationem & declarationem noftras prefentes de pecuniæ noftræ curiâ debita & debenda per dictos incolas Berbentanæ aut alios dictæ noftræ Patriæ Provinciæ aliqualiter diminuatur. Datum in civitate Avinionis fub noftro fecreto figillo per nobilem & egregium virum Joannem de Sado, Legum Doctorem confiliarium & fidelem noftrum dilectum mandato noftro locumtenentis majoris judicis Comitatuum predictorum. Anno Domini millefimo quadragintefimo fextâ die fextæ menfis Octobris decime quinte indictionis regnorum vero noftrorum anno vicefimo tertio.

N. LXXXIX.

Extrait du Regiſtre Lilii, *conſervé aux Archives du Roi, fol.* 316.

Declaratio facta quod Nobiles non tenentur ad talhias regias niſi in aliquibus caſibus.

Renatus Dei gratia etc. Bajulo & judici Berbentani ſalutem. Ad noſtræ Majeſtatis audientiam non ſine gravi diſplicentia pervenit quod poſt caſum ſeu ruinam magnæ partis murorum dicti loci cum inter Nobiles & populares ejuſdem ſuper refectione ſeu reparatione murorum predictorum orta fuiſſet controverſia afferentibus ipſis popularibus Nobiles debere cum eis in refectione dictorum murorum pro quibuſcumque bonis ſuis cum eiſdem popularibus contribuere, prefatis vero Nobilibus idem facere etiam pro bonis ruralibus quæ a popularibus acquiſiverant quoviſcumque titulo recuſantibus & dicentibus non teneri. Tandem prefatæ partes volentes litium aufractus evitare una cum conſenſu noſtro deputaverunt duos ex eis videlicet Gaufridum Jifardi pro parte Nobilium & Honoratum Porquerali juris peritum pro parte popularium ad conſilium noſtrum acquis reſidentem cum certis capitulis cauſas prefatæ controverſiæ continentibus cum expreſſo mandato noſtro ut ſuper eis deliberaretur & declararetur per noſtrum conſilium predictum & declaratione facta ipſam clauſam & ſigillatam prodictum noſtrum conſilium tibi prefato judici tranſmitteretur pronunciendam & proferendam & demum executioni debite ceſſante quâcumque appellatione an conventione expreſſa inter ipſas partes habita demandandam. Quibus capitulis ipſi noſtro conſilio perdictos deputatos preſentatis quia omnes de dicto noſtro conſilio ad prefata capitula circa noſtra & patriæ agenda occupati attendere & vacare non poterant ipſa declaranda & decidenda commiſerant dilectis conſiliariis noſtris Joanni Martini cancellario & Vitali de Laboris judici primarum appellationum legum doctoribus qui prius diligenter examinatione matura deliberatione prehabita cognoverunt, deciderunt & declaraverunt dubia in dictis capitulis contenta ut ſequitur primo enim dixerunt & declaraverunt Nobiles ipſos de

Barbentana debere contribuere pro poffeffionibus quas a popularibus acquifiverant ex contractu onerofo five lucrativo inter vivos vel in ultima voluntate cum ipfis popularibus quamdiù apud eos erant dictæ poffeffiones quantum rata ipfarum poffeffionum afcendet. Si vero dictæ poffeffiones ad ipfos Nobiles devenire contingat ex caufa & refpectu jurifdictionis ipforum Nobilium puta propter commiffum vel jure retentionis & ita refpectu directi & majoris Dominii tam eo cafu declaraverunt dictos Nobiles ad contribuendum cum popularibus pro eifdem poffeffionibus non teneri. Secundo declaraverunt in refectione murorum Ecclefiæ, pontium, fontium & itinerum ipfos Nobiles teneri ad contribuendum cum popularibus cùm nullum genus hominum excufetur cujufcumque dignitatis ac venerationis exiftat jus eximat fed in premiffis etiam Dominos & Dominas includat. Tertio......... quas declarationes feu decifiones tibi judici tranfmiffas in forma fupra dicta fententialiter protulifti & eas obfervandas & executioni demandandas ordinafti. Verum quia prefati Nobiles querentes occafionem refliendi & tergiverfandi dictis ordinationibus appellaffe dicuntur..... Unde nos..... refpectum habentes ad equitatem & veritatem juris tenore cum deliberatione matura noftri confilii & ex noftra certa fcientia & motu noftro proprio prefatas ordinationes juftas & rationabiles ac juri confonas fuiffe & effe declaramus, ipfasque ab omni nullitatis vicio relevantes ac eas inconcuffe obfervari & executioni mandari volumus & jubemus proinde ac fi per deliberationem totius noftri confilii conclufæ tam fuiffent & determinatæ. Quo circa volumus &..... die decima feptima Octobris anno Domini millefimo quadragentefimo quadragefimo octavo.

N. XC.

Extrait du Regiftre des Deliberations des Etats de Provence n. 2, confervé au Greffe des Etats, fol. 64 v°. — Etats tenus à Aix en Novembre 1569.

Et continuant ledit Sr de Rogiers le recit de fondit voyage & negociation & faifant lecture d'un article mis en fes Mémoires, pourtant de obtenir du Roi provifion que Mrs du Clergé & de la Nobleffe contribueront pour leur cotte part à la fomme de fix vingt mille livres que le Pays a accordée au Roi pour l'abolition du fubfide & impofition faite par Sa Majefté de cinq fouls pour muy de vin, fur quoi ledit Sr de Rogiers a dit en avoir obtenu provifion.

Et lors Mrs du Clergé & de la Nobleffe ont dit que lefdites lettres ne doivent avoir lieu, ni en doit etre fait aucune mention, pour avoir été obtenues par furprife & faulx donné entendre, & que ne font point été verifiées, & par ce moyen doivent etre rejettées, pour avoir été obtenues fans deliberation des Etats, & auxquelles ils n'y doivent etre aucunement comprifes & fi bien par certaine Affemblée faite par Mrs les Procureurs du Pays, fans eulx ouïs ni appellés, y a été deliberé, ils ne le pouvoient faire pour n'etre en nombre fuffifant, & quand ce feroit, la Deliberation d'icelle n'a point été accomplie ni executée, pour laquelle etoit dit que avant de fe retirer au Roi, que Mrs les Procureurs du Pays le feroient entendre aux prefens Etats pour voir fi à l'amiable l'on fe pourroit accomoder, ce que a été fait tout le contraire, meme que lefdits articles ne font point fignés par tous les Procureurs du Pays.

Et fur ce toutes lefdites Communes fe font levées en hault, & ont crié à haulte voix qu'ils approuvoient & ratifioient ledit article & lettres fur icelui obtenues par ledit Sr de Rogiers à leur proufit, & entendent qu'elles foient interinées & mifes a execution, de quoi ledit Sr de Rogiers en a requis acte.

Et doultant que fur ce fait y a eu grande altercation auxdits Etats, n'y a été paffé plus oultre.

N. XCI.

Extrait du Regiſtre Potentia, *confervé aux Archives du Roi, fol.* 219. — *Etats tenus à...... en* 1410.

Item fupplican a la dicha real Majeftat que li plaffa per fuportat aqueft cart & tots autres prefens, paffats & es devenidors, donar & confentir licentia a totas Cieutas, Villas & Caſtels dels dichs Comtats que far volrian puefcan cafcun en fon luoc far	Item fupplient Sa Majefté qu'il luy plaife pour le fupport des charges actuelles, prefentes & avenir, accorder à toutes les Cités, Villes & Chateaux defdits Comtés la faculté de pouvoir, fi bon leur femble, chacun en leurs lieux, etablir des reves, gabelles, ca-

ordenar revas, gabellas, capages, vintens & totas autras impofitions fobre pan, vin, carcs, mazel, aigas, ribairages, herbas & paftorgages, olis & peyffons, & figas & tots autres patis & caufas impunament, purament & abfolutament toutas ves & quantas ves lur femblara effer expedient & lur playra & aquelas vendre una ves & plufors creyffer & amermar metre lo re & oftar totas los vegadas que lur playra & expedient lur femblera nonobftant tota fententia, conoyfenfa ordenanfa cant par lo Rei, Senhor noftre de fanta memoria quant per ayffins lo Prince de Tarento de bona memoria quant atreffins autres Officials fachas & confentidas tollent & revocant totalement per los temps totas lettras conoyfenfas & fententia en contrari & totas lettras conoyfenfas & commandamens per lo temps que a venir fafedoyras en degun temps nonobftant en la terra del Domani & de la Senhor a lur voluntas.

Placet.

pages, vingtains & toutes autres impofitions fur le pain, le vin, les viandes, boucherie, eaux, rivages, herbes, paturages, huile, poiffon & figues & toutes autres impofitions pour autres caufes & ce impunement purement & abfolument toutes fois & quantes il leur paroîtra expedient & agreable & vendre une & plufieurs fois, augmenter & diminuer metre & oter lefdites impofitions toutes les fois qu'il leur plaira & leur femblera bon, nonobftant toute fentence, avis, ordonnance faites & confenties tant par le Roi notre Segneur de fainte memoire, que par le Prince de Tarente de bonne memoire, que par autres Officiers otant & revoquant totalement pour toujours toutes lettres, avis & fentences contraires & toutes lettres, avis & commandemens avenirs en aucun temps foit dans fes terres du Domaine, foit dans celles des Segneurs à leur volonté.

Plait au Roy.

N. XCII.

Extrait du Regiftre Potentia, *confervé aux Archives du Roi, fol.* 30. — *Etats tenus à Avignon le* 1er *Aouft* 1393.

Item volon & ordenan que de las revas, vintens & autras impofitions de que pagant los Cliers ayffins coma

Les Etats veulent & ordonnent que fur les reves, vintains & autres impofitions communes au Clergé & aux

los Layes fi deya defdurre en la portion des Cliers en ayffins coma daquellos dels Layes en cas que s'en pagueffon las monedas ordenadas a lavar deffus ditas. Plas a Madame.	Laiques, on deduife dans la portion des uns & des autres en cas que (fur le produit des reves & vingtains) on payat les impofitions precedemment ordonnées. Plait à Madame.

N. XCIII.

Extrait du Regiftre des Deliberations des Etats de Provence n. 1, confervé au Greffe des Etats, fol. 138 v°. — Etats tenus à Aix au mois de Janvier 1542.

A été lue efdits Etats une requete tendante afin que fut le bon plaifir d'iceux vouloir fuplier le Roi qu'il lui plut confirmer les Privileges par les feu de bonne memoire Comtes dudit Pays concedés, par lefquels eft permis aux gens des Villes & Lieux d'icelui, pour fournir aux charges d'icelles tant ordinaires qu'extraordinaires, tailles & fubfides, de faire & impofer reves, gabelles, fur le pain, vin, chair, huile, poiffon, fructuaires & fur iceux mettre & impofer vingtains & fur icelles reves, gabelles, vingtains, bailler, accroître, diminuer & en ufer à leur volonté.

Lefquels ont dit & advifé qu'il en fera fait article à ceux qui feront deputés pour aller à la Cour pour fuplier le Roi au nom defdits Etats foit fon plaifir que tels Privileges & Libertés approuve & confirme fuivant leur forme & teneur & en tant que feroit de befoin en conceder de nouveau, permettant aux gens dudit Pays en pouvoir ufer liberalement comme ils ont fait jufqu'à prefent & que pour ce ils n'en foient aucunement travaillés & moleftés.

PIECES JUSTIFICATIVES. CXXV

N. XCIV.

Extrait du Regiſtre des Deliberations des Etats de Provence n. 13, conſervé au Greffe des Etats, fol. 132. — Etats tenus à Taraſcon au mois de Mars 1631.

Le Sr d'André, Sindic des Communautés, a remontré aux Etats qu'en l'année 1410 Louis II, Comte de Provence, octroya à la requiſition des Etats permiſſion aux Communautés, Villes & Villages de pouvoir, chacun en ſon lieu, faire & impoſer reves, gabelles, capages, vingtains & toutes autres impoſitions ſur pain, vin, chair, poiſſon, huile, figues & autres choſes y exprimées à telle pache, qualité & condition impunement, purement & abſolument toutes les fois & qu'autres & que bon leur ſembleroit & que leur ſeroit neceſſaire les vendre une & pluſieurs fois, les croître, augmenter, diminuer & revoquer ainſi qu'on verroit bon leur etre, nonobſtant toutes ſentences, ordonnances, acconnoiſſances qu'en pourroient etre priſes par Sa Majeſté Monſegneur le Prince de Tarente, ou Officiers de Sadite Majeſté, ainſi que plus au long eſt contenu dans leſdits articles, lequel Statut n'ayant été vraiſemblablement depuis l'an 1471, que l'affouagement general fut fait au Pays, été ou entiere obſervance, eſtimant que pour ſubvenir à la neceſſité des affaires des Communautés on ne pourroit rien faire qu'à ſol livre, d'où ſeroit arrivé qu'apres beaucoup de Communautés, ayant voulu faire capage vingtain, dixain, vente de fruits, deportement & ſemblables impoſitions pour en acquitter leurs creanciers, & ſortir de leurs dettes, ſans avoir demandé permiſſion à Sa Majeſté, ou Mrs de la Cour des Comptes, Aides & Finances de ce Pays, ſur un ſeul pretexte, le tout auroit été caſſé & ordonné qu'on rapporteroit permiſſion de Sa Majeſté ou de la Cour ; ce que faiſant pour n'en courir une caſſation du tout, les Communautés qui veulent ſe ſervir, pour ſortir de leurs affaires, des moyens exprimés par ledit Statut, ſont contraints de faire de grandes & exceſſives depenſes en envoyant querir des Lettres-patentes de Sa Majeſté pour avoir la permiſſion, ou ſe retirer à ladite Cour, obtenir un ſieur Commiſſaire pour faire leſdites impoſitions, capage, vente de fruits, deportement & ſemblables impoſitions, qui fait deſcente sur les lieux, ce qu'outre la depense cause de grandes longueurs, à quoi seroit neceffaire pourvoir.

A été unanimement deliberé qu'article sera fait à Sa Majesté pour la supplier tres humblement de vouloir confirmer ledit Statut, & ordonner que sans aucune permiffion de Sadite Majesté, ni de ladite Cour, ou aucuns autres Officiers, sera permis à toutes les Villes, Lieux & Villages de la Province se servir dudit Statut, conformement à tout ainsi qu'est porté par icelui & afin que chacun en puisse avoir plus grande connoissance, sera inferé en long dans les regiftres desdits Etats, sans y comprendre les Segneurs des Lieux & autres personnes exemptes.

N. XCV.

Extrait du Regiftre des Deliberations des Etats de Provence n. 2, confervé au Greffe des Etats, fol. 259 v°. — Etats tenus à Aix au mois de Fevrier 1573.

Mr de Saint-Efteve, Chevalier de l'Ordre du Roi, a encore fait entendre auxdits Etats que lui femble bon de refoudre quelque chofe sur le fait de la fubvention demandée par Sa Majesté audit Pays, pour etre egalifée sur l'univerfel dudit Pays, ainfy qu'eft porté par l'un des articles contenus es Memoires qui ont été lus en pleins Etats, pour favoir s'il doit etre pourfuivi ou non.

Sur quoi auroit été opiné & pour la pluralité des voix, lesdits Etats ont arreté & conclud que sera fait article à ce qu'il plaife à Sa Majesté vouloir ordonner que les deniers de ladite fubvention feront mis & impofés à raifon de feu fur l'univerfel de tout ledit Pays de Provence, à ce que chacun en fon endroit puiffe egalement fupporter les charges & fubfides d'icelui; à quoi les Confeil & Deputés des villes de Tarafcon & Draguignan & leurs Vigueriats, de la ville de Graffe & de fon Vigueriat, de la ville de Lorgues & du Vigueriat d'icelle, de la ville de Sifteron & fon Vigueriat, des villes d'Apt, Brignoles, Saint-Maximin, Frejus & Saint-Paul avec fon Vigueriat, des villes de Manofque, Aups, Colmars & fon Vigueriat, enfemble du Vigueriat de Guillaume n'auroient confenti à occafion de ce que étant mife ladite fubvention à raifon de feu, les exempts & privilegiés ne feroient point compris, comme ils font de prefent fuivant les Lettres-patentes du Roi.

N. XCVI.

Extrait du Regiftre Potentia, *confervé aux Archives du Roi, fol.* 297 *v°*,
Art. 32. — *Etats tenus à Aix en* 1419.

Et per femblant maniera fupplicon humiliment a las dichas Majeftas que con fin caufa que en lo dich Pais de Provenfa & de Forcalquier ains diverfos luecs defhabitas quant per mortalitats quant per guerra trapaffadas dels quals los hommes erant tengus en certanas albergas cavalcadas & contaliers a voftra cort & per la dicha defabitation los Senhors dels dichs Caftels tengon poffeffis quam en tot & en partida los bens dels homes que per lo temps trapaffas folien habitar en lofdits luecs & prefent los clavaris & les Mayftres rationals aion compellit & compelliffon de prefent lofdits Senhors & lurs faches & rendiers tenent lofdits bens en non dellos a pagar las dichas albergas cavalcadas & contaliers en los quals lofdits Senhors non foron jamai tengus ni fofmeffes que lor plaffa de mandar & comandar alfdits Mayftres rationals & clavaris que day fi avant nytals dits Senhors rendies & fachies non deion compellir a pagar las cau-

Comme il y a dans le Pays de Provence & de Forcalquier divers lieux inhabités tant à caufe de la mortalité que des guerres paffées, dont les Habitans etoient tenus à certaines albergues, cavalcades & contaliers envers la Cour, & qu'enfuite du depeuplement les Segneurs de ces lieux font devenus proprietaires en tout ou en partie des biens des anciens habitans, & comme les clavaires & les Maîtres rationaux ont contraint & contraignent lefdits Segneurs, leurs agens & fermiers tenans lefdits biens en leur nom à payer les albergues, cavalcades, contaliers, à quoi les Segneurs ne furent jamais tenus ni foumis, les Etats fupplient Leurs Majeftés qu'il leur plaife mander & commander auxdits Maîtres rationaux & clavaires que dorenavant on ne contraigne point lefdits Segneurs, leurs rentiers ou agens a payer les fufdits droits, mais que de leur bonne grace leurfdites Majeftés faffent remiffion defdits droits & de leurs arrerages.

fas fobre dichas mays aquellas de la benigna gratia & los arreirages deguftos ayfi de remetre exceptat que fi per aventura lofdits luecs fi habitavon o fi alcuns homes y compravon ho avion bens propis que la rata que lur tocarie fieu tengus de pagar las dichas albergas cavalcadas & contaliers.

Los arreirages nos remetten, & fur lo principal y provefiren.

Si cependant les fufdits lieux etoient de nouveau habités, les habitans payeroient lefdites albergues, cavalcades & contaliers fur leurs proprietés.

Nous remettons les arrerages & nous pourvoirons fur le principal.

FIN DES PIECES JUSTIFICATIVES.

www.ingramcontent.com/pod-product-compliance
Lightning Source LLC
Chambersburg PA
CBHW072111220426
43664CB00013B/2077